国家自然科学基金资助（编号：71572173，71172110）
浙江理工大学学术著作出版资金资助（2018 年度）

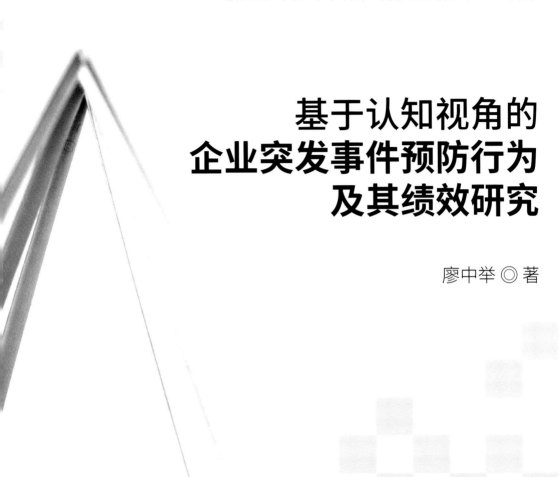

基于认知视角的
企业突发事件预防行为
及其绩效研究

廖中举 ◎ 著

中国财经出版传媒集团
经济科学出版社
Economic Science Press

图书在版编目（CIP）数据

基于认知视角的企业突发事件预防行为及其绩效研究/
廖中举著. —北京：经济科学出版社，2018.11
ISBN 978 - 7 - 5141 - 9962 - 8

Ⅰ.①基…　Ⅱ.①廖…　Ⅲ.①企业管理 - 突发事件 -
安全管理 - 研究　Ⅳ.①F272

中国版本图书馆 CIP 数据核字（2018）第 272114 号

责任编辑：周国强
责任校对：杨　海
责任印制：邱　天

基于认知视角的企业突发事件预防行为及其绩效研究
廖中举　著
经济科学出版社出版、发行　新华书店经销
社址：北京市海淀区阜成路甲 28 号　邮编：100142
总编部电话：010 - 88191217　发行部电话：010 - 88191522
网址：www. esp. com. cn
电子邮件：esp@ esp. com. cn
天猫网店：经济科学出版社旗舰店
网址：http://jjkxcbs. tmall. com
固安华明印业有限公司印装
710 × 1000　16 开　21.25 印张　380000 字
2018 年 11 月第 1 版　2018 年 11 月第 1 次印刷
ISBN 978 - 7 - 5141 - 9962 - 8　定价：98.00 元
（图书出现印装问题，本社负责调换。电话：010 - 88191510）
（版权所有　侵权必究　打击盗版　举报热线：010 - 88191661
QQ：2242791300　营销中心电话：010 - 88191537
电子邮箱：dbts@esp. com. cn）

前　　言

　　企业突发事件的发生，不仅会对其经济利益造成严重的损失，而且还可能对环境、资源等造成短时间内难以恢复的破坏，甚至使员工失去生命，导致企业的灭亡。因此，采取有效的预防行为，降低企业突发事件的不良影响，实现现有企业的可持续成长，提高目前存在的企业对经济增长的贡献程度，是研究中面临的一个重要课题。然而，突发事件预防并没有引起企业足够的重视。由于产业观、资源观、交易成本理论等难以解释相同的外部环境下，企业之间突发事件预防行为所存在的差异，鉴于此，本书在吸收以往理论研究的基础上，从认知的角度，来解释企业的突发事件预防行为及其绩效的相关问题。本研究有助于弥补以往研究存在的不足，也将有助于企业竞争优势的获取和保持，以及为相关政策的制定提供理论依据。

　　本研究沿着"认知—突发事件预防行为—突发事件防治绩效"的思路，在认知分类理论、图式理论、认知导向理论、事故预防理论、特质理论和健康信念理论等相关理论的基础上，从认知的视角出发，探讨了认知对突发事件预防行为及突发事件防治绩效的影响机理及中介机制，检验了风险倾向和风险感知对认知影响效应的调节作用。具体而言：第一，企业突发事件预防行为的构成问题；第二，基于认知的视角，分析企业突发事件预防行为的影响因素，以及不同情境下，"认知—预防行为"之间关系的变化；第三，结合事故致因理论，测量企业的突发事件防治绩效，以及检验突发事件预防行为对企业突发事件防治绩效的影响作用；第四，揭示认知对企业突发事件防治绩效的影响机理。

　　本研究基于对制造行业和采矿行业中 292 家企业 1329 位人员的调查（其中，为了降低测量偏差，每一家企业发放了 5 份问卷），首先，对问卷的信度、效度等进行了检验；其次，本研究计算了同一企业数据的 ICC（1）、ICC

（2）和 r_{wg}，并对数据进行了聚合；再次，采用哈曼（Harman）单因素检验方法以及标签变量，检验了本研究的共同方法偏差问题；最后，通过结构方程建模、多元回归分析等统计方法，对研究中的假设进行了检验。本研究的主要研究内容及结论具体如下：

首先，基于文献研究和访谈研究，本书提出了突发事件预防行为是由信息型行为、资源型行为和制度型行为三个变量构成，其中信息型行为划分为信息扫描、信息识别和信息沟通，资源型行为划分为应急物资储备和应急人员配备，制度型行为划分为应急知识培训和应急计划制定。通过探索性因子分析和验证性因子分析，本研究证实突发事件预防行为测量量表具有良好的信度和效度。本研究还进一步对突发事件预防行为所有条目可能包含的模型，进行了拟合比较，最终确定本研究所提出的突发事件预防行为构成模型十分合理。

其次，探明了认知对突发事件预防行为、突发事件防治绩效的影响作用，以及突发事件预防行为所起的中介作用。本研究运用结构方程对研究模型进行了拟合与修正，结果发现：认知复杂性、长期导向和主动导向对信息型行为、资源型行为和制度型行为均具有正向的影响作用；认知聚焦性对制度型行为具有负向的影响作用；信息型行为对违规强度和小事件发生强度具有负向影响作用；资源型行为对违规强度和小事件发生强度的影响作用并不显著；制度型行为对违规强度的影响作用不显著，但对小事件发生强度具有负向影响作用；信息型行为、资源型行为和制度型行为对应急效果均具有正向影响作用。

最后，本研究检验了风险倾向和风险感知在长期导向、主动导向对突发事件预防行为影响关系中的调节作用。采用层次回归分析和结构方程技术进行检验的结果表明：风险倾向在长期导向对信息型行为和制度型行为的影响关系中均起到负向调节作用；风险感知在长期导向、主动导向对信息型行为的影响关系中起到正向调节作用；风险感知在长期导向对资源型行为的影响关系中起到正向调节作用；风险感知在长期导向、主动导向对制度型行为的影响关系中起到正向调节作用。

此外，针对控制变量而言，本研究发现：企业规模与信息型行为、资源型行为、制度型行为均存在显著的正相关关系，与小事件发生强度存在显著的负相关关系；而企业年龄、所有制类别、行业类别以及区位的影响作用并不显著。按照企业规模，将样本划分为两组后，本研究进一步采用多群组结构方程分析技术对两组样本路径统计上的显著性差异进行了检验，结果发现：资源型行为对违规强度的影响作用在不同规模样本中具有显著差异。同时，企业规模对调节作用模型中的多条路径也具有影响作用。

　　综上，从研究整体构思而言，突发事件预防行为的提出与验证，为考察认知对突发事件预防行为的影响，以及突发事件预防行为对突发事件防治绩效的研究提供了分析基础，同时使风险倾向和风险感知的调节作用的检验变得可行。本研究得出的结论也将有助于丰富当前的认知理论、事故预防理论等，并能为企业健康、持续的发展等问题提供一定的理论指导和借鉴。

目 录
CONTENTS

| 1 |

绪　　论

本章首先根据企业所面临的严峻的现实问题及其背后所蕴含的管理理论的研究进展，提出了本书拟研究的主要问题；其次，进一步阐明了本书的研究目的、研究的理论意义和现实意义；再次，对本书的研究内容、研究的创新点进行了总结；最后，详细地介绍了本书的研究对象、研究层次和研究方法。

1.1　研究背景与问题提出

一直以来，企业突发事件的频繁发生，不仅对其自身的经济利益造成了严重的损失，而且还剥夺了大量员工的生命，同时也对环境、资源等造成短时间内难以恢复的破坏。例如，2013 年 3 月 29 日，吉林省白山市某矿业集团有限责任公司旗下某煤矿发生瓦斯爆炸事故，造成 28 名矿工遇难[①]，2013 年 4 月 1 日，该煤矿再次发生瓦斯爆炸事故，又造成 7 名矿工遇难[②]；2013 年 8 月 31 日，上海某冷藏实业有限公司发生液氨泄漏事故，造成 15 死 25 伤[③]。尽管每年我国企业突发事件发生的次数以及所造成的人员伤亡的数量总体上呈现逐步下降的趋势[④]，但是，与多数国家相比，我国企业突发事件的数量以及所造成的后果并不乐观（郭朝先，2007）。

---

① 转引自：http：//www. chinasafety. gov. cn/newpage/Contents/Channel _21140/2013/0711/212463/content_212463. htm。

② 转引自：http：//www. jl. xinhuanet. com/2012jlpd/2012jlpd/2013 – 04/03/c_115261206. htm。

③ 转引自：http：//www. aqsc. cn/101810/101931/299748. html。

④ 根据国家安全生产监督管理总局的年度统计数据计算而得：http：//www. chinasafety. gov. cn/newpage/aqfx/aqfx_ndtjfx. htm。

企业突发事件的频繁发生，造成了经济损失、人员伤亡等问题，其背后折射出的是"企业突发事件预防"，即在复杂的环境下，企业如何采取预防行为以减少突发事件的发生以及降低突发事件的潜在严重后果，从而实现自身持续和健康的发展。然而，一个有趣的现象是：突发事件预防并没有引起企业足够的重视。在过去的20年间，世界500强企业中具有良好危机准备的企业所占比例很少，在5%～25%之间；即至少有75%的企业没有准备好如何预防未经历的危机（其中，包括突发事件），这是非常值得担忧的（Mitroff & Alpaslan，2003）。

文献回顾表明，以往关于企业突发事件的预防行为的研究取得了一定的进展，但仍存在三个方面的不足。其一，国内外学者对企业突发事件的研究侧重于事件发生之后的应对，关于事前预防行为的研究偏少，研究的对象主要是泛化的危机，而非具体的突发事件，同时也存在研究结论不统一的问题。其二，尽管关于企业突发事件预防行为的前置影响因素研究已经取得了一定的进展，例如，事件经验、失败学习与经验忘却（Kiesler & Sproull，1982）、组织规模与类型（Cloudman & Hallahan，2006）、自治水平、授权和过程导向（Cloudman & Hallahan，2006）；管理者职位（Reilly，1987）、人力资源管理、战略、结构（Sheaffer & Mano - Negrin，2003）等因素，但是忽略了认知因素的影响。其三，按照事故致因理论（Heinrich，1931；Bird & Germain，1985；Surry，1969），企业突发事件是可以预防的，因此，探讨突发事件预防行为与防治绩效之间的直接作用显得尤为重要，但以往研究也忽略了这一点，或者关于突发事件防治绩效由于缺乏明确的测量工具，导致先前学者侧重于探讨突发事件预防行为对企业应急绩效、经济绩效的影响作用（Bissell，Pinet，Nelson et al.，2004；Chen，Rao，Sharman et al.，2010）。

综合企业突发事件的发生频率、后果的严重性、预防行为的缺乏，以及国内外已有研究存在的不足，尤其是产业观、资源观、交易成本理论等难以解释相同的环境下，企业突发事件预防行为、防治绩效所存在的差异等问题，本研究沿着"认知—突发事件预防行为—突发事件防治绩效"这一思路，具体研究以下几个问题：第一，企业突发事件预防行为的构成问题，在我国情境下企业突发事件预防行为的维度划分；第二，基于认知的视角，分析企业突发事件预防行为的影响因素，以及不同情境下，"认知—预防行为"之间关系的变化；第三，结合事故致因理论，测量企业的突发事件防治绩效，以及检验预防行为对企业突发事件防治绩效的影响作用；第四，揭示认知对企业突发事件防治绩效的影响机理。

1.2　研究目的与研究意义

1.2.1　研究目的

本研究运用认知分类理论、图式理论、认知导向理论、事故致因理论、健康信念理论以及特质理论等相关理论，探索和梳理我国情境下企业突发事件预防行为的内部结构，将主导逻辑、认知导向以及风险倾向、风险感知等纳入研究框架内，深入剖析认知和预防行为的作用关系，以及进一步拓展预防行为对防治绩效的影响作用，揭示出"认知—突发事件预防行为—突发事件防治绩效"之间的逻辑关系，以期弥补以往研究存在的空白，在一定程度上是对现有理论的补充，研究结果也将有助于丰富当前的事故致因、事故预防等理论，对处理动态环境下企业竞争优势的获取和保持，以及企业健康、持续发展等问题提供较有意义的理论解释，也为相关突发事件预防政策的制定提供理论依据。

1.2.2　研究意义

1. 理论意义

第一，从认知的视角研究企业突发事件预防行为缺失的原因，有利于弥补先前理论在解释企业突发事件预防行为方面存在的不足。先前的产业结构理论、资源观、能力观和知识观等理论在对企业突发事件预防行为的解释上存在不足。例如，产业结构理论难以解释相同产业环境下，同类企业突发事件行为的差异；资源观过于强调资源异质性的决定作用，而忽略了资源配置背后企业 CEO 及其他高层管理者认知的主导作用；知识观和能力观只是间接体现出了认知的作用（萧延高和翁治林，2010）。因此，本研究从认知的视角出发解释企业突发事件预防行为缺失以及不同企业存在差异的原因，有利于弥补先前理论存在的不足。

第二，揭示企业认知（认知）—企业突发事件预防行为（行为）—企业突发事件防治绩效（结果）之间的逻辑关系，深化了企业危机或事故预防的相关机理研究。关于企业突发事件预防行为的相关研究，部分学者从风险倾向、风险感知、以往事件经验、企业特性等方面分析了预防行为的影响因素，同时，另一部分学者也探讨了预防行为对防止效果和恢复绩效的影响作用，但是研究相对较为破碎，没有形成一个连贯的研究。鉴于此，本研究深入分析"企业认知（认知）—突发事件预防行为（行为）—企业突发事件防治绩效（结果）"之间的逻辑关系，对于全面揭示企业预防突发事件的过程，深化和拓展认知理论、有限理性理论在危机或事故管理中的应用，对于揭示企业突发事件预防行为的相关机理，具有重要的意义。

第三，在突发事件频发的环境下，从预防的视角研究企业突发事件，有利于丰富与完善相关的事故致因理论、事故预防理论。突发事件管理一直在研究中受到国内外学者的关注，但是研究的重心始终围绕突发事件发生后的应对，因此关于如何应对突发事件的研究成果相对较多，而忽略了对预防行为的研究。近年来，部分研究表明，充分的突发事件预防行为能够事先降低或避免突发事件造成的损失、提高突发事件发生过程中的应对效果，以及缩短突发事件发生后企业的恢复时间，这也导致研究的重心逐步由突发事件反应向突发事件预防转变。然而，研究者在突发事件预防行为的内涵、维度等方面的研究主要以定性的探讨为主，但实证研究相对缺乏。因此，从预防的视角研究企业突发事件，有利于丰富与完善当前的事故致因理论、事故预防理论等。

2. 实践意义

第一，研究当前企业"突发事件预防行为"缺乏背后的认知问题，为相关政策的完善、制定与出台提供理论依据，对推动企业健康持续的发展具有重要的现实意义。日前，中央、地方政府等都制定了与突发事件相关的措施，以提高企业预防突发事件的意识，降低突发事件的潜在危害。然而，先前的研究表明，采取突发事件预防行为的企业所占的比例较少（Mitroff & Alpaslan，2003）。对这个现实问题的解答，或者对采取突发事件预防行为的企业与未采取预防行为的企业存在何种差异的解答，显然会为相关政策的制定提供理论依据，进而积极推动企业突发事件预防行为的开展。

第二，有利于企业更好的识别突发事件预防行为的差异性以及不同类型行为的作用，将其应用到企业的突发事件管理中，推进企业对突发事件的预防管理。米特洛夫和阿尔帕斯兰（Mitroff & Alpaslan，2003）、霍普和鲁本（Hoop & Ruben，2010）、比塞尔、皮涅、尼尔森等（Bissell，Pinet，Nelson et al.，2004）的研究都直接或间接表明，突发事件预防行为对企业的应急绩效、经济绩效等具有积极的影响，但是目前研究中尚缺乏对企业不同类型的突发事件预防行为与防治绩效之间关系的系统研究。这导致企业难以识别不同类型的突发事件预防行为的作用。本研究在对企业突发事件预防行为的构成进行系统研究的基础上，将深入探讨不同类型的预防行为的绩效作用，这将有利于企业清晰地认识到突发事件预防行为的组成，识别出不同类型突发事件预防行为的作用，将突发事件预防行为应用到管理活动之中，推进企业对突发事件的预防管理。

第三，降低突发事件发生后的治理成本，提升企业竞争力。本研究紧扣当前经济运行与企业经营实践中的关键问题，无疑将会为当前处于复杂环境下的企业竞争力的提升提供重要的理论与实践指导。本研究有助于顺利推进企业的健康成长，在明晰企业突发事件预防行为的内涵、特征与形成机制，以及预防行为对企业防治绩效的影响的基础上，也将有利于企业选择合理的预防行为，降低突发事件的治理成本，对当前企业竞争力的提升带来更大的帮助。

1.3　研究主要创新点

本研究构建了中国经济背景下企业认知、突发事件预防行为与防治绩效关系的理论分析框架，沿着"认知—行为—绩效"的逻辑思路，对各认知因素通过突发事件预防行为这一中介机制影响企业突发事件防治绩效进行了理论探索与实证分析，更为深刻地揭示了中国情境下企业认知、突发事件预防行为与防治绩效关系的内部机理。本研究在以往理论研究的基础上，深入地展开了理论探讨，最终提出了本研究的概念模型以及研究假设，在此基础上通过大规模问卷调查、统计分析等，对研究模型进行了修正与完善。在继承以往研究成果的基础上，与以往研究相比，本研究的创新点主要体现在以下几个方面：

1. 企业突发事件预防行为的维度划分与测量

作为本研究的焦点，企业突发事件预防行为的维度划分与测量是整个研究的核心问题。针对研究的需要，本研究开展了文献研究和访谈研究，并通过实证研究明确了企业突发事件预防行为的维度划分，以及相应测量量表的信度和效度等。

本研究在以往研究的基础上，结合访谈研究，提出企业突发事件预防行为可以划分为信息型行为、资源型行为和制度型行为三个维度。其中，信息型行为又可以进一步分为信息扫描、信息识别和信息沟通三个方面；资源型行为又可以分为应急物资储备和应急人员配备两个方面；制度型行为又可以分为应急知识培训和应急计划制定两个方面。在维度划分的基础上，本研究进一步形成了相对应的测量量表，通过实证研究，结果表明，本研究对企业突发事件预防行为的维度划分和测量具有很好的科学性。因此，本研究对中国经济背景下的企业突发事件预防行为的因素结构问题做出了初步的探索，也为后续的相关研究提供了研究基础，同时还有利于进一步解决企业突发事件预防行为的机制问题，具有一定的创新性。

2. 运用认知理论剖析企业突发事件预防行为的影响因素，同时综合考虑了风险倾向和风险感知的调节作用

仅仅明确企业突发事件预防行为的维度构成还不够，还需要考察不同层面的变量对其可能产生的影响。只有这样，才能发现企业突发事件预防行为的形成机理，既为后续的研究奠定基础，也能为企业构建突发事件预防行为体系提供操作框架。本研究基于认知的视角，将认知复杂性和认知聚焦性（主导逻辑）、长期导向和主动导向（认知导向）纳入本研究模型的核心架构，探讨其对企业突发事件预防行为的影响；同时，基于特质理论、健康信念理论等，将风险倾向和风险感知纳入研究范围，探讨其在认知因素与预防行为因素之间所起的调节作用。创新点主要体现在以下两方面：

（1）基于认知的视角，分析了企业突发事件预防行为的影响因素。为理清企业认知的内涵以及企业认知包括哪些类型，本研究先通过规范分析的方法对现有的文献进行综述，归纳与探索出影响企业突发事件预防行为的认知要素及其维度，为下一步提出企业认知对突发事件预防行为的影响关系做准备。此外，由于文化差异的不一致性，中西方的认知图式可能具有一定的差异性，因此，在我国情境下，研究影响企业突发事件预防行为的认知因素，以及这些因素之间的作用关系，是否与国外的研究存在相似或差异，具有一定的创新性。

（2）考察了风险倾向和风险感知在"认知导向—预防行为"之间起的调节作用。目前，调节变量对企业突发事件预防行为的影响已得到危机管理研究领域的普遍关注。有的研究者提出风险倾向、风险感知会对突发事件预防行为产生影响。由于理论普遍具有条件适用性的特点，因此，哪些因素真正影响企业突发事件预防行为，以及这些因素之间的相互关系如何，都显得具有重要的研究意义。因此，本研究基于特质理论、健康信念理论等理论，引入风险倾向和风险感知作为调节变量，探讨长期导向、主动导向对企业突发事件预防行为的预测作用在不同风险倾向、风险感知水平下的变化，成为本研究的创新点之一。

3. 对企业突发事件防治绩效分三个维度进行了测量，同时从过程的视角，研究了"认知—突发事件预防行为—企业突发事件防治绩效"之间的整体关系

目前，多数研究对企业突发事件防治绩效测量十分缺乏，前置影响因素停留在理论探讨与分析阶段，而实证研究相对较为缺乏，以至于无法将认知和防治绩效整合为一个因果模型。基于海因里希法则、海因里希事故连锁理论（Heinrich，1931，1959）等，本研究提出了企业突发事件防治绩效的测量量表，同时从过程的角度，研究了"认知—突发事件预防行为—企业突发事件防治绩效"之间的整体关系。创新之处主要体现在以下两方面：

（1）企业突发事件防治绩效的维度划分与测量。针对企业突发事件预防行为的绩效评价缺乏的问题，本研究以海因里希法则、海因里希因果连锁理论（Heinrich，1931，1959）等相关理论，结合文献研究和访谈研究，在对企业突发事件防治绩效进行明确界定的基础上，提出了企业突发事件防治绩效由违规强度、小事件发生强度和应急效果三个维度构成，并开发了相对应的测量量表。研究结果证实，本研究所提出的测量量表具有良好的信度和效度。该发现弥补了以往事故管理领域研究的不足，并为后续机理或路径的研究提供了良好的基础。

（2）认知对突发事件防治绩效影响的机理研究。本研究立足于认知理论的模型，结合事故致因理论、特质理论、健康信念理论以及知识观、资源观等理论，解析认知、突发事件预防行为与企业突发事件防治绩效的作用关系，通过打开"认知—防治绩效"作用黑箱，在此基础上推导出"认知—突发预防行为—突发事件防治绩效"这一逻辑路线。关键解决企业认知的哪些维度对企业突发事件防治绩效具有影响作用，以及是如何影响的？所以，认知、突发事件预防行为与企业突发事件防治绩效的逻辑关系研究，是本研究的主要创新点。

1.4 研究设计

1.4.1 研究对象与研究层次

本研究选择制造行业和采矿行业的企业展开研究，主要基于以下原因：

制造行业的企业经济效益的增长与竞争力的提升，在很大程度上依赖于企业生产活动的有效开展，因此生产过程的安全性起着至关重要的作用，而我国制造行业的企业在生产过程中时常发生突发事件，也造成了重大伤亡，这不仅影响了企业正常的经营活动，还极大地抑制了企业竞争力的提升，这对我国制造行业的快速发展十分不利；此外，采矿业对国家发展的重要性是不言而喻的，矿产资源为我国经济的发展提供了重要的支撑，但先前的研究表明，我国采矿业突发事件的发生导致的伤亡率明显高于很多国家（郭朝先，2007），造成的后果十分不理想。因此，本研究主要选择制造行业和采矿行业的企业展开研究。

此外，本研究属于企业层面的研究，目的是揭示制造行业和采矿行业中不同企业的认知对突发事件防治绩效的影响与作用机理，从而为我国制造行业和采矿行业的企业有效的采取突发事件预防行为并实现对突发事件的预防，提供对策和建议。因此，本研究所界定的研究对象包括在制造行业和采矿行业中具有不同规模、不同年龄、不同所有制类别等的企业，这些企业在生产过程中都在一定程度上涉及突发事件。本研究以独立的企业作为研究单元。

1.4.2 研究方法

首先，本研究通过文献综述了解以往研究取得的进展和存在的不足，提出所要研究的问题；其次，采用访谈研究对已有的测量量表进行补充和完善以提高量表的信度和效度，对不成熟的量表进行开发；再次，采用问卷调查的方法采集研究所需要的数据；最后，采用多元回归分析、结构方程等方法对所采集到的问卷数据进行分析，以检验所提出的因果关系。

1. 文献研究

本研究采用文献综述研究方法，对主导逻辑、长期导向、主动导向等认知相关变量、突发事件预防行为、突发事件防治绩效以及风险倾向、风险感知等国内外相关文献进行系统的搜集与梳理，对各个变量的概念内涵、维度构成与测量、影响因素及结果作用等进行分析与评述，以把握当前研究取得的进展，以及存在的不足之处。在此基础上，明确所要研究的相关问题。具体通过对认知分类理论、图式理论、认知导向理论、事故致因理论、特质理论、健康信念理论等的分析得出包括认知、突发事件预防行为和企业突发事件防治绩效的研究模型，同时为之后的实证结果分析提供理论依据。

2. 访谈研究

一方面，在本研究所涉及的变量之中，认知复杂性、长期导向、风险倾向、风险感知等变量已有清晰的内涵界定、维度划分以及相对成熟的测量量表，针对这些量表，本研究通过小规模访谈，对其进行补充和完善，以提高量表的信度和效度。另一方面，由于本研究要解决的问题中涵盖"企业突发事件预防行为的具体结构是什么、如何测量以及如何评价其绩效"等问题，尽管先前的理论与实证研究已经给出了部分答案，但仍然缺乏相对成熟的关于企业突发事件预防行为、绩效评价等的测量量表，为此本研究通过面对面的方式进行访谈研究，以收集关于未成熟量表的相关资料，在此基础上，开发新的测量量表。

3. 问卷调查研究

本研究按照迪尔曼（Dillman，1978）、彭森尼奥特和克雷默（Pinsonneault & Kraemer，1993）等对问卷调查研究中研究设计、取样程序和数据收集方法等三方面的要求。首先，根据研究目的，采用成熟量表和自行开发量表相结合的方式，形成研究所需的问卷；其次，在小范围内对问卷进行前测，在此基础上进行修订与完善；最后，采用现场发放的方式，大规模发放调查问卷，其中做到样本具有代表性、随机性等，降低问卷的有偏性。

4. 数据分析

在大规模采样获得相关数据后，本研究需要对企业认知、突发事件预防行为和企业突发事件防治绩效的关系进行实证检验，以及风险倾向和风险感知调节变量的检验，以证实本研究通过认知理论、事故致因理论等所提出的研究假设。其中，通过 AMOS17.0 软件，对数据进行验证性因子分析和因果检验；通过 SPSS17.0 软件，对数据进行描述性统计分析、因子分析、多元线性回归分析等。

其中，由于本研究涉及的是企业层面，为了确保所获得的数据具有更好的全面性、科学性，本研究在每一个企业中对 5 位不同的人员分别进行问卷发放，数据采集以后，采用 ICC（1）、ICC（2）和 r_{wg} 指标检验数据的一致性。为了避免共同方法偏差对研究结论的影响，本研究还在问卷中设置了"marker"（标签变量），基于回收到的数据，本研究采用相关分析方法，检验标签变量与本研究中其他研究变量之间的相关关系。

1.4.3 研究结构安排

围绕"基于认知视角的企业突发事件预防行为及其绩效研究"这一主题，本书对研究的思路展开了相应的设计，最终本书共由7个章节构成，每个章节以介绍该章的要点开始，以对该章的总结结束。7个章节的主要内容如下：

第1章，绪论。本章首先在立足于现实背景和理论背景，提出了所要研究的问题，以及其所具有的理论意义和实践意义。其中，理论意义主要围绕弥补以往研究存在的不足和增加知识展开，而实践意义主要围绕如何为现实提供对策和解决问题展开；然后，对本研究可能存在的贡献以及研究中的创新点作了简要的介绍，明确了研究对象、研究层次，对研究中使用的主要方法进行了说明；最后，给出了本书的总体设计。

第2章，文献回顾与述评。作为展开研究的理论基础，本章着重对主导逻辑、长期导向、主动导向等相关认知因素文献，风险倾向、风险感知等相关文献，突发事件预防行为以及其绩效等国内外相关研究的大量文献进行了梳理，主要从内涵界定、维度构成、测量、前置因素与作用结果等方面对以往的研究成果进行了归纳、分析和评述，为研究的开展奠定了坚实的理论基础。

第3章，理论拓展与研究假设。针对以往研究取得的进展和存在的不足，提出了本书所要研究和解决的问题；其次，本章对本书所涉及的变量进行了清晰的界定；最后，围绕研究目的以及所要解决的问题，在认知分类理论、图式理论、认知导向理论、事故致因理论等相关理论的基础上，理清研究中所涉及的变量之间的因果关系，提出相应的研究假设，并构建出本书的逻辑架构。

第4章，问卷设计与小样本测试。在文献回顾、访谈研究等的基础上，本研究对以往研究中相对成熟的量表直接采用，并同时给予完善与补充，而对于没有成熟量表的变量，本研究进行自行开发，最终形成了研究中相关变量的初始测量量表；接下来，进行小规模样本测试，基于对小样本数据的探索性因子分析、信度分析等，对小样本问卷的科学性进行检验；针对小样本的检验结果，对初始问卷进行修正与完善，并最终确定大规模调研所需的问卷。

第5章，研究数据收集、描述与质量评估。本章首先对研究样本获取的时间、地点、获取方式以及发放数量等进行了简单的介绍，在问卷回收后，按照相应的标准将无效问卷进行删除，最终获得完整的有效问卷；其次，对样本的数据进行了描述性统计分析，例如，均值、标准差、偏度、峰度等；其次，通过探索性因子分析检验不同条款的因子载荷值、变量之间的区分效度，通过 CITC、内部一致性分析等分析变量的信度以及对变量的测量条款进行净化；再次，通过验证性因子分析，对量表的建构信度、辨别效度等进行了检验；最后，检验研究中可能存在的共同方差偏差问题。

第6章，假设检验。上一章的分析明确了变量的信度和效度，也包括变量的维度构成，因此本章主要是在此基础上对研究假设进行检验。本章沿着"认知—行为—绩效"的逻辑路线，首先，采用结构方程，检验主导逻辑、长期导向和主动导向对突发事件预防行为不同维度的影响，检验突发事件预防行为对突发事件防治绩效的影响作用，检验企业突发事件预防行为在主导逻辑、长期导向与主动导向对企业突发事件防治绩效的影响中所起到的中介作用；其次，采用多元回归分析方法和结构方程，检验了风险倾向、风险感知在长期导向、主动导向对企业突发事件预防行为的影响中所起到的调节作用；最后，根据研究结果，对研究假设的验证情况进行了总结。

第7章，结论与展望。本章介绍了从实证研究中所得出的结论，尤其是本研究的发现，也给出了相应的解释；在研究结论基础上，阐述了本书对以往研究的贡献、对现实企业管理以及政府相关政策制定的启示意义；最后，提出了本书存在的不足，以及对后续研究的启示。

1.4.4　研究技术路线

本书按照理论分析与实证分析相结合的原则，针对本研究的几个主要问题，梳理了本研究的技术路线，具体技术路线图 1.1 所示。

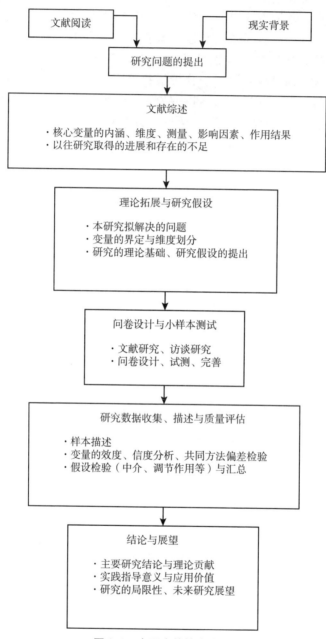

图1.1　本研究的技术路线

1.5　本 章 小 结

本章首先介绍了本书的研究背景，阐述了企业突出事件的危害以及企业突发事件预防行为缺乏的问题等；在分析以往理论研究的基础上，明确了本书的研究内容与具体的研究问题；其次，阐述了研究目的与理论意义、实践意义，介绍了本研究的创新之处、可能存在的理论贡献；最后，给出了本书的研究对象与层次、研究方法以及研究的技术路线和篇章布局，为研究的开展做了充分的铺垫。

文献回顾与述评

本章的文献研究是围绕研究主题，通过对与主题相关的文献资料进行系统梳理与归纳，在发现以往的研究结果、理论贡献、方法贡献等的同时，梳理出以往研究中存在有争论的观点和问题，以及尚未解决的问题等，以便在此基础上，进一步明确的展开研究。本章从内涵界定、维度划分与测量、前置因素以及作用结果等方面，对研究中涉及的内容主题进行系统了回顾与述评，为本研究的展开提供了良好的理论基础。

2.1 文献回顾的思路

本书以企业认知为研究起点，围绕突发事件，探讨不同认知对企业突发事件预防行为以及突发事件防治绩效的影响，并着重打开认知作用于企业突发事件防治绩效的黑箱，此外，还对上述关系的边界条件展开进一步的研究。

因此，针对研究问题，本研究需要在认知相关领域、突发事件预防相关领域、突发事件防治绩效相关领域，以及"认知—突发事件预防行为"的边界条件领域进行相关文献的系统梳理和分析，为期为后续研究思路的确定做好铺垫。具体而言：首先，在认知研究相关领域，与本研究具有紧密联系的主要有主导逻辑、长期导向和主动导向，本研究从它们的概念、维度、测量、影响因素及作用结果研究等方面进行了述评；其次，从突发事件预防的视角，对突发事件预防行为的概念、维度、测量、影响因素及作用结果等研究进行了述评；再次，对可能影响认知与突发事件预防行为之间关系的情境因素进行了梳理，主要围绕"风险倾向"和"风险感知"的概念、维度及前因后果进行了归纳和分析；最后，在认知、突发事件预防行为的绩效评价方面，本研究主要对突发事件防治绩效的概念、维度、测量以及前因进行了文献梳理和分析。本章将围绕研究问题，按照上述思路，对相关变量进行文献回顾、归纳和分析。

2.2 主导逻辑相关研究

主导逻辑对企业的战略行为具有重要的解释作用（Hambrick & Mason，1984；Prahalad & Bettis，1986；Nadkarni & Narayanan，2007）。本部分将在梳理与主导逻辑相关的理论文献的基础上，对主导逻辑的内涵、维度划分、测量、影响因素及作用结果进行归纳与分析，以期把握主导逻辑的研究现状，从而有利于后续研究的开展。

2.2.1 主导逻辑的概念与维度

1. 主导逻辑的缘起

在 20 世纪 70 年代，资源依赖理论、人口生态理论与交易成本理论在对组织的行为进行解释时，将研究的视角转向了个体管理者，认为管理者是企业绩效的关键影响因素；在 20 世纪 80 年代，就个体管理者对企业价值的贡献，社会生态学与经济学也展开了研究，但缺乏用一个新的理论角度来考虑管理者如何增加或减少公司价值（Walsh，1995）。在 1984 年，哈姆布里克和梅森（Hambrick & Mason）提出了高阶理论（upper echelon theory），指出了组织绩效是高层管理者价值观和认知的反映，高层管理者的背景特质能够部分预测组织的战略选择和业绩。组织管理研究在吸收社会心理学对认知研究的基础上，开始从主导逻辑的角度，来解决企业战略决策者的认知对企业生存与发展的影响。

2. 主导逻辑的概念

在心理学上，主导逻辑（dominant logic）是一个用来形容"个体用于理解环境的构念和构念之间关系的内部心理表征"的术语（Tolman，1948；Swan，1997），又称认知地图（cognitive map）、战略图式（strategic schema）、战略框架（strategy frame）、信念结构（belief structure）、知识结构（knowledge structure）等（Nadkarni & Narayanan，2007）。虽然组织管理研究领域在主导逻辑的内涵方面做了许多研究工作，但也没有对"主导逻辑"一词给出统一的称法，不过对主导逻辑的内涵界定存在两种明确的视角。

其一，基于静态的视角，普拉哈拉德和贝蒂斯（Prahalad & Bettis，

1986）、纳德卡尼和纳拉亚南（Nadkarni & Narayanan，2007）、尚航标（2010）等对主导逻辑进行了界定。例如，纳德卡尼和纳拉亚南（Nadkarni & Narayanan，2007）、尚航标（2010）将主导逻辑定义为高层管理者在制定战略决策时所使用的知识结构；加里和伍德（Gary & Wood，2011）认为管理的心智模式是指关于企业环境如何运作的简化的知识结构或认知表征；而沃尔什（Walsh，1995）给出了知识结构的定义，它是指包含关于信息环境的系统化知识的心理模块，这种心理模块具有储存器的作用，在信息环境下能够用于解释和行动。其二，基于认知过程的视角，邓少军（2010）将主导逻辑定义为：具有特定信念和心智模式的管理者（个体或群体）基于决策的需要对特定信息的心智处理过程。

从上述各种关于主导逻辑的定义中，可以看出：主导逻辑是管理者在与环境互动的过程中，所习得的一组知识模式，它是管理者对外部环境的一种简化。先前的战略研究文献表明，主导逻辑主要有三个方面的作用：它作为信息过滤器，使得战略决策者仅仅关注、思考与战略制定相关的环境信息；主导逻辑通过战略决策者在模糊信息中所构建因果的关系影响其对环境的诊断；由于诊断影响战略行为的选择，因此主导逻辑同样影响企业对环境变化的反应、竞争性行为（Nadkarni & Narayanan，2007）。

3. 主导逻辑的维度划分

主导逻辑是一个内涵宽广的概念，研究者难以将所有角度的认知整合为单个变量进行研究。因此，劳尔卡宁（Laulkkanen，1993，1994）、麦克纳马拉、露丝和汤普森（Mcnamara，Luce & Tompson，2002）、纳德卡尼和纳拉亚南（Nadkarni & Narayanan，2007）等对主导逻辑的维度划分问题，已经做了一些尝试，在划分问题上也并不存在较大的分歧。

将主导逻辑划分为认知复杂性与认知聚焦性是研究中普遍采用的做法，例如，纳德卡尼和纳拉亚南（Nadkarni & Narayanan，2007）、尚航标（2010）、邓少军（2010）等。认知复杂性描述的是管理者使用多个维度构念外部环境的能力，认知复杂性高的管理者能够比其他人用更多具有互补性的方法和多种互补相容的概念去理解周围的现象（Scott，1962；Keefe & Sypher，1981；吕萍和王以华，2008）；而认知聚焦性主要是指高层管理者对外部环境的主观陈述受某个（多个）领域的概念支配的程度（Nadkarni & Barr，2008；Xu，2011）。

同时，少量研究开始将主导逻辑从两个维度向多个维度拓展，例如，马骏、席西民和曾宪聚（2011）以经理人在战略决策中最为常用的认知方式为标准，提出主导逻辑应包含逻辑演绎、规则搜索及类比三个要素。

2.2.2 主导逻辑的测量

对企业主导逻辑的测量是进行实证分析的基础，但由于其测量难度较大，研究者们采用了因果地图（causal map）、内容分析（content analysis）、角色构念库测验（role construct repertory test）、库格测验（repertory grid instrument）、客体分类测验（object sorting test）等方法对其进行测量。

1. 因果地图法

因果地图被广泛运用于决策制定以及其他理论之中，它以内容分析法为基础，从特定材料或文件中挑选出与研究目标的因果联系有关的核心概念，然后将它们放入因果联系图中进行分析和统计（苏丹和黄旭，2011）。麦克纳马拉、露丝和汤普森（Mcnamara，Luce & Tompson，2002）、纳德卡尼和纳拉亚南（Nadkarni & Narayanan，2007）等都采用该方法对主导逻辑进行了测量。

因果地图法的优势在于：软件工具的开发提高了它的可行度、得出的结果具有较高的可靠性和可复制性、能够有效地避免问卷测量方法导致的偏差。但是，数据收集与处理过程非常耗时成为其主要缺点。

2. 内容分析法

内容分析法也是测量主导逻辑的一种有效工具，应用相对比较成熟。内容分析法通常以公司的年报为分析资料，将资料中对环境的描述分为竞争者、顾客、战略合作伙伴等多个方面，采用绝对和相对注意力广度两项指标测量管理认知（Levy，2005）；也可以用外部环境关键词在董事会报告中出现的词频数来测量管理认知的柔性，采用赫芬达尔—赫希曼指数来测量高层管理者在外部环境感知、快速反应、变革与更新、资源与能力的整合与重构、组织学习等方面的注意力配置广泛度测量认知复杂性（尚航标，2010）。

内容分析法与因果地图法通常以上市公司的年报为研究资料，但公司年报主要是针对特定的人群，它是印象管理的一种手段（Nadkarni & Barr，2008），因此并不能反映企业真实的认知。此外，基于访谈的内容分析，往往也不适用于大规模的研究。

3. 其他测量方法

角色构念库测验、库格测验、客体分类测验等问卷法，由于具有较高的灵活性被广泛用于测量个体而非企业层面主导逻辑的复杂性，例如，张文慧、张志学和刘雪峰（2005）改编了斯科特（Scott）测量认知复杂性的方法，要求参加者按照自己认为合适的标准尽可能多的将20所大学分类，之后根据参与者在分类中所采用互斥性概念的数目来测量参与者的认知复杂性程度。然而，这三种分类问卷都具有一定的局限性，例如，角色分类问卷的计分方法比较复杂，需要事先对评分者进行严格的培训才能保证较高的评分者信度（张梅和辛自强，2008）。

此外，少数学者对主导逻辑的测量采用了其他的问卷测量方式。例如，吕萍和王以华（2008）以认知需求、认知复杂性和传递测量企业的认知，测量条款分别为：9 项、7 项、7 项，科隆巴赫阿尔法（Cronbach's α）值最低的为 0.882。但是，该测量量表的信度和效度尚需通过其他研究样本进一步的验证。

2.2.3 主导逻辑的影响因素

主导逻辑作为企业绩效的重要解释变量，探索其影响因素是该领域的主要发展趋势。早在 1982 年，哈夫（Huff）就指出主导逻辑受管理者所处的社会和文化环境影响。以往关于主导逻辑的研究主要关注其对结果变量的影响，因此目前已经发现的主导逻辑影响因素还比较少。

1. 产业环境

主导逻辑的形成是管理者不断将外部事物转化为内在认知模式的一个过程，因此主导逻辑受到环境的影响，具有外部环境依赖性。在快速变化的产业环境下，管理者需要通过更快的引入新产品、新工艺技术，并进行频繁的组织变革以应对针对任务部门敌对、不可预测的变化，因此任务部门的线索会主导管理者对经营环境的主观陈述，最终形成对任务部门的注意力聚焦，减少对一般部门的关注（Nadkainl & Barr，2008）。

2. 社会资本

许（Xu，2011）指出多样化的社会资本有助于提高管理者对企业环境或现象的理解，管理者能够逐渐形成一个更加复杂的主导逻辑，然而，不同的信息和知识，可能会造成信息超载，为了有效处理不同的信息和知识，管理者需要通过循序渐进的学习以区分外围概念与核心概念，最终促进主导逻辑的聚焦。他并通过实证分析，证实了多样化的社会资本有助于企业在起步阶段提高企业家关于创新认知的聚集性和复杂性。此外，卡洛里、约翰逊和萨尔宁（Calori，Johnson & Sarnin，1994）研究发现，国际化经营公司的高层管理者与其他 CEO 相比，关于外部环境结构的主导逻辑具有更高的复杂性；与外国母公司相关的企业高层管理者与其他独立公司的高层管理者相比，关于环境动态性的主导逻辑具有更高的复杂性。这也间接表明多样化社会资本对主导逻辑的影响。

3. 人口背景特征

人口背景特征主要包括管理者的年龄、学历、教育专业、性别、工作经历、任职时间、职位等因素（李焰，秦义虎和张肖飞，2011）。关于人口背景特征因素对主导逻辑的影响，存在两种鲜明不同的观点。第一种观点认为，主导逻辑主要受所处的大环境的影响，所以同一产业内的管理者的主导逻辑应具有相似性，同一产业内的多数管理者应具有相似的信念与假设（Spender，1989）。因此，人口背景特征因素对主导逻辑并不存在影响或其影响是微弱的。第二种观点认为，不同企业、不同岗位等因素都会导致主导逻辑的差异性。例如，约翰逊（Johnson，1987）指出每个组织内部也有一套自身的信念与假设。鲍曼（Bowman，1991）发现管理者所从事的部门会对其信念结构产生影响。丹尼尔斯、约翰逊和凯纳托尼（Daniels，Johnson & Chernatony，1994）选取了境外泵产业的 24 位管理者为研究对象，结果发现同一产业环境下，管理者关于竞争的心智模式是多样性的，而非同质性，而且心智模式多样性随着所工作公司的数量以及所承担角色数量的增加而提高。丹尼尔斯、约翰逊与凯纳托尼（Daniels，Johnson & Chernatony，2002）的研究进一步指明，由于任务环境的影响，与中层管理者相比，高层管理者的心智模式具有更高程度的差异性。

2.2.4　主导逻辑的作用结果

认知心理学是建立在两个关键假设的基础上：其一，个体对刺激的反应需要经过信息处理；其二，由于信息处理体系的能力是有限的，产生了筛选机制、注意力配置机制的需要（Moors & De Houwer，2006；Kabanoff & Brown，2008）。因此，主导逻辑与组织绩效间的作用机制的相关研究，是围绕这两个假设展开的。

1. 主导逻辑对企业绩效的直接影响

管理认知在注意力配置、信息理解、因果逻辑等方面具备稀缺性，作为一种稀缺性的资源（Duncan，1972），可以直接对企业的经济绩效或竞争优势产生影响，不同绩效企业的管理者的主导逻辑也会呈现出显著的差异性。与失败企业相比，成功企业的管理者的认知结构要相对复杂和丰富（Laulkkanen，1993，1994）；高绩效企业管理者的认知往往注重行为、顾客与绩效三者之间的整体关系，而低绩效企业管理者的认知注重"行为—顾客，顾客—绩效"两者之间的关系，而非三者（Jenkins & Johnson，1997）；高层管理者用于理解外部环境和竞争对手行为的认知结构的复杂度与企业的绩效之间存在显著的正相关关系（Mcnamara，Luce & Tompson，2002）。

2. 主导逻辑对企业绩效的间接影响

目前，组织管理研究领域不再拘泥于主导逻辑与企业绩效之间的争论，而是重点研究主导逻辑作用于企业绩效的内部"黑箱"，即"认知—行为、能力—绩效"之间的逻辑关系。虽然托马斯、克拉克和乔亚（Thomas，Clark & Gioia，1993）、麦克纳马拉、露丝和汤普森（Mcnamara，Luce & Tompson，2002）；卡洛里、约翰逊和萨尔宁（Calori，Johnson & Sarnin，1994）、劳尔卡宁（Laulkkanen，1993，1994）等研究表明，主导逻辑对企业的绩效有重要的影响作用，但其中间的机理是什么？为此，大量学者试图打开主导逻辑作用于企业绩效的内部的黑箱。

（1）研究路径一：主导逻辑—战略行为—企业绩效。纳德卡尼和纳拉亚南（Nadkarni & Narayanan，2007）指出管理认知是管理者解释信息和将信息转化为组织行为的透镜，因此它会通过对有效战略行为的影响进而对企业绩效产生影响作用，并基于"认知—战略行为—绩效"的逻辑，选取 14 个产业的 225 家企业作为研究对象，结果发现：在变化较快的产业环境下，认知与企业绩效之间的关系为"认知复杂性—战略灵活性—企业绩效"；而在变化较慢的产业环境下，认知与企业绩效之间的关系为"认知聚焦性—战略持久性—企业绩效"。

（2）研究路径二：主导逻辑—动态能力—企业绩效。动态能力是企业整合、建立与重构内部和外部能力以应对快速变化的环境的能力（Teece，Pisano & Shuen，1997），它是一种稳定的、习得的集体活动模式，通过这一能力，企业可以系统的创造或调整自身的运营惯例以追求改善的有效性（Zollo & Winter，2002）。主导逻辑会形成企业的支配逻辑和认知惯性，进而产生惯例增强的趋势，促进能力的集聚（尚航标和黄培伦，2010），特拉萨斯和加维提（Tripsas & Gavetti，2000）基于深度案例研究的结果也表明了这一结论。具体而言，主导逻辑中知识结构的复杂性能够有效降低能力的刚性，促进企业绩效的提高，而知识结构的聚焦性会导致组织能力的刚性，阻碍企业的发展（尚航标，2010）。

（3）研究路径三：主导逻辑—注意力配置—战略行为/动态能力。作为有限理性的决策者，管理者受其信息处理能力的限制，会对信息进行筛选，出现注意力配置、信息解释的差异，进而导致不同的战略行为或组织能力，马塞尔、巴尔和杜哈姆（Marcel，Barr & Duhaime，2010）通过对总经理认知结构与企业对竞争对手的市场行动是否采取报复行为以及所采取行为的速度之间关系的研究，证实了这一观点。同时，克里利与斯隆（Crilly & Sloan，2012）采用配对设计，以化工、采掘、食品和高科技产业的 8 家企业为案例研究对象，研究发现企业对利益相关者的注意力配置的广度以及注意力配置的差异是管理与组织认知的结果，而在这个过程中企业逻辑（高层管理者概念化他们的公司以及与公司的经济、社会政治环境中行为者关系的方式）起着至关重要的解释作用，证实了"管理认知—注意力配置"之间的关系；而艾格斯和卡普兰（Eggers & Kaplan，2009）研究发现 CEO 对新技术和现有技术的关注，对企业进入新市场的反应速度有显著的影响，这也表明了注意力配置对战略行为具有预测作用。

2.2.5 主导逻辑研究小结

从上述研究中可以看出，在过去的 20 多年里，从最初内涵的探讨，到形成因素的识别，以及到认知—绩效之间"黑箱"的打开，主导逻辑得到了有效的研究。虽然主导逻辑的相关研究已日趋成熟，但还存在一些关键问题有待于进一步的解决。具体而言：第一，目前对主导逻辑的测量主要采用因果地图法，缺乏较为直接的测量主导逻辑的量表。虽然部分研究者采用角色构念库测验、库格测验、客体分类测验等问卷法，而且量表也呈现出较高的信度和效度，但角色构念库测验、库格测验、客体分类测验等测量方法毕竟存在一定的局限性。第二，对主导逻辑影响因素的研究，主要关注产业环境、社会资本等的作用，目前尚缺乏对主导逻辑影响因素的系统研究。第三，在已有的相关研究中，学者们分析了主导逻辑如何通过相应的行为提升组织绩效，但"主导逻辑—绩效"间中介变量的研究还较为缺乏，主要停留在战略反应灵活度、反应速度、动态能力等少数几个变量上。

2.3 长期导向相关研究

长期导向对行为具有一定的解释作用（Kandemir & Acur，2012；Johnson，Martin & Saini，2011；Lumpkin，Brigham & Moss，2010）。鉴于此，本研究对国内外有关长期导向的研究成果进行了系统的梳理与评价，尤其是在其内涵与维度、测量方法、前置因素以及长期导向与组织绩效等其他相关变量之间的关系方面进行了总结与回顾，以理清现有研究取得的进展和存在的不足，为更好地开展后续研究做好铺垫。

2.3.1　长期导向的概念与维度

时间导向指对成本和收益随着时间的推移具有不同分布的投资战略的选择所给出的相对重要性（Souder & Bromiley，2012）。组织层面的时间导向通常被划分为：长期导向和短期导向。

关于长期导向的内涵，赛尼和马丁（Saini & Martin，2009），卢姆金、布里格姆和莫斯（Lumpkin，Brigham & Moss，2010）等围绕时间的"经济性"维度，对其进行了界定。但由于研究的视角的差异，也产生了一系列多样化的概念。例如，埃德尔斯顿、凯勒曼斯和齐薇格（Eddleston，Kellermanns & Zellweger，2012）将长期时间导向界定为"一种支持在时间耗费活动上耐心投资的组织文化"；勒布雷顿米勒和米勒（Le Breton - Miller & Miller，2006）提出长期导向是指优先权、目标，最重要的是指在一个较长的时间周期，通常情况下，为5年或更长时间，并经过一段明显的延迟，才可实现收益的具体投资。

从以往研究中可以看出，长期导向在最一般的意义上可被定义为一种组织文化，决策和行动倾向，或是认知导向。卢普金和布里格姆（Lumpkin & Brigham，2011）指出，从表面上，长期导向可能是单维的，而实际上它是一个多维概念，并基于先前的文献，提出长期导向由三个维度：未来性——反映了对未来的关注；连续性——涉及从过去到未来的衔接；坚持性——强调目前的决策和行动如何影响未来。此外，勒布雷顿米勒和米勒（Le Breton - Miller & Miller，2006）又指出，长期导向是优先权、目标，甚至是一种延迟收益的具体的投资，其中：长期的优先事项包括旨在减少风险或建立资源的良好管理；长期目标更具体，可能涉及实现持久的质量；长期投资是实际支出和资源分配，旨在实现长期目标，例如，研究与开发（R&D）项目、新的重大基础设施支出、声誉投资等。

可以发现，尽管有关长期导向的定义表述不一，长期导向也涉及了单维度还是多维度的问题，但这些定义都涵盖着"长期收益更重要"的思想。同时，长期导向是组织看待时间的一种观点，是认知层面的概念，而勒·布雷顿—米勒和米勒（Le Breton - Miller & Miller，2006）所提出的概念侧重于行为，卢普金和布里格姆（Lumpkin & Brigham，2011）的三维度划分也存在明显的重叠。基于赛尼和马丁（Saini & Martin，2009），约翰逊、马丁和塞尼（Johnson，Martin & Saini，2011）等学者的观点，可以看出长期导向是组织的一种时间观点，认为未来比当前更重要，组织长期的收益优于短期的目标和利益，同时也是一个单维度的概念。

2.3.2 长期导向的测量

如何测量组织长期导向也是组织管理研究的主要内容之一。苏德与布鲁米（Souder & Bromiley，2012）采用获得资产、工厂、设备的持久性用于衡量企业的时间导向；波特巴和萨默斯（Poterba & Summers，1995）、宋丽红（2012）等也指出用研究与开发（R&D）支出、慈善捐赠可以表征长期导向。但从目前的研究来看，采用问卷测量组织长期导向是研究中普遍的做法。

1. 约翰逊、马丁和塞尼（Johnson，Martin & Saini，2011）长期导向量表

约翰逊、马丁和塞尼（Johnson，Martin & Saini，2011）通过对企业决策者的定性研究，提出了共有 5 项测量条款组成的长期导向量表。围绕战略的制定专注于长期的成功、长期目标胜于短期收益、长期的成功更重要、创造一个在长时间内具备竞争力的企业、长期绩效并不像满足当年财务目标那样重要（反向条款）等 5 个方面，采用 7 点评分表，要求被试评价根据自己组织的情况做出评价。量表的构建信度值为 0.89，平均方差抽取量为 0.71，5 个测量条款的因子载荷值在 0.74~0.91 之间。

2. 埃德尔斯顿、凯勒曼斯和齐薇格（Eddleston，Kellermanns & Zellweger，2010）长期导向量表

埃德尔斯顿、凯勒曼斯和齐薇格（Eddleston，Kellermanns & Zellweger，2010）借鉴齐薇格（Zellweger，2007）的研究，以家族企业为例，提出了有 4 项测量条款组成的长期导向量表，采用 7 点评分表。其测量条款为：追求的多个投资项目，然后等待看它们随着时间的推移如何变化；投资于需要较长的时间才可看到财务回报的项目；投资于追求低于其竞争对手盈利水平的项目；追求比竞争对手的投资项目还要高风险的项目。量表的科隆巴赫阿尔法（Cronbach's α）值为 0.72。

3. 坎德米尔和阿库尔（Kandemir & Acur，2012）长期导向量表

参考库珀、埃格特和克莱因施密特（Cooper，Edgett & Kleinschmidt，2004）所做的研究，坎德米尔和阿库尔（Kandemir & Acur，2012）提出了长期导向量表。该量表共有 2 项测量条款，采用 7 点评分表，要求被试对组织关注长期增长、长期绩效的程度做出评价。量表的科隆巴赫阿尔法（Cronbach's α）值为 0.80，平均方差抽取量（AVE）为 0.692，两个测量条款的因子载荷值分别为 0.96 和 0.68。

4. 其他测量量表

除了上述三类量表以外，其他学者也开发了与组织长期导向相关的量表。例如，罗佩兹—纳瓦罗、卡拉里萨—菲奥尔和莫里纳—特纳（López - Navarro, Callarisa - Fiol & Moliner - Tena, 2013）以中小企业为研究对象，提出了合作者长期导向量表，该量表由 5 项条款，科隆巴赫阿尔法（Cronbach's α）值为 0.906，平均方差抽取量（AVE）为 0.727，条款的因子载荷值在 0.821 ~ 0.914 之间；波罗—雷东多和坎布—拉菲罗（Polo - Redondo & Cambra - Fierro, 2007）也提出了企业—供应商关系长期导向的测量量表。

2.3.3　长期导向的影响因素

1. 传统历史因素的影响

由于不同国家的地理位置不同，因此其所具备的资源禀赋或自然环境具有一定的差异性，这导致了不同国家的企业对时间观点的多元化。此外，许多国家的文化起源也具有区别，这对时间导向也有影响。例如，中国起源于农业社会，强调天人合一的思想，这必然会使得个体、组织以长期为导向。沃斯和布莱克蒙（Voss & Blackmon, 1998）在研究中指出，美国、英国等西方国家的企业侧重于短期导向，而日本的企业倾向于以长期为导向。

2. 任期因素的影响

按照高阶理论的观点，高层管理者的价值观和认知对企业的行为或绩效具有重要预测作用（Hambrick & Mason, 1984），尤其是在 CEO 权利主导性较高并且 CEO 任期较长的企业中，CEO 对企业有更加重要的影响。一般而言，家庭企业的 CEO 的任期是非家族企业 CEO 的 3 ~ 5 倍，这种对长时间任期的预期促使一些 CEO 采取有远见的观点看待企业，他们不愿意从事无关的多元化、危险收购，或短视裁员等耗尽资源并可能在以后任期内困扰着他们的权宜之计，而是投资基础设施的创建和研究与开发（R&D）等长期项目；此外，随着任期的延长，CEO 对公司的认识更加深刻，这也使得他们对长期回报的项目更加有信心，因此 CEO 任期对企业的长期导向具有正向影响（Le Breton - Miller & Miller, 2006）。

3. 信任因素的影响

信任对长期导向影响的研究主要集中在组织间合作关系的范围之内。加尼森（Ganesan, 1994）指出信任通过多种方式影响合作关系的长期导向，例如，它可以减少对机会主义行为的风险感知、降低交易成本等。其中，根据交易成本理论和有限理性假设，所有复杂的合同必然是不完整的，从而使一方当事人可能利用在合同中没有预见到的地方而产生机会主义行为；而在这方面，信任降低了合作伙伴机会主义行为的不确定性，从而降低了交易成本的问题，进而有利于合作关系的长期保持（López – Navarro，Callarisa – Fiol & Moliner – Tena，2013）。

2.3.4 长期导向的作用结果

1. 长期导向——组织绩效

长期导向企业受长期目标驱动，对未来有明确的规划，牺牲短期的利益以获取长期的利益，往往能够避免短视行为。因此，长期导向的企业在市场竞争中存活的更久，也具有更高的绩效。安德森（Anderson，1991）指出，美国企业的竞争力和盈利能力与国外企业（尤其是日本企业）相比产生差距的原因是由于日本等国家的企业更加以长期为导向。米勒和勒·布雷顿—米勒（Miller & Le Breton – Miller，2005）研究表明，家族企业与非家族企业相比能获得更好的财务绩效的原因之一是长期导向。然而，郭冠清（2006）采用1995年世界最大500家公司的面板数据，通过计量分析，结果发现长期导向对企业经营绩效的影响并不显著。

2. 长期导向——组织行为或行为倾向

长期导向是组织看待时间的观点，属于认知层面的构念。按照认知理论、有限理性等理论，长期导向对组织的行为或行为倾向具有影响作用。

（1）长期导向对组织行为或行为倾向的正面影响。先前的研究证实长期导向的企业能够制定灵活的战略、具备更高水平的创业精神、更加注重合作关系中的承诺。例如，坎德米尔和阿库尔（Kandemir & Acur，2012）在研究中指出，长期导向的企业认识到环境是动态的，并认为调整是在动态产品市场中创造卓越客户价值的必要条件，因此长期导向的企业会为替代未来产品的战略，系统的扫描环境以及在最终产品的决策中仔细分析这些信息，以积极抢占市场。即长期导向使企业能够积极主动的影响竞争对手和客户，通过在需要之前建立一系列的战略产品市场选择。

此外，长期导向能够使企业有效地避免一些不良行为。例如，约翰逊、马丁和塞尼（Johnson，Martin & Saini，2011）认为竞争优势的建立和保持需要一个在较长时间跨度的承诺，因此有些企业可能会受到诱惑去主要关注短期或季度盈利，而短期导向的企业往往出现对混乱和不确定性的感知，在时间压缩的条件下实现目标的压力还可以使企业脱离现有的规范结构，迫使组织成员采取任何可能的手段来达到他们的目标；相比之下，长期导向的企业面临更少的压力感知，组织成员也面临更少的不确定性，并意识到，他们的方案和活动被给予更多的时间以产生结果，所以长期导向的企业具有更低水平的失范行为。

（2）长期导向对组织行为或行为倾向的负面影响。多数研究认为长期导向对组织的行为或行为倾向能够带来积极的影响，但是组织的发展需要长期与短期的二元平衡，例如，过于注重长期的投资可能会导致短期内难以具备充足的资金，使得企业在面对突发事件时，没有充足的资源去应对，最终使得企业在当下无法生存。虽然，有关长期导向对组织行为或行为倾向的负面影响的实证研究非常少，但部分文献也阐释了长期导向的负面影响。例如，卢姆金、布里格姆和莫斯（Lumpkin，Brigham & Moss，2010）指出长期导向可能会导致企业没有紧迫感、抑制模仿（其中，模仿也是企业技术进步的一种方式，同时风险性也小）、过于专注于长期生存可能忽视企业的发展目标等。

2.3.5　长期导向研究小结

长期导向作为组织对时间认知的重要概念，它的研究取得了一定的进展。但总体而言，研究还停留于起步阶段，尚有许多问题需要待进一步的深化研究。具体而言：①关于如何测量组织长期导向，主要有两种研究思路：问卷调查和二手数据。在问卷测量方面，约翰逊、马丁和塞尼（Johnson，Martin & Saini，2011）、埃德尔斯顿、凯勒曼斯和齐薇格（Eddleston，Kellermanns & Zellweger，2010）等基于各自的研究视角，开发了相应的测量量表。在二手数据方面，苏德与布鲁米（Souder & Bromiley，2012）、波特巴和萨默斯（Poterba & Summers，1995）、宋丽红（2012）等指出用研究与开发（R&D）支出、慈善捐赠、资产持久性等指标衡量企业的长期导向，但采用这些单一指标是否能够完全衡量组织的长期导向也是值得深入思考与探讨的。②尽管赛尼和马丁（Saini & Martin，2009）、埃德尔斯顿、凯勒曼斯和齐薇格（Eddleston，Kellermanns & Zellweger，2012）等少数研究表明，长期导向对组织的决策行为、创业精神、风险倾向等变量具有显著的影响，但当前的研究仍然没有从总体上研究"长期导向—行为—绩效"之间的逻辑关系。③先前的研究在长期导向的前置影响因素方面的成果较少，同时，有关组织长期导向的研究大多是采用横向研究的方法，但不利于考察组织长期导向的影响因素以及长期导向与结果变量之间的逻辑关系。

2.4 主动导向相关研究

主动导向对企业战略行为的选择具有影响作用（T. Obloj，K. Obloj & Pratt，2010；Nadkarni & Barr，2008）。在过去的几十年中，有关主动导向的研究取得了大量成果，但这些成果分散于各个研究领域；同时，以往研究在主动导向的内涵、测量方法、形成机制、影响作用等方面存在分歧，这在一定程度上并不利于未来对该领域的深入研究。鉴于此，本部分从主动导向的概念、主动导向的构成维度、主动导向的影响因素以及主动导向的作用结果等多个方面对已有的相关文献进行了梳理与总结。

2.4.1 主动导向的概念与维度

1. 主动导向的概念

主动导向是战略行为研究领域的一个重要概念。目前，有关企业战略行为研究的文献可以划分为两个方面。第一种战略选择观，将管理者描绘为相对自由的代理人，并有可能通过创造性的方式来改变组织的命运，持有这种观点的包括战略选择学家、网络学家等；第二种环境决定观，认为管理者很大程度上受外部环境和结构条件制约，因此不能实质的改变组织的过程，持有这种观点的包括人口生态学家、权变学家等（Gopalakrishnan & Dugal，1998）。

由于主动导向强调的是一种内在的倾向（信念、兴趣、情感等），同时在组织管理研究领域，主动导向是以战略选择观和环境决定观为基础的，因此主动导向更多地被奥布洛赫、奥布洛克和普拉特（T. Obloj，K. Obloj & Pratt，2010）、纳德卡尼和巴尔（Nadkarni & Barr，2008）等认为是认知层面的变量。主动导向是指企业对"环境—战略"之间关系的一种因果信念，认为"战略应先于环境"或"企业可以通过战略行为影响环境"的一种观点倾向（Nadkarni & Barr，2008），与之对应的是战略选择学家、网络学家等所持有的战略选择观；主动导向的另一端是被动导向，即"战略应后于环境"或"在环境变化以后再应对"的一种观点倾向，与之对应的是人口生态学家、权变学家等所持有的环境决定观。

此外，在战略选择领域，主动导向也被界定为"企业发起前摄性的创新以打击竞争对手的一种倾向"（Miller，1983），主动导向的企业战略具有进取性、行为大胆、组织结构关注工作角色的分配、行政机制是为了活动和资源流动的协调和控制（Droge，Calantone & Harmancioglu，2008）。在创业导向研究领域，主动导向被认为是一种机会寻求、向前看的视角，旨在预期未来需求及采取行动，通过"寻求新的机会（这些机会可能会或可能不会涉及当前的业务），在竞争前引进新的产品和品牌，战略性地消除在生命周期成熟和下降阶段的业务"（Lumpkin & Dess，1996）。

从上述研究中可以看出，大部分研究都围绕"环境—战略"之间的先后关系而展开。其中，环境涉及市场需求、竞争对手、行业变化等，战略行为包括新产品开发、产品和技术引进、新市场领域的进入等。所以，主动导向的含义可以从这两个关键方面来解释，它是企业看待环境与战略行为之间关系的一种观点倾向，即认为应积极预测外部环境变化，在环境变化之前采取行为，而非在环境变化之后再被动应对。

2. 主动导向的维度

主动导向是一种前瞻性的视角（forward-looking perspective），是企业通过预期新机会、新出现的市场等，而积极主动的一种倾向（Kwak，Jaju & Puzakova et al. ，2013；Lumpkin & Dess，1996）。在一定程度上，主动导向的企业认为可以创造未来，例如，想象并不存在的产品、服务，并使它们产生（Sandberg，2002）。多数研究指出主动导向是一个单维度的概念，但是少数学者在研究中也将主动导向向多维度扩展，例如，自主性、进取性等（Aloulou & Fayolle，2005）。

主动导向也是企业影响环境变化的一种相对稳定的倾向（Bateman & Crant，1993），但企业并不能做到完全的"自主性"，完全的改变环境，只能在一定程度上去积极影响环境，主动导向的企业倾向于主动改变企业的战略环境，而不是对事件的反应或被动反应（Aragon - Correa，1998）。因此研究中所提出的"进取性"是合理的，但"自主性"这个维度存在一定的不足。无论主动导向被如何解释或界定，但都应该始终围绕"前瞻性视角"，它是企业认为可主动影响竞争环境的一种观点倾向，即先动还是后动的问题，所以，主动导向是一个单维度的概念。

2.4.2 主动导向的测量

对以往关于主动导向的测量研究进行回顾，可以发现，学者们大多采用二手数据和问卷测量法对主动导向进行测量。在二手数据方面，纳德卡尼和巴尔（Nadkarni & Barr，2008）基于公司的文本资料绘制了因果地图，使用因果地图中环境和战略之间的"进"和"出"的程度测量主动导向和被动导向。"进"的程度是指直接和间接指向某个概念的因果关系的数量,战略概念的"进"的程度越高,表明战略是对环境的响应,代表了被动导向;而环境概念的"进"的程度越高表明战略对环境的影响程度越高,代表了主动导向。"出"的程度是指向外指向的数量,代表的意思与"进"的程度相反。

在问卷测量方面,主动导向的测量量表相对比较多。例如,德罗格、卡兰托尼和哈曼奇奥卢(Droge, Calantone & Harmancioglu, 2008)运用包含3个条款的量表围绕着"进取、大胆、机会开发"等对主动导向进行了测量,量表的科隆巴赫阿尔法(Cronbach's α)值为0.874,组合信度为0.875。阿克曼和伊尔马兹(Akman & Yilmaz, 2008)使用了与创新相关的5项测量条款对主动导向进行了测量,每一项测量条款相对比较简短,量表的信度为0.83。为测量主动导向,许、谭、劳斯瑞洪通等(Hsu, Tan, Laosirihongthong et al., 2011)借助了衡量企业采用何种战略在市场中获取地位的5项条款,测量结果表明,量表的科隆巴赫阿尔法(Cronbach's α)值为0.894,组合信度(CR)为0.9079,平均方差抽取量(AVE)为0.6646。

2.4.3　主动导向的影响因素

1. 行业环境的影响

行业环境是企业成长与生存的基础,而主动导向是关于对"环境—行为"之间关系的认知,因此行业环境的特性必然会对企业的主动导向产生影响。在快速变化的行业环境中,明确的竞争对手、固定的分销渠道等并不存在,企业的高层管理人员会积极地构建外部环境,因此企业更容易形成主动的逻辑,即,主动导向;而在缓慢变化的行业环境中,竞争对手、产品市场等都是清晰的,并相对稳定的,企业仅仅需要适应环境即可,因此企业更容易形成被动的逻辑,即,被动导向(Nadkarni & Barr, 2008),纳德卡尼和巴尔(Nadkarni & Barr, 2008)并通过实证研究证实了行业环境变化速度对企业主动导向的影响。

谭(Tan, 1996)基于对中国私营企业的研究,研究结果表明,环境的动态性对企业的主动导向具有显著的正向影响,但环境的敌对性和复杂性尽管与企业的主动导向正相关,但并不显著。贾拉利(Jalali, 2012)基于对伊朗中小企业的研究,发现环境的动态性、敌对性和不确定性均对企业的主动导向有显著的正向影响。

2. 企业内部因素的影响

以往的研究也表明，企业内部因素对主动导向具有一定的影响作用。例如，特里纳戈、费尔南德斯和瓦扎兹（Entrialgo，Fernández & Vázquez，2001）通过对233家西班牙中小型企业的实证研究，结果发现，资源的可得性和企业的主动导向存在显著的相关关系，但企业的规模、年龄对企业主动导向的影响并不显著。科汗和曼诺皮切特瓦纳（Khan & Manopichetwattana，1989）研究表明，充足的资源有利于促进企业的主动导向。

科文和斯莱文（Covin & Slevin，1988）在研究中也指出，有机的组织结构有利于促进企业形成主动导向，而机械的组织结构有利于日常任务，并提供确定性、秩序和一致性，但会抑制企业主动导向的形成。

3. 管理者个性的影响

高阶理论认为，企业的价值观、行为等都是企业高层管理者的认知、个性等的反映，因此，企业的主动导向受企业管理者的个性的影响。特里纳戈、费尔南德斯和瓦扎兹（Entrialgo，Fernández & Vázquez，2000）基于对233家企业的调查，研究了管理者控制焦点、成就需要、模糊容忍度对企业主动导向的影响，大多数主动导向的企业是由控制焦点水平更高、成就需要更高和更加容忍模糊的管理者所管理。

2.4.4 主动导向的作用结果

1. 主动导向对企业绩效的影响

主动导向的企业注重对市场机会的寻求，因此往往能够获得先动优势以及能够更好地利用新兴的市场机会，进而有利于企业绩效的提升。卡西利亚斯和莫雷诺（Casillas & Moreno，2010）选取了449家西班牙中小企业作为研究样本，发现主动导向对企业的成长具有显著的促进作用，洛茨和范德梅尔（Lotz & Van der Merwe，2013）在研究中也得出了相同的结论。T. 奥布洛、K. 奥布洛和普拉特（T. Obloj，K. Obloj & Pratt，2010）认为主动导向的企业不仅能够获得稀缺性的资源，而且还能够积极地去构建和影响环境，并通过实证分析证实了主动导向有利于企业获得更高的绩效水平。

2. 主动导向对企业行为、能力的影响

主动导向对企业战略行为或能力的影响关系也是组织管理研究领域重点关注的内容。纳德卡尼和巴尔（Nadkarni & Barr，2008）的研究证实，主动导向可以提高企业对一般事件和任务事件的反应速度，而被动导向会降低企业对一般事件和任务事件的反应速度。

拉森、格森和里斯（Lassen，Gertsen & Riis，2006）选取了 5 家采取了激进创新的新创企业作为研究对象，采用案例研究发现，主动导向有利于促进企业的激进创新。德罗格、卡兰托尼和哈曼奇奥卢（Droge，Calantone & Harmancioglu，2008）通过对 202 家小型制造企业的研究，结果发现，主动导向与企业的创新行为、市场情报获取存在显著的正相关关系。克莱泽、马里诺和戴维斯等（Kreiser，Marino，Davis et al.，2010）以韩国 250 家中小企业作为研究对象，发现主动导向对企业对机会感知、创新行为和战略重塑均具有显著的正向影响，其中，企业对机会的感知在主动导向对创新的影响过程中起到完全中介的作用，在主动导向对战略重塑的影响过程中起到部分中介的作用。阿克曼和伊尔马兹（Akman & Yilmaz，2008）以土耳其软件行业的企业为研究对象，研究表明，主动导向对企业的创新能力有显著的促进作用。

许、谭、劳斯瑞洪通等（Hsu，Tan，Laosirihongthong et al.，2011）从 5 个东盟国家中选取了中小供应商企业作为研究对象，研究了创业导向能力、供应链管理战略和企业绩效的关系，结果发现，主动导向对企业的供应链管理战略和企业绩效均有正向的影响，其中，供应链管理战略在主动导向对企业绩效的影响过程中起到部分中介的作用。

2.4.5 主动导向研究小结

尽管学者们在主动导向方面进行了许多探索性研究，也取得了一定的成果，但由于主动导向作为一个相对新的研究领域，研究的时间并不长，现有文献对主动导向的研究还存在一些不足。具体而言：①目前关于主动导向的内涵界定还存在不一致的观点，尽管多数学者都认同主动导向是认知层面的变量，但部分研究者却将主动导向界定为企业的一种战略，同时在企业主动导向的构成上也产生了几种不同的观点。由于关于主动导向的内涵和构成存在不一致的观点，导致对企业主动导向的测量出现了一定的差异化。②从以往的研究成果来看，学者们倾向于采用单一视角，或主要基于某一方面来研究企业主动导向的影响因素，以至于难以全面的理解企业主动导向的形成。③以往的实证研究多从直接以及中介变量的角度检验主动导向对企业绩效的正面作用；然而，有关"主动导向—企业绩效"之间的中介作用很小，以往的研究主要关注创新能力、创新行为、战略反应速度的中介作用。

2.5 风险倾向相关研究

自 20 世纪 80 年代以来，风险倾向在行为决策领域得到了广泛的研究（Sitkin & Pablo，1992；Saini & Martin，2009）。本部分将通过对国内外相关文献的回顾，梳理出风险倾向的内涵、维度构成、测量，以及风险倾向的影响因素及其绩效作用，以期更好地开展下一步的研究。

2.5.1 风险倾向的概念

1. 风险的内涵

要理解风险倾向的内涵，首先有必要对"什么是风险"进行剖析。耶茨和斯通（Yates & Stone，1992）指出，存在几个方面的因素导致对风险的构成缺乏共识：①几个不同的元素与整体的风险结构经常被混淆；②不同的情况下，风险具有不同的特点，使人们难以识别和确定；③风险本质上是主观的，因为不同个体具有不同的风险感知（Williams & Narendran，1999）。然而，尽管存在这些不确定性，研究者从各个视角，提出了一系列有关风险的概念。

目前，最普遍的做法是，将风险界定为损失的概率（Mitchell，1995）、损失的不确定性（Mehr & Cammack，1961）、结果的不确定性（Roszkowski & Davey，2000）和危险发生的可能性（Tse & Tan，2011）。部分学者还进一步深化了风险的内涵，界定了风险产生的缘由，指出：风险是由于决策的主体的行动或决策所导致的其承受损失的可能性（Cooper & Faseruk，2011）。此外，少数学者也提出了一些不一致的观点。例如，德嫩伯格和费拉里（Denenberg & Ferrari，1966）认为风险是实际与预期结果之间所存在的差异。

从以往各类对风险的界定中，可以看出：风险主要是指由于行动或决策所导致的承受损失的可能性。风险具有以下几个方面的特性：客观性、损失性、未来性和结果不确定性（陈超群，2011）。

2. 风险倾向的内涵

在个体层面，风险倾向的内涵界定存在两种不同的观点（Harwood，Ward & Chapman，2009）：其一，风险倾向是个体的性格特质（在不同时间和情形下具有稳定性）；其二，风险倾向是个体的一种行为倾向（受情境、经验等因素的影响），它是个体冒险或规避风险的当前倾向（Sitkin & Weingart，1995）。但是，有的学者在对个体风险倾向的界定中，采取了综合的观点，例如，郭婷、陈和唐（Kuo‐Ting，Chan & Tang，2010）将风险倾向界定为个体的特性，反映决定制定者采取或避免风险的累积倾向，它与决策制定者经验增加保持同步一致性，也随着它变化。

风险研究者指出个体层面风险倾向的概念可以延伸到组织层面，通过将组织看成一个整体决策机构，因此组织风险倾向可以被概念化为：组织采取或规避风险的倾向（Sitkin & Pablo，1992；Saini & Martin，2009）。研究表明，风险倾向是风险导向、习惯（行为惰性）和历史的结果（Mclain & Hackman，1999）。除了风险倾向一词以外，许多不同的术语都被用来描述组织风险倾向，例如，组织氛围（Kliem & Ludin，1997）、组织环境（Brown，1970）、组织文化（Specht，Chevreau & Denis‐Rémis，2006）等（Harwood，Ward & Chapman，2009）。

2.5.2 风险倾向的维度和测量

风险倾向在多数研究中通常被认为是一个单维度的构念，但哈伍德、沃德和查普曼（Harwood，Ward & Chapman，2009）指出由于风险倾向本身的复杂性，其内容结构或特性可能是由多个方面构成的，并通过探索性案例研究，识别出了 10 项组织风险倾向特性，并通过一个整合框架说明了这些特性之间的差异与联系。哈伍德、沃德和查普曼（Harwood，Ward & Chapman，2009）的多维度划分，其依据主要是针对一个案例的挖掘研究，维度的划分也十分细化，但这种划分方式尚需进一步的检验。

在组织风险倾向的测量方面，以往的研究主要采用问卷测量方法。例如，赛尼和马丁（Saini & Martin，2009）在研究中开发了企业风险倾向量表，用于衡量企业采取风险战略决策的倾向，原始量表一共包含 7 个题项，通过决策制定的求稳性、高层管理者的胆量、企业文化对机会的鼓励性等方面考察企业的风险倾向，但经净化后，量表删除其中的 2 个题项。探索性因素分析结果表明，该量表为单维结构，因子载荷值在 0.69 ~ 0.87 之间；信度分析结果表明，该量表具有良好的内部一致性，构建信度为 0.86，平均方差抽取量（AVE）也高于基准水平 0.5。此量表在该研究中具有良好的信度与效度，也能较好地反映企业风险倾向的构成。但是，该量表在随后的研究中没有经过其他学者的大规模验证，尤其是不同文化背景下的检验，因此该量表在推广性方面存在一定的不足。此外，采用二手数据测量风险倾向也是研究中常用的做法。

2.5.3 风险倾向的影响因素

风险倾向受许多情境和刺激的影响，相关实证研究表明，国家的文化环境、组织的氛围、组织以往的绩效等因素，都会对会对组织风险倾向产生影响。

1. 文化背景的影响

按照文化学家的观点，不同国家的人群在世界观、价值观等方面存在差异（Hofstede，1997），这往往也会导致不同国家的组织在风险倾向方面表现出一定的差异性。例如，在集体主义为导向的文化下，组织之间以及组织内部之间倾向于维持紧密的关系，信任程度更高，因此组织一旦决策失败，面临损失，它可以从紧密的关系网中获取帮助，降低损失的危害，所以在集体主义导向的文化下，组织具有更高的风险倾向（张媛，2011）。李洁和谢晓非（2007）指出在不同文化背景下，对概率的知觉也是具有差异的，这会导致不同的风险倾向。

曾进（2009）选取了美国、比利时与中国的企业作为研究对象，研究发现三国企业的风险倾向存在一定的差异；海西和韦伯（Hsee & Weber，1999）选取了中国和美国作为研究对象，结果也证实在投资方面中国比美国被试更具冒险性。

2. 组织伦理气氛的影响

组织伦理气氛可以被分为：利己主义和功利主义，其中利己主义奉行个体利益最大化标准，功利主义（仁慈）追求共同利益的最大化（吴红梅，2005）。赛尼和马丁（Saini & Martin，2009）通过实证研究发现，仁慈的组织伦理氛围可以作为一种精神"缓冲"，这种缓冲利于做好应对高风险的战略决策出了错而导致负面结果情况的准备，因此，仁慈型的伦理氛围的组织明显伴有较高的冒险倾向；但是为了防止道德问题，很多企业都将雇员补偿计划更多的转移到整体企业绩效，原因在于，当自己的利益与企业绩效挂钩时，风险倾向会减弱即使利己氛围为主导，这导致利己型伦理氛围对组织风险倾向产生抑制作用。

3. 过去绩效的影响

前景理论指出，在决策中存在"确定效应"和"损失效应"。确定效应是指在稳定的收益和"冒险"之间做出选择，多数人会选择稳定的收益；损失效应是指在亏损时，多数人往往不甘心，会采取冒险的行为（Kahneman & Tversky，1979）。前景理论涉及以下几个假设：组织中的决策者可用前景理论解释；在组织中采取风险受决策者对前景不明朗的选择的深思熟虑的影响；过去的绩效影响对现状的感知（Denrell，2008）。

按照前景理论以及企业行为理论，绩效比较差的企业或绩效低于预期目标的企业，具有更高水平的风险倾向。米勒和莱伯林（Miller & Leiblein，1996）通过研究也发现，绩效低于预期目标的企业表现出较高水平的风险倾向，通过寻求新的路径以改善绩效，而绩效水平高的企业恰好相反。亨德和米切尔（Hender & Mitchell，1997）在研究中也指出了企业绩效对风险倾向的影响。

4. 其他影响因素

除了上述因素以外，研究中还发现存在其他影响组织风险倾向的因素。例如，曾进（2009）在研究中指出，除了文化因素以外，经济发展阶段、制度安排以及经营理念都可能对中国企业的风险倾向产生影响，尤其是中国市场发育程度还比较低，外部治理机制还很脆弱，以及部分企业的内部治理结构尚不健全，导致企业管理层过度关注自身收益，使企业表现出较高的风险倾向。殷孟波和石琴（2009）以 1999～2008 年 16 家银行为例，通过实证分析发现，竞争会对风险倾向产生影响作用。陈文婷和李新春（2008）选取中小板上市家族企业为研究样本，结果发现家族持有的控制权与现金流权的偏离并不是导致其风险倾向与市场价值差异的主要原因，而是家族集中控股的影响。

2.5.4 风险倾向的作用结果

1. 风险倾向与组织行为

风险倾向对组织行为的影响是简单、直观的，一个"愿意承担风险"的企业必然或会影响它是否会实际上做出决策，尤其是风险决策，因此风险倾向对企业的决策行为具有重要的解释作用。例如，何新宇和陈宏民（2001）研究发现，风险倾向对企业的并购具有影响作用。

2. 风险倾向与组织绩效

目前，风险倾向与组织绩效之间的关系已经被经济学、金融学、管理学等多个领域的学者进行了研究，结果形成了三种主流的结论。

（1）风险倾向与组织绩效之间的直接相关关系。吕一博、苏敬勤和傅宇（2008）认为高风险倾向有利于提升企业的绩效；此外，赵景峰和王延荣（2011）选取 1995～2008 年我国高新技术企业为样本，采用灰色关联分析法，结果发现，企业的风险倾向与创业绩效存在紧密的相关关系。

（2）风险倾向与组织绩效之间的相关关系，受行业、时间、企业产权性质等变量的调节（Figenbaum & Thomas，1988；Saini & Martin，2009）。例如，赛尼和马丁（Saini & Martin，2009）研究指出：在私企之中，由于管理者可能具有较高的股份，冒险的决定将直接影响他们的收益，因此他们更可能将鲁莽的风险与审慎的风险分开；受资本市场的压力，公共产权性质的企业需要不断管理股票价格以满足每季每股收益的目标，因此不太可能通过审慎的风险策略以提高绩效的概率；此外，私营企业往往是由创业者经营，他们比管理者具有更高的风险倾向，因此也具有最大化收益的目标；以上这三种原因导致产权性质在风险倾向对企业绩效的影响中起着调节的作用。此外，曾进（2010）也发现，风险倾向—回报之间的关系受企业的业绩与目标水平的影响。

（3）风险倾向与组织绩效之间存在着非线性的相关关系，或者只有达到某一临界点之后，风险倾向才与绩效存在正相关关系。沃尔斯和戴尔（Walls & Dyer，1996）认为公司的冒险行为可以被解释为财务困难时增加其盈利性或破产时公司增加其资金成本，但资金成本的增加可以使曾经可行的项目不符合经济原则；在一个同质化的产业内，投资项目具有同等属性，稀缺资本的竞争要求公司在预期利润最大化、破产（或财务困境）时的可盈利性与运作良好的资本或信贷市场的要求相一致两者之间合理均衡。此外，沃尔斯和戴尔（Walls & Dyer，1996）进一步指出线性偏好函数是企业在预期利润最大化背景下的最佳选择，随着企业的风险承受能力的增加，隐含的实用函数变得不厌恶风险，并最终接近线性偏好函数，为了弥补有竞争力的资本/信贷市场的影响，公司的最终投资决策受制于一定程度上的风险规避，以符合公司的财务实力。由于，价值最大化和避免风险投资"危险"级别之间的权衡是公司长期生存能力的基础。所以，到达某一最佳点，超过该点公司从事"危险"的投资，企业的风险承受能力（在研究中使用风险承受衡量企业的风险倾向）与事后回报之间存在正相关关系。即只有达到某一点之后，风险倾向才与企业绩效之间存在正向相关关系。

2.5.5　风险倾向研究小结

学者们对风险倾向的内涵、测量、影响因素、绩效作用等问题进行了一定的研究，也得出了一些具有价值的结论；但是，从研究进展来看，这些研究仍然处于起步阶段，还存在一些不足之处。具体而言：①在概念内涵方面，组织风险倾向的界定虽然受个体层面界定的影响，但多数研究者认为，组织风险倾向是组织采取或规避风险的倾向，它至少在短期内倾向于稳定，这使得组织风险倾向也有了一个清晰的内涵。②企业嵌入在文化环境、行业环境之中，因此企业风险倾向既会受企业自身内部特性的影响，也不可避免地受到文化环境、行业环境的影响。然而，目前对企业风险倾向的前置因素研究仅仅取得初步的进展。③在企业风向倾向的作用结果方面，菲根鲍姆和托马斯（Figenbaum & Thomas，1988），赛尼和马丁（Saini & Martin，2009）等做了大量的研究，得出的研究结论并不一致，这些研究结果也表明，企业风险倾向究竟对企业绩效产生何种作用，可能受行业、时间、企业产权性质等权变因素的影响。

2.6　风险感知相关研究

风险感知是影响风险决策行为的重要变量（Cooper & Faseruk，2011）。当前的风险感知研究已经取得了一定的进展，因此系统梳理风险感知相关成果、理清风险感知的研究脉络、发现其取得的进展与存在不足，具有重要意义。鉴于此，本部分从风险感知的内涵界定、结构划分与测量方式、前置因素以及作用结果等方面对国内外相关的研究成果进行了总结与归纳，以期为下一步的研究提供有意义的借鉴。

2.6.1　风险感知的概念、维度与测量

1. 风险感知的内涵

风险感知是由风险和感知两个词语组成的复合概念。风险是指由于行动或决策所导致的承受损失的可能性（Cooper & Faseruk，2011）。在生物学中，感知被理解为"对来自外界刺激所产生的生理感觉的心理阐释"（Singh & Bhowal，2010）。但是，风险与感知组合到一起却产生了两类不同的定义。西特金和帕布洛（Sitkin & Pablo，1992），哈洛韦尔（Hallowell，2010），斯洛维克（Slovic，2000）等多数学者基于认知的视角，强调风险感知是个体对风险的认知，因此风险感知可以被界定为"对某一决策结果所带来损失的主观评价"。另一类观点认为，风险感知并不是仅仅的认知反应，还应该包括情感反应，塞顿、劳德、菲施勒等（Setbon，Raude，Fischler et al.，2005）将风险感知界定为人们对人的某些有价值的东西（包括人类本身）受到威胁的情境或事件时的认知与情感反应。

2. 风险感知的维度

风险感知是由风险与感知两个部分构成的，因此，风险的不同维度也间接构成了风险感知的维度。学者们在风险感知概念的基础上，进一步探索了风险感知的维度。

威廉姆斯和冯（Williams & Vong，1999）指出风险包含四个方面：不确定性、潜在收益或损失、情境构念和个体卷入程度。其中，不确定是指结果的变化范围、潜在收益或损失指决策带来收益或导致损失的程度、情境构念是指个体积极还是消极地看待决策情境、个体卷入程度指决策的结果与个体的相关程度。所以，风险感知可以由对不确定性、潜在收益或损失、情境构念和个体卷入程度的感知等四个方面构成。斯洛维克（Slovic，2000）的研究表明，普通人的风险感知可以被概括成一个相对简单的结构，由两个维度构成。第一个维度是"风险恐惧性"，它包括"后果严重性""恐惧""潜在灾难"等特性，第二个维度是"未知的风险"，它包括"那些未知的暴露""科学未知""陌生""非自愿"等特性（Yen & Tsai，2007）。

3. 风险感知的测量

大多数风险认知的测量研究要求被试者评估潜在风险的若干特性，采用问卷测量的方式，这种方法也被称为心理测量范式。例如，西特金和帕布洛（Sitkin & Pablo，1992）基于不确定性、潜在收益或损失、情境构念和个体卷入程度等4个方面，设计了相关的量表对风险感知进行测量。该量表有4项条款组成，研究发现，量表具有良好的信度，为0.75。霍顿、苏珊、西蒙等（Houghton，Susan，Simon et al.，2000）也采用了该量表。李华强、范春梅和贾建民等（2009）根据先前学者所提出的风险感知模型，采用了熟悉性、控制性测量人们的风险感知特征。

2.6.2 风险感知的影响因素

1. 社会文化因素的影响

文化是一组或一类人群共有的心理程序（Hofstede，1997）。文化理论由两部分组成：第一，实用主义的观点，即坚持社会关系的具体模式产生独特的方式看世界，称为"文化偏见"，反之亦然，即坚持一个特定的世界观使得相应类型的社会关系合法化；第二，受社会关系的"网络"和"群组"特点的影响，存在四种可行的"生活方式"：等级、平均主义、个人主义、宿命论（Marris，Langford & Riordan，1998）。

按照文化学家的观点，每组人群的世界观、价值观代表了不同的"理性"与"假设"等，这导致各类人群察觉到不同的风险，因此文化中所包含的世界观、价值观等在影响风险感知方面起着重要作用（Leiserowitz，2006），风险感知存在跨文化差异。吉尔拉赫、贝尔谢尔和贝特勒（Gierlach，Belsher & Beutler，2010）以日本、阿根廷与北美三个地方为例，结果发现三个的人群中，日本人自然灾害和恐怖事件的风险感知显著高于其他两个地方的人群。罗尔曼和陈（Rohrman & Chen，1999）也发现中国和澳大利亚的人群在风险感知方面的差异性。鲍耶、巴格达萨里安、恰巴南等（Bouyer，Bagdassarian，Chaabanne et al.，2001）研究结果表明，持有平均主义和个人主义的观点个体所感知到的化学污染物中危险的数量要高于持有相反观点的个体。

2. 风险事件经验的影响

从社会认知的角度而言，在没有经受风险事件的负面影响的情况下，随着暴露于危险之下时间的推移，会导致个体、组织信心以及自我控制感知的增加，这种认知性的偏差会降低个体、组织的风险感知的水平（Renner，Schüz & Sniehotta，2008），利马（Lima，2004）的研究也证实也这一观点。但是，在遭受风险事件的负面影响的情况下，个体、组织对风险不同维度的感知更加突出。惠特马什（Whitmarsh，2008）以气候变化作为风险事件，结果发现，受访者的健康已经受到空气污染的更有可能认为气候变化是一个突出的风险问题，更悲观地看待气候变化的影响。此外，霍、肖、林等（Ho，Shaw，Lin et al.，2008）的研究结论也表明，受害者与非受害者关注的风险事件是存在差异的，这也间接说明了经验对风险感知的影响。

3. 企业决策者特征因素的影响

（1）信任的影响。信任是一种心理状态，包括接受易损性的意向，基于对他人意向或行为的正面估计（Rousseau，Sitkin，Burt et al.，1998）。信任倾向高的决策者通常对他人意向或行为做出正面估计，而这种正面估计会降低个体的风险感知水平。维克隆德（Viklund，2003）以瑞典、西班牙、英国与法国为例，也发现了信任与风险感知之间的负向关系，研究也还指出信任是解释瑞典、西班牙、英国与法国之间风险感知差异的原因之一，但信任对风险感知的影响力度的大小具有很大的不确定性，例如，在英国，信任是一个非常重要的切实风险感知的变量，而在西班牙和法国，其贡献是接近到可以忽略不计；此外，信任对风险感知的影响作用也受风险类型所调节。

（2）情绪的影响。情绪状态可以勾起对过去事件的回忆，进而影响决策者的风险感知。当决策者处于好心情时，主要回忆过去事件积极的一面，关注风险事件的有利结果；而当心情较差时，思绪围绕在先前事件的消极方面，因此会更加关注风险事件导致的损失（Williams & Voon，1999）。威廉姆斯、扎努巴和杰克逊（Williams, Zainuba & Jackson, 2003）研究结果也间接表明，积极情绪（高）的管理者更加乐观地看待与风险相关的不确定性和个人的卷入程度，但并不愿意寻求风险；消极情绪（高）的管理者更加悲观地看待与风险相关的收益，也更加愿意规避风险。

（3）自我效能。自我效能是指决策者对能够通过采取某种行为完成目标的信念（Bandura, 1977），高水平的自我效能往往会弱化风险的负面影响，因此具备更低水平的风险感知。卡尔曼（Kallmen, 2000）通过实证分析证明，无论是公共风险还是个体风险，自我效能与风险感知之间都存在显著的负向相关关系。

（4）控制焦点。所谓控制焦点，是指决策者认为事件受自我控制的程度，它分为两种类型，即内部控制焦点和外部控制焦点。其中，内部控制焦点高的决策者往往认为事件受自我控制，决策者能够很好地掌控事件的结果，因此，内部控制焦点高的决策者对风险事件的感知水平要低，而外部控制焦点高的决策者恰好相反。马丁（Martin, 2004）研究发现，控制焦点与风险感知之间存在显著的相关关系。

2.6.3　风险感知的作用结果

长期以来，特质理论以个体的性格与特征作为描述和预测其行为的关键变量。该理论从特质的视角对不同人做出区分，并以此解释个体行为或绩效的差异。风险感知，作为决策者个体的一种特质或者组织的一种特质，必然对其行为产生影响。同时，风险感知理论也提出风险感知的变化会促使风险行为产生相应的变化（Brown, 2010）。

1. 风险感知对行为的直接影响

高水平风险感知的企业往往联想到决策行为的负面结果、以更加消极的态度看待决策，鉴于感性的不对称性，在更高的感知风险情境下采取的行动，也通常认为具有较低的预期值，因此，当企业认为当前情境具备较高的风险时，往往不会采取风险行为（Sitkin & Weingart, 1995），而是采取预防性的行为。例如，库珀和法斯鲁克（Cooper & Faseruk, 2011）综合了先前有关风险感知与风险行为的研究，通过元分析证实了风险感知与风险行为之间呈负向关系。

2. 风险感知对行为的间接影响

（1）风险感知—信息需求—信息搜寻行为。如果企业决策者对风险的某些变化而产生强烈的威胁感或焦虑感，由此增加的不确定性，将会提高企业对信息的需求程度以降低不确定性；而企业降低不确定性的动机将进一步驱动企业寻求信息（Huurne & Gutteling，2008）。

（2）风险感知—结果预期—承诺升级。风险感知高的企业决策者对失败、被威胁、缺乏机会具有强烈的敏感性（Highhouse & Yuce，1996）。当决策者认为继续采取原有行为具有高度风险性、导致失败的可能性很大时，企业是不愿意升级承诺；而一个低水平风险感知的决策者，相比较而言，往往对原有的行为持有乐观的预期，因此更乐意坚持原有行为（Wong，2005）。

（3）风险感知—情绪反应—行为反应。先前大量的研究表明，风险感知与情绪都是影响决策行为的变量。然而，风险感知与情绪反应之间的关系却出现了争论。按照信息处理理论，由于决策者使用情绪启发式，所以情绪影响风险感知；而按照评估理论，风险感知对情绪具有良好的预测作用，李和勒梅尔（Lee & Lemyre，2009）也赞同这一观点，并以实证研究证实了"风险感知—情绪反应—行为反应"这一研究逻辑，发现焦虑在风险感知与预防行为之间起中介作用。

2.6.4　风险感知研究小结

从上述研究中，可以看出，当前关于风险感知的研究取得了一定的进展，但也存在一些不足之处。具体而言：①多数研究使用问卷测量的方法测量风险感知，但测量方法比较单一，部分研究所采用的风险感知测量量表的条款十分少，量表的信度和效度也没有经过检验。②通过对风险感知影响因素的相关文献的梳理可以发现，国内外学者以文化理论、特质理论、学习理论等相关理论为基础，对风险感知的影响因素进行了深入的分析，其中包括社会文化、风险事件经验、信任、情绪、控制焦点、自我效能等；但以往研究在探讨风险感知的前因变量时，没有重视一些调节变量的作用。③与风险感知的前因变量研究相比，风险感知的结果变量的研究相对较少。尽管部分研究分析了风险感知与预防行为、风险行为之间的关系，也试图打开风险感知与行为之间的"黑箱"，也发现了信息需求、结果预期、情感反应等变量的中介作用，但相对而言深入挖掘了其中间的影响路径或机理的研究十分少。

2.7　突发事件预防行为相关研究

在过去的几十年间，研究者在突发事件预防行为的定义、维度结构和作用机制等方面取得了一定的进展，但目前仍缺乏一个系统梳理突发事件预防相关成果的研究，以至于突发事件预防行为的研究脉络存在模糊性、导致了重复研究、重复测量等问题。鉴于此，本研究在国内外文献研究的基础上，对突发事件预防行为研究的核心问题——概念、维度、测量、影响因素和作用结果等进行了梳理与评价，以期为下一步的研究做好铺垫。

2.7.1 突发事件预防行为的概念与维度

1. 突发事件的内涵

突发事件是指事态骤变、当事者的身心价值受到严重威胁或挑战、有关信息很不充分、发展态势具有高度不确定性而同时需要迅急决断的不利情景（南开大学 NSFC 应急项目研究课题组，2003）。从该概念可以看出，突发事件是一个十分宽泛的概念，涵盖面较为宽广，不同的事件的原因、发生频率、影响范围等具有一定的差异性。此外，王凯（2010）也指出突发事件包括公共卫生事件、社会安全事件、自然灾害等，但公共卫生事件、社会安全事件分别属于医学、社会学的研究范畴，尽管属于其与管理学存在一定的关联性，但与企业管理的研究并不密切；自然灾害虽然对企业的生产活动等产生一定的直接或间接的影响，但与自然灾害对普通个体的影响相比，这种影响相对要弱。基于以上原因，结合王影（2008）、李玉伟（2006）等人的观点，本研究从狭义的视角出发，认为企业突发事件是指"在生产经营及其相关的活动中突然发生的，伤害人身安全和健康，或者损坏设备设施，或者造成经济损失的，导致原生产经营及其相关活动暂时中止或永远终止的意外事件"，例如，火灾、爆炸、危险化学品泄漏、机械和电器事故、煤矿透水、坍塌等事件。

与突发事件相关的概念——危机、极端事件（extreme event）、灾害（disaster）、事故（accident）、风险（risk）等也在相关的研究中不断出现，但这些概念存在着包含、被包含、重叠、交叉等关系。例如，危机是指威胁组织生存或目标的事件、情形或趋势（Dutton，1986）。按照赫尔曼（Hermann，1972）、蕾莉（Reilly，1987）、卡梅利和肖布罗克（Carmeli & Schaubroeck，2008）等的观点，一种情形要成为危机必须具备以下几个特点：①威胁组织的生存或优先目标；②做出反应可利用的时间有限；③出乎决策制定者的意料；④破坏整个体系，不仅包括操作系统，而且管理者与其他员工的基本假设也会受到挑战。米特洛夫和阿尔帕斯兰（Mitroff & Alpaslan，2003）对危机进行了分类，确定了物理危机（事故、产品召回或设施泄漏）、人事危机（员工生病或死亡，劳工行动或职员犯罪）、外部犯罪危机（恐怖主义或恶意产品篡改）、信息危机（网络犯罪或信息盗窃）、自然灾害（地震，洪水或风暴）、经济危机（经济衰退或主要客户流失）和信誉危机（互联网污损或恶意谣言）等 7 个方面的危机（Herbane，2013）。

从国内外的研究中可以看出，灾害、事故、极端事件等都属于突发事件，而在国外文献中，通常把突发事件纳入危机的范畴之内。但是，危机与风险存在一定的区别。风险是指决策所导致的潜在未来损失，它是由决策决定的；而危机通常是指已经发生或潜在发生的事件，可能是由决策失误导致的，也可能是由外界力量造成的。

2. 突发事件预防行为的内涵

突发事件预防在我国由来已久，备预不虞、居安思危、防患于未然等思想深深植于传统的文化之中。尽管我国学者对突发事件预防没有给出一个清晰的界定，但也提出了"组织免疫"（吕萍和王以华，2009）、"危机预警"（王战平，2006）等相近的概念。国外学者在研究中通常用 crisis/disaster/emergency event preparation、preparedness、readiness 等代指突发事件预防，并基于不同的视角对突发事件预防进行了界定。

其一，突发事件预防主要是指组织对突发事件的预防程度或预防状态，它是组织准备预见和有效的解决内部或外部不利的环境中具有可能造成一个多维突发事件的状态，通过有意识别并对不可避免地发生积极准备（Sheaffer & Mano – Negrin，2003）。其中，预防状态主要体现在资源获取和资源布置的计划性和有形性的过程两个方面（Rousaki & Alcott，2007），涉及当前和未来的突发事件两种情形（Carmeli & Schaubroeck，2008）。其二，突发事件预防是组织为应对潜在突发事件，而采取的一系列具体化的行为。它也是组织所开展的活动和制定的程序以使其能够防止、遏制危机并从危机中尽快恢复（Kovoor – Misra，Zammuto & Mitroff，2000）。凡能够挽救人员生命、减少财产损失、降低事件负面影响（如，企业运营的长期中断）的活动都涵盖在危机预防的概念之下（Mayer，Moss & Dale，2008）。其三，部分学者将突发事件预防其界定为过程、能力等。例如，基尼（Keeney，2004）从过程的视角出发，提出突发事件预防是指为准备一个良好的协调行动计划而进行评估、规划、培训和准备的持续过程；此外，帕内尔、科索格鲁和斯皮兰（Parnell，Koseoglu & Spillan，2010）从能力的视角出发，将其界定为预防、防范、快速响应以及从事件中恢复的能力。

从以往研究中，可以看出，国内外学者分别从状态/程度、行为/活动、能力、过程等视角，对突发事件预防进行了界定，提出了一系列存在差异性的概念。但是，通过对其进行归纳可以发现，这些概念始终围绕"组织为应对突发事件而事先进行的准备"而对突发事件预防展开的界定，而界定的主要目的之一是衡量组织的突发事件的预防水平。

3. 突发事件预防行为的构成

关于企业突发事件预防行为的构成，学者们从多个视角对其成进行了研究，但研究的重点在泛化的危机预防行为。早在 1987 年，吉莱斯皮和斯特里特（Gillespie & Streete）就提出突发事件预防行为由计划、资源识别、预警系统、培训与模拟等构成。从宽泛的视角。科沃尔—米斯拉（Kovoor - Misra，1996）结合多维模型和洋葱模型，提出了一个概念框架，用于描述组织危机预防行为的构成，其中也包括突发事件。多维模型描述了预防的广度，包括技术、政治、经济、人力和社会、法律和伦理等 6 个维度；洋葱模型描述了危机预防的深度，由里到外依次为防御机制、组织信念、组织结构、计划和程序等 4 个层次。艾尔斯堡、菲尔德斯和罗斯（Elsubbaugh, Fildes & Rose，2004）以埃及纺织业为研究对象，采用文献研究、问卷和半结构访谈的研究方法，发现了 6 项重要的危机预防活动，按重要程度依次为：利于危机管理的良好文化的传播（价值观和信仰）、检测预警信号、创建一个高效的信息流、资源调动和实施、采取利于危机管理的战略与快速决策。

皮尔森和米特洛夫（Pearson & Mitroff，1993）指出危机预防行为（包括突发事件预防行为）是由战略行为、技术和程序行为、评估和诊断行为、沟通行为、心理和文化行为等 5 个方面构成。其中，战略行为包括将危机管理纳入战略计划过程中、提供培训等 6 项活动，技术和程序行为包括建立危机管理团队、为团队提供经费等 7 项活动；评估和诊断行为包括对危机信号的监测、对威胁进行评估等 6 项活动；沟通行为包括与当地社会建立有效的沟通、改善与利益相关者的沟通等 3 项活动；心理和文化行为包括提供心理支持服务、加强对过去危机的回忆等 7 项活动。

此外，其他学者也进行了研究，研究的观点相对较为破碎，也没有形成统一的研究结论。例如，金（Jin, 2010）则提出认知和资源准备两个方面可以较好地代表危机预防行为的构成；梅耶、莫斯和戴尔（Mayer, Moss & Dale, 2008），哈钦斯、阿努利斯和高德特（Hutchins, Annulis & Gaudet, 2008）等提出计划应是突发事件预防行为的一项重要组成部分。

2.7.2 突发事件预防行为的测量

自突发事件预防的概念提出以来，如何测量组织突发事件预防行为的水平成为危机管理研究的主要内容之一。已有的文献表明，问卷测量是研究中普遍采用的做法，但相关的问卷主要针对危机预防行为，而不是具体的突发事件预防行为。

卡梅利和肖布罗克（Carmeli & Schaubroeck，2008）开发了组织危机预防量表，共有 10 个项目组成。其中 6 个测量当前危机预防、4 个测量未来危机预防。采用 5 点评分表上要求被试评价自己组织的情况。基于斜交因子旋转方法的探索性因子分析表明，量表的两个因子对总体方差的解释率分别 52.43% 和 12.0%。其中，当前危机预防量表的一个条款（在危机情形下，我们知道被动反应还是主动反应是正确的）的因子载荷值为 0.45，相对偏低，其他条款的载荷值在 0.71~0.92 之间，未来危机预防量表的条款在 0.59~0.86 之间。当前危机预防量表和未来危机预防量表的科隆巴赫阿尔法（Cronbach's α）值分别为 0.87 和 0.84。由于是危机预防的两个维度，两个因子的相关系数达到了 0.66（p < 0.001）。

危机预防量表（crisis readiness scale）（Rousaki & Alcott，2006）由 11 个组织内部功能测量条款和 3 个感知危机可能性测量条款构成。要求被调查者在 5 点评分表上评价他们组织的实际情况。探索性因子分析结果表明，组织内部功能和感知危机可能性因子对总体方差的解释率分别为 32.4% 和 16.7%，组织内部功能因子的测量条款的因子载荷值在 0.45~0.75 之间，感知危机可能性因子的三项测量条款的载荷值分别为 0.90、0.84 和 0.78。组织内部功能和感知危机可能性量表的科隆巴赫阿尔法（Cronbach's α）值分别为 0.85 和 0.81。两个因子的相关系数达到了 0.22（p < 0.01）。帕内尔、科索格鲁和斯皮兰（Parnell，Koseoglu & Spillan，2010），斯皮兰、帕内尔和马约洛（Spillan，Parnell & Mayolo，2011）等在研究中也采用了该量表，不仅证实了该量表的信度和效度，也表明了量表在不同情境下的适用性。

基姆、查和基姆（Kim，Cha & Kim，2004）开发了危机指数量表用于测量组织的危机预防程度。该量表共有 47 项测量条款组成，分为危机理解（25 项测量条款）、危机体系（12 项测量条款）、危机沟通（10 项测量条款）等三个维度。分析表明，三个因子对总体方差的解释率分别为 25.199%、20.181% 和 14.976%，科隆巴赫阿尔法（Cronbach's α）值分别为 0.9701、0.9436 和 0.9064。其中，该量表中部分测量条款在两个因子上的载荷值都高于 0.5，例如，"实施危机模拟以便员工能够良好应对危机"在危机理解和危机体系两个因子上的载荷值分别为 0.518 和 0.598。此外，该量表尚缺乏在其他情境下的检验，因此该量表的信度和效度等问题尚需进一步的检验。

基于研究的需要，部分学者也开发了其他危机预防测量量表。例如，蕾莉（Reilly，1987）以快速反应能力、信息性、资源获取、危机计划、媒介管理、危机可能性等 6 个维度组成的 27 项条款测量组织危机预防，结果表明：各个维度的科隆巴赫阿尔法（Cronbach's α）值在 0.713 ~ 0.896 之间，具有良好的信度；快速反应能力、信息性、资源获取、危机计划、媒介管理等 5 个维度存在显著的相关性，而危机可能性与其他维度并不显著相关；因子分析只得到三个因子，因子一（快速反应能力、信息性、资源获取、危机计划）、因子二（媒介管理）、因子三（危机可能性），总体方差解释率为 53.2%。希利亚德、史葛哈尔塞尔和帕拉库西（Hilliard, Scott - Halsell & Palakurthi，2011）以文献研究和德尔菲法开发了会议项目危机预防量表，共有 40 项测量条款组成。分程序/技术、关系导向、资源配置、内部评估、专家服务等 5 个维度组成，因子分析结果证实了该量表具有良好的区分效度，但未对其信度等进行检验。

2.7.3　突发事件预防行为的影响因素

在过去的 20 年间，世界 500 强企业中具有良好危机准备的企业所占比例很少，这是非常值得担忧的（Mitroff & Alpaslan，2003）。因此，探讨组织突发事件或危机预防（不预防）背后的影响原因，逐渐引起了研究者们的极大兴趣。

1. 风险感知

风险感知是指决策者对情境中固有风险的评估（Sitkin & Pablo，1992）。它是一种固有的心理构念，当客观信息最少时，对感觉遭遇危险可能性的一种主观判断（Gierlach, Belsher & Beutler，2010）。不确定性、潜在收益或损失、情境构念和个体卷入程度等风险的四个方面也间接构成了风险感知的维度（Williams, Zainuba & Jackson，2003）。风险感知与组织突发事件预防行为之间存在不确定的关系。一方面，组织认为突发事件的发生的概率越高、给组织造成损失的可能性越大，基于保护的动机，组织会积极地采取预防行为。另一方面，在组织不知道如何具体采取预防行为的情况下，高程度的风险感知并不会正向影响组织突发事件预防。克利夫、莫洛克和柯蒂斯（Cliff, Morlock & Curtis，2009）的研究结果也表明了风险感知与预防行为之间存在显著、不显著的影响关系，他们以医院为研究对象，通过 7 个方面衡量预防措施，结果发现，风险感知仅仅与教育、培训预防措施存在显著的正相关关系，风险感知与整体的预防措施并不存在显著的相关关系。

2. 突发事件经验、失败学习与经验忘却

对以往关于突发事件经验或学习对组织突发事件预防的影响研究进行系统梳理后，可以发现，突发事件经验在促进组织采取预防行为的同时，也会对其产生抑制的作用，研究结果存在两种鲜明不同的观点：

其一，突发事件经验正向影响组织突发事件预防行为。过去突发事件为组织提供了学习的机会，这使得组织会通过识别导致突发事件的相似情形和采取纠正行为以在未来避免类似的问题（Kiesler & Sproull，1982），因此过去突发事件预防带来的经验或学习机会有助于提高组织突发事件预防行为的程度（Rousaki & Alcott，2007）。但并不是所有的学习都有利于提高组织突发事件预防水平。其中，组织学习的过程具有单回路和双回路学习两种形式。单回路学习会导致仅仅对既有问题的反应，但并不涉及解决问题原因的行为；而双回路学习不仅会产生解决现有问题的行为，也会在更大程度上促使更正问题产生的原因或改变其他影响问题发生因素的产生，因此，双回路学习对组织突发事件预防行为具有正向的影响（Carmeli & Schaubroeck，2008）。此外，卡梅利和肖布罗克（Carmeli & Schaubroeck，2008）指出有危机经验的组织会对危机问题更加警觉，尤其在经历危机不久的情况下，会通过采取预防措施以避免危机。

其二，突发事件预防经验负向影响组织突发事件预防行为。尼斯特罗姆和斯塔巴克（Nystrom & Starbuck，1984）指出过去的经验会抑制组织对新知识的学习以及加剧组织危机，在组织拥有新想法之前必须抛弃与忘却原有的知识通过发现它们的缺陷，例如，组织通过更换高层管理者的方式来删除主导思想，证明过去的项目不成立，变得更容易接受新观念等。不仅如此，经验还会强化组织的防御路径、引发组织内的冲突或导致威胁僵化效应，这都不利于组织的预防（Reilly，1987）。例如，谢弗和马诺内格林（Sheaffer & Mano - Negrin，2003）选取了82个组织作为研究样本，结果证实了经验的忘却，而非经验，对组织预防具有良好的正向预测作用。

3. 组织规模与类型

组织突发事件预防行为作为一种准备活动，需要一定的人力和物力的投入。与小规模的组织相比，大规模组织具有更多的闲置资源、更广的社会网络也使得其更容易获得资源，因此大规模组织往往具有更高的预防水平，克劳德曼和哈拉汉（Cloudman & Hallahan，2006）的研究也证实了这一观点。但是，规模过大会导致程序化，使得组织缺乏灵活性，会限制组织的突发事件预防行为水平，所以适度规模的组织具有更高程度的突发事件预防行为。希利亚德、史葛—哈尔塞尔和帕拉库西（Hilliard，Scott - Halsell &

Palakurthi，2011）通过研究发现，与大规模与小规模组织相比，中等规模的组织预防水平最高。

此外，古斯（Guth，1995）的调查结果表明，与其他类型的组织相比，盈利型组织具有更高的预防水平。然而，这一结论在随后的其他实证研究中没有得到证实。

4. 其他影响因素

除了上述影响因素以外，还存在其他影响组织突发事件预防行为的因素，但研究相对较少，也比较分散。例如，自治水平、授权和过程导向（Cloud-man & Hallahan，2006）；管理者职位（Reilly，1987）；人力资源管理、战略、结构（Sheaffer & Mano - Negrin，2003）等因素。

2.7.4 突发事件预防行为的作用结果

突发事件管理一般可以分为三个阶段：事前预防、事中应对与事后恢复。突发事件预防行为是突发事件管理的第一阶段，也是突发事件管理的关键。大多数突发事件的发生是一个渐变的过程，而突发事件预防的侧重点在于突发事件发生之前做好准备，以降低突发事件发生的可能性、改善突发事件的应对绩效以及降低突发事件可能造成的损失、提升组织的经济绩效等。目前，关于突发事件预防行为的绩效作用的研究已经取得初步的成果。

1. 突发事件预防行为→组织经济绩效

突发事件预防行为可降低组织的成本，提高组织的经济绩效。例如，米特洛夫和阿尔帕斯兰（Mitroff & Alpaslan，2003）经过对数据的统计发现，与没有危机准备的公司相比，具有良好危机准备的公司具有更高的经济绩效。李晓翔和刘春林（2011）以汶川地震为例，选取四川等地的上市公司为研究对象，结果表明，冗余资源与公司绩效存在一定的关联。由于突发事件预防通常涉及资源的储备，因此资源冗余在一定程度上也可间接表明预防对企业经济绩效的正向促进作用。霍普和鲁本（Hoop & Ruben，2010）以地震为例，经对比研究发现，事前的预防与事后的应对相比，更加具有成本有效性。

2. 突发事件预防行为→组织反应绩效

突发事件预防行为由于涉及对组织受到突发事件破坏时如何获取增补资源的计划、事前相关人员的培训、危机模拟演练等，因此能够提高组织的突发事件应对绩效，比塞尔、皮涅、尼尔森等（Bissell，Pinet，Nelson et al.，2004）等基于案例研究的方法证实了这一观点。李晓翔和李文君（2010）选取了2008年中遭受地震和雪灾影响的85家上市公司为研究样本，通过实证研究后发现，与沉淀性冗余资源相比，非沉淀性冗余资源在对公司的应急绩效具有更好的影响作用，同时还发现公司成立年限在沉淀性冗余资源对企业应急绩效的影响中，起到正向调节的作用。这也间接表明，突发事件前的资源准备能够提高组织对突发事件的应对效果。

3. 突发事件预防行为→组织生存绩效

芬克（Fink, 2000）和奥弗（Offer, 1998）的危机预防回顾表明，如果事先没有充分的恢复计划，一旦遭受危机，50%的企业将无法生存；佩多内（Pedone, 1997）的研究结果更为悲观，如果没有灾害恢复计划，90%的企业在灾后的两年内会倒闭（Spillan, 2003），这都说明了突发事件预防行为对企业生存绩效的影响。

4. 突发事件预防行为→组织反应绩效→组织经济绩效

随着研究的深入，国内外学者也发现，预防与绩效并不是直接的影响关系，而是存在着一定的影响路径。例如，吕萍（2011）基于生物免疫学新视角，以233家企业为研究样本，探索了"组织免疫行为—组织免疫绩效—组织绩效"作用机理，通过实证分析发现，组织防御对免疫绩效、组织绩效均具有正向影响，同时组织免疫绩效在突发事件预防与经济绩效之间起部分中介的作用。其中，组织免疫绩效由组织对内外部突发和非常规事件的敏感度、判断的准确性、采取行动的速度、采取行动的有效性、突发和非常规事件重复发生的次数是否减少、对重复发生的突发和非常规事件的行动速度和有效性是否提高等6项测量条款组成，而6项条款中，至少4项条款明确是测量组织对突发事件的反应绩效，这也证实了组织反应绩效的中介作用。科里和德奇（Corey & Deitch, 2011）的研究也发现，灾害的应对效果对企业的经济绩效具有直接的影响。

2.7.5 突发事件预防行为研究小结

突发事件预防行为一直受到管理学、经济学、社会学、心理学等不同领域学者的广泛关注，以往研究也取得了大量的成果，但在许多关键问题上仍存在分歧和不足。具体而言：①由于研究视角的不同，以往研究在定义突发事件预防行为时存在一定的差异性，差异性在带来突发事件预防行为研究多样性的同时，也导致了对突发事件预防行为具体构成是什么存在模糊性，以及研究结果的"不可比较性"；这也进一步使得测量工具呈现出不一致性。②目前对组织突发事件预防行为影响因素的研究主要围绕风险感知、组织学习、以往经验和组织规模、类型等少数因素。除此之外，少数研究也表明，人力资源管理、战略、组织自主性等因素也对突发事件预防行为具有影响作用。③从目前的研究现状来看，尽管吕萍（2011），比塞尔、皮涅、尼尔森等（Bissell，Pinet，Nelson et al.，2004）等已进行了直接或相似的研究，但突发事件预防行为与其相关结果变量的关系的研究，以及不同绩效之间关系的研究仍相对十分缺乏。

2.8 突发事件防治绩效相关研究

突发事件防治绩效是衡量突发事件预防行为的重要指标，因此突发事件预防防治绩效在以往的研究中受到了广泛的关注。在过去的几十年间，研究者围绕突发事件防治绩效的定义、维度构成、测量、影响因素等方面进行了研究。因此，本研究需要对突发事件防治绩效研究的核心问题——概念、维度、测量、影响因素等进行梳理与评价，以期为下一步的研究提供借鉴。

2.8.1 突发事件防治绩效的概念与维度

1. 绩效的内涵

绩效是一个复杂的概念。韦伯斯特词典对绩效给出了多种解释：①行动的执行、事情的完成；②执行的能力（效率）、机制运行的方式；③对刺激的反应方式（行为）等①。坎贝尔（Campbell，1990）认为当对绩效进行界定时，有必要对绩效的行为方面和结果方面进行区分：行为方面指的是组织所让做的工作，它应该与组织的目标相关；结果方面是指行为所导致的结果、行为的效率等（Sonnentag & Frese，2002）。

目前，虽然关于组织绩效的内涵并没有一致的结论，但是可以归纳出三种比较主流的观点。第一种，结果或目标的视角，假定组织追求最终以及可识别的目标，因此，将绩效界定为目标的实现程度；第二种，系统资源的视角，强调该组织及其环境之间的关系，将绩效界定为组织获取稀缺和有价值的资源的能力；第三种，过程的视角，将绩效界定为组织参与者的行为（Ford & Schellenberg，1982）。

2. 防治绩效的内涵

防治是由"防"和"治"两个字组成的一个术语。新华字典对"防"的

---

① 转引自：http：//www.merriam-webster.com/dictionary/performance。

解释为"防止，戒备，预先做好应急的准备"，"治"的解释为"管理，处理，治理"①。所以，防治的意思为"预防和治疗"，即"确保安全和应对"。

事故致因理论提出事故的发生主要是由于人和物的不安全行为造成的，尤其是人的不安全行为。德斯勒（Dessler，1978）虽然将事故发生的原因扩展到偶然事件、不安全的环境和不安全的行为等 3 个方面，但特别指出人引发的不安全行为是事故的主要原因②。这导致国内外学者对突发事件防治绩效的研究中重点关注安全绩效。

事故或伤害预防研究者也对安全进行了一定的界定（Yau, Ho & Chau, 2008）。例如，不遭受危险（Thygerson，1977），事故是不太可能发生的状态，如果发现，限制其对人的伤害（Ranson，1993）。此外，世界卫生组织（WHO）将安全分为两个维度：主观维度和客观维度，主观安全是指个体对安全的内在感觉或感知，也可聚合到宏观层面；而客观安全是指可通过外部标准衡量的行为和环境因素（Nilsen, Hudson, Kullberg et al.，2004）。

目前，关于安全并是什么并没有一个一致的结论。事实上，大多数突发事件预防措施、干预方案等的目标是降低损失、减少伤害发生率，因此、损失降低、伤害发生率减少等是安全定义的核心内容。所以，安全在其本质上意味着降低突发事件、事故等的发生，不遭受事件、事故等的危害，如健康受损、经济损失等。

由于防治、绩效、安全等术语具有一定的复杂性，因此，文献中对安全绩效的界定呈现出了较大的差异性，在安全绩效的概念构成、涵盖的层面以及涉及的过程的范围等方面具有较大的不一致性。

在安全绩效的概念构成方面，存在两种不同的观点。第一种观点认为，安全绩效是一个单方面的概念，例如，佐哈尔（Zohar，2000）认为安全绩效就是指事故发生的次数、受伤人员的数量等。第二种观点认为，安全绩效是由两个或两个以上不同的独立概念构成的，例如，张桂平（2013）认为安全绩效是由安全行为和安全结果两个独立的概念构成的，前者指员工的安全行为，后者是指安全事故或灾难造成伤亡的具体结果。

在安全绩效所涉及的组织层次、涵盖的方面，存在两种不同的观点。第一种观点认为，安全绩效是一个仅仅涉及个体的概念，例如，福特与蒂特里克（Ford & Tetrick，2008）指出对安全绩效最好界定为"个体采取提高个人

---

① 转引自：http://xh.5156edu.com/html5/z95m23j216468.html。

② 转引自：邹巧柔，谢朝武. 旅游者安全行为：研究源起与国内近十年研究述评. 旅游学刊，2013, 28 (7), 109 - 117。

和组织安全的行为程度，以及避免降低自身和组织的安全性的行为程度"。第二种观点认为，安全绩效是一个涵盖组织和个体两个层面的概念，应分别对其界定，例如，肖文娟（2009）提出安全绩效有两方面的含义：①整个组织的安全运行水平，即组织的整体安全运行状况；②个人的安全工作状况，即从事安全工作的人员对安全生产目标的实现程度。

从过程的视角出发，在安全绩效的界定存在三种观点。第一种，结果的视角，认为安全绩效可以直接用安全生产事故发生情况及其后果定义；第二种，行为的视角，认为安全绩效是指企业现实安全工作的运行效果；第三种，综合的视角，安全绩效可以用事故发生情况与企业现实表现来定义（刘素霞、梅强、沈斌等，2010）。

3. 突发事件防治绩效的维度

在防治绩效的维度构成方面，以往的研究主要关注"安全绩效"方面，而对"应急绩效"的研究相对偏少。

（1）两维度。格里芬和尼尔（Griffin & Neal，2000）提出安全绩效由安全遵从和安全参与两个维度构成，即：①安全遵从，基于以往对任务绩效的定义，使用"安全遵从"来描述需要个人执行的核心安全活动以保持工作场所安全，这些行为包括遵守挂牌（tagout）和锁定（lockout）程序和穿着个人防护装备；②安全参与，基于以往对关系绩效的定义，使用"安全参与"来描述非自愿参加安全活动或参加安全会议等行为，这些行为可能不会直接促进工作场所的安全性，但会帮助形成支持安全的环境。谢美凤（2003）虽然也坚持二维度划分，但认为应该划分为安全管理和事故调查统计两个方面。

（2）三维度。袁玥（2012）在格里芬和尼尔（Griffin & Neal，2000）、尼尔、格里芬和哈特（Neal，Griffin & Hart，2000）将安全绩效划分为安全遵守和安全参与的基础上，将安全绩效划分为三个维度：安全遵守、安全参与和安全结果。

（3）多维度。吴、陈和李（Wu，Chen & Li，2008）将安全绩效划分为安全组织与管理、安全设备与措施、事故统计、安全训练评估、事故调查与安全培训实施等6个维度，而吴、常、舒等（Wu，Chang，Shu et al.，2011）在研究中则将安全绩效划分为四个维度：安全监察、事故调查、安全培训和安全动机。伯克、萨皮、特斯鲁克等（Burke，Sapyr，Tesluk et al.，2002）对安全绩效的划分也是四维度：使用个人防护装备、从事工作实践，以降低风险、传达健康与安全信息以及行使员工权利和责任。

综上所述，随着突发事件防治绩效研究的逐步深入，学者们在格里芬和尼尔（Griffin & Neal，2000）研究的基础上，针对不同的情境，将突发事件防治绩效划分为了不同的维度。

2.8.2　突发事件防治绩效的测量

关于防治绩效的测量存在多种方式，通常分为事后测量和事前测量，其中：事后测量是用于评价以往安全工作或用于比较，而事前测量用于以评价当前的系统或工作是否正常，但不存在最优的测量方式，指标的选择取决于测量的目的和数据的可得性（Feng，Teo，Ling et al.，2014）。在研究中，主观态度测量主要对应的是事前测量，而二手数据测量对应的是事后测量。

1. 主观态度测量

尼尔、格里芬和哈特（Neal，Griffin & Hart，2000）提出从安全遵从和安全参与两个方面测量安全绩效，并开发了相应的测量量表。安全遵从包括四项条款，例如，在工作活动中，使用正确的安全程序、确保最高的安全水平等，量表的信度为 0.94。安全参与也是由四项测量条款组成，例如，自愿执行帮助改善工作场所安全的任务或活动，当同时在风险或危险条件下工作时，给予帮助等，量表的信度为 0.89。袁玥（2012）在尼尔、格里芬和哈特（Neal、Griffin & Hart，2000）研究的基础上，加入了安全结果这一变量，开发了具有 14 项条款组成的安全绩效测量量表，结果发现，三个因子具有良好的区分效度，所有因子的信度都高于 0.8，各个测量条款的因子载荷值都大有 0.65。

吴、舒和萧（Wu，Shu & Shiau，2007）开发了具有 18 个题项组成的安全绩效量表，分为安全检查（6 题项）、事故调查（6 题项）和安全动机（6 题项）。其中，安全检查方面的题项来源于劳动安全和健康法及规定，以及彼得森（Petersen，2005）提出的安全绩效的测量；事故调查方面的题项来源于对安全审计评估的修订以及彼得森（Petersen，2005）提出的安全绩效测量；安全动机维度的项目是对彼得森（Petersen，2005）提出的安全绩效的测量，以及斯瓦茨（Swartz，2002）提出的安全审计要素的修改。经检验，三个因子具有良好的区分效度，信度均高于 0.9，所有条款的因子载荷值均大于 0.7。

吴聪智（2001）在文献研究的基础上，经过预试、项目分析、信度和效度分析，开发了安全绩效测量量表。经主成分分析后，一共提取了 6 个因子，累积方差解释率为 69.14%。吴、陈和李（Wu，Chen & Li，2008）基于先前的研究，开发了具有 38 项条款组成的安全绩效量表，该量表具有良好的信度和效度，其中 6 个因子的科隆巴赫阿尔法（Cronbach's α）值分别为：

0.9254、0.9165、0.9090、0.8913、0.9131 和 0.8927。

伯克、萨皮、特斯鲁克等（Burke, Sapyr, Tesluk et al., 2002）首先对 200 篇与安全绩效、安全环境、安全培训等相关的文献进行了回顾，初步形成了 50 项测量条款用于评价安全绩效；然后，采用 7 点量表（从没有到经常）对 50 项行为进行测量；接下来，经项目分析和会议反馈，最终形成由 27 项条款构成的测量量表。经探索性因子分析，形成 4 个因子，分别为：使用个人防护装备、从事工作实践，以降低风险、传达健康与安全信息、行使员工权利和责任，其中，所有条款的载荷值都大于或等于 0.62，并且显著。

2. 客观指标测量

采用二手数据测量安全绩效是研究中常用的做法，例如，克拉克（Clarke, 1998）、查尔和瓦沃林（Chhokar & Wallin, 1984）等人认为事故率、人员伤害数量等可以很好地测量防治绩效，并可以广泛地应用到研究之中，但这些指标缺乏一定的准确性，也忽略了对行为的测量。

李山汀（2007）采用美国职业与健康机构（OSHA）提出的可记录性事故发生比例 TRIR（total recordable injury rate）指标测量安全绩效，其中，TRIR 是指每 200000 作业工时中，可记录事故的发生次数，因此，安全绩效的计算为：可记录事故发生次数 × 200000/实际作业总工时数（李山汀，2007）。

张江石、傅贵、王祥尧等（2009）指出违章次数、事故次数、事故率、死亡率、事故扣款、经济损失等客观事后指标是在煤炭事故研究领域常用的测量安全绩效的指标，此外安全认识指数（general safety climate index, GS-CI）、安全行为指数（behaviour safety index, SI）等可以作为事前预防性安全绩效指标。张江石、傅贵、王祥尧等（2009）采用由违章次数、事故扣款及其占全矿同期比例等对煤矿企业的安全绩效进行了测量。

2.8.3 突发事件防治绩效的影响因素

1. 安全氛围的影响

安全氛围是一个总结性的概念，它描述组织或工作场所的安全行为准则，反映在员工对安全的信念，被认为对员工在工作场所与安全相关的行为方式具有预测作用（Williamson, Feyer, Cairns et al., 1997）。安全氛围是组织氛围的一个特定方面，专注于那些对组织政策、程序和做法的共同感知，是充当员工安全和健康重要性的指标（Zohar, 2000）。

（1）安全氛围对防治绩效的直接影响。辛格、林、福尔韦尔等（Singer,

Lin，Falwell et al.，2009）以医院为研究对象，证实了安全氛围对安全绩效具有影响作用。梅恩斯、惠特克和弗林（Mearns，Whitaker & Flin，2003）选取海上石油和天然气公司作为研究样本，结果发现：安全氛围与员工遭遇低比例的事故相关联；良好的安全氛围与官方所报告事故的数量显著负相关；安全氛围得分比较高的个体遭遇事故的概率要小；此外，有效的安全管理实践与员工遭遇事故的比例、官方事故报告的数量也存在负相关关系。

（2）安全氛围对防治绩效的影响机理研究。

①安全氛围—安全知识、安全动机—防治绩效。格里芬和尼尔（Griffin & Neal，2000）在探讨安全氛围对安全绩效的影响机理时，开展了两个子研究，子研究一发现：安全氛围的四个维度（管理价值观、安全检查、人员培训、安全沟通）具有良好的区分效度，并对安全绩效具有正向促进作用；安全知识在安全氛围对安全遵从的影响中起部分中介的作用，但在安全氛围对安全参与的影响中并不起中介的作用；子研究二在子研究一的基础上，将安全氛围分为五个维度：管理价值观、安全沟通、安全实践、安全培训和安全设备，研究发现，在安全氛围对安全绩效的影响中，遵从动机、安全知识和参与动机起着完全中介的作用。

此外，尼尔、格里芬和哈特（Neal，Griffin & Hart，2000）检验了一般组织氛围对安全氛围与安全绩效的影响，结果发现：一般的组织氛围对安全氛围具有显著的影响，安全氛围与遵从安全规定和程序，以及参与工作场所安全活动显著相关，一般的组织氛围对安全绩效的影响，被安全氛围所中介，而安全氛围对安全绩效的影响被安全知识和动机部分中介。尼尔和格里芬（Neal & Griffin，2006）在 2 个时间点上测量了安全氛围、动机和行为，并将它们联系到超过 5 年期间之前及之后的事故水平，结果发现：就自上而下的影响而言，组内安全氛围的平均水平对个人安全动机的后续变化具有预测作用；就自下而上的影响而言，组内安全行为的平均水平改进与随后层面事故的减少相关。

②安全氛围—心理压力—防治绩效。肖、菲利普斯和梁（Siu，Phillips & Leung，2004）研究了安全氛围（安全态度和沟通）、心理压力（心理困扰和工作满意度）和安全绩效（事故发生率和职业伤害）之间的关系，研究结果表明：安全态度对职业伤害具有预测作用，心理困扰在安全态度对事故率影响的关系中起着部分中介的作用。

③安全氛围的调节作用。克罗、伯克和兰迪斯（Crowe，Burke & Landis，2003）基于培训的历史数据和在美国的核废料行业内收集的 133 危险废物工人的安全绩效的评价数据，探讨了对安全培训的组织氛围在安全知识和安全

绩效之间的调节作用，结果发现：在更高的安全氛围水平下，安全知识对安全绩效的影响作用更强。

蒋、余、李等（Jiang, Yu, Li et al., 2010）构建了单位安全氛围与感知同事的安全知识/行为（PCSK/B）对安全行为（安全遵从和安全参与），以及安全绩效（伤害和未遂）的关系。分层线性模型分析表明：单位安全氛围和感知同事的安全知识/行为（PCSK/B）对安全行为具有显著的交互影响，即更安全氛围的水平越高，感知同事的安全知识/行为（PCSK/B）对安全行为影响效果更大，感知同事的安全知识/行为（PCSK/B）对伤害的影响是通过安全行为产生的。

2. 安全文化的影响

许扬周（2012）通过对华北地区9个大型企业的大样本调查，分析了安全文化对企业安全绩效的影响作用及其机理，研究发现：企业安全文化的三个维度对企业安全绩效均具有正向的影响，领导—员工交换关系在安全价值观与安全管理系统对员工安全行为的影响中起到部分中介的作用。袁玥（2012）通过对四川、江苏、深圳和天津等地区建筑企业的问卷调查，结果发现：建筑企业安全文化对安全结果也具有显著的影响。

3. 领导力的影响

安全领导力是领导者和追随者之间相互作用的过程，在这个过程中，领导者能够对追随者施加影响的，以在组织和个体因素背景下实现组织安全目标（Wu, 2008）。吴、常、舒等（Wu, Chang, Shu et al., 2011）考察了三个潜变量之间的关系：安全领导力、安全氛围和安全绩效，通过对中国台湾地区中部某石化公司七个部门23个工厂的521名员工的问卷调查，采用结构方程模型分析上述变量之间的关系，结果表明：安全领导力对安全绩效具有显著的影响，而安全氛围在安全领导力对安全绩效的影响起到了部分中介的作用。

卡帕（Kapp, 2012）探讨了一线主管领导力实践（leadership practices）是否对员工安全绩效是否有影响，结果发现：权变奖励领导行为和变革型领导行为与安全遵从和安全参与存在显著的正相关关系，但这种相关关系受安全氛围所调节，其中，在高水平的安全氛围条件下，主管领导力实践对员工安全遵从具有正向影响作用，但在低水平的安全氛围条件下，这种影响作用并不显著。

4. 其他因素的影响

阿尔—雷菲（Al-Refaie, 2013）探讨了组织、安全管理以及工作团队层面的因素对安全绩效（安全的自我效能、安全意识、安全行为）的影响研究，结果表明：管理层的承诺、相互和谐、持续改进与员工授权显著影响安全绩效，然而，责备文化通过影响安全报告系统或奖励制度而障碍安全行为，对于大型企业，高层管理、相互关系、持续改进、无可指责的文化、员工授权显著影响安全意识和安全行为，对于中等规模的公司，高层管理、相互关系、持续改进、员工授权并不能不提升安全的行为。

冯、陶、凌等（Feng, Teo, Ling et al., 2014）探讨了安全投资、安全文化和项目风险对建筑企业安全绩效的影响，以新加坡企业为研究样本，采用相关分析、回归分析、调节和中介分析，研究结果表明：安全投资的提高、安全文化的提高以及项目风险的降低都会促进安全绩效水平的提高；安全文化在自愿性安全投资对安全绩效的影响中起中介作用；事故频发率和事故严重率之间的关系是受项目风险水平调节。

罗斯（Rose, 1990）探讨了航空业的产品安全选择，尤其是财务状况的影响作用，使用 35 家大型定期客运航空公司在 1957~1986 年期间的数据用于估计盈利能力、财务状况等方面对事故和事件发生率的影响，结果表明，较低的盈利能力与较高的事故和事件发生率相关，特别是对较小的运营商而言。

2.8.4　突发事件防治绩效研究小结

尽管突发事件防治绩效的研究已经取得了一定的进展，尤其是在量表的开发、二手数据的使用、前置因素以及这些因素间的作用等方面，但研究中仍存在一些不足，需要未来的研究进行深化、弥补等，具体而言：①以往研究对突发事件防治绩效的界定存在多种不同的观点，例如，部分学者指出突发事件防治绩效不仅仅包含了行为的结果因素，而且还包括行为自身的因素。同时，由于对突发事件防治绩效界定的不同，以往研究在测量突发事件防治绩效时存在较大的差异性。②目前对突发事件防治绩效影响因素的研究主要围绕安全氛围、安全文化、领导力等三个方面，对其中间影响机理的研究也在不断地深入。除此之外，少数研究表明，探讨了安全投资（Feng, Teo, Ling et al., 2014）、企业财务状况（Rose, 1990）、安全态度（Tam & Fun, 1998）等因素对突发事件防治绩效也具有一定的预测作用。③企业的关注点在于如何保持竞争优势，获取良好的经济绩效、成长绩效，因此，突发事件防治绩效与其他绩效之间的关系如何也是研究的重心。然而，从目前的研究现状来看，突发事件防治绩效对经济绩效、成长绩效等的影响作用的研究十分缺乏。

2.9 相关研究述评

2.9.1 以往研究取得的进展

以往研究对主导逻辑、长期导向、主动导向等相关认知因素，突发事件预防行为及其绩效，以及风险倾向、风险感知等因素之间的因果关系进行了大量的理论探讨与实证研究，取得了一定的进展：

（1）在个体层面关于认知风格的大量研究为企业层面主导逻辑的研究奠定了良好的基础，企业主导逻辑的维度划分已相对成熟、测量方法的种类也日益丰富。

认知风格起源于20世纪初荣格（Jung）所提出的心理类型理论，它也被称作认知模式、认知方式等（张利燕，2004）。20世纪80年代以后，国内外心理学家对于认知风格维度的划分和测量进行了大量的研究，例如，问卷测量、艾林森与海因斯（Allinson & Hayes，1996）CSI测量量表。

借鉴以往对认知风格的研究，也随着对管理认知研究的逐步深化，麦克纳马拉、露丝和汤普森（Mcnamara，Luce & Tompson，2002）、纳德卡尼和纳拉亚南（Nadkarni & Narayanan，2007）等将主导逻辑分为认知复杂性和认知聚焦性；同时为了进行实证分析，国内外学者开发了多种方法用于测量主导逻辑，包括因果地图法（Mcnamara，Luce & Tompson，2002；Nadkarni & Narayanan，2007）、内容分析法（Levy，2005；尚航标，2010），以及基于角色构念库测验、库格测验和客体分类测验等的问卷法（张文慧、张志学和刘雪峰，2005；张梅和辛自强，2008）。此外，少部分学者对主导逻辑的测量采用了其他的问卷测量方式，例如，吕萍和王以华（2008）。其中，因果地图和内容分析法在研究中的应用最广，主要原因在于该两种方法得出的结果具有较高的可靠性和可复制性、能够有效地避免其他方法导致的偏差。

（2）先前的研究从多个不同的视角验证了认知对企业绩效的预测作用。目前，研究者不再拘泥于认知与企业绩效之间的争论，而是重点研究认知作用于企业绩效的内部"黑箱"，即"认知—行为—绩效"之间的逻辑关系。

关于认知对企业绩效的影响，早期研究取得了大量的成果，例如，基于资源稀缺性的视角，托马斯、克拉克和乔亚（Thomas，Clark & Gioia，1993）、麦克纳马拉、露丝和汤普森（Mcnamara，Luce & Tompson，2002）、卡洛里、约翰逊和萨尔宁（Calori, Johnson & Sarnin, 1994）、劳尔卡宁（Laulkkanen, 1993, 1994）、詹金斯和约翰逊（Jenkins & Johnson, 1997）等从不同的角度对"认知—企业绩效"的关系进行了研究。此外，玛西和芒福德（Marcy & Mumford, 2010），维西、巴雷特和芒福德（Vessey, Barrett & Mumford, 2011）等人的研究也表明，高层管理者的认知对自我绩效也具有良好的预测作用。

目前，研究者不再拘泥于认知与企业绩效之间的争论，而是重点研究认知作用于企业绩效的内部"黑箱"，即"认知—行为—绩效"之间的逻辑关系。托马斯、克拉克和乔亚（Thomas, Clark & Gioia, 1993），麦克纳马拉、露丝和汤普森（Mcnamara, Luce & Tompson, 2002），卡洛里、约翰逊和萨尔宁（Calori, Johnson & Sarnin, 1994）、劳尔卡宁（Laulkkanen, 1993, 1994）等研究表明，主导逻辑对企业的绩效具有重要的影响作用，但其中间的机理是什么？为此，大量学者试图打开管理认知作用于企业绩效的内部的黑箱。基于"认知—行为—绩效"的逻辑，纳德卡尼和纳拉亚南（Nadkarni & Narayanan, 2007）、纳德卡尼和巴尔（Nadkaini & Barr, 2008）、艾格斯和卡普兰（Eggers & Kaplan, 2009），马塞尔、巴尔和杜哈姆（Marcel, Barr & Duhaime, 2010）等众多学者从不同的视角进行了一定的研究。

（3）国内外学者分别从状态（程度）、行为（活动）、能力、过程等视角，对突发事件预防进行了界定，同时突发事件预防行为的构成研究也逐步向多维度扩展。

从上述研究中，可以看出，国内外学者分别从状态（程度）、行为（活动）、能力、过程等视角，对危机或突发事件预防进行了界定，提出了一系列存在差异性的概念。例如，基尼（Keeney, 2004）从过程的视角出发，认为它是指为准备一个良好的协调行动计划而进行评估、规划、培训和准备的持续过程；然而，帕内尔、科索格鲁和斯皮兰（Parnell, Koseoglu & Spillan, 2010）从能力的视角出发，将其界定为预防、防范、快速响应以及从事件中恢复的能力，而谢弗和马诺—内格林（Sheaffer & Mano – Negrin, 2003）认为它是组织准备预见和有效的解决内部或外部不利的环境中具有可能造成一个多维危机的状态，通过有意识别并对不可避免的发生做积极准备。

从维度划分来看，学者们多从行为、能力的视角对组织危机或突发事件预防的构成进行研究。例如，科沃尔—米斯拉（Kovoor – Misra, 1996）结合多维模型和洋葱模型，提出了一个危机预防的概念框架，艾尔斯堡、菲尔德斯和罗斯（Elsubbaugh, Fildes & Rose, 2004）提出了延伸类危机预防模型，按重要程度依次为：利于危机管理的良好文化的传播（价值观和信仰）、检测预警信号、创建一个高效的信息流、资源调动和实施、采取利于危机管理的战略与快速决策。此外，皮尔森和米特洛夫（Pearson & Mitroff, 1993）、金（Jin, 2010），梅耶、莫斯和戴尔（Mayer, Moss & Dale, 2008），哈钦斯、阿努利斯和高德特（Hutchins, Annulis & Gaudet, 2008）等提出战略行为、技术和程序行为、评估和诊断行为、沟通行为、心理和文化行为、认知和资源准备计划等是组织预防的一项重要组成部分。

（4）围绕企业突发事件预防或不预防背后的影响原因，国内外研究者们沿着不同的视角展开了大量的研究，研究结论也较为丰富。

关于企业突发事件预防行为前置影响学者们也做了一定的研究，例如，克利夫、莫洛克和柯蒂斯（Cliff, Morlock & Curtis, 2009）研究了风险感知对不同预防行为的影响；卡梅利和肖布罗克（Carmeli & Schaubroeck, 2008）、谢弗和马诺—内格林（Sheaffer & Mano - Negrin, 2003）、尼斯特罗姆和斯塔巴克（Nystrom & Starbuck, 1984）等分析了以往经验与预防行为之间关系，也得出了不一致的结论；克劳德曼和哈拉汉（Cloudman & Hallahan, 2006），希利亚德、史葛—哈尔塞尔和帕拉库西（Hilliard, Scott - Halsell & Palakurthi, 2011）、古斯（Guth, 1995）等将企业规模、类型等纳入研究范围，探讨了这些因素对预防行为的影响。除了上述影响因素以外，还存在其他影响组织突发事件预防的因素，但研究相对较少，也比较分散。例如，自治水平、授权和过程导向（Cloudman & Hallahan, 2006）；管理者职位（Reilly, 1987）；人力资源管理、战略、结构（Sheaffer & Mano - Negrin, 2003）等因素。

（5）国内外学者在对突发事件防治绩效的维度进行划分的基础上，提出了大量的方法用于测量突发事件防治绩效。

关于突发事件防治绩效的构成，研究者们基于各自的研究视角提出了不同的划分方式，例如，格里芬和尼尔（Griffin & Neal, 2000）提出安全绩效由安全遵从和安全参与两个维度构成，谢美凤（2003）虽然也坚持二维度划分，但认为应该划分为安全管理和事故调查统计两个方面；袁玥（2012）在格里芬和尼尔（Griffin & Neal, 2000），尼尔、格里芬和哈特（Neal, Griffin & Hart, 2000）的基础上，将安全绩效划分为安全遵守和安全参与，吴、陈和李（Wu, Chen & Li, 2008）将安全绩效划分为六个维度，而吴、常、舒等（Wu, Chang, Shu et al., 2011）在研究中则将其划分为四个维度，伯克、萨皮、特斯鲁克等（Burke, Sapyr, Tesluk et al., 2002）对其划分也是四维度。

关于突发事件防治绩效的测量存在多种方式，可以归纳为主观态度测量和二手数据测量。采用二手数据测量安全绩效是研究中常用的做法，例如，查尔和瓦沃林（Chhokar & Wallin，1984）等人认为事故率、人员伤害数量等可以很好地测量防治绩效，李山汀（2007）采用美国职业与健康机构（OSHA）提出的可记录性事故发生比例 TRIR 指标测量防治绩效；张江石、傅贵、王祥尧等（2009）指出违章次数、事故次数、事故率、死亡率、事故扣款、经济损失等客观事后指标是在煤炭事故研究领域常用的测量防治绩效的指标，尼格、陈和斯基特摩尔（Ng，Cheng & Skitmore，2005）总结了四种用于测量防治绩效的指标，并对四种指标进行了评价。在主观态度测量方面，尼尔、格里芬和哈特（Neal，Griffin & Hart，2000），袁玥（2012），吴、舒和萧（Wu，Shu & Shiau，2007），彼得森（Petersen，2005），斯瓦茨（Swartz，2002），伯克、萨皮、特斯鲁克等（Burke，Sapyr，Tesluk et al.，2002）开发了防治绩效测量量表。

2.9.2 后继研究有待拓展的空间

回顾以往的研究取得了大量有价值的成果的同时，本研究也发现以往研究在多个方面存在不足，相关的研究也比较缺乏，在许多关键问题上仍存在分歧，后续的研究需要继续加以深化和完善。

（1）借助问卷调查法，开发测量量表，对主导逻辑进行测量研究，以降低当前对主导逻辑测量存在的难度。

纵览当前与主导逻辑测量相关的研究文献，大多数研究者都认同了二维的分类结构，但可以发现，大部分的研究都采用内容分析法、因果地图、或实验测量方式，例如，麦克纳马拉、露丝和汤普森（Mcnamara，Luce & Tompson，2002）、纳德卡尼和纳拉亚南（Nadkarni & Narayanan，2007）。尽管内容分析、因果地图等测量方法具有很好的客观性，但测量难度大、数据的收集成本相对较高。因此，少数部分学者，对认知复杂性的测量采用了问卷测量方式，例如，吕萍和王以华（2008），但问题在于，测量量表的信度和效度尚需进一步的验证。因此，未来研究有必要根据不同的研究情境和研究需要，结合不同的主导逻辑测量方法的特点，开发主导逻辑的测量量表，以简化当前研究中测量主导逻辑的难度，从而为进一步深入研究主导逻辑与其他变量之间的关系，做好铺垫。

（2）在突发事件预防行为研究领域，研究被单独展开，缺乏以整合的思路研究企业突发事件预防行为的构成。

在过去的十几年期间，许多学者在企业突发事件预防行为方面进行了关于概念与维度的研究，然而，由于突发事件交叉学科的本质，导致研究丧失了整体性。例如，在个体层面，吉莱斯皮和斯特里特（Gillespie & Streeter，1987）将灾害预防行为划分为计划、资源识别、预警系统、培训与模拟等维度；针对组织层面，皮尔森和米特洛夫（Pearson & Mitroff，1993）认为预防行为应由战略行为、技术和程序行为、评估和诊断行为、沟通行为、心理和文化行为等构成；以纺织行业为研究对象，艾尔斯堡、菲尔德斯和罗斯（El-subbaugh，Fildes & Rose，2004）指出预防行为包括利于危机管理的良好文化的传播（价值观和信仰）、检测预警信号、创建一个高效的信息流、资源调动和实施、采取利于危机管理的战略以及快速决策；此外，希利亚德、史葛—哈尔塞尔和帕拉库西（Hilliard，Scott – Halsell & Palakurthi，2011）提出了程序/技术、关系导向、资源配置、内部评估、专家服务等5个维度共同组成预防行为等。

（3）与个体层面的预防行为相比，企业突发事件预防行为的前置因素研究相对缺乏，也未能揭示企业突发事件预防行为缺乏的深层次原因。

目前，个体层面的突发事件预防的影响因素研究相对成熟，例如，麦克卢尔、沃尔基和艾伦（Mcclure，Walkey & Allen，1999）探讨了个体归因、控制点和风险态度对预防的影响作用；米斯拉与萨尔（Mishra & Suar，2012）识别了个体焦虑、教育与资源的影响作用等。相比较而言，企业突发事件预防行为的影响因素研究偏少，同时主要集中于风险感知、组织学习、以往经验、组织规模，以及人力资源管理、战略、组织自主性等少数因素。此外，以往的研究对现有的影响因素之间的关系也未给出明确的答案。例如，部分影响因素之间可能存在中介或调节的作用关系。因此，未来研究可以在借鉴个体层面取得的成果的同时，应深入挖掘已有的影响因素之间的关系，以及探索影响突发事件预防行为的新的因素。

（4）对企业不同类型的突发事件预防行为的绩效作用的评价研究缺乏，不利于企业识别不同类型预防行为的作用。

突发事件预防行为是事件管理的第一阶段，强调在事件发生之前做好准备，以降低事可能造成的损失、以提升组织的经济绩效等。在突发事件预防行为的作用方面，芬克（Fink，2000）、奥弗（Offer，1998）、米特洛夫和阿尔帕斯兰（Mitroff & Alpaslan，2003）、霍普和鲁本（Hoop & Ruben，2010）等经过对比研究表明，事前的预防与事后的应对相比，更加具有成本有效性；比塞尔、皮涅、尼尔森等（Bissell，Pinet，Nelson et al.，2004）、李晓翔和刘春林（2010）研究表明，事前的资源准备能够提高组织对危机的应对效果；吕萍（2011）发现，组织防御对免疫绩效、组织绩效均具有正向影响，同时组织免疫绩效在危机预防与经济绩效之间起到部分中介的作用。虽然，上述研究者对预防行为的绩效作用进行了研究，但缺乏以一个系统的视角研究预防行为的作用，多数研究停留在有预防行为与无预防行为的企业的绩效比较层面，部分研究也探讨了事前资源准备的绩效作用，但未能体现出不同类型预防行为的作用，例如，哪些预防行为能够对绩效起到良好的预测作用，以往的研究在这方面存在一定的不足。

（5）以往研究对企业突发事件防治绩效的概念界定、维度测量等存在模糊性，导致了重复研究的现象。

以往对绩效的文献研究表明，结果或目标的实现程度、稀缺和有价值的资源的能力、参与者的行为（Ford & Schellenberg，1982）等都可以被界定为绩效。然而，部分学者在对突发事件防治绩效的界定中认为防治绩效不仅仅包含了行为的结果因素，而且还包括行为自身的因素，即突发事件防治绩效由行为和结果同时构成；同时，部分研究在对突发事件防治绩效进行维度划分和测量时，也同时将行为和结果等同对待，视为预防行为的共同组成部分。但是，有的研究指出行为因素和结果因素是不同的概念，并进行了实证研究，发现行为因素和结果因素具有一定的区分性，同时行为因素（如安全遵从、安全参与）对结果因素具有显著的影响（如事故的发生率）。因此，未来研究在对突发事件防治绩效进行清晰界定的基础上，应对防治绩效的组成部分进行有效区分，以保证测量量表达到良好的效度，能够准确地测量突发事件防治绩效。

（6）目前，多数研究对企业突发事件防治绩效的前置因素停留在理论探讨与分析阶段，同时也指出了认知的主导作用，但未将认知和企业突发事件防治绩效整合为一个因果模型进行实证研究。

先前的部分研究指出，由于受认知能力的限制和认知偏差的影响，企业往往难以成功的感知到内部或外部所存在的突发事件诱因，以至于不能够及时采取预防行为，最终导致了企业的失败（Weick，1993）。例如，尼斯特罗姆和斯塔巴克（Nystrom & Starbuck，1984）、哈尔伯恩（Halpern，1989）等指出组织失败实际上是源于企业的认知偏差导致的决策失误。此外，格里芬和尼尔（Griffin & Neal，2000），蒋、余、李等（Jiang，Yu，Li et al.，2010），冯、陶、凌等（Feng，Teo，Ling et al.，2014）等也分析了安全氛围、安全文化、领导力方面的因素，对防治绩效的影响。但是，相比较而言，这些因素本不是影响突发事件防治绩效的主要原因。因此，未来研究可以将认知层面的影响因素纳入研究范围，以丰富突发事件防治绩效的研究，以及之间的作用路径等也需要进一步的深化研究。

实际上，企业突发事件是心理、社会、政治、技术、组织结构等事项综合作用的结果，这些事项对突发事件的形成都具有一定的作用，所以企业突发事件的研究涉及多个领域。因此，需要用系统的方法，结合生物学、心理学、经济学等研究领域的成果，才能完整的构建出企业突发事件预防行为的完整框架，即维度、前置因素及作用模式。

2.10　本 章 小 结

围绕研究问题，本研究在认知、风险、突发事件预防及绩效研究等相关领域，对以往的研究成果进行系统的梳理。作为研究展开的理论基础部分，本章分别对主导逻辑、长期导向、主动导向、风险倾向、风险感知、突发事件预防行为及突发事件防治绩效国内外相关文献研究进行了回顾和总结。本章整理和分析了这些主题的内涵、维度的构成与测量，并归纳了它们的影响因素及其绩效作用，以期为全文研究的展开提供理论基础①。

---

① 本章节部分内容发表于《外国经济与管理》（2014 年 10 月，2015 年 8 月）、《人类工效学》（2015 年 10 月，2015 年 12 月）、《中国安全科学学报》（2015 年 11 月）。

| 3 |

理论拓展与研究假设

在上一章对相关文献进行系统梳理的基础上，本章的主要内容是提出拟解决的关键问题、对相关概念进行界定、提出假设，并构建研究模型。首先，本章在以往研究所取得的进展基础上，针对以往研究中存在的不足，本研究提出了拟解决的关键研究问题；其次，对本研究中所涉及的核心概念的内涵进行清晰的界定与解释，为后续变量的测量奠定了基础；最后，以拟解决的关键问题为出发点，根据相关的理论基础，厘清了概念之间的逻辑关系，构建出了完整的研究模型。

3.1　本研究拟解决的问题

以往的研究成果为后继的相关研究做了良好的铺垫，在对以往研究进行回顾和总结的基础上，针对以往研究存在的不足，本研究提出拟解决的关键问题：

（1）基于以往多个领域对突发事件预防行为的研究，系统探讨企业突发事件预防行为的具体构成。

企业突发事件预防行为研究是近年来一个新兴的研究议题，但是大量研究都聚焦在个体层面上的预防行为，以及组织广泛意义上的一般危机的预防行为，迄今为止以企业突发事件为主体展开讨论的研究较为缺乏。另外，根据上述分析，在不同的研究领域，研究者们对于突发事件预防行为的具体构成存在不一致的观点，同时仅仅解释了企业突发事件预防行为的部分内容，并没有全面覆盖突发事件预防行为。本研究运用系统的方法，结合多个研究领域的成果，探索性地从信息、资源和制度等三个方面出发提出企业突发事件预防行为的分类框架。其中，信息型行为借鉴组织警觉度的分析思路，将其分为信息扫描、信息识别和信息沟通行为；在分析资源型行为时，结合资源观的观点，将资源型行为分为应急物资储备和应急人员配备行为；制度型行为借鉴知识观的观点，将其分为应急计划制定和应急人员培训行为，为构建"认知—突发事件预防行为—防治绩效"的整体模型奠定了理论基础。

（2）重点考察中国组织情境下影响企业突发事件预防行为的认知因素，探讨不同认知因素对突发事件预防行为的影响。

目前，针对企业突发事件预防行为的影响因素的研究虽然取得了一些成果，但是主要停留在理论探讨层面，实证研究比较缺乏。更为重要的是，这些研究主要分析企业的规模、经验等因素的影响作用，对一些核心要素的关注度不够，尤其是一些深层次的要素如何作用于突发事件预防行为，还没有得到充分的解释。本研究拟从认知的视角出发，结合认知分类理论、图式理论、认知导向理论等，提出主导逻辑、长期导向、主动导向等的定义，开发主导逻辑的测量量表，构建认知影响预防行为的理论框架并进行实证分析，比较不同类型的认知因素对企业突发事件预防行为的差异影响。其中，基于纳德卡尼和纳拉亚南（Nadkarni & Narayanan，2007）、尚航标（2010）等的观点，将主导逻辑分为认知复杂性和认知聚焦性两个维度，同时，选取认知导向中的长期导向和主动导向，以探索和比较不同的认知维度对预防行为的作用规律。

（3）丰富完善认知对企业突发事件预防行为解释力度的边界条件，有效识别风险倾向、风险感知在认知对突发事件预防行为影响过程中的调节作用。

虽然，以往的研究发现，认知因素与突发事件预防行为之间存在着一定的关系，但这种关系呈现出了不确定性。此外，风险感知和风险倾向是危机管理研究中十分重要的变量，克利夫、莫洛克和柯蒂斯（Cliff，Morlock & Curtis，2009）、霍恩和格特林（Huurne & Gutteling，2008）等研究发现，风险倾向、风险感知对预防行为具有一定的解释力度。同时，以往研究在分析认知因素和预防行为时，很少考虑风险倾向和风险感知的作用。本研究在企业突发事件预防行为的作用过程中融入危机研究领域的重要变量——风险倾向和风险感知，将危机管理研究与认知研究实现有效的对接。这不但为更加深刻的理解认知因素对企业突发事件预防行为的作用研究，还对于更为全面完整的理解企业预防突发事件的过程，拓展认知理论、事故管理理论也具有十分重要的意义。

（4）在对企业突发事件防治绩效进行准确测量的基础上，全面拓展突发事件预防行为的后果研究，充分阐述不同类型的预防行为对防治绩效的影响作用。

　　战略行为和绩效评价一直是组织管理研究中两个十分重要的领域，但是以往有关突发事件预防行为的后果研究主要都集中在企业经济绩效层面，忽视了企业突发事件预防行为对防治绩效的直接影响研究。另外，针对企业突发事件防治绩效的概念、维度以及测量尚存在不一致的看法，虽然部分研究提出了企业突发事件防治绩效的测量方法，例如，二手数据和问卷测量法，但遗憾的是二手数据法存在数据获取难度大的问题，同时问卷测量量表的内容效度有一定的缺陷。本研究立足于海因里希因果连锁理论、瑟利模型等事故致因理论，提出从违规强度、小事件发生强度，以及应急效果三个方面测量企业突发事件防治绩效，在此基础上，全面分析不同类型的突发事件预防行为对防治绩效的影响作用。不但有助于弥补以往关于突发事件防治绩效评价不统一以及量表缺乏内容效度的问题，而且还拓展了企业突发事件预防行为的后果研究以及事故预防管理研究。

　　（5）企业认知是如何影响企业突发事件防治绩效的？

　　至今，企业战略管理的核心问题始终围绕动态环境下企业竞争优势的获取与保持问题。战略管理理论主要从两个角度给出了解释。一方面，是哪些因素使企业获得了成功（Chandler，1990；Collins & Porras，1995；吕萍和王以华，2008）；另一方面，为什么企业在内外环境变化时，没有能够很好地应对，而导致了失败（Chrisensen，1997；Leonard，1992；吕萍和王以华，2008）。因此，本研究最终能够解释企业失败与成功的原因，才会对现实实践有较大的指导意义。本研究拟在明确企业主导逻辑、长期导向和主动导向对企业突发事件预防行为的影响基础上，进一步探讨主导逻辑、长期导向和主动导向是如何影响企业突发事件防治绩效的。具体而言：什么样的认知因素对企业的突发事件防治绩效有正向影响、什么样的认知因素对企业的突发事件防治绩效有负向影响，以及是如何产生影响的。

3.2　基本概念界定

　　概念的界定是以非迂回的方式对概念做出的准确解释（Vinner，1983），它是建立科学研究的基石。由于研究目的及研究视角的不同，本研究的核心概念——主导逻辑、长期导向、主动导向、突发事件预防行为、突发事件防治绩效和风险倾向以及风险感知在以往研究中具有不同的界定方式。因此，需要将本研究涉及的概念进行清晰的界定。

3.2.1 主导逻辑

主导逻辑作为测量认知差异的构念，在组织管理研究领域得到了学者的广泛应用。主导逻辑又称管理认知、认知地图、战略图式、认知框架、信念结构、知识结构等（尚航标和黄培伦，2010；Nadkarni & Narayanan，2007；Walsh，1995；Gary & Wood，2011；Prahalad & Bettis，1986；邓少军，2011）。托尔曼（Tolman，1948）将主导逻辑定义为一个用来形容"个体用于理解环境的构念和构念之间关系的内部心理表征"的术语。尚航标和黄培伦（2010）认为它是指在长期经营活动中依赖于以往的经验而形成的对特定事物相当稳定的看法和理解。邓少军（2011）提出它是指"具有特定信念和心智模式的管理者（个体或群体）基于决策的需要对特定信息的心智处理过程"。

以往研究对主导逻辑的划分主要归纳为认知复杂性和认知聚焦性两个维度（Nadkarni & Narayanan，2007；尚航标，2010）。邓少军（2011）则提出了主导逻辑由认知复杂性和认知柔性构成，其中认知柔性是指"将认知处理策略与环境中新颖和意外情况相适应的能力"。此外，基于不同的研究视角，马骏、席酉民和曾宪聚（2011）以经理人在战略决策中最为常用的认知方式为标准，提出了管理认知（即，主导逻辑）应包含逻辑演绎、规则搜索及类比三个要素。

本研究在对以往学者对主导逻辑的各种定义进行总结与归纳的基础上，根据所涉及的研究视角，在企业层面将主导逻辑界定为"企业在与环境互动的过程中，所习得的一组知识模式，它是企业对外部环境的一种认知简化"。根据以往研究的主要观点和本研究的研究目的，将主导逻辑划分为认知复杂性和认知聚焦性两个维度。其中，认知复杂性是指企业使用多个维度构念外部环境的能力，认知复杂性高的企业能够比其他企业用更多具有互补性的方法和多种互补相容的概念去理解周围的现象（Scott，1962；Keefe & Sypher，1981；吕萍和王以华，2008）；而认知聚焦性是指企业对外部环境的主观陈述受某个（多个）领域的概念支配的程度（Nadkarni & Barr，2008；Xu，2011）。

3.2.2 长期导向

时间导向的概念是在时间与认知的理论基础上延伸出来的。学者们将时间的概念放到企业认知的背景下，认为时间是可测量的、稀缺的、可分割等，尤其是时间作为一种可以节约或浪费的经济物品，应严格对其控制和分配（Hay & Usunier，1993；Voss & Blackmon，1998），进而提出了企业看待时间的观点可能存在不一致，导致对当前、未来的关注程度也呈现出差异。

苏德与布鲁米（Souder & Bromiley，2012）将时间导向界定为"对成本和收益随着时间的推移具有不同分布的投资战略的选择所给出的相对重要性"，可以划分为长期导向和短期导向两个维度，而以往研究主要关注长期导向。例如，勒布雷顿—米勒和米勒（Le Breton – Miller & Miller，2006）提出长期导向是指优先权、目标，最重要的是指在一个较长的时间周期，通常情况下为 5 年或更长时间，并经过一段明显的延迟，才可实现收益的具体投资；约翰逊、马丁和塞尼（Johnson，Martin & Saini，2011）指出长期导向是企业的一种时间观点，它在本质上意味着，未来比当前重要，对长期行动的关注胜于短期利益；埃德尔斯顿、凯勒曼斯和齐薇格（Eddleston，Kellermanns & Zellweger，2012）则认为长期导向是指一种支持在时间耗费活动上耐心投资的组织文化。

本研究在对以往学者对长期导向的各种定义进行总结与归纳的基础上，根据所涉及的研究视角，在企业层面将长期导向界定为"组织的一种时间观点，认为未来比当前更重要，组织长期的收益优于短期的目标和利益"（Johnson，Martin & Saini，2011；Le Breton – Miller & Miller，2006；Eddleston，Kellermanns & Zellweger，2012）。根据以往研究的主要观点和本研究的研究目的，本研究认为长期导向是单维度的。

3.2.3 主动导向

主动导向是战略选择理论、环境决定理论等理论中一个重要的概念。纳德卡尼和巴尔（Nadkarni & Barr，2008）将主动导向界定为：企业对"环境—战略"之间关系的一种因果信念，认为"战略应先于环境"或"企业可以通过战略行为影响环境"的一种观点倾向。米勒（Miller，1983）认为是指企业发起前摄性的创新以打击竞争对手的一种倾向；卢姆金和迪斯（Lumpkin & Dess，1996）指出主动导向是一种机会寻求、向前看的视角，旨在预期未来需求及采取行动，通过"寻求新的机会（这些机会可能会或可能不会涉及当前的业务）、在竞争前引进新的产品和品牌、战略性地消除在生命周期成熟和下降阶段的业务"。

按照夸克、贾珠、普扎科娃等（Kwak，Jaju，Puzakova et al.，2013）、

卢姆金和迪斯（Lumpkin & Dess，1996）等的观点，主动导向是一种前瞻性的视角，是一个单维度的概念。尽管部分研究中认为主动导向包含"自主性"和"进取性"两个维度，但这些研究的视角是以创业导向为主，在对主动导向测量时更多的是采用主动行为，而不是认知层面的主动。所以，将主动导向划分为两个维度的研究存在一定的不足。

本研究在对以往学者对主动导向的各种定义进行总结与归纳的基础上，根据所涉及的研究视角，在企业层面将主动导向界定为"认为战略应先于环境或企业可以通过战略行为影响环境的一种观点倾向"（Nadkarni & Barr，2008）。根据以往研究的主要观点和本研究的研究目的，本研究认为主动导向是单维度的。

3.2.4 风险倾向

风险倾向是组织管理研究中的一个重要的概念，尤其是在危机管理之中。从个体层面而言，西特金和温加特（Sitkin & Weingart，1995）认为风险倾向是个体的一种行为倾向（受情境、经验等因素的影响），它是个体冒险或规避风险的当前倾向；郭婷、陈和唐（Kuo – Ting，Chan & Tang，2010）将风险倾向界定为个体的特性，反映决定制定者采取或避免风险的累积倾向，它与决策制定者经验增加保持同步一致性，也随着它变化。从组织层面而言，许多不同的术语都被用来描述组织风险倾向，例如，组织氛围（Kliem & Ludin，1997）、组织环境（Brown，1970）、组织文化（Specht，Chevreau & Denis – Rémis，2006），它主要是指"组织采取或规避风险的倾向"（Sitkin & Pablo，1992；Saini & Martin，2009）。

在以往的研究中，风险倾向通常被认为是一个单维度的构念。但少数研究提出，由于风险的内容宽广，风险倾向是由多个维度构成的。例如，哈伍德、沃德和查普曼（Harwood，Ward & Chapman，2009）通过探索性案例研究，识别出了10项组织风险倾向的特性，包括风险方法、风险水平、管理风格、管制水平、风险鼓励、风险视角、风险评价、风险修辞、风险报酬、风险所有权等内容。

在对以往风险倾向的各种定义进行总结与归纳的基础上，本研究根据所涉及的研究视角，在企业层面将风险倾向界定为"企业采取或规避风险的程度"。根据以往研究的主要观点和本文的研究目的，本研究将风险倾向视为一个单维度的概念，无须再进行维度划分。

3.2.5 风险感知

在危机预防、行为安全等研究领域中，风险感知是常常涉及的一个重要变量。以往研究对风险感知的界定主要集中在个体层面，而关于组织层面的界定非常少。西特金和帕布洛（Sitkin & Pablo，1992）认为风险感知是指决策者对情境中固有风险的评估；辛格和豪威尔（Singh & Bhowal，2010）、哈洛韦尔（Hallowell，2010）等在此基础上进行了细化，将风险感知界定为人们对风险的"特点"和"严重程度"所做的主观判断；吉尔拉赫、贝尔谢尔和贝特勒（Gierlach，Belsher & Beutler，2010）则对风险感知进行了情境设定，认为风险感知是一种固有的心理构念，当客观信息最少时，对感觉遭遇危险可能性的一种主观判断；梅恩斯和弗林（Mearns & Flin，1995）认为风险感知的概念内容比较丰富，它是个体对灾害、危害和风险的信念、态度、判断与感觉。

西特金和帕布洛（Sitkin & Pablo，1992）、哈洛韦尔（Hallowell，2010）、库珀和法斯鲁克（Cooper & Faseruk，2011）等多数研究认为风险感知是一个单维度的概念，而少数研究者指出风险感知可以划分为多个维度。例如，斯洛维克（Slovic，2000）指出风险感知由"风险恐惧性"和"未知的风险"两个维度构成。其中"风险恐惧性"包括"后果严重性""恐惧"和"潜在灾难"等特性，"未知的风险"包括"那些未知的暴露""科学未知""陌生"以及"非自愿"等特性（Yen & Tsai，2007）。威廉姆斯和王（Williams & Wong，1999）认为风险感知可以由对不确定性、潜在收益或损失、情境构念和个体卷入程度的感知等4个方面构成。

本研究在对以往学者对风险感知的各种定义进行总结与归纳的基础上，根据所涉及的研究视角，在企业层面将风险感知界定为"企业对风险发生的可能性以及后果的严重性所做的主观判断"。根据西特金和帕布洛（Sitkin & Pablo，1992），哈洛韦尔（Hallowell，2010），库珀和法斯鲁克（Cooper & Faseruk，2011），罗尔曼和陈（Rohrman & Chen，1999），鲍耶、巴格达萨里安、查班等（Bouyer，Bagdassarian，Chaabanne et al.，2001），利马（Lima，2004）等以往研究的观点和本研究的研究目的，本研究将风险感知视为一个单维度的概念，无须再进行维度划分。

3.2.6 突发事件预防行为

目前，关于突发事件预防行为的界定没有一个统一的标准，多数研究的关注点在于泛化突发事件预防，而不是具体的突发事件预防行为。其一，突发事件预防具体指的是准备程度或状态，例如，佩里和林德尔（Perry & Lindell，2003）认为突发事件预防（准备）是指对环境中的威胁做出积极反应的准备程度，以最大限度地减少对个体的健康和安全以及物理结构和系统的完整性和正常性造成的负面影响。其二，突发事件预防是一个过程，例如，佰克、希尔菲尔德、弗雷莫斯等（Paek，Hilyard，Freimuth et al.，2010）提出突发事件预防是指作为一个采取纠正措施的协调和持续的计划过程。其三，突发事件预防指的是能力，例如，帕内尔、科索格鲁和斯皮兰（Parnell，Koseoglu & Spillan，2010）将突发事件预防界定为个人、公共卫生和风险组织与社区预防、防范、快速响应以及从突发事件中恢复的能力。其四，突发事件预防是一系列的行为，例如，梅耶、莫斯和戴尔（Mayer，Moss & Dale，2008）认为它是指有可能挽救生命、减少财产损失、降低事件的负面影响（包括企业运营的长期中断）的任何活动；福佩尔、凯利和皮特（Faupel，Kelley & Petee，1992）认为它包括应该直接或间接减轻事件造成的生命和财产损失的一系列活动。

以往对突发事件预防行为的维度构成的研究十分破碎，没有从整体上研究突发事件预防行为的构成。例如，梅耶、莫斯和戴尔（Mayer，Moss & Dale，2008）认为计划（包括，关键人员、资源和行为的说明）是突发事件预防行为的重要组成部分；佩里和林德尔（Perry & Lindell，2003）认为除了计划以外，培训与演练、工具与器械的获取也是预防的构成部分；海德、基姆、马丁内兹等（Hyde，Kim，Martinez et al.，2006）指出预防行为包括风险评估、应急计划、利益相关者的关系、第一反应者和专家之间的网络构建。基尼（Keeney，2004）从公众预防行为的视角，提出预防应包括风险评估、应对策略、防备计划、早期预警系统、协调、信息管理、资源动员、公众教育及培训。

同时，国外的部分研究认为突发事件是危机的一个类别，没有具体探讨它的构成，但危机预防行为是适用于突发事件预防的。例如，科沃尔—米斯拉（Kovoor - Misra，1996）提出危机预防包括深度和广度两个层面，其中，深度层面，由里到外依次为防御机制、组织信念、组织结构、计划和程序等4个层次；广度层面为技术、政治、经济、人力和社会、法律和伦理等6个维度。皮尔森和米特洛夫（Pearson & Mitroff，1993）提出危机预防由战略行为、技术和程序行为、评估和诊断行为、沟通行为、心理和文化行为等维度构成；克劳德曼和哈拉汉（Cloudman & Hallahan，2003）危机预防涵盖书面计划、策略性准备、培训、联系人列表维护、媒介监测等 5 大活动。

本研究在对以往学者对突发事件预防的各种定义进行总结与归纳的基础上，包括状态、过程、能力、行为观等，根据所涉及的研究视角，在企业层面将突发事件预防行为界定为"企业在突发事件之前采取的一系列行为，用于阻止或减少突发事件的发生，以及降低突发事件可能造成的损失程度"。本研究在综合以往研究关于突发事件预防行为构成的研究，同时结合本研究的研究目的，本研究从预防类别的视角出发，将突发事件预防行为划分为信息型行为、资源型行为和制度型行为三个维度。其中，信息型行为是指在突发事件发生之前，企业采取的与突发事件有关的信息扫描、识别和沟通的一系列活动；资源型行为是指在突发事件发生之前，企业采取的与突发事件有关的人员配置和物资储备的一系列活动；制度型行为是指在突发事件发生之前，企业采取的与突发事件有关的应急计划的制定和对企业相关人员进行的应急知识培训的活动。

3.2.7　突发事件防治绩效

企业突发事件预防的主要目的是维持生产系统处于安全状态，其过程是应用安全防范措施进行抑制或者消除可能引发事故的潜在危险，从而达到避免事故发生的目的（施式亮、彭新和李润求，2009）。以往研究者在对突发事件预防绩效进行界定时虽然没有偏离突发事件预防的主要目的，但却提出了一系列既有关联又具有一定差异性的概念。福特与蒂特里克（Ford & Tetrick，2008）认为安全绩效是指"个体采取提高个人和组织安全的行为程度，以及避免降低自身和组织的安全性的行为程度"。肖文娟（2009）提出安全绩效有两方面的含义：①整个组织的安全运行水平，即组织的整体安全运行状况；②个人的安全工作状况，即从事安全工作的人员对安全生产目标的实现程度。佐哈尔（Zohar，2000）认为安全绩效就是指事故发生的次数、受伤人员的数量等。

由于对突发事件防治绩效的界定不同，以往研究对突发事件防治绩效的维度划分也出现了较大的差异。格里芬和尼尔（Griffin & Neal，2000）认为预防绩效是由行为方面的两个维度构成的，即安全遵从和安全参与；谢美凤（2003）虽然也将预防绩效划分为两个维度，但它却涵盖了行为和结果两个方面，即，安全管理和事故调查统计；袁玥（2012）在格里芬和尼尔（Griffin & Neal，2000）的基础上，将结果纳入了预防绩效的范围之内，吴、舒和萧（Wu, Shu & Shiau，2007），吴、常、舒等（Wu, Chang,

Shu et al.，2011）则认为安全动机也是预防绩效的维度之一；吴、陈和李（Wu，Chen & Li，2008）、吴聪智（2001）等认为预防绩效是由更多维度构成的。

本研究在对以往学者对突发事件防治绩效的各种定义进行总结与归纳的基础上，根据所涉及的研究视角，在企业层面将突发事件预防绩效界定为"企业在突发事件之前采取的一系列行为对降低突发事件发生的程度以及在突发事件发生后有利于降低损失的程度"。在企业突发事件发生后，根据企业人员的伤亡率或经济损失程度在一定程度上可评价企业突发事件的防治绩效，但具有较大的偏差，例如，事后评价中涵盖了应急效果和预防效果两个方面。在企业突发事件发生之前，根据企业的行为程度评价预防绩效也并不合理，毕竟行为与结果是不同的，行为对结果的影响取决于多个因素。鉴于此，本研究根据海因里希因果连锁理论（Heinrich，1931，1959）、海因里希法则（Heinrich，1931，1959）、瑟利模型（Sury，1969）等理论，即通过对不安全行为的预防可以避免或减少突发事件的发生，同时结合本研究的研究目的，本研究从结果的视角出发，将突发事件防治绩效划分为违规强度、小事件发生强度和应急效果三个维度。其中，违规强度是指企业在生产过程中人员脱离安全制度、规章等的约束产生可能的危害行为、方式的次数、频率；小事件发生强度是指企业在生产过程中，造成财产损失比较少、人员伤害比较轻微的事故发生的次数、频率；应急效果是指企业在突发事件发生后，采取的一系列行为所降低损失的程度。

3.3　本研究的理论基础

理论给出了理解事件或情形的系统方法；它是一组概念、定义和命题，通过阐明变量之间的关系，用于解释或预测这些事件或情形；理论适用于多种情况，但也有边界（Glanz，Marcus & Rimer，1997）。在充分考虑理论边界的基础上，本研究总体研究框架的构建是基于认知分类理论、图式理论、认知导向理论、事故致因理论、特质理论和健康信念理论提出的，这些理论能够从不同角度阐明本研究所涉及的变量之间的关系，以及解释和预测本研究中的问题或现象。上述6种理论在本研究中并不是独立存在的，而是相互联系与补充，共同构成本研究框架的理论基础。它们在本研究中的具体关系，如图3.1所示。

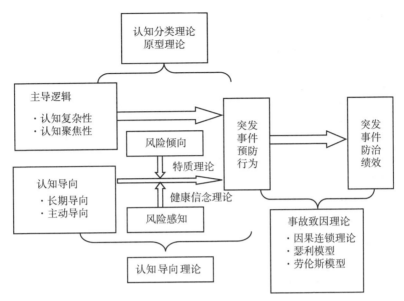

图3.1　各理论在本研究整体框架中的作用

从图3.1中可以看出，认知分类理论和图式理论是主导逻辑与突发事件预防行为研究的基础理论，解释了企业的主导逻辑为什么会影响突发事件预防行为，并预示了主导逻辑的不同维度对突发事件预防行为可能具有不同影响；认知导向理论是长期导向、主动导向与突发事件预防行为研究的基础理论，解释了企业的长期导向和主动导向为什么会影响突发事件预防行为。

特质理论是风险倾向在长期导向、主动导向对突发事件预防行为影响关系中所起调节变量的基础理论，用于解释在不同的风险倾向水平下，长期导向、主动导向分别对突发事件预防行为产生差异化的影响。健康信念理论是风险感知在长期导向、主动导向对突发事件预防行为影响关系中所起调节变量的基础理论，用于解释在不同的风险感知水平下，长期导向、主动导向分别对突发事件预防行为产生差异化的影响。

事故致因理论是突发事件预防行为与突发事件防治绩效研究的基础理论，解释了突发事件预防行为为什么会影响突发事件防治绩效，并预示了突发事件预防行为的不同维度对突发事件防治绩效可能具有不同影响。其中，海因里希的因果连锁理论和海因里希法则，构成了本研究采用违规强度、小事件发生强度和应急效果三个维度衡量突发事件防治绩效的理论基础。

认知分类理论、图式理论、认知导向理论、事故致因理论、特质理论和健康信念理论，共同组成了本研究的"认知—行为—绩效"整体模型，以及在不同情境下"认知—行为"关系的变化模型。

3.3.1　认知分类理论

认知分类理论（cognitive categorization theory），又称原型理论、原型范畴理论，是认知理论的主要内容之一，它是由罗斯奇（Rosch，1975）、罗斯奇和梅维斯（Rosch & Mervis，1975）提出的，用于解释关于自然对象的基本概念形成的认知过程。罗斯奇、梅维斯、格雷等（Rosch，Mervis，Gray et al.，1976）认为，世界是由一个几乎无限数量的可以区分的不同的刺激组成，所有生物体的最基本的功能之一是将环境切分为不同的类别，从而使得不相同的刺激可以被等同对待。同时，这一理论也可以应用到决策者的战略问题分类（Dutton & Jackson，1987）。

分类可以被定义为一个对环境中的刺激处理、修改和重建的过程（Mcgarty，1999；Voci，2006）。通过这个过程，其他不同的和无组织的对象变得有意义，吸收一些刺激，同时，加以区分和对比（Oakes，Haslam & Turner，1994；Voci，2006）。分类理论的提出是基于两个基本的原则：其一，是关于分类系统的作用，分类系统的任务是用最少的认知努力以提供最多的信息；其二，是关于信息的结构，感知到的世界可以作为结构化的信息，而不是武断的或不可预知的属性（Rosch，1978）。因此，罗斯奇（Rosch，1978）认为尽可能多的信息可以用最少的认知努力实现，如果这些分类将感知到的世界结构绘制的尽可能紧密，通过对给定的属性结构的归类或重新定义属性以使其适当构成一个既定的类别。

分类理论中的核心观点涉及原型。罗斯奇（Rosch，1973）通过深入分析，指出一些自然的相似类别可划分为原型（最清晰的例子、最好的分类例子）和非原型成员，非原型成员趋向于从较好的例子到较差的例子分布。虽然这种说法已被"颜色"这个例子最明确的证明，但也有相当多的证据表明，自然上级语义范畴具有原型结构；主题可以可靠地评价一个分类的成员在何种程度上符合他们的想法或类别名称的意义形象，该评价能够预测任务中的绩效（Rosch & Mervis，1975）。原型提供了一个标准，新的刺激可以围绕它进行比较，它构成一个处理信息的经济方式和能够适当的预测行为（Allagui，2012）。罗斯奇（Rosch，1978）指出原型具有提高信息处理速度、加快学习等作用。

为创建认知原型，个人需要来根据经验、观察以及文化派生的信息来确定某一类的核心属性，而这种创建是可能的，因为一个类别的所有的不同成员存在重叠或是由"家族相似性"的原则所决定的（Rosch & Mervis, 1975；Allagui, 2012）。此外，一个核心属性的出现将导致一个特定的类别可被大脑处理，这一原则被称为"线索有效性"，并解释了个人如何自动分类新信息（Allagui, 2012）。

在组织中，组织环境被描述为一组事件、趋势和发展，但由于信息容量的限制、个人和组织的过滤，并不是所有的环境事件都能被决策者感知，因此，认知分类被战略决策者所使用，它们有助于更有效的存储信息，并帮助与别人沟通模糊的战略问题，具体而言，分类的知识结构有助于解释三个认知现象：与分类一致的信息更加易于记忆和存储；建设性记忆错误的发生，即当刺激的信息不完整时，这种不完整可以被与分类一致的信息所填补；可预测模式下的信息失真，即当可得的信息模糊时导致扭曲的发生（Dutton & Jackson, 1987）。此外，达顿和杰克逊（Dutton & Jackson, 1987）还基于认知分类观点，解释了组织对环境中"机会"和"威胁"的分类所产生的不同行为。

3.3.2 图式理论

巴特利（Bartlett, 1932）最早提出了"图式"这一概念，用于解释故事和事件中的信息如何在记忆中被重新配置以进一步回忆，并认为"图式"是指过去经验的组织（Nassaji, 2007）。图式是信息的网络结构，它将我们传统上认为的"事实"与概念、原理、实例、策略和规则等联系在一起（Marshall, 1993；Mislevy, 1993），在一定程度上，图式可以被理解为行为的地图或模板（Lehman, 1996）。一个图式有六大特点：①它有变量；②图式嵌入子图式；③图式代表各级抽象的知识；④图式代表知识，而不是定义；⑤图式是动态的过程；⑥图式是识别工具，其加工的目的是评价被处理数据的匹配度（Rumelhart, 1984；Rumelhart & Ortony, 1977）。

图式理论基本上是一个知识理论，关于知识是如何被表征的以及表征如何以特定的方式有利于知识的使用；根据图式理论，所有的知识被打包成单元，这些单元即图式，不仅嵌入了知识，还包括知识是如何被使用的信息，图式的核心功能是构建对事件、物体、情境等的解释（Johns, 1986；Rumelhart, 1984）。图式理论认为，当个人获得知识时，他们试图将知识转化为记忆结构中的知识，以帮助他们将知识理清；此外，个人将信息分解成可概括的块，分类储存在大脑里以供后来提取；因此，在本质上，图式是有组织的知识结构，有助于提高个体的理解能力以及将呈现在它们面前的知识联系起来（Ajideh，2006）。

图式作为心智地图，对信息搜寻、获取、处理以及对信息做出相应的行为具有影响作用（Neisser，1976；Weick，1979）。具体而言，图式具有 7 个方面的作用：①提供了一个反映经验的结构；②指导信息编码和从记忆中提取信息；③影响信息处理的效率和速度；④指导填充可得信息间的不足；⑤提供解决问题的模板；⑥促进对经验的评估；⑦利于对未来的预期、目标设定、计划和目标的执行（Harris，1994；Lord & Foti，1986）。

3.3.3　认知导向理论

认知导向理论是关于个体宏观行为而非动作的一个理论体系，其中术语"认知导向"主要用于表明导向过程所假定的认知性质，也用于间接表明三个基本的假设：①努力建立认知导向是人类的一个主要趋势，或许也涉及高等动物；②高于脊髓反射级别的人类行为受认知导向（内容、过程）操纵或指示；③关于一个特定认知导向的信息可以预测人们相应行为的形式和方向，其前提是有关行为的刺激和可用的形式是已知的（Kreitler & Kreitler，1972）。

认知导向理论的主要原则是认知内容（即，意义、信念、价值观等）指导人类的行为（Kreitler & Kreitler，1991）。具体而言，认知内容是指主体对内部或外部的刺激所赋予的一定的含义，用于识别和阐释这些刺激，同时也指更加复杂的意义结构，又称信念，通过它们的导向方面促进相应行为的产生（Kreitler & Kreitler，1970）。其中，信念包含四种类型：①有关目标的信念，它表示动作、状态或个体的客观期望或不期望；②有关规则和规范的信念，它是关于伦理、社会、美学等的规则和标准；③关于自我的信念，它表示关于自我的信息，比如一个人的生活习惯、行为、情感、能力等；④一般信念，这反映有关他人和环境的信息，即状态、事件、对象、关系等，由个人认为存在或是真实的（Kreitler，Kreitler & Zigler，1974；Kreitler & Kreitler，1989）。因此，认知导向理论具有重要的启示作用：关于相应意义结构的信息必定会产生可靠的行为预测；信念簇（belief clusters）的改变必定导致行为的改变；它是一个有序的过程，涉及输入识别、输入阐释、行为塑造或形成等（Kreitler & Kreitler，1970）。

认知导向理论可以被拆解成 4 个有序的阶段：第一个阶段是由外部或内部的输入所启动，专注于"这是什么"的问题；第二阶段是关于"是什么意思""对我是什么意思"的问题，这一阶段涉及引出并阐述更复杂、更个性化的意义，它还包含意义的组合，被称为"信念"；第三阶段是关于"该怎么办"的问题；最后一个阶段集中于一个问题"怎么做"，行为程序被获取、选择、调整以及被应用（Kreitler & Kreitler，1972；Kreitler & Kreitler，1991）。

在过去的几十年间，认知导向理论被成功地用于预测不同的行为，例如，健康行为（Kreitler & Kreitler，1991；Westhoff & Halbach – Suarez，1989）、好奇行为（Kreitler，Kreitler & Zigler，1974）、计划（Kreitler & Kreitler，1987）、成功和失败的反应行为（Kreitler & Kreitler，1972）等。

3.3.4　事故致因理论

1. 海因里希因果连锁理论

海因里希（Heinrich）是从20世纪30年代开始的美国工业安全先驱，在1931年出版了《工业事故预防：科学的方法》，随后在1941年进行了修订，该书提出了被广泛熟知的"海因里希法则"。海因里希法则可以概括为，在工作场所，每一个造成重大伤害的事故，背后都存在29起造成轻伤的事故，还有300起未伤事故的发生，即，死亡或重伤、轻伤、无伤害事故的比例为1∶29∶300（海因里希通过对55万起机械事故统计得出）①。此外，海因里希（Heinrich，1931，1959）还提出了事故因果连锁论，该理论涉及5种因素：遗传及社会环境、人的缺点、人的不安全生产行为或物的不安全状态、事故、伤害，因素间存在连锁关系，可以用多米诺骨牌形象描述，但是如果移去因果连锁中的任一块骨牌（因素），则连锁被破坏，事故过程被中止（刘素霞，2012）。

通过对75000件工伤事故的调查，海因里希（Heinrich，1931，1959）明确提出"88 – 10 – 2"的比率法则，即，在100起事故中，就直接和间接因素而言，其中，88%的是由人的不安全行为导致的，10%是由不安全的机械或物理条件导致的，而仅仅2%是无法避免的（张胜强，2004）。此外，以往的研究也表明，人为因素是导致事故发生的重要原因，例如，我国淮北矿务局历年死亡事故中90%以上由职工"三违"造成的（杨大明，1997）。因此，按照海因里希（Heinrich，1931，1959）的观点，通过对企业隐患、违章等事件的避免或消除，减少人或物的不安全状态，能够降低或阻止企业伤亡事故或重大事故的发生。

---

①　转引自：http：//en. wikipedia. org/wiki/Herbert_William_Heinrich。

2. 瑟利模型

瑟利（Surry）于 1969 年出版了《工业事故研究——人机工程学评价》。在该书中瑟利将所识别的理论和概念框架划分为 5 个不同类别：多起事件因果链模型、流行病学模型、能量交换模型、行为模型，以及系统模型；她认为，这些模型是与任何其他的不兼容；每一个模型仅仅简单的强调不同的方面；这激发了她将各种框架组合成一个全面的通用模型（Surry，1969）。

瑟利（Surry，1969）认为，事故可以通过一系列的问题进行描述，形成水平的连续分层结构，其中对每个问题的回答决定一个事件是否成为事故。瑟利模型反映了人的信息处理的原理，基于一个事故是偏离一个预定的处理的理念，并将事故的发生划分为危险出现和危险释放两个阶段。如果能够正确的处理信息，不仅可以在危险出现阶段将其消除或控制，而在危险释放阶段也仍然可以避免危险释放出来（刘素霞，2012）。瑟利（Surry，1969）强调了事故过程的动态性，虽然这个过程描述的事实只出现了两次，每个阶段一次，可能会导致错误地认为一个人只有两次控制任何危害机会，但实际上可能有很多，取决于危险存在时间的长短。

3. 劳伦斯模型

劳伦斯（Lawrence，1974）采用瑟利（Surry）模型分析了在南非金矿的 405 个事故，共涉及 575 人的 794 项错误。近 50% 的参与人员未能察觉警告，所以没有尝试避免这些危险（通常是岩崩）；290 人察觉到警告，257（89%）能够予以确认，但其中只有 57（22%）正确估计风险；257 人中的 140 人（54%）对警告未做出反应，40 人（16%）反应恰当，而其余 77（30%）做出无效响应（Lawrence，1974）。

在此基础上，劳伦斯（Lawrence，1974）提出了人因错误为主的事故致因模型。在企业生产过程中，事故发生之初通常会有警告，以某种信息的形式向企业传递出来，如果没有任何警告就发生了事故，则是由于缺乏有效的监测手段，或者是由管理不善引起的；在事故信号出现后，如果企业无法正确识别信号，或者对信号做出不恰当的反应，都可能导致事故发生；如果企业采取了适当的行为，尽管对事故的估计存在不足或缺陷，那么仍有可能避免事故；反之，如果企业不小心或不重视，则会酿成事故（刘素霞，2012）。

3.3.5 特质理论

奥尔波特（Allport，1937）第一个将特质上升为理论，并开发了特质理论，认为特质是描述和研究个性，以及行为的最合适的方式。奥尔波特

（Allport，1937）将特质定义为"一个广义的神经精神系统（个体特有的），具有呈现许多等同刺激功能的能力，并引起和引导一致的适应性的和表达性的行为"。奥尔波特（Allport，1937，1961）假设个体的行为受内部和外部力量或因素的影响。他将这些因素称作基因型和显现型。基因型是与一个人如何记住信息并用它来与外部世界互动相关的因素。显现型是外部因素，这些关系到一个人接受他的周围环境以及其他人如何影响他们的行为方式。这些因素产生了我们的行为方式，并且是建立个人特质基础。按照奥尔波特（Allport，1937）的定义，特质理论有以下几个观点：①特质是一个神经精神系统；②特质影响或决定个体的行为；③特质可以被划分为三个层次。

奥尔波特（Allport，1937，1961）的特质理论融合了人文和个性的方法对人类行为的研究，把特质作为分析和研究个性或人格的最有效的单位；在其系统中，特质是以同样方式对各种刺激做出响应的倾向，特质可以解释一个人长时间和不同情境下行为的一致性。在奥尔波特（Allport）的研究基础上，大量学者对特质理论进行了丰富和完善。其中，法利（Farley，1986）基于其二十年的研究提出了"T"型人格。"T"型人格是一种寻求冒险、偏爱刺激的人格特征；与之相对的另一极端则是逃避冒险以及减少刺激和兴奋，信赖确切可靠的和可以预知的事物（肖莉，1990）。"T"型可以划分为两个方向：其一，独立性强、追求自由、创造力强等；其二；暴力、犯罪等朝向破坏性质的冒险行为（Farley，1986）。

3.3.6 健康信念理论

健康信念模型（health belief model，HBM）是由霍克鲍姆、凯格尔斯、莱文萨尔和罗森斯托克（Hochbaum，Kegeles，Leventhal & Rosenstock）等四位社会心理学家于20世纪50年代早期提出（Rosenstock，1966），旨在试图了解"人们普遍不接受疾病预防或筛查测试，以早期发现无临床症状的疾病"；后来，它被应用到病人对症状的反应以及遵从规定的医疗方案之中（Noh，Gagne & Kaspar，1994）。健康信念模型为了解个体采取健康行为或预防行为的差异，以及为制定干预措施使个体采取健康行为或预防行为提供了良好的框架。

健康信念模型的是以期望理论、动机理论等理论作为基础，而这些理论假设行为主要取决于两个变量：①个体对特定目标的重视程度；②个体对既定行为实现目标可能性的估计；当这些变量被纳入到与健康行为有关的情境下，分别对应为：①避免疾病的欲望（或者，如果生病了如何恢复）；②对某个特定的健康行为可以阻止（或改善）疾病（例如，对疾病威胁可能性的估计，通过个人的行动以减少威胁的估计）的信念（Noh，Gagne & Kaspar，1994）。

具体而言，健康信念模型包括以下几个构成部分（Lewis，1994；Noh，Gagne & Kaspar，1994）：①感知易遭受度；②感知严重性；③感知收益；④感知障碍。此外，健康信念模型提出行为是由"行动线索"所触发，使个人意识到对健康的威胁，这种刺激可能来自个体的内部症状或外部，例如，卫生保健提供者、家庭成员或媒介；同样，不同的人口（年龄、性别、种族等）、社会心理（社会阶层、同事与参照组、性格等）、结构性因素（疾病知识、经验等）都有可能在健康行为的形成过程中发挥作用，但这些只是通过改变模型的其他维度间接影响行为（Lewis，1994）。

3.4 假设提出

本研究主要以基于认知的视角，着重针对主导逻辑、长期导向、主动导向与突发事件预防行为、突发事件防治绩效的关系，以及突发事件预防行为所起的中介作用提出相应假设。另外，本研究还将针对风险倾向和风险感知在主导逻辑、长期导向、主动导向与突发事件预防行为之间所起的调节作用提出相应假设。

以往的研究表明，突发事件预防行为是一个多维度的变量，本研究也将其分为信息型行为、资源型行为和制度型行为，而这三种不同类型的行为都包含子维度。每个子维度可能受认知因素的不同影响，也对结果变量可能具有差异性的影响。尽管每个子维度可以独立地变化，但当不同的关系并不是关注的重点时，将子维度作为一个整体看待仍然是有用的（Kreiser，Marino & Weaver，2002）；另一方面，借鉴克莱泽、马里诺和韦弗（Kreiser，Marino & Weaver，2002）、卢姆金和迪斯（Lumpkin & Dess，1996）等的观点，将信息型行为、资源型行为和制度型行为的子维度作为一个整体进行研究可以对"认知—突发事件预防行为—突发事件防治绩效"之间的关系提供更精确的解释。此外，本研究在随后的章节中也证实了突发事件预防行为是二阶三因子。因此，本研究的假设主要是围绕着信息型行为、资源型行为和制度型行为展开的，而没有进行具体的细分。

3.4.1 认知与突发事件预防行为的关系

鉴于企业内外部环境的复杂性、不确定性和动态性,企业战略行为的制定难以做到完全理性,即使是采用群体决策;此外,企业管理者只能在有限的时间内处理一定量的信息。这一现实驱使企业管理者在很大程度上依靠他们的认知、诠释,有时甚至是本能,来制定战略决策。因此,认知理论在管理决策中占有重要的位置。认知理论提出,环境不是纯粹外生的,组织对环境的反应是通过管理者对环境的诠释发生的,即"环境—管理者对环境的诠释—战略行为",尤其是当决策者所面临的环境具有不确定性和复杂性时(Kaplan,2011)。玛斯和西蒙(March & Simon,1958)指出这种管理者对环境的诠释来源于管理者认知的局限性,导致管理者使用简化的启发法以理解环境,即,管理者通过借助认知框架的方式使外部环境内生化,而这种内生化会进一步塑造企业的战略选择和行为(Daft & Weick,1984;Kaplan,2011)。

1. 主导逻辑与突发事件预防行为的关系

在总结哈夫(Huff,1982)、达夫特和韦克(Daft & Weick,1984)、韦克(Weick,1995)、普拉哈拉德和贝蒂斯(Prahalad & Bettis,1986)等研究的基础上,纳德卡尼和纳拉亚南(Nadkarni & Narayanan,2007)提出主导逻辑对企业战略行为的影响是通过以下三种机制:扫描、诊断和行为选择。第一,主导逻辑是战略管理者关注和考虑相关的战略制定时的信息过滤器;第二,主导逻辑通过使决策者能够推断因果关系中模棱两可的信息进而影响信息诊断;第三,由于诊断影响战略行动选择,所以主导逻辑也影响公司对环境变化的反应和竞争行为的类型和范围(Nadkarni & Narayanan,2007)。

按照上述观点,突发事件预防行为也是企业战略行为的一种,因此,企业的主导逻辑必然会对其产生影响。主导逻辑影响企业突发事件预防行为的途径在于:信息扫描,主导逻辑作为企业信息的过滤器,企业利用它来搜寻与突发事件预防相关的信息;信息诊断,主导逻辑为企业提供信息的解释方式,决定着与突发事件相关的信息如何被解释与理解;行为选择,主导逻辑是一组简化了的因果模式,企业有什么样的因果模式,就会有什么样的预防行为选择。

(1) 主导逻辑与信息型行为的关系。按照有限理性理论的观点,企业管理者作为一个有限理性人,难以对环境中与突发事件相关的信息做出完全的了解,企业依靠管理认知来感知外部复杂的与突发事件相关的信息,主导逻辑为企业提供感知环境的标尺，它决定了环境的成千上万的信息中哪些与突发事件相关的信息将会被管理者所关注或选择（Reger & Huff，1993；雷鸣和雷霄，2011）。认知复杂性高的企业知识结构较为复杂，构成的要素或维度更多，企业对突发事件的认识将更为全面，会把注意力放在不同的概念上，因此，企业所关注的环境信息更为宽广，也会搜寻更多的信息。认知聚焦性高的企业知识结构侧重于单一方面，倾向于将注意力集中放在核心概念上，因此企业所关注的突发事件信息较为单一。施瓦兹（Schwartz，1977）的研究结果也间接表明，主导逻辑对企业的信息扫描行为具有影响。

认知复杂性描述的是组织以多维的方式构建环境的程度（Streufert & Swezey，1986）。与认知复杂性程度低的企业相比较而言，认知复杂性高的企业在处理突发事件相关的信息时，能够使用更多的维度，因此能够察觉到环境中的细微差别、看到问题的多个方面、对模糊的情形可以有效区分等，可以说，它是企业鉴别、诊断和区分概念的一种能力。除了能够区分不同的突发事件信息之外，认知复杂性高的企业还能够对信息进行整合。在相同数量的信息下，一个复杂的主导逻辑可能对复杂问题的诊断更加全面，在于它的元素之间高层次的相互联系，复杂的主导逻辑比简单的主导逻辑对信息由更多的方式进行阐释，因为它能够识别更多的因果关系。认知聚焦性的企业对不同环境的描述或认知是以某一领域或少数几个核心概念为主（Nadkarni & Barr，2008；Xu，2011），其他领域或其他概念只是起到辅助作用。也就意味着，当遇到这几个核心概念的刺激，企业才会做出相应的反应（尚航标，2010）。因此，认知聚焦性高的企业对多个领域或其他多个核心概念的刺激并不敏感，导致企业难以有效的识别更多的突发事件信息。

当企业的认知复杂性越高时，企业的经验、不同领域的知识就更丰富，而这些经验、知识往往是适当的分布在企业的不同部门、不同团队及不同个体之中，因此在解决问题的过程中，会发生更多的信息沟通。然而，当企业的主导逻辑比较聚焦时，企业的经验、知识等相对集中在某一个领域，这意味着不同部门、团队及个体所具有的知识呈现出很高的趋同性或单一性。由于知识、经验等的相似程度很高，企业内部之间进行的信息交流、传递等的必要性就会降低。所以，认知复杂性高的企业，与突发事件相关的信息沟通更加频繁；而认知聚焦高的企业，与突发事件相关的信息沟通频率相对要低。

基于以上分析，本研究提出：

H1a：认知复杂性对信息型行为有正向影响。

H1b：认知聚焦性对信息型行为有负向影响。

（2）主导逻辑与资源型行为的关系。复杂的主导逻辑有助于降低企业的贴现偏差（discounting bias）（Adamides，Stamboulis & Pomonis，2005）。贴现偏差是指管理者采取一个狭窄视角重点识别具体事件的原因，而忽略重要的环境变量；它源于实际的环境条件和用于解释环境的主导逻辑之间的缺口（Nadkarni & Narayanan，2007）。因此，当新的环境刺激出现时，复杂的主导逻辑使企业更加可能发现危机信号、认识到新的突出事件出现的可能性，对其做出正确的判断，从而事先配置相应的资源，以使企业能够更好地预防突发事件和应对突发事件的发生。

纳德卡尼和纳拉亚南（Nadkarni & Narayanan，2007）指出认知聚焦性会增加企业在决策制定过程中的因果谬误偏差（illusory causation bias），即，企业基于主导逻辑中的核心概念对新的环境刺激做出不恰当或错误的因果推断，尤其是当主导逻辑中的核心概念使得管理者的注意力放在不存在的变量及其关系时。所以，当新的环境刺激或可能导致突发事件的信号出现时，认知聚焦性的企业倾向于采用核心概念对其进行做出判断，而不是在正式的搜索的基础上做出判断，这样就会降低判断的准确性，从而导致企业不能事先采取预防行为。因此，认知聚焦性偏高并不利于企业事先采取正确的突发事件预防行为。因此，本研究提出：

H2a：认知复杂性对资源型行为有正向影响。

H2b：认知聚焦性对资源型行为有负向影响。

（3）主导逻辑与制度型行为的关系。复杂的主导逻辑增加了战略决策制定时多样性的观点，这种多样性会促进对战略选择更广泛的讨论，减少认知惯性（cognitive inertia）和基于现状的行为（status quo behavior），因此，复杂的主导逻辑可以使公司能够迅速吸收新的、针对具体情况的知识（Nadkarni & Narayanan，2007；Miller & Chen，1996）。由于，应急知识培训是企业学习与吸收如何应对突发事件的准备型行为，它也是企业针对未来的一项战略决策，所以，复杂的主导逻辑对应急知识培训具有正向的影响。此外，应急计划是企业制定的在突发事件发生情况下的一组步骤或程序，认知惯性高的企业习惯于常规的情况，往往对突发情况并不警觉，所以认知惯性会抑制企业制定应急计划，而复杂的主导逻辑可以减少认知惯性，所以认知复杂性对应急计划制定有正向影响。

相反，聚焦型的主导逻辑会导致认知惯性，使企业过于依靠先前的成功经验，而不是寻找如何吸收新知识，以及创造新的战略选择（Reger & Palmer，1996；Adamides，Stamboulis & Kanellopoulos，2003）。由于，应急知识培训和应急计划制定是企业针对未来潜在的突发事件而事先采取的行为，许多突发事件并不具有重复性，因此，认知惯性高的企业过于依靠先前的成功经

基于认知视角的企业突发事件预防行为及其绩效研究

验，并不倾向于在突发事件发生前采取应急知识培训和应急计划制定行为。因此，本研究提出：

H3a：认知复杂性对制度型行为有正向影响。

H3b：认知聚焦性对制度型行为有负向影响。

2. 长期导向与突发事件预防行为的关系

在个体层面，贝加达（Bergadaa，1990）认为"个体会根据自己的时间认知结构，安排自己的生活、采取行动或做出反应"；这个时间框架决定了个体在何种程度上聚焦"潜在或即刻"的结果还是"未来"的结果，以决定采取何种行动（Orbell，Perugini & Rakow，2004；Strathman，Boninger，Gleicher et al.，1994）。以往的研究已经表明，长期导向的人更加关心潜在的负面后果，更有可能采取保护措施，尽量减少未来风险，而目前导向的个人一般不太关注未来潜在的风险（Strathman，Boninger，Gleicher et al.，1994；Kees，2011）。

按照高阶理论，企业的时间导向主要是高层管理者时间导向的体现，因此，贝加达（Bergadaa，1990）的观点同样适用于组织层面，即，企业的时间导向（注重当前，还是未来）会对企业的战略行为产生影响，更加关心潜在的负面后果，更有可能采取保护措施，尽量减少企业未来的风险。

（1）长期导向与信息型行为的关系。长期导向水平高的企业倾向于以确保积极的未来结果的方式行动，或者以减少未来的负面结果的方式行动，而且如果采取的行为对未来是有收益的，往往他们的注意力会弱化当前行为的负面影响（Mcgrath & Tschan，2004；Trommsdorff，1994；Zimbardo，Keough & Boyd，1997；Brown & Segal，1996）。相比之下，短期导向水平高的企业更注重引导企业的行为去实现即时或当前的积极成果，企业的生存维持一天是一天，可能并不关心企业当前的行为可能对企业的未来所造成的影响（Brown & Segal，1996；Zimbardo，Keough & Boyd，1997）。

以往的研究也间接表明，长期导向对企业突发事件信息型行为的采取具有重要的影响。在某种程度上，长期导向的企业对未来的预期相对较长，认为未来的环境并不是一成不变的，是不断变化的，企业遭受突发事件的次数也将会增加，因此，企业可能对信息的搜索、识别与沟通更加注重。事实上，为了确保长期的成功，长期导向的企业更有可能认为需要不断调整现状以与内外部环境的变化进行有效匹配，所以，这离不开信息搜索、识别与沟通的作用。相比之下，短期导向的企业的时间视野相对较短，在短期内环境的变化相对稳定或者较小，认为自身遭受突发事件的次数比较少，并不愿意采取新的举措、更愿意坚持过去的惯例，因此没有必要去搜寻信息、进行识别与

86

沟通等。卢姆金、布里格姆和莫斯（Lumpkin, Brigham & Moss, 2010）也指出，长期导向对信息的扫描、未来趋势的预测等具有促进作用。所以，本研究提出：

H4a：长期导向对信息型行为有正向影响。

（2）长期导向与资源型行为的关系。相比较而言，长期导向的企业具有更好的成就导向，会牺牲当前的收益以寻求未来的目标，因此，"延迟满足未来的收益"是长期导向的重要特性（Le Breton – Miller & Miller, 2006）。长期导向高的企业往往具有持久性和耐心，会将资源投资在一个较长的时间跨度内才可获得收益的项目（Saini & Martin, 2009; Lumpkin, Brigham & Moss, 2010）。相反，当前或短期导向的企业聚焦于当下，往往低估未来的结果。因此，决策更多的是基于当前的意愿，没有思考未来的收益，因此，对企业资源的投入意在获取短期的收益，例如，满足季度，或当年财务目标的要求（Eddleston, Kellermanns & Zellweger, 2012; Le Breton – Miller & Miller, 2006）。

突发事件预防需要事先储备一定的物资、配置相关的人员等。从短期而言，物资和人员的投入往往使企业承担一定的成本，会削弱企业短期的财务绩效，影响企业对短期财务目标的满足；从长期而言，企业在生产过程中遭受突发事件的次数往往会增加，物资和人员的投入可以降低突发事件的危害，从而有利于企业在长期内获得收益。资源型行为在一定程度上是"延迟收益"而非"当前收益"的投入行为。所以，本研究提出：

H4b：长期导向对资源型行为有正向影响。

（3）长期导向与制度型行为的关系。组织管理研究表明，变动、不确定感等在组织中随处可见。在以短期导向为主的企业中，时间相对紧缩，将会迫使组织成员诉诸任何可能的手段来达到他们的目标；与此相反，长期导向的企业，并没有直接的时间压力，这将有助于降低企业成员的不确定性，使它们意识到他们将被允许更多的时间制定计划、采取行动，并让计划和行动发挥作用、产生结果。在个体层面，贝加达（Bergada, 1990）的研究也表明，长期导向的人倾向于做计划和感到为自己的未来负有责任，并考虑行为对计划的影响；长期导向的人在采取行为时，更加深思熟虑，考虑到行为的未来后果。

相对而言，长期导向的企业并没有紧迫的时间压力，因此，有充足的时间思考企业的未来，对未来有一个更加清晰的认识，所以，更有可能制定应急计划和采取应急知识培训。此外，以往的研究也间接表明，计划和培训虽然在短期内会增加企业的成本，但有助于企业获得长期的竞争优势，由于，长期导向的企业更愿意牺牲短期收益以获得长远的收益，所以，长期导向的企业也会制定应急计划和采取应急知识培训。所以，本研究提出：

H4c：长期导向对制度型行为有正向影响。

3. 主动导向与突发事件预防行为的关系

主动导向/被动导向是企业对"环境—战略"之间先后关系的认知。它根植于交互作用观点（Bandura，1977；Schneider，1983），即，主动导向的研究者认为个体存在创造自己环境的可能性，因此，企业也一样；在组织行为与心理学研究也表明，行为是受内在和外在控制的；班杜拉（Bandura，1977）也指出，个体、环境和行为三者之间存在相互的影响关系。

关于"环境—战略"之间因果关系的信念对企业战略决策的制定具有重要的影响，企业对"环境—战略"因果的信念将框架具体的战略问题和影响战略被如何解释，以及需要采取什么样的战略行动（Barr, Stimpert & Huff, 1992；Barr & Huff, 1997；Nadkarni & Barr, 2008）。实际上，企业与环境彼此之间存在相互的持续影响，这也表明企业不是简单的"被动接受环境影响"，而是可以对存在的环境发挥影响，这种能动性体现了"禀赋、信仰系统、自我监管能力和分布式结构和功能，以让企业对生存的环境产生影响"（Bandura，2001）。按照费伊和弗雷斯（Fay & Frese, 2001）的观点，主动导向的企业倾向于预期未来需求，并做好准备或阻止问题的发生。因此，主动导向对企业的突发事件预防行为具有影响。

（1）主动导向与信息型行为的关系。主动导向的企业持有"在环境发生变化之前，就应该采取行动"的信念，而不是"等环境变化稳定后，再采取行动"。主动导向的企业相对不受情境力量的约束，会主动影响环境的变化。主动导向的企业也会去寻找机会，并作用于它们，该类企业表现出能动性，并采取行动，坚持下去，直到这些行动带来有意义的变化（Bateman & Crant, 1993）。与此相反，被动导向的企业表现出相反的模式，它们并不会去积极识别机会，也导致难以抓住机会。

突发事件的发生往往是一个由量变到质变的过程，因此，突发事件预防要求企业寻找和确定现有的环境中潜在的威胁、隐患等，这都离不开信息扫描、识别和沟通等信息型准备行为的作用。信息型准备行为可识别环境中正在导致突发事件的因素，并将其消除。就突发事件而言，主动导向的企业倾向于认为，不应该被动地接受突发事件的发生，在其发生之前，需要对导致突发事件的因素进行监测、识别等，进而将其消除，或者做好准备（旨在寻求事先的改变）。相比之下，被动导向的企业倾向于对突发事件采取"等待和观望"的态势。因此，本研究提出：

H5a：主动导向对信息型行为有正向影响。

（2）主动导向与资源型行为的关系。突发事件预防的效果往往取决于企业采取战略行为，以降低损失的速度。卢姆金和迪斯（Lumpkin & Dess，2001）认为主动导向的企业"寻求机会，前瞻性的视角，涉及在竞争中率先引进新产品或服务，预期未来需求并采取行动创造变化，塑造环境"。因此，主动导向的企业会预期未来突发事件的发生，事先做好准备，以在突发事件发生后做出快速的应对。

按照谭和彭（Tan & Peng，2003）、李晓翔和刘春林（2010）、布尔茹瓦（Bourgeois，1981）等的观点，充足的资源有利于企业降低突发事件的发生或在突发事件发生后做出快速的应对。因此，为了预防、应对突发事件的发生和做出快速的反应，主动导向的企业会事先配置充分的资源。因此，本研究提出：

H5b：主动导向对资源型行为有正向影响。

（3）主动导向与制度型行为的关系。主动导向的企业是一个先动者，而不是被动者或者市场中的追随者，因为它有意愿和远见去预见未来的事情、抓住新的机遇，即使它并不总是第一个这样做（Lumpkin & Dess，1996）。主动导向的企业注重抓住主动权，并伺机行事以"塑造环境"，也就是说，影响趋势，或许，甚至创造需求（Bateman & Crant，1993）。

应急计划的制定被认为是一个深思熟虑的过程，在该过程中目标被转化为行动的指导方针。应急计划制定代表了一种主动型的行为，因为它使企业将他们心理所期望的与具体的行为步骤和计划联系起来。从组织的角度来看，应急知识培训也是一种主动型行为，原因在于应急知识培训发生在突发事件发生之前，其目的是降低突发事件发生后造成的危害。此外，由于应急计划制定与应急知识培训涉及相关的经济和人力成本，这也需要企业更加的主动。因此，本研究提出：

H5c：主动导向对制度型行为有正向影响。

3.4.2 突发事件预防行为与突发事件防治绩效的关系

关于危机的文献研究表明，危机是由企业中技术、人力、组织和外部子系统之间故障和功能障碍的共同作用所造成的；大量事故致因理论的研究成果表明，突发事件是由人和物的不安全状态造成的（Pearson & Mitroff，1993）。鉴于危机或突发事件的本质，皮尔森和米特洛夫（Pearson & Mitroff，1993），希瓦史塔瓦（Shrivastava，1987）等认为企业可以通过减少这些不同子系统的故障和功能障碍，进而降低突发事件的发生。例如，企业应该重视安全生产，保持开放的沟通渠道，让不良消息可以随时被接收到等。

1. 信息型行为与突发事件防治绩效的关系

灾害孵化理论（disaster incubation theory）认为，灾害是由于违背了有关组织规范的安全操作的事件的积累造成的：一些小故障、错误的感知、误解和缺乏沟通的潜伏期的积累（Turner，1994）。潜在的突发事件在爆发之前会释放出信号（Kovoor – Misra，Zammuto & Mitroff，2000）。张桂平（2013）也指出，突发事件的发生往往在于企业对灾难信号没有引起足够的重视，导致小灾难最终演化为大灾难。

突发事件发生前的危机信号可以是任何种类偏离正常状态的信息。在组织方面，可以被视为由"组织缺陷"（失败、失误、意外偏差等）产生的异常信息，即可来自组织外部，例如，该组织的供应商提供的质量差的原料，也可来自组织的内部环境，例如，员工缺勤的持续增长（Paraskevas & Altinay，2013）。

信息扫描被组织用来了解自身运作的环境，它有利于组织及时发现危机信号，并将其传递到相关的部门，即使不能避免全部的突发事件，至少部分突发事件是可以避免的。因此，信息型行为有助于降低突发事件的发生。

基于以上分析，本研究提出：

H6a：信息型行为对违规强度具有负向的影响。

H6b：信息型行为对小事件发生强度具有负向的影响。

此外，信息型行为也有利于企业对突发事件进行全面的了解，例如，突发事件发生后制定正确的、快速的决策，降低决策的不确定性和模糊性提供了良好的信息基础，从而有利于提高突发事件的反应效果。因此，本研究提出：

H6c：信息型行为对应急效果具有正向的影响。

2. 资源型行为与突发事件防治绩效的关系

按照能量意外释放理论，突发事件的发生是危险源与引发因素共同作用的结果，突发事件造成的损失也可解释为能量转换的结果；超过一定数量（临界量）的能量或危险物质是突发事件发生的前提条件，即当意外释放能量超过了人体或结构、设备、设施等的抵抗力或抗干扰能力，就会导致伤害、破坏、损失（刘毅和杨曼，2011；吴宗之，2003）。因此，当突发事件发生时，它所释放的能量产生的危害，在一定程度上取决于事件所持续的时间，以及人体与事件的接触面等因素（刘毅和杨曼，2011；吴宗之，2003）。

由此可见，预防突发事件的发生或降低突发事件造成的损失要从根本上消除能量释放，或将人与意外释放的能量进行有效隔离，使能量的有害作用减至最小，或采取控制、限制、屏蔽能量的释放、能量转换和能量接受等有关的措施（刘毅和杨曼，2011；吴宗之，2003），而资源型行为可以起到这些作用。因此，本研究提出：

H7a：资源型行为对违规强度具有负向的影响。

H7b：资源型行为对小事件发生强度具有负向的影响。

此外，突发事件发生前进行的应急物资储备和相应的人员配备也可以在突发事件发生后，有助于快速将意外能量进行控制、限制或消除等，因此，可以提高突发事件的应对效果，降低突发事件造成的损失。因此，本研究提出：

H7c：资源型行为对应急效果具有正向的影响。

3. 制度型行为与突发事件防治绩效的关系

通过培训可以很好将知识程序化（程序化的知识利于储存，并有利于对知识的快速提取），或者将先前获得的知识应用到实际问题的解决之中（Anderson，1987）。例如，斯托特、萨拉斯和克雷格（Stout, Salas & Kraiger, 1997）发现，航空培训导致知识结构、组织概念和对某一领域内概念的相互关联（例如，安全）的认识的完善；格里芬和尼尔（Griffin & Neal, 2000），伯克、萨皮、特斯鲁克等（Burke, Sarpy, Tesluk et al., 2002）证实安全培训有利于个体在工作中正确的运用知识和采取正确的行为。陈述性知识、程序性知识和技能是坎贝尔（Campbell, 1990）假设模型中的绩效决定因素，在某种程度上，是教育和培训的结果。在企业之中，应急知识培训是为了增加员工的陈述性知识、程序性知识和技能。应急知识培训通常是高度结构化的，被用来为员工提供广泛的突发事件知识，与突发事件相关的安全理念、安全生产规章制度和安全工作行为，也培养员工对这些因素之间相互关系的理解。培训往往采用多种培训方式，包括演讲和讨论，进行行为模拟，以及在模拟的环境中实践（Burke, Sarpy, Tesluk et al., 2002）。

在突发事件领域内增加培训的多样性和广度（例如，培训使用各类个人防护装备）将主要增加员工的陈述性知识。特别是，陈述性知识的增加将为企业的员工提供更加广阔的知识基础，以在新的形势下应对不断变化的情况和突发事件。新的突发事件也常常与先前学到的相似，因此对新的突发事件的反应将很大程度上依赖于一个人的可用资源，尤其是陈述性知识（Kanfer & Ackerman, 1989；Burke, Sarpy, Tesluk et al., 2002）。

应急知识培训也会增加员工程序性知识和提高其技能，通过对知识和技能的更新、不断的反馈练习。从这个意义上讲，技能有望成为程序化或自动化，从而导致在工作、突发事件中将行为路径化；应急知识培训也有利于加强对知识的汇编和整合；此外，不断暴露于不同的演示、相关或类似的材料中将使企业更容易的记忆与整合知识；程序性知识和技能的掌握和更新，也有助于个人在新的环境中进行知识转移和运用（Ford，Ouinones，Sego et al.，1992；Burke，Sarpy，Tesluk et al.，2002）。

应急计划通常以书面形式，阐明了紧急情况，尤其是突发事件发生期间应采取的行为，例如，沟通、风险分析、资源保障等，主要在于降低突发事件的不良影响。应急计划也是企业事先制定的一组陈述性知识和程序性知识，它描述了哪些是紧急情形，制定了如何采取行为进行有效应对。应急计划不仅仅涉及如何应对突发事件，也涉及其他知识，以预防突发事件的发生。

由此可见，制度型行为会增加员工的陈述性知识、程序性知识和技能，或者强化正确的行为路径，从而降低违规强度和小事件发生强度的发生。因此，本研究提出：

H8a：制度型行为对违规强度具有负向的影响。

H8b：制度型行为对小事件发生强度具有负向的影响。

此外，制度型行为有利于将知识程序化，而程序化的知识方便的突发事件发生的情况下快速提取，以及将事前习得的知识准确的应用到突发事件的应对过程中，从而降低突发事件的不良影响（Anderson，1987）。因此，本研究提出：

H8c：制度型行为对应急效果具有正向的影响。

3.4.3 风险倾向在长期导向、主动导向与突发事件预防行为之间关系的调节作用

当选择的后果不确定时（Sitkin & Pablo，1992），风险产生。企业对遭受它们的选择带来的不良后果上存在差异：具有高风险倾向的企业接受更高的相对风险，为了一个预期的增益，而那些低风险倾向的企业则关注预期代价（March & Shapira，1987）。西特金和帕布洛（Sitkin & Pablo，1992）风险行为模型理论指出，风险倾向直接影响风险相关的行为。

1. 风险倾向在长期导向、主动导向与信息型行为之间关系的调节作用

玛斯和沙皮拉（March & Shapira，1987）研究表明，一个冒险的选择是一个包含非常糟糕结果的威胁。通常而言，非常糟糕结果的威胁来自企业的各个方面，例如，当企业在产品、流程、战略、结构等方面进行变化时，尤

其是，涉及组织路径和程序改变的决策更加的危险，它增加了企业死亡的可能性（Hannan & Freeman，1984；Nelson & Winter，1982），尽管这些改变可能提高企业的绩效（Nelson & Winter，1982）。

风险倾向水平高的企业通常具有更高的风险容忍度，对决策可能导致的糟糕的结果更加容忍或更加愿意接受不良后果。因此，风险倾向高的企业重视实现收益的决定，而不是规避损失的决定。然而，决策所导致的糟糕的结果部分来源于信息的匮乏，充足的信息可以让企业对决策的潜在结果更好地了解，也是降低决策风险的重要因素。就突发事件而言，风险倾向高的企业通常会认为企业的决策尽管可能导致突发事件的发生、造成严重的后果等，但它们对这些后果具有更高的容忍程度，所以这些企业会弱化信息型预防行为，对突发事件采取预防的意愿程度相对要低。

基于以上分析，当长期导向正向影响信息型行为时，风险倾向可会弱化这种正向影响。因此，可以得到以下假设：

H9a：风险倾向负向调节长期导向与信息型行为之间的关系。

基于以上分析，当主动导向正向影响信息型行为时，风险倾向会弱化这种正向影响。因此，可以得到以下假设：

H9b：风险倾向负向调节主动导向与信息型行为之间的关系。

2. 风险倾向在长期导向、主动导向与资源型行为之间关系的调节作用

风险倾向影响企业对情境中的威胁或机会的判断，而这种判断是有偏差的（Brockhaus，1980；Vlek & Stallen，1980）。具体而言，风险倾向高的企业倾向于重视和关注正面的机会，从而，相对于损失的概率，高估收益的概率；风险倾向低的企业倾向于重视和关注潜在的负面结果，因此相对高估损失的概率，而不是收益的概率（Schneider & Lopes，1986；March & Shapira，1987）。

针对突发事件造成的损失，风险倾向导致企业难以做出准确的判断。对风险倾向高的企业而言，它们会关注一些正面的结果，高估收益的概率；对风险倾向低的企业而言，它们更加看重负面的结果，高估损失的概率。因此，为了规避或降低突发事件造成的潜在损失，风险倾向低的企业会事先储备更多的应急物资和配备更多的应急人员；而风险倾向高的企业恰好相反。

基于以上分析，当长期导向正向影响资源型行为时，风险倾向会弱化这种正向影响。因此，可以得到以下假设：

H10a：风险倾向负向调节长期导向与资源型行为之间的关系。

基于以上分析，当主动导向正向影响资源型行为时，风险倾向会弱化这

种正向影响。因此，可以得到以下假设：

H10b：风险倾向负向调节主动导向与资源型行为之间的关系。

3. 风险倾向在长期导向、主动导向与制度型行为之间关系的调节作用

风险倾向高的企业，强调潜在收益，企业对风险的严重性的判断降低；与此相反，风险倾向低的企业强调决策所隐含的潜在损失，导致风险的特点被突出。具体来说，风险倾向高的企业，正面的构建情境导致风险承担，通过注意机会，而不是风险（March & Shapira，1987），而风险倾向低的企业，负面的构建情境，导致风险规避，对威胁做出刚性反应（Staw，Sandelands & Dutton，1981）或过度警觉（Janis & Mann，1977）。

以往的研究也表明，风险倾向高的企业奋勇、冒险、以实现收益为目标，风险倾向低的企业小心、谨慎、以避免负面结果为目标。因此，为了降低突发事件造成的损失，避免负面结果的出现，风险倾向低的企业更加愿意采取应急知识培训和制定应急计划。

基于以上分析，当长期导向正向影响制度型行为时，风险倾向会弱化这种正向影响。因此，可以得到以下假设：

H11a：风险倾向负向调节长期导向与制度型行为之间的关系。

基于以上分析，当主动导向正向影响制度型行为时，风险倾向会弱化这种正向影响。因此，可以得到以下假设：

H11b：风险倾向负向调节主动导向与制度型行为之间的关系。

3.4.4 风险感知在长期导向、主动导向与突发事件预防行为之间关系的调节作用

在先前的研究中，风险感知被作为自变量、中介或调节变量，主要被用于预测各种行为，例如，对早期危机信号的行为反应，各类预防行为等等。当企业认为或感知到当前的情形是危险的时候，它们有受到威胁、失去控制、缺乏机会的强烈感觉，企业则会回避风险、采取预防行为等（Sitkin & Weingart，1995；Highhouse & Yuce，1996）。

1. 风险感知在长期导向、主动导向与信息型行为之间关系的调节作用

风险感知是企业对危险发生的可能性和潜在后果严重性的主观判断（Dutton & Jackson，1987；Sitkin & Pablo，1992；Sitkin & Weingart，1995），以往理论指出，企业对风险的反应有两种基本方式。斯洛维奇（Slovic，2000）在其称之为的"情感启发式"（affect heuristic）中提出：风险不仅是企业知道风险是什么（分析体系），而且企业还将他们的判断建立在对风险

的感觉上（体验体系），其中，这些情感反应是指对风险的情绪反应，例如，忧虑、焦虑和恐惧（Huurne & Gutteling，2008）。

较高的风险认知通常反映出企业对环境事件较高的不确定性，而为了降低不确定性，企业会搜寻信息（Huurne & Gutteling，2008）。信息搜寻理论和不确定性减少理论指出，人们倾向于追求对周围环境的确定性，当这种确定性减少（或不确定性增加）时，对信息的需求增长和信息寻求行为就产生了（Atkin，1973；Berger & Calabrese，1975）。阿特金（Atkin，1973）、伯杰和卡拉布雷斯（Berger & Calabrese，1975）等认为，对信息的需求是在当前重要环境对象和期望标准的状态之间感知到的不一致性所产生的外部不确定性的作用结果，即，高水平的不确定性导致信息寻求行为的增加，不确定性水平下降，信息寻求行为也会降低。纽伍德、邓伍迪和格里芬（Neuwirth，Dunwoody & Griffin，2000）的研究表明，风险感知和信息需求之间存在正相关关系，进而影响后续的信息搜寻行为。因此，风险感知水平高的企业为了降低不确定性，更加注重突发事件的信息型预防行为。

基于以上分析，当长期导向正向影响信息型行为时，风险感知会加强这种正向影响。因此，可以得到以下假设：

H12a：风险感知正向调节长期导向与信息型行为之间的关系。

基于以上分析，当主动导向正向影响信息型行为时，风险感知会加强这种正向影响。因此，可以得到以下假设：

H12b：风险感知正向调节主动导向与信息型行为之间的关系。

2. 风险感知在长期导向、主动导向与资源型行为之间关系的调节作用

企业风险感知涉及不确定性、潜在收益或损失、情境构念和企业卷入程度等四个方面（Williams & Vong，1999）。不确定是指结果的变化范围，企业认为结果的不确定性水平越高，企业为降低这种不确定性，采取预防行为的可能性越大；潜在收益或损失指决策带来收益或导致损失的程度，如果企业认为事件带来的是损失而非收益，作为理性人，企业会积极地采取预防行为规避损失；情境构念是指企业积极还是消极地看待决策情境，若企业采取消极的态度看待情境或事件，为降低负面情绪带来的压力，企业更有可能采取预防行为；卷入程度指决策的结果与企业的相关程度，决策或事件的负面结果对企业的影响越大，企业越会注重预防（Williams & Vong，1999）。

突发事件给企业带来的更多是损失，风险感知水平高的企业通常会更加认为突发事件具有更高的不确定性、导致的损失更大、更加消极地看待突发

事件、也会认为突发事件与企业自身更加密切相关。因此，为了降低突发事件造成的损失、消除不确定感等，风险感知水平高的企业通常会事先进行应急物资储备和应急人员配备。

基于以上分析，当长期导向正向影响资源型行为时，风险感知会加强这种正向影响。因此，可以得到以下假设：

H13a：风险感知正向调节长期导向与资源型行为之间的关系。

基于以上分析，当主动导向正向影响资源型行为时，风险感知会加强这种正向影响。因此，可以得到以下假设：

H13b：风险感知正向调节主动导向与资源型行为之间的关系。

3. 风险感知在长期导向、主动导向与制度型行为之间关系的调节作用

制度型行为的主要作用是增加知识，包括描述性知识和程序性知识。当企业意识到缺乏或不了解有关某一方面的知识时，为了降低不确定性，企业则会弥补该类知识（Kuhlthau，1991）。按照贝尔金（Belkin，1980），格里芬、邓伍迪和纽沃思（Griffin，Dunwoody & Neuwirth，1999）的观点，当拥有的知识与所期望的知识存在差距时，该差距则会激励企业寻求知识。除了去搜寻信息以增加知识外，应急知识培训也是企业增加知识的重要途径；此外，应急计划也是一组事先制定好的程序，它涉及了大量的知识，例如，在突发事件发生后，企业应对的步骤。

风险感知水平高的企业，通常对突发事件具有更高的不确定感（Huurne & Gutteling，2008），为了降低这种不确定感、缓解知识差距感，企业除了直接的信息搜寻外，也会采取应急知识培训和应急计划制定的行为。

基于以上分析，当长期导向正向影响制度型行为时，风险感知会加强这种正向影响。因此，可以得到以下假设：

H14a：风险感知正向调节长期导向与制度型行为之间的关系。

基于以上分析，当主动导向正向影响制度型行为时，风险感知会加强这种正向影响。因此，可以得到以下假设：

H14b：风险感知正向调节主动导向与制度型行为之间的关系。

3.5 假设汇总与模型构建

基于相关的理论分析与推理，本研究一共提出了 33 个假设，全部为探索性假设，本研究将假设的内容进行了汇总，见表 3.1。

表 3.1	研究假设汇总
编号	假设内容
H1a	认知复杂性对信息型行为有正向影响
H1b	认知聚焦性对信息型行为有负向影响
H2a	认知复杂性对资源型行为有正向影响
H2b	认知聚焦性对资源型行为有负向影响
H3a	认知复杂性对制度型行为有正向影响
H3b	认知聚焦性对制度型行为有负向影响
H4a	长期导向对信息型行为有正向影响
H4b	长期导向对资源型行为有正向影响
H4c	长期导向对制度型行为有正向影响
H5a	主动导向对信息型行为有正向影响
H5b	主动导向对资源型行为有正向影响
H5c	主动导向对制度型行为有正向影响
H6a	信息型行为对违规强度具有负向的影响
H6b	信息型行为对小事件发生强度具有负向的影响
H6c	信息型行为对应急效果具有正向的影响
H7a	资源型行为对违规强度具有负向的影响
H7b	资源型行为对小事件发生强度具有负向的影响
H7c	资源型行为对应急效果具有正向的影响
H8a	制度型行为对违规强度具有负向的影响
H8b	制度型行为对小事件发生强度具有负向的影响
H8c	制度型行为对应急效果具有正向的影响
H9a	风险倾向负向调节长期导向与信息型行为之间的关系
H9b	风险倾向负向调节主动导向与信息型行为之间的关系
H10a	风险倾向负向调节长期导向与资源型行为之间的关系
H10b	风险倾向负向调节主动导向与资源型行为之间的关系
H11a	风险倾向负向调节长期导向与制度型行为之间的关系
H11b	风险倾向负向调节主动导向与制度型行为之间的关系
H12a	风险感知正向调节长期导向与信息型行为之间的关系
H12b	风险感知正向调节主动导向与信息型行为之间的关系
H13a	风险感知正向调节长期导向与资源型行为之间的关系

续表

编号	假设内容
H13b	风险感知正向调节主动导向与资源型行为之间的关系
H14a	风险感知正向调节长期导向与制度型行为之间的关系
H14b	风险感知正向调节主动导向与制度型行为之间的关系

具体而言，本研究提出的假设主要涉及以下几个方面内容：

（1）根据认知分类理论和图式理论，不同的主导逻辑对信息型行为、资源型行为和制度型行为具有差异性的预测作用。纳德卡尼和纳拉亚南（Nadkarni & Narayanan，2007）、罗斯奇（Rosch，1978）、奈瑟（Neisser，1976）、韦克（Weick，1979）等指出主导逻辑对战略行为的选择具有影响作用，但未对主导逻辑与突发事件预防行为之间的关系进行研究，因此，研究假设H1a、H1b、H2a、H2b、H3a 和 H3b 属于探索性假设。

（2）根据认知导向理论，长期导向和主动导向对信息型行为、资源型行为和制度型行为具有预测作用。克雷特勒和克雷特勒（Kreitler & Kreitler，1991）提出认知内容（即，意义、信念、价值观等）对行为具有指引作用，卢姆金、布里格姆和莫斯（Lumpkin，Brigham & Moss，2010）、费伊和弗雷斯（Fay & Frese，2001）等也研究了认知导向对战略行为的选择作用等，但仍缺乏针对突发事件预防行为的研究，因此，研究假设 H4a、H4b、H4c、H5a、H5b 和 H5c 属于探索性假设。

（3）根据事故致因理论，信息型行为、资源型行为和制度型行为对小事件发生强度、违规强度和应急效果具有不同的影响作用。海因里希（Heinrich，1931，1959）、瑟利（Surry，1969）、劳伦斯（Lawrence，1974）等认为突发事件是可以预防的，事前的行为准备可以阻止突发事件的发生或降低突发事件造成的损失，然而，并未将突发事件预防行为进行分类研究，也没有将突发事件防治绩效进行测量，因此，研究假设 H6a、H6b、H6c、H7a、H7b、H7c、H8a、H8b 和 H8c 属于探索性假设。

（4）根据特质理论，风险倾向在长期导向和主动导向对信息型行为、资源型行为和制度型行为影响关系中，起到调节作用。先前的大量学者，例如，西特金和帕布洛（Sitkin & Pablo，1992）、加尼斯和曼恩（Janis & Mann，1977），未研究认知因素、风险倾向与突发事件预防行为之间的关系，因此，研究假设 H9a、H9b、H10a、H10b、H11a 和 H11b 属于探索性假设。

（5）根据健康信念理论，风险感知在长期导向和主动导向对信息型行为、

资源型行为和制度型行为影响关系中，起到调节作用。然而，霍恩和格特林
（Huurne & Gutteling，2008）、贝尔金（Belkin，1980）等先前的学者主要将重
心放在个体层面的风险感知所起的作用，忽视了企业层面风险感知的作用研究，
因此，研究假设 H12a、H12b、H13a、H13b、H14a 和 H14b 属于探索性假设。

　　基于认知分类理论、图式理论、认知导向理论、事故致因理论、健康信
念理论和特质理论，本研究通过对变量之间逻辑关系的系统梳理，沿着"认
知—行为—绩效"的研究思路，提出了一系列基本假设，也形成了本研究的
初始理论模型，以深化认知因素对突发事件防治绩效影响的内在机理。其中，
图 3.2 给出了"认知—突发事件预防行为—突发事件防治绩效"的关系模
型，涉及研究假设 H1a ~ H8c；也给出了风险倾向和风险感知在"认知—突
发事件预防行为"所起调节作用的关系模型，涉及研究假设 H9a ~ H14b。

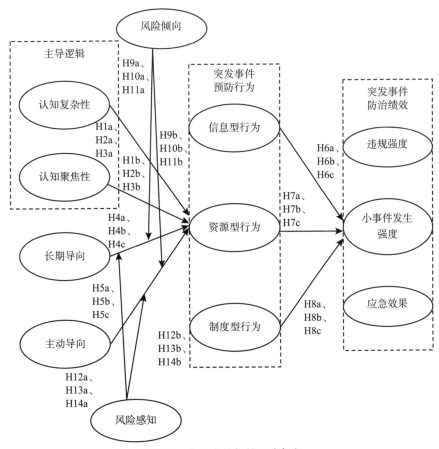

图 3.2　本研究的初始研究框架

3.6 本章小结

在上一章对国内外相关文献进行回顾的基础上，本章首先总结了以往研究取得的进展以及后续研究有待拓展的空间，进而提出本研究拟解决的问题；其次，对本研究所涉及的概念进行了界定，包括主导逻辑、长期导向、主动导向、风险倾向、风险感知、突发事件预防行为以及突发事件防治绩效；再次，针对研究问题，本研究对所需的理论进行了阐释，进而构建了本研究的理论模型；最后，根据认知分类理论、图式理论、认知导向理论、事故致因理论、特质理论和健康信念理论，本研究提出了研究假设，并进行了汇总①。

---

① 本章节部分内容发表于《中华纸业》（2015 年 5 月）和 *Journal of Risk Research*（2018 年 10 月）。

| 4 |

问卷设计与小样本测试

本章的主要目的是设计出科学的测量工具以实现对研究数据的获取和收集。本研究基于文献研究和访谈研究，形成研究所需的问卷，然后采用问卷调查的方法获取研究所需要的数据，以实证分析主导逻辑、长期导向、主动导向、风险倾向、风险感知、突发事件预防行为和突发事件防治绩效之间的关系，进而围绕"认知—突发事件预防行为—突发事件防治绩效"之间的逻辑关系展开研究。本章首先介绍了问卷设计的基本原则、问卷设计的过程；然后，根基于文献研究和访谈研究相结合的原则，形成了研究模型中所涉及的各个变量的初始测量量表；最后，进行了小样本试测，基于测试结果，对初始问卷进行完善。

4.1 问卷设计

问卷是由一系列问题和（或）态度意见陈述组成的工具，旨在获得被试者的反应，而被试者的反应可被转化成调查研究中变量的测量值（Franklin & Osborne，1971）。问卷调查法具有多方面的优点，例如，在短时间内从众多的人群中获得大量的信息，同时数据收集成本相对低；不同人员对问卷的发放对问卷的信度和效度的影响不大；通过对软件的使用，问卷的结果可以被快速的处理和简单的量化；更重要的是，它可以被用来检验假设或创建新的理论（Jack & Clarke，1998）。因此，本研究采用问卷调查法获取实证研究所需要的数据。

4.1.1 问卷设计途径与设计原则

默里（Murray，1999）在研究中指出在构建一份调查问卷之前，必须考虑一些基本的问题，如"研究的目的是什么"、"什么是研究要回答的问题"以及"调查问卷是否是获取这一信息的最佳方式"。默里（Murray，1999）重点提到伦理是在问卷设计之前应仔细考虑的问题，因为所有问卷是对受访者隐私的潜在窥探，所以问卷在设计时应避免让受访者感到尴尬、也应有利于获得他们的信任，以得到客观的回答。

以往的多数研究认为，问卷的设计主要以采用已有的成熟量表为主。原因在于：①一个新开发的问卷是不太可能有一个已经在设计阶段经过严格测试的问卷的信度和效度；②使用以往研究中通过检验的问卷将节省时间和资源，以便与其他研究得出的数据比较；③也可能更容易使得研究结果得到发表（Marshall，2005）。但是，采用以往研究的量表也存在一些问题，例如，问卷的开发、形成与检验通常是基于特定的文化背景，因此将某一特定背景下形成的问卷用到其他文化背景下并不一定适合，尤其是在文化背景存在巨大差异的情况下。除了已有的量表存在的不足使得其不能满足研究的需要以外，当研究中有新的变量或概念出现时，这就需要研究者开发新的问卷。

本研究涉及的主要变量，例如，长期导向、风险倾向、风险感知、信息扫描、应急知识培训等在以往的研究中得到了学者们的广泛关注，并开发了相应的测量量表，在后续的研究中经过了多次的检验和使用，具有良好的信度和效度。然而，本研究中的认知复杂性、认知聚焦性、违规强度、小事件发生强度等变量的测量并不存在成熟的问卷测量方式，因此需要本研究自行开发量表。鉴于以上原因，本研究将采用成熟量表和自行开发量表相结合的方式，以形成所需的问卷。

4.1.2　问卷设计过程

问卷测量条款的产生有两种基本的方法：第一种是演绎，有时被称为"逻辑分区"（logical partitioning）或"来自上面的分类"（classification from above）；第二种方法是归纳，也被称为"分组"（grouping）或"来自下面的分类"（classification from below）（Hinkin，1995）。基于研究的需要，本研究采用"演绎"和"归纳"两种方法，形成问卷的初始测量条款。

虽然采用单项测量条款对构念进行测量会比较直接、省时等，但会存在多个方面的缺陷，因此需要采用多项条款对构念进行测量。斯佩克特（Spector，1992）总结了为什么使用多个条款，而不是单一条款来测量的原因：①可靠性，单个条款随着时间的推移可能产生不一致的反应，一个人今天能回答是，而明天可能回答否，因此，单项测量条款是不可靠的，多个测量条款可以通过允许测量的随机误差，通过平均提高可靠性；②精度，单项测量条款仅仅需要回答"是/否"，并不精确，因为答案被限制为仅两个水平；③范围，许多被测量的构念的内容很宽广，不能很容易地通过一个单一的问题进行评估，有些构念是复杂的，因此需要几个项目涵盖其所有的特性。鉴于上述原因，本研究采用多项测量条款对每一个构念进行测量。

同时，根据上述问卷设计途径和设计原则，并参考欣克（Hinkin，1995）、曹振杰和何红光（2013）等以往学者的问卷设计过程，本研究的问卷设计按以下几个步骤进行，见图4.1。

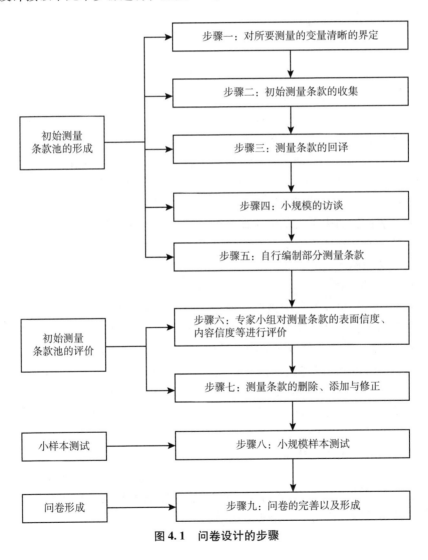

图 4.1　问卷设计的步骤

1. 初始测量条款的收集

演绎的方法需要对所研究的现象具有一定的理解，并全面地对概念进行文献回顾，进而在定义的指导下，形成测量条款（Hinkin，1995），本研究也首先使用演绎的方法形成问卷的部分初始测量条款。在明确了研究中所涉及的相关变量之后，通过搜集国内外研究中关于相关变量测量的研究成果，然后对不同的研究成果进行比较，将相关成熟量表的有关题项作为本研究中相关变量测量题项的一个重要来源，特别是选择量表的开发方法和开发程序十分符合组织管理研究中规范的量表，以及具有较高信度和效度的测量量表的题项。同时，根据相关量表的信度和效度，与量表与本研究的匹配性，对拟采用的量表的测量条款进行合理的补充和完善。

2. 测量条款的回译

由于本研究拟采用的多数量表是以英语的形式出现的，因此将这些量表的测量条款准确地翻译成汉语是本研究所面临的问题之一。若对测量条款的翻译不准确，将会造成难以准确地对原始变量进行测量，进而导致错误的研究结果或研究结果与真实结果的偏离。为解决量表翻译的问题，以往研究中主要采用回译的方法，即，将英语译成汉语，之后又将汉语的内容译回英语，回译有利于促使译文与原文的意思保持一致（李思龙，2002）。因此，笔者和另外一位精通英语的博士研究生将英文版量表译成中文，再由另外两位不熟悉此量表而精通中英文的博士研究生回译，接下来，就理解上有歧义、翻译不一致的测量条款进行交流，对译文做了进一步修正，直到翻译后的量表能真实表达原始量表的意思。

3. 小规模访谈

归纳的方法也在研究中被广泛使用，当关于构念的理论很少时，需要通过询问受访者，让其对所要研究的构念进行描述，以形成测量条款（Hinkin，1995）。与本研究相关的变量的测量量表大多源于西方，但在借鉴和采用西方文化背景下形成的测量量表时，不容忽视的是，它可能受中国的传统文化、独有的价值观等因素的影响，这可能会直接影响到量表的信度和效度。因此，在采用这些相对成熟的测量量表时，需要考虑中国情境的影响，对测量量表进行一定的补充。此外，部分变量缺乏成熟的测量量表，这也使得需要通过访谈的方法开发出研究所需要的量表。

因此，可以通过与企业的高层、中层和一线员工的小规模访谈，对现有量表的测量条款进行了适当的补充和完善，对未有的量表进行了开发，从而确保所测量条款在内容、效果等方面的科学性。

4. 自行编制部分测量条款

根据对以往研究成果的系统梳理，同时结合本研究的理论模型和相关变量的概念，在对已有的成熟量表的测量条款和小规模访谈获得的测量条款进行参考的基础上，自行编写一些测量条款，以更加全面的测量研究模型中的各个变量。

5. 测量条款池的评价

按照波达克夫（Podsakoff，2003）的观点，在测量条款池形成之后，需要对条款的内容信度做进一步的评价。内容效度是指测量条款能够评价相同内容的程度或内容材料被抽样测量的良好程度，它可以被描述为表面效度或逻辑效度，其中，表面有效性表明"从表面上"测量似乎是有效的，逻辑效度表明一个更严格的过程，例如使用一个专家小组，以评估测量条款的内容效度（Rubio，Berg – Weger，Tebb et al.，2003）。

首先，本研究选取了 5 位与研究内容相关的专家，这 5 位专家在本研究所涉及的领域具有丰富的经验。然后，向专家做简要的介绍后，向专家提供研究的主要内容，包括有关概念的定义、研究概念包含的维度以及内容评定问卷等。本研究要求 5 位专家针对测量条款的多个方面进行评价，例如，准确性、清晰性等。最后，针对专家的评价和建议对测量条款进行删除、添加和修改。

6. 初始问卷形成

在对文献进行梳理的基础上，通过收集、对比已有的测量量表，通过访谈对相关量表进行修正、补充和完善，自行编制部分测量条款和随后的筛选和修改，以及通过专家对测量条款内容效度的评价，并结合问卷设计的一系列原则，最终形成了研究中所涉及的各个变量的初始测量问卷。

4.2　小规模访谈

与其他方法相比，访谈获得的资料往往丰富，并且有利于捕捉和了解新的或深一层次的信息，也有利于对问题进行更深入的探索（颜士梅、颜士之和张曼，2008）。因此，本研究在已有研究成果的基础上，分别与具有较为丰富的管理经验、学术背景的相关人员进行访谈，从而广泛收集和补充研究所需的相关资料。

访谈于 2014 年 3 月初至 3 月中旬完成，本研究选取了生产制造型企业的管理人员与具有较为丰富学术背景的资深人士共 10 名作为访谈对象。为了能够更好地获得研究所需要的资料,本研究采用了面对面访谈的方式,每次访谈时间基本控制在 30~60 分钟。

在访谈过程中,与 10 位相关人员进行了深入交流与讨论,搜集他们对本研究所涉及的相关概念的内涵和外延的理解。为了获得被访者的真实观点,保证他们的想法不受到任何的限制,在访谈中并没有对"认知复杂性""认知聚焦性""长期导向""主动导向""突发事件预防行为"等相关概念进行界定,也没有设定具体的访谈题目,但访谈主题始终围绕在"认知""突发事件预防行为"等方面。

4.3　测量条款形成

本研究涉及的研究变量包括主导逻辑、长期导向、主动导向、风险倾向、风险感知、突发事件预防行为和突发事件防治绩效。其中,主导逻辑包括认知复杂性和认知聚焦性;突发事件预防行为信息型行为(信息扫描、信息识别和信息沟通)、资源型行为(应急物资储备、应急人员配备)和制度型行为(应急计划制定、应急知识培训);突发事件防治绩效包括违规强度和小事件发生强度,以及应急效果。

4.3.1　主导逻辑的初始测量条款

根据纳德卡尼和纳拉亚南(Nadkarni & Narayanan,2007)、纳德卡尼和巴尔(Nadkarni & Barr,2008)、尚航标(2010)、许(Xu,2011)、邓少军(2011)等学者的观点,主导逻辑主要由认知复杂性和认知聚焦性两个维度构成。在对认知复杂性和认知聚焦性的测量方面主要以公司的年报、公司致股东的信等二手资料的内容分析为主。例如,尚航标(2010)对于企业高层管理者认知的测量主要是基于对公司年报、行业事件、公司大事记、总经理致辞等资料所进行的自动文本分析。其中,认知复杂性采用外部环境关键词在文本中出现的词频数来测量,认知聚焦性采用赫希曼指数来测量,其中,包括高层管理者在"宏观环境""新进入者和进入障碍""行业变化""顾客/市场环境"等方面的注意力配置广泛度。此外,吕萍和王以华(2008)对认知复杂性的测量采用问卷测量方式,有 7 项测量条款组成,科隆巴赫阿尔法(Cronbach's α)值最低的为 0.886,但是,量表的测量条款并没有在研究中给出。

在深刻把握认知复杂性和认知聚焦性的内涵的基础上，参照纳德卡尼和纳拉亚南（Nadkarni & Narayanan，2007）、纳德卡尼和巴尔（Nadkarni & Barr，2008）、尚航标（2010）、许（Xu，2011）、邓少军（2011）等对认知复杂性和认知聚焦性的测量，同时借鉴张文慧、张志学和刘雪峰（2005），福特、米勒和莫斯（Ford、Miller & Moss，2001）等学者对个体认知复杂性和认知聚焦性的问卷测量，结合访谈内容，主导逻辑的测量问卷的内容具体如表4.1所示。

表4.1 主导逻辑的初始测量条款

变量		测量条款
认知复杂性	CC－1	我们公司通常用许多不同的词语描述经济形势[abc]
	CC－2	我们公司通常从多个方面分析同行业的竞争对手[abc]
	CC－3	我们公司通常将客户划分为多个不同群体[abc]
	CC－4	我们公司通常从多个视角看待与公司相关的政策法规[abc]
	CC－5	我们公司通常看到与公司相关的新技术的正反两个方面[abc]
	CC－6	我们公司对外部环境（如，技术、政策法规、市场环境等）的描述通常十分笼统[abc]（R）
认知聚焦性	CF－1	我们公司对经济形势的描述通常以某一个方面为主[abc]
	CF－2	我们公司通常重点关注与公司相关的政策法规的某一个方面[abc]
	CF－3	我们公司通常十分重视同行业竞争对手的某一个方面[abc]
	CF－4	我们公司通常认为仅仅某一类别的客户群体对公司经营具有重要影响[abc]
	CF－5	我们公司通常认为与公司相关的新技术的多个方面都很重要[abc]（R）
	CF－6	我们公司通常认为外部环境中的多个方面（如，技术、政策法规、市场环境等）对公司具有一样的影响程度[abc]（R）

条款来源：a 改编自纳德卡尼和纳拉亚南（Nadkarni & Narayanan，2007）；b 改编自纳德卡尼和巴尔（Nadkarni & Barr，2008）；c 改编自尚航标（2010）。

注：条款上标字母 a、b、c 等表示条款来源；R 表示反向问题。下同。

4.3.2 长期导向的初始测量条款

以往学者对长期导向展开了大量的研究，测量量表也相对较为成熟。约翰逊、马丁和塞尼（Johnson，Martin & Saini，2011）开发了共有 5 项测量条款组成的长期导向量表，如"战略的制定专注于长期的成功""长期目标胜于短期收益""长期的成功更重要"等，量表的建构信度为 0.89。埃德尔斯顿、凯勒曼斯和齐薇格（Eddleston, Kellermanns & Zellweger, 2010）提出了家族企业长期导向量表，共由 4 项测量条款组成，如"追求的多个投资项目，然后等待看它们随着时间的推移如何变化""投资于需要较长的时间才可看财务回报的项目""投资于追求低于其竞争对手盈利水平的项目"等，该量表的科隆巴赫阿尔法（Cronbach's α）值为 0.72。坎德米尔和阿库尔（Kandemir & Acur, 2012）提出了长期导向量表，该量表共有 2 项测量条款，量表的 Cronbach's α 值为 0.80。此外，罗佩兹 - 纳瓦罗、卡拉里萨 - 菲奥尔和莫里纳 - 特纳（López - Navarro, Callarisa - Fiol & Moliner - Tena, 2013）以中小企业为研究对象，提出了合作者长期导向量表，该量表由 5 项条款构成，科隆巴赫阿尔法（Cronbach's α）值为 0.906，波罗 - 雷东多和坎布拉菲罗（Polo - Redondo & Cambra - Fierro, 2007）也提出了企业—供应商关系长期导向的测量量表。

　　基于对量表信度和效度的考虑，本研究主要借鉴了约翰逊、马丁和塞尼（Johnson, Martin & Saini, 2011）对组织长期导向的测量，选取其对长期导向的全部测量条款，同时选取了埃德尔斯顿、凯勒曼斯和齐薇格（Eddleston, Kellermanns & Zellweger, 2010）研究中的一项测量条款，改编了乌苏尼尔和瓦莱特 - 佛罗伦萨（Usunier & Valette - Florence, 1994）对长期导向的相关测量内容，共同构成了本研究对组织长期导向的相关测量条款，见表 4.2。

表 4.2　　　　　　　　　　　　长期导向的初始测量条款

	测量条款
LO - 1	我们公司战略计划的制定专注于长期的成功[ab]
LO - 2	我们公司通常认为长期目标优先于短期收益[ab]
LO - 3	我们公司通常认为长期成功才是更重要的[ab]
LO - 4	我们公司通常认为使公司长期保持竞争力才是重要的[ab]
LO - 5	我们公司通常认为满足当年财务目标比确保长期绩效更关键[ab]（R）
LO - 6	我们公司经常思考未来需要做的事情[c]
LO - 7	我们公司通常投资于在长期内才可看到回报的项目[d]

　　条款来源：a 约翰逊、马丁和塞尼（Johnson, Martin & Saini, 2011）；b 赛尼和马丁（Saini & Martin, 2009）；c 改编自乌苏尼尔和瓦莱特 - 佛罗伦萨（Usunier & Valette - Florence, 1994）；d 埃德尔斯顿、凯勒曼斯和齐薇格（Eddleston, Kellermanns & Zellweger, 2010）。

4.3.3 主动导向的初始测量条款

以往的研究表明，主动导向可以采用二手数据和问卷测量法。例如，纳德卡尼和巴尔（Nadkarni & Barr，2008）采用二手数据分析方法，基于公司的文本资料绘制了因果地图，使用因果地图中环境和战略之间的"进"的程度测量主动导向，但问题在于二手数据方法最好针对上市公司，而对其他公司而言，数据获取难度大，并不适合。因此，德罗格、卡兰托尼和哈曼奇奥卢（Droge，Calantone & Harmancioglu，2008）、阿克曼和伊尔马兹（Akman & Yilmaz，2008），许、谭、劳斯瑞洪通等（Hsu，Tan，Laosirihongthong et al.，2011）更多的是采用问卷测量主动导向。例如，德罗格、卡兰托尼和哈曼奇奥卢（Droge，Calantone & Harmancioglu，2008）围绕着"进取、大胆、机会开发"等对主动导向进行了测量，量表的信度值为0.874；阿克曼和伊尔马兹（Akman & Yilmaz，2008）使用了与创新相关的5项测量条款对主动导向进行了测量，每一项测量条款相对比较简短，量表的信度为0.83。

在准确把握主动导向的内涵的基础上，综合考虑以往研究中量表的信度和效度，本研究主要借鉴了德罗格、卡兰托尼和哈曼奇奥卢（Droge，Calantone & Harmancioglu，2008），许、谭、劳斯瑞洪通等（Hsu，Tan，Laosirihongthong et al.，2011），卢姆金和迪斯（Lumpkin & Dess，2001）对主动导向的测量，同时改编了贝特曼和克兰特（Bateman & Crant，1993）研究中的部分测量条款，共同构成了本研究对企业主动导向的相关测量条款，见表4.3。

表4.3   **主动导向的初始测量条款**

	测量条款
PO－1	我们公司通常认为尝试着去影响行业竞争格局很重要[abc]
PO－2	我们公司通常很注重对客户需求的引导[abc]
PO－3	我们公司通常很强调自发的开辟新市场[abc]
PO－4	我们公司通常认为事先寻找新的市场机会很关键[abc]
PO－5	我们公司通常认为很有必要向竞争对手发起挑战[abc]
PO－6	我们公司通常认为应积极地寻找改善公司绩效的新途径[d]

条款来源：a 改编自德罗格、卡兰托尼和哈曼奇奥卢（Droge，Calantone & Harmancioglu，2008）；b 改编自许、谭、劳斯瑞洪通等（Hsu，Tan，Laosirihongthong et al.，2011）；c 改编自卢姆金和迪斯（Lumpkin & Dess，2001）；d 改编自贝特曼和克兰特（Bateman & Crant，1993）。

4.3.4 风险倾向的初始测量条款

目前，我国学者对组织风险倾向的测量研究较为缺乏，因此本研究中组织风险倾向的测量条款主要来源于西方的相关研究。赛尼和马丁（Saini & Martin，2009）开发了组织风险倾向的测量量表，初始量表一共包含"采取战略行动时求稳"（反向条款）、"商业模式保守"（反向条款）、"比其他公司更加冒险"、"高层管理团队决策时胆大"、"企业文化鼓励抓住机会"、"如有情况需要，愿意冒险"、"愿意做出潜在结果可能是负面的重大决策"等7个题项，经分析后，"采取战略行动时求稳"和"商业模式保守"两项反向测量条款被删除，最终量表由5项测量条款组成，量表的建构信度为0.86，其他值也完全符合研究要求。哈伍德、沃德和查普曼（Harwood，Ward & Chapman，2009）虽然没有开发风险倾向的测量量表，但通过探索性案例研究，识别出了10项组织风险倾向特性，即提出需要在风险方法、风险水平、管理风格、管制水平、风险鼓励、风险视角、风险评价、风险修辞、风险报酬、风险所有权等方面对风险倾向进行测量。贾沃斯克和科利（Ja-worsk & Kohli，1993）开发了针对高层管理者的风险倾向测量量表，起初共有6项测量条款构成，经净化后，剩余5项测量条款，量表的信度值为0.85。本研究对组织风险倾向的测量主要采用赛尼和马丁（Saini & Martin，2009）的量表，同时加入了根据访谈内容获得的一项测量条款，具体测量条款如表4.4所示。

表4.4 风险倾向的初始测量条款

	测量条款
RP-1	与多数公司相比，我们公司通常更倾向于冒险[a]
RP-2	我们公司的高层管理团队富有冒险精神[a]
RP-3	我们公司的文化鼓励抓住机会[a]
RP-4	如果情况需要，我们公司愿意冒险[a]
RP-5	我们公司通常对错误的容忍程度比较高[b]
RP-6	我们公司偶尔才做出可能会失败的重大战略决策[a]（R）

条款来源：a 赛尼和马丁（Saini & Martin，2009）；b 根据访谈资料添加。

4.3.5　风险感知的初始测量条款

大量学者从不同的视角对风险感知进行了测量研究。西特金和帕布洛（Sitkin & Pablo，1992）基于先前的研究，采用 4 项条款测量在决策制定时所感知到的危险的数量，即风险感知，在测量时，给定了具体的情景，采用李克特（Likert）7 级量表，要求被调查者在"机会—威胁"、"损失—收益"（反向问题）、"积极—消极情境"、"成功的可能性"等四个方面做出客观选择，量表具有良好的信度，为 0.75。威廉姆斯、扎努巴和杰克逊（Williams，Zainuba & Jackson）基于威廉姆斯和冯（Williams & Von，1999）的研究，采用 2×2×2×2 风险评估工具测量风险感知，由在不确定性（高，低）、收益/损失（大，小）、情境构念（正面，负面）和个体卷入程度（个人，非个人）等方面存在差异的 16 个实际的商业场景构成。根据以往的风险感知模型，李华强、范春梅、贾建民等（2009）采用了熟悉性、控制性、恐惧程度测量公众的风险感知特征，其中研究所考察的风险事件为地震的产生原因及预测、地震的预防措施、地震的伤亡率、地震后的疫情和次生灾害、地震后的各种信息真实性，采用李克特（Likert）5 级量表进行测量。本研究对企业风险感知的测量主要借鉴西特金和帕布洛（Sitkin & Pablo，1992）的测量量表，具体测量条款如表 4.5 所示。

表 4.5　　　　　　　　　　　　风险感知的初始测量条款

	测量条款
RG – 1	我们公司通常比其他竞争对手或同行较早的感知到风险[a]
RG – 2	我们公司通常对风险很敏感[a]
RG – 3	我们公司通常认为风险带来的是损失，而不是收益[b]
RG – 4	我们公司通常认为风险会导致失败，而不是成功[b]
RG – 5	我们公司通常将风险看作成威胁，而不是机会[b]
RG – 6	我们公司通常将风险看作成一种消极的情况，而不是积极的情况[b]
RG – 7	我们公司通常觉察不到风险[a]（R）

条款来源：a 根据访谈资料添加；b 西特金和帕布洛（Sitkin & Pablo，1992）。

4.3.6 突发事件预防行为的初始测量条款

以往对突发事件预防行为的测量研究相对比较缺乏，测量的重心主要是关于预防能力的测量。根据科沃尔—米斯拉（Kovoor - Misra，1996）的观点，突发事件作为危机的一种，应从预防的广度和深度两个方面进行评价：预防的广度的主要是指技术、政治、经济、人力和社会、法律和伦理等6个维度；预防的深度分为防御机制、组织信念、组织结构、计划和程序等4个层次。卡梅利和肖布罗克（Carmeli & Schaubroeck，2008）提出应从当前和未来两个方面对组织危机预防进行测量，并开发了相应的测量量表，其中6项和四项测量条款测量测量当前危机预防和未来危机预防，当前危机预防量表和未来危机预防量表的科隆巴赫阿尔法（Cronbach's α）值分别为0.87和0.84。基姆、查和基姆（Kim，Cha & Kim，2004）从危机理解、危机体系、危机沟通等三个方面测量组织的危机预防程度，该量表共有47项测量条款组成，科隆巴赫阿尔法（Cronbach's α）值分别为0.9701、0.9436和0.9064。蕾莉（Reilly，1987）以快速反应能力、信息性、资源获取、危机计划、媒介管理、危机可能性等6个维度组成的27项条款测量组织的危机预防水平。

本研究在以往学者对突发事件预防行为、危机预防行为的维度划分与测量的基础上，将突发事件预防行为维度划分为信息型行为、资源型行为和制度型行为等三个方面。

1. 信息型行为的初始测量条款

企业突发事件的发生之初存在一些细微的变化，而这些小变化慢慢地放大，最终导致巨大的变化和突发事件的发生（Paraskevas & Altinay，2013）。这突出了对早期事件信号的敏感性在突发事件预防中的重要性，因此，事件信号的检测、识别和传递构成了突发事件预防行为的首要的组成部分。艾尔斯堡、菲尔德斯和罗斯（Elsubbaugh，Fildes & Rose，2004）发现了6项重要的危机预防活动，其中，利于危机管理的良好文化的传播（价值观和信仰）、检测预警信号、创建一个高效的信息流等3项内容排在前三位。帕尔斯卡维斯和阿尔蒂奈（Paraskevas & Altinay，2013）提出信息扫描、信息捕获和信息传递是预防危机的第一道防线。

在将信息型行为划分为信息扫描、信息识别和信息沟通3个维度的基础上，本研究借鉴哈姆布里克（Hambrick，1981），唐、卡麦尔和布塞尼茨（Tang，Kacmar & Busenitz，2012）等学者的研究成果，对信息型行为进行测量，具体测量条款如表4.6所示。

表 4.6 信息型行为的初始测量条款

变量		测量条款
信息扫描	IS－1	我们公司通常全面的了解生产过程中存在的不安全因素[a]
	IS－2	我们公司通常对检查设备中存在的隐患很感兴趣[a]
	IS－3	我们公司通常花费大量时间监测员工的违规操作行为[a]
	IS－4	我们公司通常采用多种渠道了解管理过程中存在的缺陷[a]
	IS－5	我们公司通常很关注不利于生产的微气候因素（如光线、温度、湿度）[b]
	IS－6	我们公司并不经常去查找可能导致公司事故的隐患[b]（R）
信息识别	II－1	我们公司通常能及早发现设备中可能导致公司突发事件的隐患[c]
	II－2	我们公司通常能及早发现员工操作中可能导致公司突发事件的违规行为[c]
	II－3	我们公司通常能及早发现管理过程中可能导致公司突发事件的缺陷[c]
	II－4	我们公司通常能及早发现微气候因素（如光线、温度、湿度）中出现的可能导致公司突发事件的异常情况[c]
	II－5	我们公司通常对任何可能导致公司突发事件的信息很敏感[c]
	II－6	我们公司通常遗漏掉许多可能导致公司突发事件的危险因素[c]（R）
信息沟通	IC－1	当设备中出现可能导致公司突发事件的隐患时，我们整个公司会在短时间内知道[d]
	IC－2	关于员工操作中出现的可能导致公司突发事件的违规行为，我们公司经常与各级部门及时进行沟通[d]
	IC－3	关于管理过程中可能导致公司突发事件的缺陷，我们公司经常召开跨部门会议讨论[d]
	IC－4	关于可能导致公司突发事件的微气候因素（如光线、温度、湿度），我们公司的各个部门之间很少交流[d]（R）
	IC－5	当生产部门发现生产过程中可能导致公司突发事件的漏洞时，它通常会及时告知其他部门[d]
	IC－6	关于可能导致公司突发事件的信息（如违规操作、设备隐患），我们公司有高效的传播渠道[d]

条款来源：a 哈姆布里克（Hambrick，1981）；b 唐、卡麦尔和布塞尼茨（Tang, Kacmar & Busenitz，2012）；c 根据访谈资料获得；d 贾沃斯基和科利（Jaworski & Kohli，1993）。

2. 资源型行为的初始测量条款

希利亚德、史葛—哈尔塞尔和帕拉库西（Hilliard，Scott - Halsell &

Palakurthi，2011）在对危机预防进行测量时，将资源配置作为预防的重要构成维度之一，并开发了相应的测量条款。同时，金（Jin，2010）、蕾莉（Reilly，1987）等也都强调了资源在预防中的重要性，也开发了相应的测量条款。艾尔斯堡、菲尔德斯和罗斯（Elsubbaugh，Fildes & Rose，2004）、皮尔森和米特洛夫（Pearson & Mitroff，1993）等的研究也涉及了资源的作用，而金（Jin，2010）则认为认知和资源准备两个方面可以较好地代表危机预防行为的构成。在以往学者对资源型行为研究的基础上，本研究将资源型行为划分为应急物资储备和应急人员配备两个维度，并进行测量，具体测量条款如表4.7所示。

表4.7   资源型行为的初始测量条款

变量		测量条款
应急物资储备	WZ-1	我们公司通常储备大量应对突发事件所需的物资[a]
	WZ-2	我们公司通常储备足够种类应对突发事件所需的物资[a]
	WZ-3	我们公司倾向于在应对突发事件所需的物资上花费资金[a]
	WZ-4	我们公司通常会及时更新应对突发事件所需的物资[a]
	WZ-5	我们公司的员工通常知道应对突发事件所需物资的存放地点[a]
	WZ-6	我们公司通常缺乏应对突发事件所需的物资[a]（R）
应急人员配备	RY-1	我们公司配备的突发事件应对人员数量比较多[a]
	RY-2	我们公司配备的突发事件应对人员占公司总人数的比例较高[a]
	RY-3	我们公司配备的应对突发事件的人员类别齐全[a]
	RY-4	我们公司配备的应对突发事件的人员结构合理[a]
	RY-5	我们公司通常不会事先指定具体的突发事件应对人员[a]（R）
	RY-6	我们公司配备的应对突发事件的人员职责清晰[a]

条款来源：a 根据访谈资料获得。

3. 制度型行为的初始测量条款

吉莱斯皮和斯特里特（Gillespie & Streeter，1987）提出应从计划、资源识别、预警系统、培训与模拟等方面对预防进行测量。皮尔森和米特洛夫（Pearson & Mitroff，1993）指出危机预防由战略行为、技术和程序行为、评估和诊断行为、沟通行为、心理和文化行为等5个方面构成；梅耶、莫斯和戴尔（Mayer，Moss & Dale，2008），哈钦斯、阿努利斯和高德特（Hutchins，

Annulis & Gaudet，2008）等提出计划应是预防的一项重要组成部分。克劳德曼和哈拉汉（Cloudman & Hallahan，2006）认为书面计划、策略性准备、培训、联系人列表维护、媒介监测等是预防的重要组成部分。在以往学者对制度型行为研究的基础上，本研究将制度型行为划分为应急知识培训和应急计划制定两个维度，并进行测量，具体测量条款如表4.8所示。

表4.8 制度型行为的初始测量条款

变量		测量条款
应急知识培训	ZZ-1	我们公司经常举办关于应对突发事件的培训活动[abc]
	ZZ-2	我们公司经常进行突发事件模拟训练[c]
	ZZ-3	我们公司注重对突发事件培训活动的资金投入[b]
	ZZ-4	我们公司员工接受突发事件培训的时间比较多[b]
	ZZ-5	我们公司往往忽视对员工突发事件应对技能或知识的培训[d]（R）
	ZZ-6	我们公司通常鼓励员工学习突发事件应对知识[d]
应急计划制定	JH-1	我们公司通常会事先制定应对突发事件的方案[e]
	JH-2	我们公司通常会事先明确突发事件发生后所要采取的行为[e]
	JH-3	我们公司通常会事先制定应对突发事件的具体措施[e]
	JH-4	我们公司通常会事先确定如何应对突发事件[e]
	JH-5	关于如何应对突发事件，我们公司通常事先没有清晰的目标[e]（R）
	JH-6	关于如何应对突发事件，我们公司通常事先没有明确的计划[e]（R）

条款来源：a 迟、吴和林（Chi，Wu & Lin，2008）；b 阿拉戈—萨切斯、巴巴—阿拉戈和桑斯—瓦莱（Aragón‐Sánchez，Barba‐Aragón & Sanz‐Valle，2003）；c 希利亚德、史葛—哈尔塞尔和帕拉库西（Hilliard，Scott‐Halsell & Palakurthi，2011）；d 根据访谈资料获得；e 改编自古尔德（Gould，1979）。

4.3.7 突发事件防治绩效的初始测量条款

关于企业突发事件防治绩效的测量主要以主观态度测量和二手数据测量为主。

在主观态度测量方面，尼尔、格里芬和哈特（Neal，Griffin & Hart，2000）将安全绩效分为安全遵从和安全参与两个维度，并开发了相应的测量量表，其中，在工作活动中，使用正确的安全程序、确保最高的安全水平等四项条款用于测量安全遵从，自愿执行帮助改善工作场所安全的任务或活动，当同时在风险或危险条件下工作时，给予帮助等四项测量条款测量安全遵守，量表的信度为分别为 0.94 和 0.89。吴、舒和萧（Wu，Shu & Shiau，2007）将安全绩效划分为安全检查、事故调查和安全动机等 3 个维度，各有 6 项测量条款组成。3 个维度具有良好的区分效度，信度均高于 0.9。伯克、萨皮、特斯鲁克等（Burke，Sapyr，Tesluk et al.，2002）开发了由 27 项条款构成的测量量表，包括使用个人防护装备、从事工作实践，以降低风险、传达健康与安全信息、行使员工权利和责任等维度。

在二手数据方面，李山汀（2007）采用医务处理事故、损失工时事故、永久性失聪事故、死亡事故等 4 种事故比例测量安全绩效；张江石、傅贵、王祥尧等（2009）从出违章次数、事故次数、事故率、死亡率、事故扣款、经济损失等客观事后指标测量安全绩效；张江石、傅贵、王祥尧等（2009）采用由安违章次数、事故扣款及其占全矿同期比例等对煤矿企业的安全绩效进行了测量。

本研究结合二手数据的测量方法，以及在海因里希（Heinrich，1931，1959）的基础上，将突发事件防治绩效分为违规强度、小事件发生强度以及应急效果 3 个维度，并进行测量。其中，违规强度和小事件发生强度的具体的测量量表如表 4.9 所示。

表 4.9　突发事件防治绩效（违规强度和小事件发生强度）的初始测量条款

变量	测量条款	
	我们公司在生产过程中：	
违规强度	WG-1	员工违反安全操作规程的次数[ab]
	WG-2	违章指挥的次数[ab]
	WG-3	员工违反劳动纪律的次数[ab]
	WG-4	员工玩忽职守的次数[ab]
	WG-5	员工存在的不安全行为[ab]
	WG-6	员工冒险操作的次数[ab]
小事件发生强度	SG-1	发生轻微财产损失事故的次数[ab]
	SG-2	发生人员受到轻微伤害事故的次数[ab]
	SG-3	造成生产短时间间断的事故的次数[ab]
	SG-4	对生产的正常性造成轻微影响的事故的次数[ab]
	SG-5	对作业环境造成轻微破坏的事故的次数[ab]
	SG-6	发生小事故的次数[ab]

条款来源：a 根据访谈资料获得；b 改编自张江石、傅贵、王祥尧等（2009）。

116

突发事件防治绩效的第三个维度应急效果的测量，需要根据企业应对突发事件的实际情况进行准确评价。突发事件的发生时间不能与问卷调查时间相差太远，如果时间相差过远，企业在认知、突发事件预防行为等变量上可能会发生明显的变化，导致对这些变量的测量不准确。此外，让被试者回忆先前过久的事情，也容易导致测量偏差。基于上述原因，本研究对企业突发事件防治绩效—应急效果的测量，如表4.10所示。

表4.10　　　　　　　　　　　　应急效果的初始测量条款

变量	测量条款	
应急效果	若公司最近发生过突发事件，则请对以下几个问题做出客观评价。若没有，则无须填写	
	YP-1	在本次突发事件中，事件造成的人员死亡数为_____人[ab]
	YP-2	在本次突发事件中，事件造成的人员重伤数为_____人[ab]
	YP-3	在本次突发事件中，事件造成的人员轻伤数为_____人[ab]
	YP-4	在本次突发事件中，事件造成的直接财产损失为_____万元[ab]
	YP-5	在本次突发事件中，事件造成的间接财产损失（估计）为_____万元[ab]
	YP-6	在本次突发事件中，事件造成的工作日损失为_____天[ab]

条款来源：a 根据访谈资料获得；b 改编自张江石、傅贵、王祥尧等（2009）。

4.3.8　企业统计特征的测量

1. 规模

以往研究中对企业规模的测量主要存在以下几种方式：①企业员工数量（Li，Poppo & Zhou，2008；Karaevli，2007）；②企业销售总额（Upson，Ketchen，Connelly et al.，2012）；③总收入（对数值）、固定资产对资产总额比率、债务对资产总额比率（Inoue，Lazzarini & Musacchio，2013）；④资产总额（Wang & Qian，2011）；⑤大、中、小、微型企业（欧盟委员会，1998）[①]。

本研究采用李、普普和周（Li，Poppo & Zhou，2008）、卡拉维利（Karaevli，2007）等的测量方式，采用企业员工的数量测量企业的规模。

―――――――――――

① 转引自：林汉川，魏中奇. 美日欧盟等中小企业最新界定标准比较及其启示. 管理世界，2002（1），126-129。

2. 年龄

以往研究中对企业年龄的测量主要存在以下几种方式：①企业成立至今的时间（Li，Poppo & Zhou，2008；Karaevli，2007；Srivastava & Gnyawali，2011）；②采用分类测量的方式，例如，布兰和严（Bulan & Yan，2010）将成立为6年以下的划分为年轻企业，6年以上的为老企业；陈和黄（Chen & Huang，2013）结合收入水平，将1~6年的企业视为起步阶段的企业，7~25年的为成年阶段的企业，26~43年的视为老年阶段的企业；迪比尔、克雷格和汉森（Dibrell，Craig & Hansen，2011）将成立年限少于3年的企业赋值为1，3~4年为2，5~8年为3，9~14年为4，15~29年为5，30年及以上为6。

本研究采用李、普普和周（Li，Poppo & Zhou，2008），卡拉维利（Karaevli，2007），斯里瓦斯塔瓦和格耶瓦里（Srivastava & Gnyawali，2011）等的测量方式，采用企业成立至今的时间测量企业的年龄。

3. 所有制类别

对企业所有制类别的测量是采用分类测量的方式，主要有以下几种：①两类，例如，史蒂文斯、斯坦森、哈里森等（Stevens，Steensma，Harrison et al.，2005）将国有企业赋值为1，私有赋值为0；②三类，例如，赵慧娟和龙立荣（2008）将企业划分为国有、民营和外资等3个类别；③四大类，叶林祥、李实和罗楚亮（2011）将企业划分为国有企业、集体企业、外资企业、私营企业等4个大的类别；④五大类，例如，杨娟、德默格（Démurger）和李实（2011）将企业分为5类：国有企业、集体企业、政府机关和事业单位、个体和私营企业以及外资企业。

本研究在史蒂文斯、斯坦森、哈里森等（Stevens、Steensma、Harrison et al.，2005），叶林祥、李实和罗楚亮（2011）等研究的基础上，将企业按照所有制类别划分为8类，即：私营独资、私营控股、国有独资、国有控股、外商独资、外商控股、集体独资和集体控股。

4. 行业

以往研究中对行业的测量主要存在以下几种方式：①两个类别（高技术行业＝1，其他＝0）（Li，Poppo & Zhou，2008）；②行业平均绩效——四位数行业分类级别的平均资产收益率（He & Huang，2011）；③基于SIC行业分类代码，选取其中的一个行业作为参照组（Stevens，Steensma，Harrison et al.，2005）

本研究根据史蒂文斯、斯坦森、哈里森等（Stevens，Steensma，Harrison et al.，2005）的做法，让企业人员填写主营业务，并根据主营业务对企业所属的行业进行归类。

4.3.9　人口统计特征的测量

由于本研究在对被调查的具体对象的企业人员取样时，同时为了做到样本具有代表性和客观性，因此需要对被调查者的一些基本信息进行测量。

1. 性别

本研究采用以往研究中对性别的测量方式，例如，莫兰（Moran，2005），将男性与女性分别用 1 和 2 进行编码。

2. 年龄

李和威尔伯（Lee & Wilbur，1985）将被调查的年龄划分为了三组：30 岁以下、30～49 岁、50 岁及以上；哈洛克、萨拉查和威尼斯曼（Hallock，Salazar & Venneman，2004）将年龄划分扩展到 4 组，具体为：29 岁及以下、30～39 岁、40～49 岁、50 岁及以上。

本研究结合莱文森、达罗、克莱因等（Levinson，Darrow，Klein et al.，1978）所提出的生命阶段发展模型，将年龄划分为 5 组，分别为：28 岁及以下、29～33 岁、34～39 岁、40～45 岁、46 岁及以上，分别用 1～5 进行编码。

3. 学历

佩里—史密斯（Perry – Smith，2006）在研究中将个体的教育程度划分为四类并进行了编码：大学以下为 0，学士为 1，硕士为 2，博士为 3；雷诺霍特、佩德森和福斯（Reinholt，Pedersen & Foss，2011）将被调查者的受教育程度划分为：高中及以下、中专、专科、本科、硕士、博士等 6 组；莫兰（Moran，2005）采用李克特（Likert）7 级量表对被调查的受教育程度进行了测量，其中 1 代表高中以下，7 代表博士。

本研究按照雷诺霍特、佩德森和福斯（Reinholt，Pedersen & Foss，2011）对学历的划分方式，将学历划分为：高中及以下、中专、专科、本科、硕士、博士等 6 组，分别用 1～6 进行编码。

4. 工作类别

美国标准职业分类体系将被调查的职业划分为 23 个大类，97 个次类，461 个中类，840 个小类；《中华人民共和国职业分类大典》将我国职业归为 8 个大类，66 个中类，413 个小类，1838 个细类（职业）[①]。

---

① 转引自：张务农. 大职业教育：概念演变与理念重构. 职教论坛，2012（6），9 – 12。

本研究在上述两类分类体系的基础上，结合本研究的被调查对象，将被调查的职业划分为：市场销售、技术研发、一线操作、行政秘书、人力资源、信息管理、其他，分别用 1～7 进行编码。

5. 工作职位

本研究按照威克斯、穆尔和麦金尼（Weeks，Moore & McKinney，1999）对职位的划分方式，将职位划分为：普通员工、基层管理者、中层管理者、高层管理者等 4 组，分别用 1～4 进行编码。

6. 工作年限

目前，对工作年限的测量并不存在统一的方式。在开放式问题方面，吉尔吉斯、哈茨金斯和佩特里多（Gkorezis，Hatzithomas & Petrido，2011）、坎皮恩、凯拉斯金和史蒂文斯（Campion，Cheraskin & Stevens，1994）采用开放式的问题"在本单位工作的年限"测量被调查者的工作年限。在分类测量方面，古尔德与霍金斯（Gould & Hawkins，1978）按照个体在工作单位的时间，将其划分为三个阶段建立（小于 2 年）、发展（2～10 年）和维持（10 年以上）三个阶段；托马斯与费尔德曼（Thomas & Feldman，2010）采用了 5 阶段的测量方式：小于 3 年、3～6 年、7～10 年、11～14 年、大于 14 年；齐默尔曼、林和巴克（Zimmerman，Lin & Buck，2009）也用了 5 阶段的测量方式：小于 1 年、1～3 年、4～5 年、6～10 年、10 年以上；亨特和索尔（Hunt & Saul，1975）将其划分为：12 个月以下、1 年～2 年 11 个月、3 年～4 年 11 个月、5 年～9 年 11 个月、10 年及以上；瓦尔、哈里斯和安德鲁斯（Valle，Harris & Andrews，2004）采用了 7 阶段的测量方式，具体为：0～2 年、3～5 年、6～8 年、9～11 年、12～14 年、15～17 年、18 年及以上。

本研究参照古尔德与霍金斯（Gould & Hawkins，1978）、托马斯与费尔德曼（Thomas & Feldman，2010）等对个体工作年限的测量方式，以及研究结果中表明的个体由于工作年限的不同在行为、认知等方面表现出的显著差异，将工作年限划分为：6 个月及以下、6 个月以上～1 年、1 年以上～2 年、2 年以上～3 年、3 年以上～6 年、6 年以上～10 年、10 年以上～14 年、14 年以上等 8 个类别，分别用 1～8 进行编码。

4.4　小样本测试

本研究问卷中所涉及的测量条款是采用"演绎"和"归纳"两种方法形成的。除了沿用先前文献中已有的成熟量表以外，本研究还通过访谈研究的方法形成了部分测量条款。因此，按照波达克夫（Podsakoff，2003），鲁比奥、伯格—韦伯、泰伯等（Rubio，Berg – Weger，Tebb et al.，2003）、欣克（Hinkin，1995）、曹振杰和何红光（2013）等的观点，在大规模问卷调研之前，需要对通过小样本测试对问卷中的测量条款进行净化，以确保测量条款的准确性和合适性。接下来，本研究将进行小样本试测，以净化测量条款。

4.4.1　小样本取样及数据描述

1. 小样本的发放与回收

小样本调查于 2014 年 4 月 1 日 ~ 5 月 13 日之间进行，调研在浙江省杭州市的江干区、余杭区和萧山区等 3 个地点进行。根据随机抽样的原则，本研究在每个区随机选取 30 家制造行业的企业，分别前往各区的企业进行现场问卷的发放和收集，每家企业随机抽取 5 名成员完成问卷填答。本次调查发出问卷 450 份，回收问卷份 327，回收率为 72.67%。

在问卷回收以后，按照以下几个标准对无效的问卷进行剔除（赵卓嘉，2009；张世琪，2012）：①主体部分中缺答题项累计达到或超过 10%；②问卷填答呈现明显规律性，例如，1、2、3、4、5 循环出现，所有条款均选择同一选项等；③同一企业中回收的问卷存在明显雷同的予以删除；④由于题项是非多选题，同一题项，给出两个或两个以上选择的。

最终得到有效问卷 296 份，有效问卷回收率达到 90.52%。有效样本的人口统计特征以及企业的特征描述，如表 4.11 和表 4.12 所示。

表 4.11　小样本前测所得的有效样本的人口统计特征描述（N = 296）

统计内容	内容分类	频次	百分比
性别	男	167	56.42
	女	129	43.58
年龄	28 岁及以下	93	31.42
	29 ~ 33 岁	103	34.80
	34 ~ 39 岁	54	18.24
	40 ~ 45 岁	33	11.15
	46 岁及以上	13	4.39

续表

统计内容	内容分类	频次	百分比
目前学历	高中及以下	11	3.72
	中专	15	5.07
	专科	62	20.95
	本科	162	54.73
	硕士	37	12.50
	博士	9	3.04
工作类别	市场销售	24	8.11
	技术研发	41	13.85
	一线操作	42	14.19
	行政秘书	29	9.80
	人力资源	36	12.16
	信息管理	46	15.54
	其他	78	26.35
职位	普通员工	68	22.97
	基层管理者	73	24.66
	中层管理者	99	33.45
	高层管理者	56	18.92
工作年限	6个月及以下	17	5.74
	6个月以上~1年	23	7.77
	1年以上~2年	53	17.91
	2年以上~3年	54	18.24
	3年以上~6年	63	21.28
	6年以上~10年	45	15.20
	10年以上~14年	26	8.78
	14年以上	15	5.07

表 4.12　小样本前测所得的有效样本的企业统计特征描述（N = 61）

统计内容	内容分类	频次	百分比
员工数量	49 人及以下	7	11.48
	50 ~ 249 人	9	14.75
	250 ~ 499 人	12	19.67
	500 ~ 999 人	15	24.59
	1000 ~ 1999 人	13	21.31
	2000 人及以上	5	8.20
成立年限	3 年及以下	5	8.20
	4 ~ 6 年	8	13.11
	7 ~ 12 年	10	16.39
	13 ~ 18 年	14	22.95
	19 ~ 24 年	13	21.31
	25 年及以上	11	18.03
所有制性质	私营独资	26	42.62
	私营控股	22	36.07
	国有独资	2	3.28
	国有控股	2	3.28
	其他	9	14.75
行业类别	化学原料及化学制品制造业	6	9.84
	交通运输设备制造业	8	13.11
	电器机械及器材制造业	9	14.75
	食品制造业	7	11.48
	化学纤维制造业	7	11.48
	纺织业	3	4.92
	其他制造业	21	34.43
区位	江干区	23	37.70
	余杭区	20	32.79
	萧山区	18	29.51

2. 小样本数据的描述性统计分析

尽管本研究的研究对象为企业，关注的是企业的认知、突发事件预防行为及绩效等，但是在小样本前测阶段对量表条款的相关内容进行检验时，本研究没有将数据进行聚合。安德森和韦斯特（Anderson & West, 1996）认为在检验测量条款的统计值时，不将数据聚合能够有效避免将数据聚合所带来的额外问题。按照安德森和韦斯特（Anderson & West, 1996）的观点，将数据聚合会通过将分布统计瓦解掩盖测量条款的心理特点；此外，在小规模试测阶段将数据不聚合，也将会扩大样本量，它是进行探索性因子分析的一个重要的考虑因素（赵卓嘉, 2009）。

在有效问卷获得以后，本研究对数据进行了描述性统计分析，以检验数据的正态性。各变量测量条款的均值、标准差、偏度和峰度，见表 4.13。从表 4.13 中可以看出，各测量条款项目评分值偏度绝对值最大的为 1.035，小于 3，而峰度绝对值最大的为 1.630，小于 10，满足克莱恩（Kline, 1998）所提出的正态分布的基本条件。因此，本研究所获得的小样本的数据服从正态分布，可以进行下一步的分析。

表 4.13　　　　　　小样本各测量条款数据的描述性统计（N = 296）

测量条款	样本量统计	均值统计	标准差统计	偏度		峰度	
				统计	标准差	统计	标准差
CC – 1	296	3.52	1.001	– 0.535	0.142	– 0.192	0.282
CC – 2	296	3.94	0.942	– 0.949	0.142	0.786	0.282
CC – 3	296	3.93	0.942	– 0.766	0.142	0.130	0.282
CC – 4	296	3.77	0.871	– 0.442	0.142	0.045	0.282
CC – 5	296	3.61	0.961	– 0.355	0.142	– 0.529	0.282
CC – 6	296	3.19	0.958	– 0.124	0.142	– 0.681	0.282
CF – 1	296	3.21	0.992	– 0.277	0.142	– 0.740	0.282
CF – 2	296	3.33	0.994	– 0.507	0.142	– 0.393	0.282
CF – 3	296	3.45	1.011	– 0.465	0.142	– 0.545	0.282
CF – 4	296	3.10	1.104	– 0.118	0.142	– 0.968	0.282
CF – 5	296	3.24	1.039	– 0.446	0.142	– 0.631	0.282
CF – 6	296	2.26	0.930	0.887	0.142	0.530	0.282
LO – 1	296	3.91	0.890	– 0.814	0.142	0.530	0.282

续表

测量条款	样本量统计	均值统计	标准差统计	偏度		峰度	
				统计	标准差	统计	标准差
LO – 2	296	3.75	0.987	– 0.694	0.142	0.165	0.282
LO – 3	296	4.00	0.896	– 1.002	0.142	1.021	0.282
LO – 4	296	4.06	0.835	– 1.035	0.142	1.457	0.282
LO – 5	296	3.30	0.865	0.002	0.142	– 0.343	0.282
LO – 6	296	3.98	0.741	– 0.824	0.142	1.630	0.282
LO – 7	296	3.09	0.929	0.226	0.142	– 0.647	0.282
PO – 1	296	3.74	0.876	– 0.510	0.142	0.091	0.282
PO – 2	296	3.95	0.810	– 0.801	0.142	1.124	0.282
PO – 3	296	3.84	0.892	– 0.670	0.142	0.251	0.282
PO – 4	296	4.03	0.763	– 0.795	0.142	1.309	0.282
PO – 5	296	3.45	0.919	– 0.123	0.142	– 0.387	0.282
PO – 6	296	4.02	0.883	– 0.903	0.142	0.617	0.282
RP – 1	296	2.77	0.910	0.444	0.142	– 0.390	0.282
RP – 2	296	2.96	1.004	0.142	0.142	– 0.657	0.282
RP – 3	296	3.51	0.913	– 0.524	0.142	– 0.291	0.282
RP – 4	296	3.38	0.967	– 0.443	0.142	– 0.377	0.282
RP – 5	296	3.01	0.979	0.132	0.142	– 0.664	0.282
RP – 6	296	2.84	0.955	0.339	0.142	– 0.471	0.282
RG – 1	296	3.47	0.798	– 0.375	0.142	0.322	0.282
RG – 2	296	3.56	0.809	– 0.237	0.142	– 0.222	0.282
RG – 3	296	3.02	0.958	0.129	0.142	– 0.601	0.282
RG – 4	296	2.95	0.955	0.226	0.142	– 0.430	0.282
RG – 5	296	2.80	0.993	0.423	0.142	– 0.530	0.282
RG – 6	296	2.67	0.987	0.461	0.142	– 0.401	0.282
RG – 7	296	3.69	1.017	– 0.805	0.142	0.150	0.282
IS – 1	296	3.64	0.895	– 0.748	0.142	0.313	0.282
IS – 2	296	3.57	0.849	– 0.492	0.142	0.190	0.282
IS – 3	296	3.32	0.918	– 0.097	0.142	– 0.659	0.282

续表

测量条款	样本量统计	均值统计	标准差统计	偏度		峰度	
				统计	标准差	统计	标准差
IS-4	296	3.65	0.859	-0.926	0.142	0.841	0.282
IS-5	296	3.24	0.991	-0.391	0.142	-0.492	0.282
IS-6	296	3.61	1.015	-0.717	0.142	-0.113	0.282
II-1	296	3.56	0.845	-0.593	0.142	0.230	0.282
II-2	296	3.62	0.818	-0.732	0.142	0.809	0.282
II-3	296	3.59	0.801	-0.730	0.142	0.672	0.282
II-4	296	3.47	0.894	-0.563	0.142	-0.032	0.282
II-5	296	3.59	0.843	-0.501	0.142	0.260	0.282
II-6	296	3.65	0.789	-0.416	0.142	0.043	0.282
IC-1	296	3.65	0.835	-0.673	0.142	0.537	0.282
IC-2	296	3.76	0.835	-0.871	0.142	0.991	0.282
IC-3	296	3.77	0.844	-0.903	0.142	1.133	0.282
IC-4	296	3.13	1.096	-0.250	0.142	-0.811	0.282
IC-5	296	3.73	0.809	-0.856	0.142	0.900	0.282
IC-6	296	3.58	0.910	-0.678	0.142	0.160	0.282
WZ-1	296	3.27	0.868	-0.209	0.142	-0.496	0.282
WZ-2	296	3.36	0.895	-0.425	0.142	-0.311	0.282
WZ-3	296	3.25	0.928	-0.294	0.142	-0.381	0.282
WZ-4	296	3.43	0.872	-0.604	0.142	-0.039	0.282
WZ-5	296	3.06	0.950	-0.163	0.142	-0.754	0.282
WZ-6	296	2.34	0.829	0.899	0.142	1.112	0.282
RY-1	296	3.15	0.916	-0.113	0.142	-0.749	0.282
RY-2	296	3.09	0.935	0.000	0.142	-0.873	0.282
RY-3	296	3.27	0.924	-0.373	0.142	-0.507	0.282
RY-4	296	3.31	0.890	-0.428	0.142	-0.426	0.282
RY-5	296	3.40	0.903	-0.642	0.142	-0.114	0.282
RY-6	296	2.42	1.022	0.518	0.142	-0.433	0.282
ZZ-1	296	3.41	0.963	-0.539	0.142	-0.502	0.282

测量条款	样本量统计	均值统计	标准差统计	偏度		峰度	
				统计	标准差	统计	标准差
ZZ-2	296	3.28	1.004	-0.416	0.142	-0.639	0.282
ZZ-3	296	3.23	0.982	-0.280	0.142	-0.602	0.282
ZZ-4	296	3.23	1.003	-0.218	0.142	-0.820	0.282
ZZ-5	296	3.48	0.963	-0.619	0.142	-0.340	0.282
ZZ-6	296	3.29	1.154	-0.226	0.142	-0.997	0.282
JH-1	296	3.47	0.935	-0.413	0.142	-0.379	0.282
JH-2	296	3.54	0.923	-0.601	0.142	0.070	0.282
JH-3	296	3.55	0.904	-0.567	0.142	-0.032	0.282
JH-4	296	3.53	0.920	-0.695	0.142	0.312	0.282
JH-5	296	3.56	1.017	-0.469	0.142	-0.463	0.282
JH-6	296	3.35	1.119	-0.221	0.142	-0.974	0.282
WG-1	296	2.02	0.885	0.605	0.142	-0.033	0.282
WG-2	296	1.97	0.916	0.759	0.142	0.059	0.282
WG-3	296	2.07	0.957	0.761	0.142	0.136	0.282
WG-4	296	2.00	0.969	0.893	0.142	0.304	0.282
WG-5	296	2.09	1.001	0.822	0.142	0.258	0.282
WG-6	296	1.94	0.993	0.917	0.142	0.177	0.282
SG-1	296	2.21	0.961	0.708	0.142	0.196	0.282
SG-2	296	2.14	1.011	0.671	0.142	-0.193	0.282
SG-3	296	2.02	0.981	0.719	0.142	-0.195	0.282
SG-4	296	2.11	0.987	0.605	0.142	-0.356	0.282
SG-5	296	2.02	0.984	0.711	0.142	-0.227	0.282
SG-6	296	2.15	0.982	0.569	0.142	-0.465	0.282

其中，除了条款 LO-6 的标准差为 0.741，其余测量条款的标准差均高于 0.75。按照德维尔（DeVellis，1991）、洪雁（2012）、班尼特和罗滨逊（Bennett & Robinson，2000）等的观点，测量条款的方差过小则不容易产生区分，本研究参照洪雁（2012）的标准，将标准差低于 0.75 的测量条款进

行删除，因此条款 LO-6 被删除。此外，在所有的测量条款中，条款 LO-6 的峰度值也最大。

4.4.2　小样本检验方法及结果

在初始测量条款形成和评价之后，需要进一步的通过小样本调研，以对测量条款进行净化和检验。通过小规模样本的调查和数据分析，可以及早发现测量条款中存在的一些不足并加以修正与完善。因此，本研究首先采用探索性因子分析，对各变量的内部结构情况进行初步判断，然后运用 CITC 分析对测量条款进行净化；最后，通过科隆巴赫阿尔法（Cronbach's α）分析，对变量的信度进行评价。

1. 整体数据的探索性因子分析

本研究对变量的测量由采用开发量表和采用成熟量表两种方式构成，但为了明确变量之间的区分效度，以及判断变量之间是否存在交叉测量条款，本研究对上一步保留的测量条款进行探索性因子分析。本研究将涉及的各个变量（主导逻辑、长期导向、主动导向、风险倾向、风险感知、突发事件预防行为、突发事件防治绩效）同时纳入一个整体模型中进行探索性因子分析。

经分析，本研究所涉及的主要变量（认知复杂性、认知聚焦性、长期导向、主动导向、风险倾向、风险感知、突发事件预防行为、突发事件防治绩效）测量条款的 KMO 值为 0.868，按照凯泽（Kaiser，1974）、马庆国（2002）等的观点：$0.8 \leqslant KMO < 0.9$，表示很适合进行因子分析，因子分析结果见表 4.14 所示。

由表 4.14 可知，本研究涉及的变量认知复杂性、认知聚焦性、长期导向、主动导向、风险倾向、风险感知、信息型行为（信息扫描、信息识别和信息沟通）、资源型行为（应急物资储备和应急人员配备）、制度型行为（应急知识培训和应急计划制定）、违规强度和小事件发生强度共呈现出 21 个特征根值大于 1 的公因子，21 个因子的累计方差解释量达到 71.59%。

本研究结合张世琪（2012）、赵卓嘉（2009）、刘枭（2011）等的做法，根据以下标准对测量条款进行筛选：①删除自成一个因子的单一测量条款；②删除在所有因子上的负荷均小于 0.5 或在两个及以上因子的负荷大于 0.5（即出现横跨因子的情况）的测量条款。

表 4.14　小样本的探索性因子分析

测量条款	1	2	3	4	5	6	7	8	9	10	11	12	13	14	15	16	17	18	19	20	21
CC-1	0.047	-0.006	-0.117	0.121	0.072	0.004	0.113	0.035	0.042	0.082	0.712	0.123	0.104	0.169	0.079	0.153	-0.054	-0.029	-0.107	0.116	0.172
CC-2	0.039	-0.093	-0.034	0.020	0.103	-0.094	0.075	0.208	0.165	0.133	0.717	0.132	0.021	0.081	0.038	0.069	0.019	-0.051	0.065	0.172	-0.051
CC-3	0.050	-0.121	-0.052	0.134	0.123	-0.055	0.082	0.262	0.233	0.023	0.622	0.002	-0.150	0.053	0.033	-0.104	-0.102	0.039	-0.012	0.003	0.024
CC-4	0.147	-0.080	0.006	-0.002	0.077	-0.156	0.045	0.188	0.111	0.181	0.688	0.094	0.145	0.015	-0.104	-0.022	0.022	0.105	0.061	-0.060	-0.083
CC-5	0.138	-0.058	-0.025	0.161	0.059	-0.107	0.068	0.093	0.208	0.093	0.603	-0.036	-0.020	0.055	0.067	-0.184	0.009	0.035	0.155	-0.173	-0.136
CC-6	0.107	-0.053	-0.110	0.081	-0.086	-0.109	-0.056	0.037	0.038	0.046	0.212	-0.023	0.119	-0.205	-0.331	0.079	0.094	-0.005	0.571	0.055	-0.061
CF-1	-0.077	-0.067	0.018	0.040	-0.018	0.148	0.124	-0.144	-0.148	-0.013	0.068	-0.027	-0.072	-0.045	0.632	-0.086	-0.076	0.140	-0.309	-0.091	-0.181
CF-2	0.001	-0.054	0.044	-0.050	0.050	0.142	-0.067	0.098	0.144	-0.005	0.062	-0.029	0.013	-0.046	0.780	-0.006	0.055	0.027	-0.078	-0.091	-0.039
CF-3	0.052	-0.014	0.090	-0.100	0.054	0.017	-0.045	0.142	0.055	0.071	0.089	0.090	0.119	0.033	0.780	-0.043	0.009	-0.110	0.105	0.001	0.119
CF-4	0.024	-0.007	-0.004	-0.051	-0.064	0.206	0.139	-0.026	-0.082	0.020	-0.128	-0.098	0.001	0.030	0.621	-0.093	-0.079	0.134	-0.017	0.133	0.208
CF-5	0.439	0.021	-0.065	0.101	0.145	-0.220	-0.286	0.113	-0.008	-0.087	0.035	0.152	-0.110	0.079	0.001	0.078	0.340	0.258	0.036	0.063	0.110
CF-6	0.064	0.089	0.018	-0.091	-0.032	0.038	-0.086	-0.079	-0.069	-0.016	-0.038	-0.119	-0.111	-0.038	-0.115	0.000	0.112	-0.752	-0.025	0.070	0.176
LO-1	0.033	-0.034	-0.083	0.212	0.089	-0.127	0.094	0.151	0.724	0.041	0.165	0.066	0.079	0.053	0.031	-0.071	0.160	-0.098	-0.058	0.032	-0.087
LO-2	0.065	-0.008	-0.092	0.010	0.068	-0.044	0.100	0.077	0.628	-0.078	0.201	0.124	0.158	0.025	0.131	0.114	-0.113	0.073	0.053	-0.031	0.006
LO-3	0.028	-0.045	-0.009	0.001	0.178	-0.081	0.148	0.114	0.776	0.192	0.142	0.020	0.115	0.055	-0.101	0.031	-0.062	-0.024	-0.014	0.070	0.037
LO-4	0.112	-0.159	0.009	-0.031	0.174	-0.145	-0.020	0.288	0.580	0.139	0.209	0.190	-0.046	0.079	-0.097	-0.024	-0.003	0.214	-0.002	0.197	0.126
LO-5	0.093	0.049	0.040	0.155	0.066	0.018	0.383	-0.041	0.546	0.138	-0.107	0.012	0.010	-0.061	0.160	0.144	-0.138	0.006	0.200	0.042	0.044
LO-7	0.017	0.044	-0.102	0.089	-0.027	-0.202	0.068	0.003	0.262	-0.015	0.094	-0.010	-0.032	-0.036	-0.072	0.078	0.083	-0.084	0.060	0.661	-0.086
PO-1	0.152	0.081	-0.036	0.087	0.027	0.028	0.132	0.707	-0.003	0.117	0.145	-0.046	-0.002	0.007	0.114	-0.024	0.136	0.088	0.051	0.178	0.015
PO-2	0.010	0.024	-0.047	0.249	0.016	-0.129	0.116	0.688	0.126	0.027	0.169	0.172	0.005	-0.006	0.075	-0.043	0.042	-0.101	-0.110	0.033	-0.148

续表

测量条款	1	2	3	4	5	6	7	8	9	10	11	12	13	14	15	16	17	18	19	20	21
PO-3	0.016	0.038	-0.061	0.123	0.049	-0.161	0.107	0.675	0.242	0.086	0.151	0.187	0.043	0.113	0.015	-0.020	0.014	-0.005	0.096	-0.118	-0.132
PO-4	0.062	-0.105	-0.045	-0.017	0.086	-0.146	0.031	0.659	0.199	0.154	0.123	0.151	0.037	0.121	-0.014	0.054	-0.233	0.108	0.010	-0.032	-0.078
PO-5	0.112	0.087	0.029	0.113	0.025	0.036	0.293	0.549	0.093	0.016	0.129	-0.050	0.143	0.014	-0.009	-0.057	-0.020	-0.031	0.052	-0.238	0.384
PO-6	0.082	-0.047	0.037	0.086	0.074	-0.003	-0.031	0.418	0.532	0.113	0.197	0.112	-0.048	0.085	-0.044	0.019	0.023	0.121	-0.074	0.105	-0.074
RP-1	0.062	-0.055	-0.003	-0.082	-0.054	0.103	0.780	0.090	0.077	0.078	0.045	0.014	0.231	0.056	0.031	-0.084	0.170	-0.068	0.026	-0.032	-0.066
RP-2	0.098	-0.035	-0.026	-0.003	0.032	-0.041	0.789	0.096	0.111	0.053	0.027	0.096	0.167	0.093	0.035	0.023	-0.002	-0.035	0.072	0.108	0.028
RP-3	0.058	-0.140	-0.002	0.156	0.190	-0.180	0.631	0.254	0.127	0.029	0.163	0.155	-0.091	0.009	0.047	0.033	-0.134	0.057	-0.082	-0.135	-0.042
RP-4	0.222	-0.032	0.007	0.257	0.037	-0.136	0.666	0.039	0.101	0.025	0.194	0.102	-0.094	0.004	0.039	-0.023	-0.160	0.116	-0.059	0.043	-0.005
RP-5	0.136	0.020	0.125	0.166	0.147	0.160	0.420	-0.045	0.169	0.157	0.137	-0.042	-0.146	0.132	-0.011	-0.256	0.145	0.340	-0.163	-0.077	0.142
RP-6	0.088	0.082	0.072	-0.019	0.159	0.100	0.700	0.105	0.018	0.036	0.025	-0.082	-0.019	0.156	-0.066	-0.122	0.152	0.083	-0.095	0.041	0.073
RG-1	0.350	0.040	-0.046	0.261	-0.041	0.023	0.203	0.270	0.195	0.093	0.241	0.130	0.156	-0.067	-0.019	0.229	0.038	-0.174	-0.338	-0.107	-0.019
RG-2	0.367	-0.043	-0.060	0.233	0.022	0.046	0.157	0.340	0.235	0.048	0.282	0.249	0.058	-0.143	0.019	0.172	-0.040	0.048	-0.202	-0.028	0.021
RG-3	-0.052	-0.044	0.144	0.010	0.006	0.801	0.002	-0.017	-0.114	-0.016	-0.007	-0.011	-0.023	0.044	0.164	0.002	-0.150	0.028	0.098	0.002	-0.011
RG-4	-0.015	0.043	0.111	0.021	-0.023	0.880	0.004	-0.011	0.005	0.017	-0.099	0.019	-0.045	0.040	0.056	-0.006	-0.072	0.071	-0.018	0.016	0.052
RG-5	0.042	0.098	0.071	-0.060	-0.052	0.845	0.029	-0.107	-0.083	-0.024	-0.083	-0.037	0.007	0.041	0.066	-0.074	0.038	-0.071	-0.045	-0.036	-0.029
RG-6	0.066	0.080	0.049	-0.099	-0.060	0.801	-0.097	-0.108	-0.073	0.030	-0.049	-0.038	-0.033	-0.019	0.098	-0.160	0.047	-0.044	-0.124	-0.147	-0.003
RG-7	-0.050	-0.099	-0.200	0.151	0.134	-0.427	-0.164	0.035	-0.026	-0.011	0.206	0.239	-0.118	-0.001	-0.103	0.449	0.062	0.091	0.163	-0.060	-0.019
IS-1	0.044	-0.019	-0.093	0.171	0.148	0.031	0.018	0.230	0.169	0.646	0.122	0.050	0.038	0.116	0.008	0.155	-0.011	-0.061	-0.104	-0.064	-0.020
IS-2	0.018	-0.084	-0.056	0.125	0.165	-0.012	0.061	0.116	0.156	0.729	0.096	0.218	0.112	0.113	0.063	-0.060	0.010	0.029	-0.130	0.085	-0.022
IS-3	0.107	0.071	0.056	0.174	0.079	0.087	0.066	0.033	-0.059	0.663	0.092	0.083	0.040	0.206	0.141	-0.127	0.006	-0.034	0.022	0.036	-0.060

续表

测量条款	1	2	3	4	5	6	7	8	9	10	11	12	13	14	15	16	17	18	19	20	21
IS－4	0.208	-0.055	-0.087	0.250	0.082	-0.083	0.018	0.159	0.085	0.660	0.086	0.238	0.114	-0.040	-0.103	0.070	-0.050	0.110	0.083	0.070	-0.017
IS－5	0.220	0.048	-0.030	0.201	0.040	-0.046	0.154	-0.079	0.074	0.630	0.130	0.172	-0.027	0.015	-0.059	-0.039	0.049	0.020	0.267	-0.198	-0.030
IS－6	-0.048	-0.080	-0.163	0.175	0.220	-0.342	-0.255	0.094	-0.096	0.173	0.103	0.042	-0.051	0.034	-0.223	0.356	0.121	0.146	-0.052	0.243	0.182
II－1	0.161	-0.117	-0.089	0.680	0.194	-0.026	0.014	0.084	0.099	0.269	0.053	0.107	0.151	0.084	-0.143	0.054	-0.142	0.087	-0.064	0.084	0.024
II－2	0.183	-0.081	-0.071	0.735	0.135	-0.084	0.043	0.145	0.052	0.250	0.079	0.160	0.137	0.089	-0.021	-0.003	0.003	0.064	0.013	0.057	0.039
II－3	0.179	-0.167	-0.099	0.740	0.166	-0.028	0.092	0.171	0.033	0.155	0.064	0.186	0.129	0.148	-0.020	-0.071	0.018	0.016	-0.046	0.086	-0.077
II－4	0.218	-0.006	-0.125	0.625	0.061	-0.013	0.086	0.002	0.080	0.300	0.157	0.108	0.138	0.158	-0.015	-0.064	-0.021	0.062	0.096	-0.160	-0.022
II－5	0.138	-0.138	-0.079	0.443	0.170	0.070	-0.016	0.260	0.286	0.103	0.129	0.256	0.058	0.239	-0.039	0.091	0.087	0.084	-0.024	-0.014	0.106
II－6	0.114	-0.105	-0.145	0.553	0.235	-0.176	0.008	0.172	0.079	0.065	0.101	0.097	0.099	0.144	-0.135	0.105	0.212	-0.072	0.136	-0.028	0.024
IC－1	0.146	-0.012	-0.012	0.162	0.057	-0.033	0.187	0.064	0.054	0.252	0.016	0.593	0.201	0.020	-0.021	0.028	0.067	0.207	-0.192	0.049	-0.065
IC－2	0.144	-0.082	-0.132	0.167	0.239	-0.040	0.107	0.145	0.124	0.247	0.137	0.667	-0.014	0.107	-0.069	0.050	-0.042	0.078	-0.039	0.022	0.096
IC－3	0.156	-0.062	-0.175	0.086	0.210	-0.028	-0.054	0.228	0.067	0.183	0.095	0.649	0.063	0.011	-0.003	0.036	-0.174	0.007	0.076	-0.154	0.015
IC－4	0.069	-0.101	-0.100	0.149	0.077	-0.263	-0.083	0.007	0.040	0.000	0.058	0.094	-0.028	0.132	-0.087	0.469	0.314	0.044	-0.050	-0.371	-0.164
IC－5	0.247	-0.069	-0.040	0.176	0.137	-0.027	0.025	0.117	0.201	0.121	0.109	0.593	-0.029	0.120	-0.032	-0.231	0.068	-0.038	-0.023	-0.007	-0.100
IC－6	0.154	-0.101	-0.121	0.328	0.103	-0.069	0.020	0.017	0.077	0.154	0.070	0.592	0.142	0.211	0.089	-0.069	-0.066	-0.006	0.222	0.089	-0.132
WZ－1	0.339	0.008	-0.006	0.218	0.064	0.062	0.132	0.035	0.020	0.104	0.104	0.128	0.111	0.727	0.043	0.059	0.065	-0.028	-0.003	0.039	-0.084
WZ－2	0.396	-0.015	-0.009	0.125	0.113	-0.007	0.128	0.019	0.038	0.131	0.148	0.030	0.154	0.689	-0.038	0.037	0.068	0.021	-0.070	-0.143	0.051
WZ－3	0.352	0.046	-0.043	0.152	0.158	0.097	0.079	0.101	0.076	0.178	0.079	0.134	0.156	0.649	0.012	0.007	-0.011	0.018	-0.062	-0.027	0.079
WZ－4	0.386	-0.033	-0.081	0.177	0.110	0.012	0.101	0.137	0.128	0.128	0.090	0.070	0.174	0.635	-0.051	0.083	-0.137	0.120	-0.010	0.051	0.043
WZ－5	-0.063	0.038	0.044	0.083	0.021	0.149	0.086	0.054	-0.140	0.032	0.082	0.172	0.033	-0.081	0.118	-0.681	-0.039	0.055	-0.031	-0.116	0.071

续表

测量条款	1	2	3	4	5	6	7	8	9	10	11	12	13	14	15	16	17	18	19	20	21
WZ-6	-0.093	0.008	-0.001	-0.055	-0.084	-0.106	0.236	-0.050	-0.093	0.017	-0.095	-0.176	-0.007	-0.027	0.004	0.058	0.699	-0.192	0.055	0.075	-0.059
RY-1	0.733	0.030	0.114	0.008	0.126	0.086	0.073	0.063	-0.026	0.073	0.036	0.115	0.224	0.184	-0.052	-0.019	0.084	-0.052	0.004	0.063	-0.076
RY-2	0.779	0.057	-0.024	0.162	0.051	0.100	0.066	-0.023	0.011	0.071	0.007	0.113	0.154	0.116	0.029	-0.001	0.031	0.047	-0.020	-0.011	0.038
RY-3	0.800	-0.007	-0.041	0.165	0.160	-0.016	0.129	0.077	0.086	0.080	0.068	-0.006	0.109	0.140	-0.035	0.015	-0.065	-0.029	0.124	-0.045	0.053
RY-4	0.794	0.011	0.001	0.107	0.165	-0.036	0.068	0.087	0.048	0.045	0.145	0.060	0.092	0.146	-0.004	0.029	-0.096	0.019	0.122	0.053	0.007
RY-5	0.711	-0.006	0.017	0.021	0.179	-0.080	0.087	0.063	0.064	0.155	0.029	0.203	0.114	0.185	0.034	0.014	0.001	-0.114	-0.144	-0.039	-0.051
RY-6	-0.009	0.109	0.123	-0.012	-0.130	-0.008	0.005	-0.271	-0.012	-0.117	-0.074	-0.093	0.029	0.047	0.181	-0.123	-0.012	-0.230	-0.040	-0.050	0.695
ZZ-1	0.419	-0.027	-0.025	0.217	0.179	-0.057	0.048	0.008	0.092	0.090	0.044	0.094	0.702	0.152	0.022	0.004	0.009	0.029	0.076	-0.063	-0.014
ZZ-2	0.404	-0.060	-0.017	0.253	0.191	-0.045	0.093	0.066	0.086	0.027	0.016	0.083	0.696	0.140	0.013	-0.056	0.055	0.036	0.014	0.011	-0.007
ZZ-3	0.518	-0.006	-0.056	0.154	0.257	-0.007	0.108	0.058	0.080	0.034	0.083	0.020	0.567	0.152	0.039	-0.007	0.020	0.036	-0.032	-0.006	-0.032
ZZ-4	0.480	0.022	-0.103	0.197	0.180	0.054	0.132	0.005	0.106	0.128	-0.012	0.043	0.558	0.149	0.106	-0.075	-0.014	0.055	0.052	-0.104	-0.008
ZZ-5	0.364	-0.044	-0.030	0.081	0.274	-0.063	0.063	0.039	0.151	0.213	0.061	0.108	0.574	0.189	0.015	0.003	-0.053	0.053	-0.013	0.090	0.200
ZZ-6	0.205	-0.047	-0.153	0.169	0.150	-0.213	-0.255	0.102	0.048	-0.016	-0.009	0.199	0.218	0.064	-0.155	0.230	0.477	0.201	0.063	-0.044	0.161
JH-1	0.322	-0.144	-0.097	0.042	0.631	0.050	0.089	0.037	0.065	0.088	0.142	0.023	0.228	0.082	0.082	0.001	0.047	-0.036	-0.039	-0.014	0.032
JH-2	0.171	-0.060	-0.115	0.151	0.761	-0.060	0.063	0.033	0.180	0.119	0.067	0.172	0.079	0.133	0.017	-0.049	-0.079	0.035	-0.053	-0.029	-0.099
JH-3	0.205	-0.073	-0.050	0.174	0.777	-0.063	0.103	0.031	0.154	0.199	0.117	0.103	0.149	0.105	-0.010	-0.019	-0.058	0.039	-0.102	-0.062	-0.023
JH-4	0.208	-0.060	-0.048	0.112	0.767	-0.056	0.105	-0.010	0.045	0.116	0.104	0.160	0.213	0.039	0.009	0.006	-0.053	-0.038	-0.040	-0.010	-0.114
JH-5	0.158	-0.101	-0.150	0.238	0.629	-0.061	0.004	0.137	0.131	0.019	-0.011	0.105	0.004	0.015	0.027	0.127	0.142	0.100	0.250	0.047	0.130
JH-6	0.017	-0.165	-0.115	0.071	0.401	-0.236	-0.125	0.246	0.047	-0.039	0.053	0.117	-0.054	0.024	-0.152	0.151	0.247	0.118	0.299	0.199	-0.010
WG-1	-0.063	0.207	0.846	-0.046	-0.014	0.040	-0.014	-0.023	0.018	-0.033	-0.027	0.001	-0.024	0.074	0.080	0.037	-0.066	0.002	-0.016	-0.088	0.050

续表

测量条款	1	2	3	4	5	6	7	8	9	10	11	12	13	14	15	16	17	18	19	20	21
WG-2	0.053	0.249	0.794	-0.050	-0.149	0.025	0.123	-0.080	-0.049	-0.034	-0.034	0.008	-0.019	-0.042	0.046	-0.106	-0.014	0.053	-0.003	-0.095	-0.051
WG-3	-0.022	0.304	0.838	-0.062	-0.008	0.107	-0.059	-0.025	-0.057	0.009	-0.063	-0.067	0.033	-0.080	-0.003	0.063	-0.021	-0.031	-0.067	-0.049	0.036
WG-4	-0.015	0.355	0.785	-0.125	-0.091	0.153	0.041	-0.030	-0.042	-0.030	-0.021	-0.095	-0.023	-0.025	0.005	-0.088	-0.003	0.009	0.002	0.007	0.032
WG-5	-0.053	0.304	0.842	-0.085	-0.061	0.121	-0.005	-0.043	-0.035	-0.030	-0.004	-0.103	-0.055	0.015	0.029	-0.032	0.026	-0.033	0.030	0.085	0.023
WG-6	0.068	0.371	0.756	-0.035	-0.082	0.086	0.013	0.023	0.011	-0.067	-0.048	-0.084	-0.038	-0.059	0.030	-0.081	0.014	-0.019	-0.033	0.063	0.013
SG-1	-0.028	0.770	0.343	-0.053	-0.066	0.090	0.003	0.019	-0.021	-0.030	-0.040	-0.116	-0.053	-0.058	-0.015	-0.052	0.087	-0.104	-0.081	-0.053	0.027
SG-2	0.025	0.798	0.358	-0.060	-0.022	0.011	-0.040	0.044	-0.064	0.001	-0.079	-0.096	-0.041	-0.047	-0.007	0.043	0.048	-0.063	-0.085	0.005	-0.001
SG-3	0.007	0.863	0.193	-0.046	-0.090	0.059	-0.009	0.015	-0.020	0.026	-0.041	0.037	0.014	0.018	-0.022	-0.058	0.060	-0.019	0.011	-0.006	-0.021
SG-4	-0.017	0.831	0.277	-0.104	-0.107	0.013	0.000	-0.044	-0.014	-0.002	-0.070	0.057	0.045	0.066	-0.030	-0.025	-0.062	0.031	0.034	0.035	0.074
SG-5	0.097	0.869	0.202	-0.039	-0.055	0.032	-0.011	-0.044	-0.052	-0.024	-0.006	-0.047	0.001	-0.007	-0.029	-0.063	-0.046	-0.006	0.037	-0.033	0.043
SG-6	-0.031	0.820	0.310	-0.053	-0.009	0.013	-0.045	0.050	0.012	-0.014	-0.062	-0.071	-0.058	0.019	-0.013	0.065	-0.093	0.025	0.007	0.076	-0.017
特征根	19.024	8.393	5.003	4.595	3.080	2.556	2.267	1.974	1.896	1.807	1.728	1.692	1.586	1.461	1.308	1.292	1.197	1.153	1.086	1.050	1.000
方差解释量%	20.906	9.223	5.498	5.049	3.384	2.809	2.491	2.169	2.084	1.985	1.899	1.859	1.743	1.606	1.438	1.42	1.316	1.267	1.193	1.154	1.099
累计方差解释量%	20.906	30.129	35.626	40.676	44.060	46.869	49.361	51.530	53.613	55.599	57.497	59.356	61.099	62.705	64.143	65.562	66.878	68.145	69.338	70.493	71.592

从表 4.14 中可以看出，测量条款 CC－6、CF－6、LO－7、WZ－5、WZ－
6、和 RY－6 分别独立成为一个因子，故将其删除。CF－5、RP－5、RG－1、
RG－2、RG－7、IS－6、II－5、IC－4、ZZ－6 和 JH－6 的因子载荷值都低于
0.5，所以也将这些测量条款删除。ZZ－3 在因子 1 和因子 3 上的载荷值均大
于 0.5，也将其删除；PO－6 在因子 8 上的载荷值为 0.418，在因子 9 上的载
荷值为 0.532，在两个因子上的载荷值都较高，而因子 8 是为主动导向，因
子 9 为长期导向，从理论上也难以给出合理解释，所以也将 PO－6 删除。

将上述条款删除后，进行第二次因子分析，测量条款的 KMO 值为
0.883，说明很适合进行因子分析。最终共呈现出 15 个特征根大于 1 的公因
子，累计可解释的方差为 70.27%，各条款的因子载荷均大于 0.5，并不存自
成一个因子、在两个及以上因子的负荷大于 0.5 等情况，并且提取的因子与
本研究的初始设想一致，测量条款与变量完全对应。

2. 各量表的 CITC 和内部一致性信度分析

在探索性因子分析之后，本研究进一步采用 CITC 和内部一致性信度分析
对测量条款进行分析。本研究按照樊景立、尼尔利和林（Farh, Early & Lin,
1997）的做法，选取 CITC 值为 0.4 作为净化测量条款的分界点，同时并要求
删除某项条款有助于提升 α 系数值。在通过 CITC 对测量条款进行净化后，
在信度方面，努纳利（Nunnally, 1978）认为变量的科隆巴赫阿尔法
（Cronbach's α）值应大于 0.7。各个变量的测量条款的 CITC 和内部一致性信
度分析结果，具体如下：

（1）主导逻辑量表的 CITC 和内部一致性信度分析。从探索性因子分析
的结果看，主导逻辑包括认知聚焦性和认知复杂性两个因子，这两个因子的
CITC 和内部一致性信度见表 4.15。从表 4.15 可知，两个因子中所有条款的
CITC 值全部高于 0.4，且不存在删除后能使 α 系数增加的条款，两个变量的
科隆巴赫阿尔法（Cronbach's α）值也大于 0.7。

表 4.15　　　　　　　主导逻辑量表的 CITC 和内部一致性信度分析

变量	条款	CITC	删除该条款后 α 系数	α 系数
认知复杂性	CC－1	0.5626	0.7955	0.8169
	CC－2	0.6841	0.7578	
	CC－3	0.6151	0.7787	
	CC－4	0.6429	0.7721	
	CC－5	0.5424	0.8004	

续表

变量	条款	CITC	删除该条款后 α 系数	α 系数
认知聚焦性	CF - 1	0.4800	0.6828	0.7247
	CF - 2	0.5911	0.6187	
	CF - 3	0.5379	0.6495	
	CF - 4	0.4548	0.7021	

（2）长期导向量表的 CITC 和内部一致性信度分析。长期导向测量量表的 CITC 和内部一致性信度见表 4.16。从表 4.16 可知，条款的 CITC 值全部高于 0.4。测量条款 LO - 5 的 CITC 值为 0.4205，将其删除后，α 系数值由 0.8001 增加到 0.8092，增加值为 0.0091，增加幅度很小，因此，将该条款保留。此外，变量的科隆巴赫阿尔法（Cronbach's α）值也大于 0.7。

表 4.16　　　　　　　　长期导向量表的 CITC 和内部一致性信度分析

变量	条款	CITC	删除该条款后 α 系数	α 系数
长期导向	LO - 1	0.6425	0.7430	0.8001
	LO - 2	0.5461	0.7760	
	LO - 3	0.7488	0.7074	
	LO - 4	0.5757	0.7646	
	LO - 5	0.4205	0.8092	

（3）主动导向量表的 CITC 和内部一致性信度分析。主动导向测量量表的 CITC 和内部一致性信度见表 4.17。从表 4.17 可知，条款的 CITC 值全部高于 0.4。测量条款 PO - 5 的 CITC 值为 0.4600，将其删除后，α 系数值由 0.7979 增加到 0.7996，增加值为 0.0017，增加幅度很小，因此，将该条款保留。此外，变量的科隆巴赫阿尔法（Cronbach's α）值也大于 0.7。

（4）风险倾向量表的 CITC 和内部一致性信度分析。风险倾向测量量表的 CITC 和内部一致性信度见表 4.18。从表 4.18 可知，条款的 CITC 值全部高于 0.4，且不存在删除后能使 α 系数增加的条款。此外，变量的科隆巴赫阿尔法（Cronbach's α）值也大于 0.7。

表4.17   主动导向量表的 CITC 和内部一致性信度分析

变量	条款	CITC	删除该条款后 α 系数	α 系数
主动导向	PO－1	0.5817	0.7586	0.7979
	PO－2	0.6310	0.7440	
	PO－3	0.6704	0.7287	
	PO－4	0.5731	0.7626	
	PO－5	0.4600	0.7996	

表4.18   风险倾向量表的 CITC 和内部一致性信度分析

变量	条款	CITC	删除该条款后 α 系数	α 系数
风险倾向	RP－1	0.6536	0.7932	0.8325
	RP－2	0.7260	0.7705	
	RP－3	0.6039	0.8066	
	RP－4	0.6181	0.8028	
	RP－6	0.5595	0.8190	

（5）风险感知量表的 CITC 和内部一致性信度分析。风险感知测量量表的 CITC 和内部一致性信度见表4.19。从表4.19可知，条款的 CITC 值全部高于0.4，且不存在删除后能使 α 系数增加的条款。此外，变量的科隆巴赫阿尔法（Cronbach's α）值也大于0.7。

表4.19   风险感知量表的 CITC 和内部一致性信度分析

变量	条款	CITC	删除该条款后 α 系数	α 系数
风险感知	RG－3	0.7057	0.8754	0.8888
	RG－4	0.7968	0.8417	
	RG－5	0.7798	0.8478	
	RG－6	0.7429	0.8620	

（6）信息型行为量表的 CITC 和内部一致性信度分析。从探索性因子分析的结果看，信息型行为包括信息扫描、信息识别和信息沟通3个因子，这3个因子的 CITC 和内部一致性信度见表4.20。从表4.20可知，条款的 CITC

值全部高于 0.4。尽管 II - 6 删除后，能使 α 系数从 0.8792 增加到 0.8837，但增加值为 0.0045，增加幅度偏低，所以予以保留。此外，信息扫描、信息识别和信息沟通的科隆巴赫阿尔法（Cronbach's α）值也都大于 0.7。

表 4.20　　　　　　信息型行为量表的 CITC 和内部一致性信度分析

变量	条款	CITC	删除该条款后 α 系数	α 系数
信息扫描	IS - 1	0.5890	0.7905	0.8195
	IS - 2	0.6840	0.7641	
	IS - 3	0.5545	0.8008	
	IS - 4	0.6706	0.7675	
	IS - 5	0.5740	0.7973	
信息识别	II - 1	0.7342	0.8479	0.8792
	II - 2	0.7967	0.8330	
	II - 3	0.7999	0.8329	
	II - 4	0.6665	0.8655	
	II - 6	0.5737	0.8837	
信息沟通	IC - 1	0.5655	0.8145	0.8309
	IC - 2	0.7272	0.7690	
	IC - 3	0.6363	0.7950	
	IC - 5	0.6081	0.8030	
	IC - 6	0.6140	0.8024	

（7）资源型行为量表的 CITC 和内部一致性信度分析。从探索性因子分析的结果看，资源型行为包括应急物资储备和应急人员配备两个因子，这两个因子的 CITC 和内部一致性信度见表 4.21。从表 4.21 可知，条款的 CITC 值全部高于 0.4，且不存在删除后能使 α 系数增加的条款。此外，应急物资储备和应急人员配备的科隆巴赫阿尔法（Cronbach's α）值也都大于 0.7。

（8）制度型行为量表的 CITC 和内部一致性信度分析。从探索性因子分析的结果看，制度型行为包括应急知识培训和应急计划制定两个因子，这两个因子的 CITC 和内部一致性信度见表 4.22。从表 4.22 可知，条款的 CITC 值全部高于 0.4。测量条款 JH - 5 的 CITC 值为 0.5836，将其删除后，α 系数值由 0.8838 增加到 0.8930，增加值为 0.0092，增加幅度很小，因此，将该条款保留。此外，两个变量的科隆巴赫阿尔法（Cronbach's α）值也都大于0.7。

表4.21　　　　　　　资源型行为量表的CITC和内部一致性信度分析

变量	条款	CITC	删除该条款后α系数	α系数
应急物资储备	WZ－1	0.7592	0.8593	0.8906
	WZ－2	0.7800	0.8513	
	WZ－3	0.7451	0.8651	
	WZ－4	0.7539	0.8612	
应急人员配备	RY－1	0.7471	0.8827	0.9023
	RY－2	0.7441	0.8834	
	RY－3	0.8019	0.8706	
	RY－4	0.7716	0.8775	
	RY－5	0.7166	0.8891	

表4.22　　　　　　　制度型行为量表的CITC和内部一致性信度分析

变量	条款	CITC	删除该条款后α系数	α系数
应急知识培训	ZZ－1	0.8344	0.8496	0.8997
	ZZ－2	0.8043	0.8601	
	ZZ－4	0.7635	0.8754	
	ZZ－5	0.7058	0.8954	
应急计划制定	JH－1	0.6489	0.8750	0.8838
	JH－2	0.7890	0.8429	
	JH－3	0.8330	0.8331	
	JH－4	0.7709	0.8472	
	JH－5	0.5836	0.8930	

（9）突发事件防治绩效量表的CITC和内部一致性信度分析。从探索性因子分析的结果看，突发事件防治绩效包括小事件发生强度和违规强度两个因子，这两个因子的CITC和内部一致性信度见表4.23。从表4.23可知，条款的CITC值全部高于0.4，且不存在删除后能使α系数增加的条款。此外，

两个变量的科隆巴赫阿尔法（Cronbach's α）值也都大于0.7。

表4.23   突发事件防治绩效量表的 CITC 和内部一致性信度分析

变量	条款	CITC	删除该条款后 α 系数	α 系数
违规强度	WG‒1	0.7933	0.9364	0.9429
	WG‒2	0.7859	0.9371	
	WG‒3	0.8514	0.9293	
	WG‒4	0.8529	0.9291	
	WG‒5	0.8778	0.9260	
	WG‒6	0.8052	0.9352	
小事件发生强度	SG‒1	0.8095	0.9352	0.9435
	SG‒2	0.8427	0.9312	
	SG‒3	0.8271	0.9331	
	SG‒4	0.8301	0.9328	
	SG‒5	0.8365	0.9320	
	SG‒6	0.8253	0.9333	

4.4.3 初始测量量表的修正与补充

1. 删除一些内容不具有代表性的条款

经过第一次探索性因子分析发现，测量条款 CC‒6、CF‒6、LO‒7、WZ‒5、WZ‒6 和 RY‒6 分别独立成为一个因子，CF‒5、RP‒5、RG‒1、RG‒2、RG‒7、IS‒6、II‒5、IC4、ZZ‒6 和 JH‒6 的因子载荷值都低于0.5，ZZ‒3 在因子1和因子3上的载荷值均大于0.5，PO‒6 在因子8上的载荷值为0.418，在因子9上的载荷值为0.532，而因子8是为主动导向，因子9为长期导向，从理论上也难以解释，所以本研究将上述条款进行了删除。

此外，经过 CITC 和内部一致性信度分析发现，虽然测量条款 LO‒5、PO‒5 和 JH‒5 的 CITC 值均介于0.4~0.5之间，但是将其删除后，α 系数值分别增加0.0091、0.0017 和0.0092，增加幅度很小，因此，将这三个条款保留。

2. 应急效果初始测量条款的修正

由于本研究对应急效果的测量全部采用二手数据的测量方式，同时是针对发生过突发事件的企业，因此，在小规模样本调查中获得的数据有限，只有12家企业，对应急效果的测量题项进行了填写，但是反映出YP-4和YP-5这两项测量条款难以准确填写、填写难度大等问题，因此，本研究将这两个条款删除。

3. 加入标签变量条款

为检验可能会出现共同方法偏差，本研究在问卷中添加了在理论上与所有研究变量无关的标签变量，即混合土地利用便利性或服务便利性，它主要指对非住宅性土地利用（如饭店、零售店等）的邻近程度和可及程度（Saelens, Sallis & Black et al.，2003）。该标签变量的信度值为0.78，一共包含6项测量条款，例如，从我们公司出发，许多商店在步行距离内；在我们公司附近的购物地点，通常停车很难等（Saelens, Sallis & Black et al.，2003），见表4.24。

表4.24 标签变量的初始测量条款

测量条款	
LM-1	从我们公司出发，许多商店在步行距离内[a]
LM-2	在我们公司附近的购物地点，通常停车很难[a]
LM-3	从我们公司出发，走几步就可以到许多地方[a]
LM-4	从我们公司出发，步行到交通站点（如公交车、火车）很容易[a]
LM-5	我们公司附近的道路高低不平，使得很难步行[a]（R）
LM-6	我们公司附近有大障碍（如高速公路、铁路、河流）使得从一个地方步行到另一个地方很难[a]（R）

条款来源：a 塞伦斯、萨里斯和布莱克等（Saelens, Sallis & Black et al.，2003）。

4.5　本章小结

本章的内容主要是问卷的设计与小样本前测。首先，介绍了问卷设计的途径、设计的原则和设计的过程，尤其是问卷设计的原则；其次，经文献研究、访谈研究等方法，形成了各个变量的具体测量条款；最后，进行了小样本试测，根据试测结果，对问卷进行了有针对性的修改与完善，并加入了标签变量的测量条款，从而得到了大规模发放的问卷。

| 5 |

研究数据收集、描述与质量评估

在对问卷经过小规模试测以及针对出现的问题进行修正后，接下来本章将介绍大样本数据的获取过程、对样本数据进行描述、检验、聚合等。本章内容主要包括以下几个部分：第一部分，说明研究数据收集的方法与具体步骤，例如，样本对象的选择、抽样规模的确定等；第二部分，对数据的基本特征进行描述；第三部分，通过探索性因子分析、CITC、验证性因子分析等方法对变量的信度和效度进行检验；第四部分，检验将数据聚合的可行性；第五部分，着重介绍本研究对共同方法偏差的检验和控制。

5.1 研究数据获取

研究数据的获取是确保因果检验的重要环节，样本数据的质量会直接影响到研究结论的准确性。为了获取能够较好地代表总体的样本、使研究结论具有更高的可信性等，本研究按照荣泰生（2005）、赵卓嘉（2009）、张世琪（2012）等的做法，进行样本的选择和数据的收集。

5.1.1 样本对象的选择

本研究主要关注我国经济、文化背景下，企业的认知要素对企业突发事件预防行为及企业突发事件防治绩效影响作用。因此，关于样本对象的选择需要考虑以下几方面：

（1）地域特征：由于文化差异和经济发展的不一致性，许多影响因素在国外经济文化背景下对企业可能起到很大作用，但在中国文化背景下，不一定会起到相同的效果。鉴于此，本研究选择在国内开展大规模问卷调研。由于受时间、人力和财力的制约，调研将在特定的几个地区展开，包括浙江省、山东省、北京市和山西省，这四个省（直辖市）主要分布在中国东南沿海、东部、中部及华北地区，具有较好的代表性，例如，山西省的采矿行业的企业具有典型性。

（2）行业特征：鉴于在当前经济环境下，受行业自身特性的影响，突发事件在我国"制造行业"和"采矿行业"的频发以及所造成后果的严重性，本研究选取了国民经济行业分类中"制造行业"和"采矿行业"的企业作为具体的考察对象。同时，也受一系列客观因素的限制，本研究也很难对我国所有的行业展开调查。

（3）企业特征：在对行业进行明确之后，本研究对"制造行业"和"采矿行业"中企业的选择以全面性作为首要标准。具体包括，不同规模、不同成立年限、不同所有权性质的企业。

（4）企业中被调查者的特征：为了确保被调查者有能力对企业做出比较客观的判断，选择企业的高层管理者、中层管理者，以及对企业的整体情况比较熟悉的基层管理者、员工等作为调研对象。

5.1.2 抽样方法确定

（1）定义母体：根据上述对样本对象的选择限定，本研究的抽样母体即为4个省（直辖市），"制造行业"和"采矿行业"中的所有企业。

（2）确定抽样框：由于受调研时间、费用等要素的限制，笔者主要依靠个人的社会关系网络，将所有可能联系到的企业制成一份调研名录，以构成本研究的抽样框。

（3）确定抽样单位：本研究将以企业为抽样的基本单位，并以各个企业中的高层管理者、中层管理者，以及对企业的整体情况比较熟悉的基层管理者、员工等作为抽样元素。

（4）确定抽样方法：为了使样本能够较好地代表整体，降低样本所导致的偏差，提高研究结论的准确度，本研究采用简单随机抽样的方法。

（5）确定样本规模：陈正昌、程炳林和陈新丰等（2005），张文彤（2004）认为在进行探索性因子分析时，样本量与测量条款的比例最低为3∶1；拉梅尔（Rummel，1970）认为至少为4∶1；瓜达尼奥利和维勒（Guadagnoli & Velicer，1988）、欣克（Hinke，1995）则发现，在多数研究中，只要内部相关性足够合理的强，150个样本就足够进行探索性因子分析。在进行验证性因子分析时，霍尔特（Hoelter，1983）提出样本量最低为 200 个。若采用多元回归分析方法，每个观测变量则至少需要有 5 个样本（张世琪，2012）。综合考虑不同学者的观点，同时结合本研究的具体情况，以及针对可能出现的无效问卷等因素，本研究拟抽取 350 家企业，每家企业发放问卷 5 份。即，在所抽取的 350 家企业中，在每家企业随机抽取 5 名成员填写问卷，共计 1750 份。

（6）制定抽样计划：包括问卷的发放时间、具体的发放方式，以及调研过程中可能出现的问题等。

（7）选取样本：根据事先制定的调研名录，随机抽取企业。关于被调查的人员，在问卷发放时，也进行随机选取。

5.1.3   数据收集与筛选

本研究的大规模问卷调研在 2014 年 5 月下旬至 2014 年 10 月之间进行，历时近 5 个月，调研在浙江省、北京市、山东省、山西省开展，涉及这 4 个省区（直辖市）的多个城市。

在问卷回收以后，按照赵卓嘉（2009）、张世琪（2012）等的观点进行问卷筛选：①主体部分中缺答题项累计达到或超过 10%；②问卷填答呈现明显规律性，例如，1、2、3、4、5 循环出现，所有条款均选择同一选项等；③同一企业中回收的问卷存在明显雷同的予以删除；④由于题项是非多选题，同一题项，给出两个或两个以上选择的；⑤同一企业回收的有效问卷少于 3 份，则整个企业的数据都予以删除。

本研究正式在 350 家企业发放调研问卷 1750 份，回收 1493 份问卷，回收率为 85.31%。将无效问卷删除后，最终获得可用于数据分析的有效问卷 1329 份，有效率为 75.94%。

5.2   样本数据描述

5.2.1   样本个体特征的统计描述

在获得的 1329 个有效样本中，个体特征统计描述如表 5.1 所示。从表

5.1 中可以看出，被调查者性别的分布情况：在 1329 份有效问卷中，有 825 位受访者是男性，占总数的 62.08%，有 504 位受访者是女性，占总数的 37.92%。

表 5.1　　大样本调研所得的有效样本的人口统计特征描述（N = 1329）

统计内容	内容分类	频次	百分比
性别	男	825	62.08
	女	504	37.92
年龄	28 岁及以下	338	25.43
	29 ~ 33 岁	490	36.87
	34 ~ 39 岁	249	18.74
	40 ~ 45 岁	167	12.57
	46 岁及以上	85	6.40
目前学历	高中及以下	26	1.96
	中专	61	4.59
	专科	224	16.85
	本科	682	51.32
	硕士	302	22.72
	博士	34	2.56
工作类别	市场销售	227	17.08
	技术研发	248	18.66
	一线操作	89	6.70
	行政秘书	139	10.46
	人力资源	195	14.67
	信息管理	71	5.34
	其他	360	27.09
职位	普通员工	528	39.73
	基层管理者	292	21.97
	中层管理者	335	25.21
	高层管理者	174	13.09

统计内容	内容分类	频次	百分比
工作年限	6 个月及以下	71	5.34
	6 个月以上~1 年	60	4.51
	1 年以上~2 年	186	14.00
	2 年以上~3 年	224	16.85
	3 年以上~6 年	392	29.50
	6 年以上~10 年	201	15.12
	10 年以上~14 年	86	6.47
	14 年以上	109	8.20

被调查者年龄的分布情况：年龄在 28 岁及以下的受访者，有 338 位，占总数的 25.43%；29~33 岁的受访者有 490 位，占总数的 36.87%；34~39 岁的受访者有 249 位，占总数的 18.74%；40~45 岁的受访者有 167 位，占总数的 12.57%；46 岁及以上的受访者有 85 位，占总数的 6.40%。

被调查者的学历分布情况：高中及以下的受访者有 26 位，占总数的 1.96%；中专学历的受访者有 61 位，占总数的 4.59%；专科学历的受访者有 224 位，占总数的 16.85%；本科学历的受访者有 682 位，占总数的 51.32%；硕士学历的受访者，有 302 位，占总数的 22.72%；博士学历的受访者，有 34 位，占总数的 2.56%。

被调查者工作类别的分布情况：从事市场销售的受访者，有 227 位，占总数的 17.08%；从事技术研发工作的受访者，有 248 位，占总数的 18.66%；一线操作的受访者，有 89 位，占总数的 6.70%；从事行政秘书的受访者，有 139 位，占总数的 10.46%；人力资源工作的受访者有 195 位，占总数的 14.67%；信息管理工作的受访者有 71 位，占总数的 5.34%；其他受访者有 360 位，占总数的 27.09%。

被调查者职位的分布情况：普通员工的受访者有 528 位，占总数的 39.73%；基层管理者有 292 位，占总数的 21.97%；中层管理者有 335 位，占总数的 25.21%；高层管理者有 174 位，占总数的 13.09%。

被调查者的工作年限的分布情况：工作年限在 6 个月及以下的受访者有 71 位，占总数的 5.34%；6 个月以上~1 年的受访者有 60 位，占总数的 4.51%；1 年以上~2 年的受访者有 186 位，占总数的 14.00%；2 年以上~3 年受访者有 224 位，占总数的 16.85%；3 年以上~6 年受访者有 392 位，占总数的29.50%；6年以上~10年的受访者有201位，占总数的15.12%；10年以上~14年的受访者有86位，占总数的6.47%；14年以上的受访者有109位，占总数的8.20%。

5.2.2 样本企业特征的统计描述

大样本调研一共涉及292家企业，由大样本调研所获得的企业有效样本的特征统计描述如表5.2所示。从表5.2中可以看出，从企业员工数量来看：49人及以下的企业有27家，占总数的9.25%；50~249人的企业有86家，占样本总量的29.45%；250~499人的企业有55家，占样本总量的18.84%；500~999人的企业有35家，占样本总量的11.99%；1000~1999人的企业有38家，占样本总量的13.01%；2000人以上的企业有51家，占样本总量的17.47%。

表5.2   大样本调研所得的有效样本的企业统计特征描述（N=292）

统计内容	内容分类	频次	百分比
员工数量	49人及以下	27	9.25
	50~249人	86	29.45
	250~499人	55	18.84
	500~999人	35	11.99
	1000~1999人	38	13.01
	2000人及以上	51	17.47
成立年限	3年及以下	21	7.19
	4~6年	47	16.10
	7~12年	64	21.92
	13~18年	69	23.63
	19~24年	40	13.70
	25年及以上	51	17.47
所有制性质	私营独资	88	30.14
	私营控股	50	17.12
	国有独资	54	18.49
	国有控股	53	18.15
	其他	47	16.10

续表

统计内容	内容分类	频次	百分比
行业类别	化学原料及化学制品制造业	13	4.45
	交通运输设备制造业	20	6.85
	电器机械及器材制造业	17	5.82
	食品制造业	22	7.53
	化学纤维制造业	24	8.22
	纺织业	32	10.96
	采矿业	43	14.73
	其他制造业	121	41.44
区位	浙江	109	37.33
	山东	77	26.37
	北京	59	20.21
	山西	47	16.10

从企业成立年限来看：3 年及以下的企业有 21 家，占总数的 7.19%；4～6 年的企业有 47 家，占样本总量的 16.10%；7～12 年的企业有 64 家，占样本总量的 21.92%；13～18 年的企业有 69 家，占样本总量的 23.63%；19～24 年的企业有 40 家，占样本总量的 13.70%；25 年及以上的企业有 51 家，占样本总量的 17.47%。

从企业所有制性质来看：私营独资企业有 88 家，占样本总量的 30.14%；私营控股企业有 50 家，占样本总量的 17.12%；国有独资企业有 54 家，占样本总量的 18.49%；国有控股企业有 53 家，占样本总量的 18.15%；其他性质的企业有 47 家，占样本总量的 16.10%。

从企业所属的行业来看：化学原料及化学制品制造业的企业有 13 家，占样本总量的 4.45%；交通运输设备制造业的企业有 20 家，占样本总量的 6.85%；电器机械及器材制造业的企业有 17 家，占样本总量的 5.82%；食品制造业的企业有 22 家，占样本总量的 7.53%；化学纤维制造业的企业有 24 家，占样本总量的 8.22%；纺织业的企业有 32 家，占样本总量的 10.96%；采矿行业的企业有 43 家，占样本总量的 14.73%；其他制造业的企业有 121 家，占样本总量的 41.44%。

从企业的区域分布来看：浙江省的企业有 109 家，占样本总量的

37.33%；山东省的企业有 77 家，占样本总量的 26.37%；北京市的企业有 59 家，占样本总量的 20.21%，山西省的企业有 47 家，占样本总量的 16.10%。

5.2.3 变量测量条款评价值的统计描述

大样本调研得到的各变量测量条款评价值的统计描述如表 5.3 所示。从表 5.3 中可以看出，各个测量条款的标准差介于 0.824 ~ 1.358 之间，偏度介于 -0.937 ~ 0.569 之间，而峰度介于 -1.282 ~ 0.779 之间。以上几个方面表明，大样本调研所得的数据呈现正态分布。

表 5.3　　　　　大样本调研所得的各变量测量条款评价值的统计描述

测量条款	样本量统计	均值统计	标准差统计	偏度		峰度	
				统计	标准差	统计	标准差
CC - 1	1329	3.34	1.003	- 0.222	0.067	- 0.625	0.134
CC - 2	1329	3.47	1.032	- 0.253	0.067	- 0.829	0.134
CC - 3	1328	3.34	1.037	- 0.204	0.067	- 0.836	0.134
CC - 4	1329	3.42	1.005	- 0.273	0.067	- 0.655	0.134
CC - 5	1328	3.58	0.963	- 0.465	0.067	- 0.260	0.134
CF - 1	1329	2.76	1.009	0.366	0.067	- 0.591	0.134
CF - 2	1329	2.83	0.971	0.334	0.067	- 0.546	0.134
CF - 3	1329	2.86	1.044	0.319	0.067	- 0.717	0.134
CF - 4	1329	3.05	1.062	- 0.026	0.067	- 0.867	0.134
LO - 1	1329	3.09	1.332	- 0.130	0.067	- 1.196	0.134
LO - 2	1329	3.10	1.344	- 0.060	0.067	- 1.188	0.134
LO - 3	1329	3.18	1.332	- 0.090	0.067	- 1.221	0.134
LO - 4	1329	3.27	1.358	- 0.227	0.067	- 1.200	0.134
LO - 5	1329	3.08	1.299	- 0.041	0.067	- 1.087	0.134
PO - 1	1327	3.63	0.952	- 0.585	0.067	0.095	0.134
PO - 2	1329	3.07	1.316	- 0.157	0.067	- 1.149	0.134
PO - 3	1328	3.21	1.336	- 0.305	0.067	- 1.121	0.134
PO - 4	1328	3.27	1.336	- 0.302	0.067	- 1.104	0.134

测量条款	样本量统计	均值统计	标准差统计	偏度		峰度	
				统计	标准差	统计	标准差
PO－5	1329	3.47	0.907	－0.209	0.067	－0.259	0.134
RP－1	1329	3.26	1.107	－0.266	0.067	－0.605	0.134
RP－2	1329	3.07	1.146	0.003	0.067	－0.808	0.134
RP－3	1328	2.72	1.197	0.569	0.067	－0.675	0.134
RP－4	1329	2.86	1.139	0.345	0.067	－0.716	0.134
RP－5	1329	2.78	1.186	0.412	0.067	－0.743	0.134
RG－1	1329	2.96	1.028	－0.042	0.067	－0.650	0.134
RG－2	1328	2.88	1.037	0.087	0.067	－0.616	0.134
RG－3	1325	2.94	1.086	0.128	0.067	－0.800	0.134
RG－4	1329	2.91	1.088	0.074	0.067	－0.794	0.134
IS－1	1329	3.52	0.972	－0.576	0.067	－0.219	0.134
IS－2	1329	3.54	0.967	－0.621	0.067	－0.059	0.134
IS－3	1329	3.42	1.006	－0.434	0.067	－0.363	0.134
IS－4	1326	3.71	0.856	－0.937	0.067	1.049	0.134
IS－5	1329	3.36	0.984	－0.426	0.067	－0.302	0.134
II－1	1329	3.40	0.948	－0.519	0.067	－0.119	0.134
II－2	1329	3.36	0.917	－0.570	0.067	0.073	0.134
II－3	1329	3.61	0.825	－0.782	0.067	0.779	0.134
II－4	1329	3.23	0.935	－0.313	0.067	－0.239	0.134
II－5	1329	3.30	0.978	－0.352	0.067	－0.426	0.134
IC－1	1329	3.13	1.128	－0.239	0.067	－0.850	0.134
IC－2	1329	3.21	1.172	－0.281	0.067	－0.941	0.134
IC－3	1329	3.25	1.119	－0.206	0.067	－0.877	0.134
IC－4	1328	3.70	0.824	－0.719	0.067	0.471	0.134
IC－5	1328	3.48	1.256	－0.686	0.067	－0.526	0.134
WZ－1	1329	3.34	0.953	－0.368	0.067	－0.247	0.134
WZ－2	1329	3.45	0.940	－0.466	0.067	－0.030	0.134
WZ－3	1329	3.36	0.944	－0.288	0.067	－0.163	0.134

续表

测量条款	样本量统计	均值统计	标准差统计	偏度		峰度	
				统计	标准差	统计	标准差
WZ-4	1329	3.46	0.938	-0.362	0.067	-0.157	0.134
RY-1	1328	3.19	1.056	-0.163	0.067	-0.603	0.134
RY-2	1329	3.16	1.094	-0.149	0.067	-0.691	0.134
RY-3	1329	3.25	1.099	-0.242	0.067	-0.631	0.134
RY-4	1329	3.29	1.065	-0.217	0.067	-0.657	0.134
RY-5	1329	3.37	1.070	-0.313	0.067	-0.545	0.134
ZZ-1	1328	3.31	1.057	-0.252	0.067	-0.605	0.134
ZZ-2	1329	3.24	1.009	-0.138	0.067	-0.605	0.134
ZZ-3	1329	3.26	1.002	-0.091	0.067	-0.575	0.134
ZZ-4	1329	3.32	1.005	-0.293	0.067	-0.483	0.134
JH-1	1329	3.42	1.194	-0.400	0.067	-0.709	0.134
JH-2	1329	3.47	1.186	-0.375	0.067	-0.748	0.134
JH-3	1329	3.48	1.150	-0.452	0.067	-0.578	0.134
JH-4	1329	3.47	1.144	-0.454	0.067	-0.593	0.134
JH-5	1329	3.56	1.114	-0.541	0.067	-0.499	0.134
WG-1	1329	3.06	1.093	-0.046	0.067	-0.759	0.134
WG-2	1329	3.09	1.080	-0.029	0.067	-0.715	0.134
WG-3	1329	3.13	1.080	-0.086	0.067	-0.719	0.134
WG-4	1328	3.11	1.092	-0.058	0.067	-0.723	0.134
WG-5	1328	3.12	1.105	-0.109	0.067	-0.774	0.134
WG-6	1329	3.15	1.083	-0.051	0.067	-0.762	0.134
SG-1	1329	2.60	1.030	0.338	0.067	-0.504	0.134
SG-2	1328	2.57	1.060	0.321	0.067	-0.591	0.134
SG-3	1329	2.56	1.051	0.307	0.067	-0.563	0.134
SG-4	1327	2.56	1.057	0.321	0.067	-0.563	0.134
SG-5	1329	2.53	1.110	0.329	0.067	-0.696	0.134
SG-6	1329	2.59	1.044	0.328	0.067	-0.470	0.134
LM-1	1328	2.69	1.219	0.338	0.067	-0.998	0.134
LM-2	1327	2.79	1.270	0.311	0.067	-1.100	0.134
LM-3	1329	2.76	1.295	0.156	0.067	-1.263	0.134

续表

测量条款	样本量统计	均值统计	标准差统计	偏度		峰度	
				统计	标准差	统计	标准差
LM - 4	1329	3.12	1.346	- 0.221	0.067	- 1.282	0.134
LM - 5	1329	2.89	1.283	0.063	0.067	- 1.187	0.134
LM - 6	1329	2.78	1.304	0.130	0.067	- 1.281	0.134

有效样本量: 1302

5.2.4 缺失值处理

由于被调查者可能不愿意回答所有的问题、人为错误、被调查者忘记做出回答等原因，导致本研究出现了数据缺失值，但非常少，不过仍需要对其进行处理。缺失值的处理主要有以下几种方法：①将所有丢失的数据替换为零值；②计算数据的均值，使用均值替换缺失的数据；或者计算数据的中值，使用中值替换缺失的数据；③删除有丢失数据的观测单元；④为有缺失值的条款制定一个单独的模型，并使用该模型的结果来代替丢失的数据；⑤使用软件来处理丢失的数据（Koslowsky，2002）。然而，将所有丢失的数据替换为零值，容易使结果出现偏差，删除有丢失数据的观测单元会降低样本的数量、造成部分信息的丢失等，因此，在比较的基础上，本研究借鉴赵卓嘉（2009）的做法，采用插值法来处理缺失数据。

由于本研究对企业中的 5 位人员进行了调查，并且同一企业内各位被调查者的评价值具有较高的内部一致性，因此，本研究选择用根据缺失值前后的两个观测值进行线性内查估计和替代。

5.3 变量的质量及结构分析

巴格佐与菲利普斯（Bagozzi & Phillips，1982）指出，关键的信度和效度指标，包括：内容效度、收敛效度、区分效度和信度。内容效度主要是针对文献回顾的程度进行评价（Nunnally，1978）以及让专家进行评价（Moore & Banbasat，1991）；而收敛效度、区分效度和信度则需要借助探索性因子分析、CITC、验证性因子分析进行评价。

本研究按照"认知—行为—绩效"这一思路展开研究，分析认知因素、突发事件预防行为与突发事件防治绩效的作用机制。本研究涉及主导逻辑、长期导向、主动导向、风险倾向、风险感知、突发事件预防行为与突发事件防治绩效等多个关键变量，其中，突发事件预防行为与突发事件防治绩效的内在结构尚不明确。此外，本研究的测量条款的形成是基于大量的文献回顾（Nunnally，1978）以及邀请了专家进行评价（Moore & Banbasat，1991），所以测量条款的内容效度有保证。

因此，本研究将大样本数据随机折半，分别进行探索性因子分析、CITC和验证性因子分析，以确保本研究中所涉及的变量的测量条款的收敛效度、区分效度和信度。其中664个样本用于进行探索性因子分析，以完成测量条款的净化和明确变量的内部结构；另外665个样本用来验证性因子分析，以进一步明确变量的维度结构。

5.3.1　探索性因子分析

本研究将涉及的主要变量：认知复杂性、认知聚焦性、长期导向、主动导向、风险倾向、风险感知、信息扫描、信息识别、信息沟通、应急物资储备、应急人员配备、应急知识培训、应急计划制定、违规强度与小事件发生强度，纳入整体模型进行探索性因子分析。同时，本研究也将一个标签变量（混合土地利用）纳入模型，一起进行探索性因子分析。

1. 探索性因子分析的条件

本研究所涉及的变量（包括，标签变量）的测量条款共有59个，而有效样本量为664份，有效样本量与测量条款数量比值为11.25，符合陈正昌、程炳林、陈新丰等（2005）、张文彤（2004）所提出的因子分析对样本量的基本要求。结果显示：KMO值为0.903，且巴特利球体检验的显著性统计值低于0.001，参照凯泽（Kaiser，1974）、马庆国（2002）等给出的标准，说明该部分样本数据非常适合进行因子分析。本研究采用主成分分析法进行因子提取，并采用方差最大法进行因子旋转，结合张世琪（2012）、赵卓嘉（2009）、刘枭（2011）等的做法，根据以下标准对测量条款进行筛选：①删除自成一个因子的单一测量条款；②删除在所有因子上的负荷均小于0.5或在两个及以上因子的负荷大于0.5的测量条款。

2. 探索性因子分析的结果

根据张世琪（2012）、赵卓嘉（2009）、刘枭（2011）等的标准，本研究对每次探索性因子分析后的因子矩阵进行条款筛选，最终在经过两次探索性因子分析之后，共呈现16个特征根大于1的公因子，且16个因子的累计方差解释量达到了75.165%，分析结果详见表5.4和表5.5。

表5.4 大样本的探索性因子分析（第一次）

测量条款	因子																		
	1	2	3	4	5	6	7	8	9	10	11	12	13	14	15	16	17	18	19
CC-1	-0.171	-0.138	0.096	0.010	0.065	0.150	-0.004	0.136	-0.140	0.038	0.068	0.116	0.107	0.578	-0.123	0.026	-0.054	0.030	0.243
CC-2	-0.139	-0.062	0.076	0.004	0.170	0.129	-0.040	0.135	-0.020	0.140	0.101	0.130	0.097	0.651	-0.077	0.054	0.075	-0.054	-0.126
CC-3	-0.071	-0.144	0.123	0.024	0.150	0.148	-0.041	0.079	-0.090	0.030	0.068	-0.033	0.065	0.682	0.017	0.054	0.072	-0.021	-0.133
CC-4	-0.132	-0.132	0.122	0.050	0.135	0.277	-0.007	0.109	-0.030	0.198	0.058	0.051	0.057	0.583	-0.082	0.091	-0.064	0.151	0.030
CC-5	-0.204	-0.180	0.076	-0.025	0.198	0.103	-0.077	0.058	-0.079	0.085	0.135	0.141	0.136	0.476	-0.193	-0.079	0.040	0.098	0.121
CF-1	0.133	0.203	-0.067	-0.105	-0.150	0.030	-0.022	-0.075	0.048	-0.021	-0.007	-0.029	-0.047	-0.139	0.719	-0.047	-0.071	0.160	-0.058
CF-2	0.177	0.181	-0.088	-0.092	-0.094	-0.026	-0.071	-0.037	0.108	-0.104	0.094	-0.049	-0.154	-0.225	0.689	0.016	0.004	-0.009	-0.111
CF-3	0.089	0.165	-0.086	-0.045	0.071	-0.103	0.171	-0.147	0.111	-0.059	-0.104	-0.088	-0.146	0.026	0.706	0.000	0.035	-0.093	0.110
CF-4	0.071	0.214	-0.064	0.121	-0.007	-0.072	-0.083	-0.130	0.132	-0.064	-0.186	0.006	-0.070	0.007	0.684	-0.060	-0.138	-0.045	0.032
LO-1	-0.177	-0.189	0.225	0.033	0.739	0.103	-0.126	0.154	-0.044	0.108	0.168	0.140	0.088	0.159	-0.046	0.071	0.039	0.012	0.044
LO-2	-0.198	-0.179	0.209	0.090	0.682	0.139	-0.063	0.228	-0.024	0.083	0.124	0.242	0.146	0.172	-0.043	-0.006	0.011	-0.012	0.088
LO-3	-0.206	-0.156	0.205	0.025	0.730	0.132	-0.142	0.145	-0.016	0.095	0.131	0.140	0.099	0.223	0.006	0.127	0.019	-0.009	-0.033
LO-4	-0.185	-0.170	0.187	0.011	0.718	0.064	-0.035	0.157	-0.028	0.157	0.154	0.188	0.107	0.142	-0.066	0.146	0.057	0.088	-0.166
LO-5	-0.146	-0.184	0.248	0.144	0.613	0.131	0.062	0.174	-0.073	0.006	0.209	0.198	0.168	0.164	-0.124	0.065	0.012	-0.044	0.115
PO-1	0.009	0.054	0.054	0.023	0.043	-0.128	0.079	-0.069	-0.010	-0.075	0.008	-0.023	-0.060	0.072	0.041	0.113	0.004	0.844	0.062
PO-2	-0.234	-0.110	0.186	0.035	0.122	0.131	0.031	0.172	-0.033	0.207	0.263	0.079	0.109	0.054	0.021	0.683	-0.011	0.028	0.085
PO-3	-0.228	-0.180	0.185	0.006	0.158	0.127	0.014	0.201	0.028	0.037	0.208	0.075	0.110	0.059	-0.085	0.752	-0.078	0.072	-0.006

续表

测量条款	1	2	3	4	5	6	7	8	9	10	11	12	13	14	15	16	17	18	19
PO-4	-0.234	-0.206	0.199	-0.013	0.059	0.124	0.019	0.205	0.048	0.050	0.165	0.098	-0.001	0.065	-0.042	0.764	0.051	0.055	-0.023
PO-5	-0.069	-0.071	0.095	0.129	0.145	0.254	0.055	0.049	-0.126	0.354	0.129	-0.144	0.005	0.003	-0.113	0.013	0.071	0.201	0.500
RP-1	0.096	-0.044	-0.002	-0.089	0.099	-0.050	-0.097	0.033	0.674	-0.127	-0.142	-0.167	-0.182	-0.056	0.045	0.037	0.185	0.028	-0.164
RP-2	0.110	0.000	-0.078	-0.133	0.053	0.028	0.005	-0.040	0.812	-0.037	-0.082	-0.088	-0.138	-0.024	0.080	0.068	0.062	0.094	-0.098
RP-3	0.095	0.068	-0.184	-0.062	-0.166	-0.115	0.102	-0.069	0.723	-0.087	0.044	0.012	0.032	-0.001	0.102	-0.042	-0.007	-0.116	0.251
RP-4	0.078	-0.005	0.019	0.101	-0.112	-0.027	0.079	-0.088	0.770	-0.190	0.030	0.094	0.127	-0.088	0.043	0.009	-0.090	0.002	-0.092
RP-5	0.011	0.089	-0.115	-0.115	0.002	-0.031	0.077	0.094	0.756	0.091	-0.021	-0.059	-0.112	-0.110	0.104	-0.059	-0.178	-0.003	0.132
RG-1	-0.020	0.032	0.016	0.128	0.004	0.016	0.799	-0.027	0.107	0.021	-0.022	0.076	-0.090	-0.034	0.038	-0.115	0.096	0.003	-0.105
RG-2	-0.035	-0.011	0.034	0.029	-0.033	0.012	0.875	-0.068	0.093	-0.005	0.007	0.058	-0.086	-0.006	0.001	0.078	-0.010	-0.032	-0.122
RG-3	0.070	0.111	-0.043	0.035	-0.047	0.049	0.886	-0.021	0.010	-0.086	-0.013	-0.019	0.084	-0.001	0.003	0.031	-0.014	0.038	0.141
RG-4	0.058	0.086	-0.001	-0.015	-0.115	0.022	0.848	9.831E-05	-0.056	-0.132	-0.020	0.049	0.060	-0.075	-0.036	0.028	-0.054	0.053	0.113
IS-1	-0.106	-0.192	0.132	0.077	0.109	0.133	-0.091	0.103	-0.101	0.079	0.095	-0.003	0.819	0.155	-0.103	0.028	0.095	-0.024	0.045
IS-2	-0.102	-0.191	0.170	0.031	0.124	0.105	0.010	0.108	-0.105	0.144	0.018	0.029	0.831	0.148	-0.181	0.071	0.037	0.012	-0.063
IS-3	-0.133	-0.171	0.206	-0.004	0.202	0.153	0.052	0.150	-0.071	0.177	0.022	-0.039	0.773	0.083	-0.138	0.094	-0.078	-0.036	0.015
IS-4	-0.046	-0.139	0.094	0.056	0.145	0.154	0.064	0.082	-0.346	0.362	0.184	-0.004	0.052	0.066	-0.087	-0.111	0.137	0.077	-0.456
IS-5	-0.061	-0.108	0.098	0.211	0.084	0.199	0.323	0.088	-0.272	0.441	0.076	-0.128	0.046	0.097	-0.149	0.111	-0.073	-0.084	-0.173
II-1	-0.121	-0.173	0.086	-0.026	0.098	0.040	-0.056	0.091	-0.138	0.643	0.201	0.260	0.206	0.066	-0.099	0.047	0.186	-0.070	0.062

因子

续表

测量条款	因子																		
	1	2	3	4	5	6	7	8	9	10	11	12	13	14	15	16	17	18	19
II-2	-0.110	-0.107	0.125	-0.016	0.058	0.055	-0.091	0.083	-0.113	0.737	0.134	0.192	0.129	0.128	-0.118	0.101	0.127	-0.119	-0.001
II-3	-0.061	-0.004	0.141	0.019	-0.150	0.063	-0.117	0.106	-0.178	0.323	0.194	0.119	0.108	0.194	-0.005	-0.016	0.471	-0.133	0.114
II-4	-0.142	-0.121	0.169	0.058	0.156	0.132	-0.007	0.129	-0.145	0.751	-0.034	0.012	0.111	0.122	-0.075	0.109	-0.047	-0.073	0.061
II-5	-0.101	-0.025	0.023	0.057	0.029	0.066	-0.247	0.122	0.095	0.596	0.034	0.203	0.002	0.073	0.064	-0.012	0.134	0.171	-0.040
IC-1	-0.171	-0.083	0.133	0.010	0.279	0.179	0.102	0.094	-0.050	0.115	0.108	0.737	0.027	0.160	-0.127	0.053	0.004	-0.068	-0.056
IC-2	-0.143	-0.042	0.139	0.077	0.218	0.217	0.037	0.136	-0.067	0.205	0.087	0.783	0.004	0.059	-0.047	0.075	-0.050	0.041	-0.029
IC-3	-0.167	-0.056	0.160	0.099	0.222	0.161	0.117	0.169	-0.087	0.190	0.091	0.741	-0.026	0.093	-0.020	0.087	0.089	-0.007	0.000
IC-4	-0.061	-0.020	0.041	-0.030	0.119	0.117	0.061	0.031	-0.004	0.145	-0.059	0.013	0.008	-0.003	-0.116	-0.015	0.750	0.066	-0.038
IC-5	0.028	-0.002	0.053	-0.131	-0.010	-0.104	-0.036	-0.058	0.008	0.017	-0.488	0.425	-0.048	0.050	0.049	0.084	0.321	0.031	0.036
WZ-1	-0.085	-0.164	0.191	0.011	0.137	0.167	0.003	0.043	-0.081	0.120	0.675	0.150	0.106	0.102	0.009	0.160	0.069	0.026	0.170
WZ-2	-0.138	-0.158	0.231	0.108	0.164	0.135	-0.114	0.114	0.007	0.085	0.656	0.170	0.128	0.157	0.014	0.210	0.076	0.021	0.006
WZ-3	-0.116	-0.146	0.149	-0.050	0.271	0.045	0.028	0.049	-0.040	0.056	0.652	-0.010	-0.079	0.085	-0.189	0.168	-0.044	-0.001	0.030
WZ-4	-0.136	-0.126	0.222	0.072	0.133	0.012	-0.036	0.186	-0.103	0.155	0.676	0.114	0.020	0.146	-0.055	0.179	0.027	0.049	-0.224
RY-1	-0.170	-0.103	0.750	0.030	0.184	0.136	0.029	0.098	-0.096	0.131	0.126	0.032	0.141	0.112	-0.013	0.081	0.056	-0.023	0.007
RY-2	-0.194	-0.128	0.715	-0.007	0.114	0.196	0.024	0.025	-0.096	0.041	0.109	0.101	0.153	0.097	-0.108	0.169	0.031	-0.023	-0.092
RY-3	-0.141	-0.145	0.796	0.023	0.153	0.129	-0.006	0.103	-0.086	0.089	0.081	0.087	0.059	0.108	-0.015	0.056	0.057	-0.012	0.089
RY-4	-0.111	-0.207	0.730	0.031	0.137	0.117	-0.016	0.068	-0.085	0.075	0.138	0.081	0.049	0.068	-0.150	0.164	0.009	0.024	-0.004

续表

测量条款	因子																		
	1	2	3	4	5	6	7	8	9	10	11	12	13	14	15	16	17	18	19
RY-5	-0.167	-0.158	0.674	0.115	0.172	0.026	0.002	0.177	-0.027	0.107	0.147	0.130	0.109	0.072	-0.061	0.035	-0.021	0.093	-0.012
ZZ-1	-0.173	-0.178	0.137	0.055	0.153	0.762	0.049	0.168	0.025	0.092	0.046	0.093	0.149	0.182	-0.017	0.039	0.028	0.007	-0.080
ZZ-2	-0.138	-0.157	0.164	0.063	0.081	0.816	0.049	0.136	-0.090	0.098	0.044	0.135	0.102	0.178	-0.049	0.123	0.053	-0.063	0.079
ZZ-3	-0.145	-0.139	0.122	0.039	0.046	0.793	0.021	0.107	-0.090	0.065	0.208	0.131	0.071	0.184	-0.056	0.045	0.122	-0.038	-0.014
ZZ-4	-0.147	-0.168	0.176	0.092	0.134	0.811	0.021	0.128	-0.044	0.119	0.055	0.134	0.087	0.162	-0.053	0.133	0.007	-0.077	0.062
JH-1	-0.104	-0.088	0.107	-0.020	0.151	0.114	-0.006	0.818	-0.046	0.116	0.071	0.093	0.064	0.118	-0.092	0.079	-0.028	-0.031	-0.017
JH-2	-0.103	-0.131	0.079	-0.046	0.125	0.089	-0.052	0.827	-0.035	0.083	0.059	0.085	0.096	0.093	-0.065	0.099	0.064	0.039	0.004
JH-3	-0.127	-0.133	0.159	-0.055	0.125	0.143	-0.021	0.791	-0.084	0.088	0.070	0.058	0.049	0.069	-0.158	0.102	-0.029	-0.036	-0.012
JH-4	-0.087	-0.088	0.063	-0.129	0.121	0.110	-0.059	0.771	0.078	0.089	0.089	0.064	0.103	0.125	-0.045	0.146	0.089	-0.021	0.023
JH-5	-0.040	-0.109	-0.135	0.071	-0.139	0.077	-0.262	0.239	0.181	0.040	0.205	0.068	0.261	0.003	-0.098	-0.135	0.304	0.413	-0.163
WG-1	0.831	0.110	-0.102	-0.008	-0.104	-0.102	-0.002	-0.050	0.028	-0.085	-0.040	-0.040	-0.014	-0.091	0.051	-0.165	-0.021	0.051	-0.011
WG-2	0.816	0.109	-0.131	-0.032	-0.126	-0.114	0.052	-0.095	0.004	-0.100	-0.081	-0.057	-0.045	-0.093	0.129	-0.048	-0.049	0.025	-0.015
WG-3	0.837	0.100	-0.077	0.021	-0.079	-0.044	0.027	-0.086	0.115	-0.075	-0.056	-0.001	-0.069	-0.058	0.080	-0.066	-0.026	-0.086	0.033
WG-4	0.825	0.193	-0.088	0.017	-0.069	-0.102	0.034	-0.088	0.080	-0.020	-0.052	-0.135	-0.057	-0.077	0.097	-0.069	0.022	0.007	-0.009
WG-5	0.825	0.105	-0.140	-0.012	-0.107	-0.070	-0.013	-0.067	0.081	-0.067	-0.063	-0.076	-0.056	-0.105	0.023	-0.110	-0.058	-0.022	-0.002
WG-6	0.808	0.169	-0.139	0.023	-0.103	-0.099	-0.012	-0.057	0.069	-0.073	-0.081	-0.092	-0.076	-0.101	0.063	-0.046	0.016	0.031	-0.013
SG-1	0.121	0.835	-0.078	-0.004	-0.067	-0.073	0.059	-0.084	-0.007	-0.063	-0.085	-0.056	-0.092	-0.094	0.076	-0.037	-0.017	-0.005	0.001

续表

测量条款	\									因子										
		1	2	3	4	5	6	7	8	9	10	11	12	13	14	15	16	17	18	19
SG-2		0.148	0.812	-0.116	0.049	-0.098	-0.109	0.003	-0.083	0.015	-0.062	-0.060	0.008	-0.096	-0.069	0.131	-0.086	-0.064	0.051	-0.022
SG-3		0.140	0.787	-0.168	-0.058	-0.064	-0.102	0.012	-0.067	-0.035	-0.037	-0.099	-0.020	-0.051	-0.109	0.135	-0.099	0.013	0.027	0.032
SG-4		0.135	0.800	-0.098	-0.075	-0.117	-0.091	0.042	-0.082	0.028	-0.088	-0.091	0.000	-0.065	-0.108	0.100	-0.086	0.033	0.029	-0.007
SG-5		0.119	0.814	-0.111	-0.007	-0.122	-0.118	0.064	-0.075	0.047	-0.070	-0.042	-0.010	-0.100	-0.030	0.119	-0.064	0.018	-0.053	-0.002
SG-6		0.111	0.817	-0.077	-0.012	-0.093	-0.065	0.062	-0.067	0.074	-0.059	-0.065	-0.091	-0.081	-0.087	0.122	-0.017	-0.040	-0.010	0.019
LM-1		0.045	0.004	-0.037	0.814	0.075	-0.099	0.194	-0.036	-0.099	-0.132	0.030	0.002	0.060	0.013	-0.081	0.089	0.108	-0.072	0.115
LM-2		-0.020	0.039	0.009	0.835	0.063	-0.038	0.225	-0.005	-0.061	-0.154	0.012	0.010	0.045	-0.003	-0.045	0.123	0.064	-0.096	0.130
LM-3		0.003	0.062	0.192	0.709	0.162	0.180	-0.056	-0.055	-0.074	0.203	0.016	0.094	0.101	0.115	0.019	0.021	-0.124	-0.006	-0.051
LM-4		0.007	-0.032	0.139	0.723	-0.013	0.178	-0.059	0.018	0.017	0.212	0.023	0.083	-0.011	-0.048	0.120	-0.141	-0.022	0.150	-0.062
LM-5		-0.021	-0.112	-0.037	0.664	-0.088	-0.025	-0.017	-0.057	-0.076	0.048	0.209	-0.109	-0.030	-0.005	-0.198	-0.199	0.067	0.030	0.112
LM-6		-0.004	-0.070	-0.039	0.788	-0.005	0.081	-0.060	-0.110	-0.016	0.040	-0.093	0.049	-0.041	0.011	0.046	0.074	-0.140	0.062	-0.206
特征根		19.999	4.465	3.715	3.439	3.186	2.933	2.444	2.166	2.076	2.041	1.846	1.678	1.495	1.382	1.299	1.232	1.102	1.052	1.012
方差解释量%		25.315	5.652	4.702	4.353	4.033	3.713	3.093	2.741	2.628	2.584	2.336	2.124	1.892	1.750	1.644	1.559	1.395	1.331	1.280
累计方差解释量%		25.315	30.967	35.669	40.022	44.056	47.769	50.863	53.604	56.232	58.816	61.152	63.276	65.168	66.918	68.562	70.121	71.515	72.847	74.127

表 5.5 　大样本的探索性因子分析（第二次）

测量条款	因子															
	1	2	3	4	5	6	7	8	9	10	11	12	13	14	15	16
CC-1	-0.167	-0.126	0.081	0.005	0.087	0.134	0.110	0.007	-0.148	0.055	0.035	0.119	-0.140	0.113	0.609	0.064
CC-2	-0.140	-0.065	0.078	-0.001	0.159	0.118	0.135	-0.060	-0.016	0.132	0.134	0.104	-0.085	0.164	0.667	0.015
CC-3	-0.067	-0.152	0.129	0.016	0.167	0.142	0.075	-0.048	-0.098	0.077	0.038	0.051	0.008	-0.017	0.691	0.026
CC-4	-0.134	-0.131	0.120	0.062	0.126	0.262	0.114	-0.018	-0.030	0.093	0.160	0.074	-0.071	0.065	0.592	0.091
CF-1	0.136	0.196	-0.054	-0.094	-0.139	0.024	-0.075	-0.018	0.044	-0.026	-0.006	-0.073	0.736	-0.058	-0.139	-0.015
CF-2	0.172	0.171	-0.084	-0.088	-0.128	-0.047	-0.026	-0.086	0.124	0.095	-0.110	-0.150	0.699	-0.021	-0.181	-0.004
CF-3	0.078	0.164	-0.095	-0.048	0.043	-0.099	-0.138	0.171	0.123	-0.074	-0.067	-0.105	0.699	-0.064	0.028	-0.038
CF-4	0.070	0.209	-0.066	0.123	0.006	-0.081	-0.137	-0.074	0.125	-0.208	-0.063	-0.068	0.691	-0.003	0.014	-0.036
LO-1	-0.170	-0.178	0.211	0.028	0.773	0.116	0.137	-0.113	-0.049	0.182	0.114	0.081	-0.063	0.117	0.137	0.078
LO-2	-0.188	-0.173	0.196	0.087	0.713	0.142	0.211	-0.045	-0.036	0.113	0.091	0.141	-0.055	0.233	0.148	0.024
LO-3	-0.196	-0.151	0.194	0.022	0.756	0.142	0.132	-0.136	-0.021	0.139	0.109	0.090	-0.007	0.129	0.206	0.129
LO-4	-0.172	-0.172	0.196	0.011	0.720	0.063	0.153	-0.040	-0.032	0.165	0.175	0.084	-0.063	0.192	0.129	0.148
LO-5	-0.142	-0.172	0.225	0.138	0.635	0.137	0.160	0.075	-0.080	0.235	0.005	0.172	-0.139	0.182	0.162	0.055
PO-2	-0.222	-0.102	0.181	0.034	0.147	0.130	0.154	0.047	-0.046	0.263	0.198	0.103	0.014	0.064	0.058	0.707
PO-3	-0.217	-0.176	0.187	0.009	0.152	0.110	0.191	0.004	0.028	0.214	0.011	0.110	-0.075	0.096	0.076	0.773
PO-4	-0.221	-0.202	0.201	-0.014	0.078	0.117	0.192	0.025	0.042	0.176	0.056	-0.018	-0.045	0.087	0.081	0.783
RP-1	0.090	-0.046	0.015	-0.091	0.087	-0.033	0.050	-0.097	0.690	-0.101	-0.064	-0.197	0.036	-0.178	-0.077	-0.019

续表

测量条款	因子															
	1	2	3	4	5	6	7	8	9	10	11	12	13	14	15	16
RP-2	0.108	-0.007	-0.056	-0.129	0.026	0.011	-0.036	-0.007	0.823	-0.083	-0.031	-0.140	0.090	-0.056	-0.005	0.068
RP-3	0.083	0.084	-0.215	-0.065	-0.144	-0.093	-0.088	0.120	0.728	0.046	-0.070	0.059	0.070	-0.023	-0.001	-0.046
RP-4	0.072	-0.012	0.021	0.104	-0.116	-0.039	-0.090	0.052	0.778	0.016	-0.214	0.128	0.056	0.124	-0.091	0.012
RP-5	0.011	0.090	-0.116	-0.105	-0.011	-0.042	0.082	0.078	0.749	-0.058	0.067	-0.086	0.118	-0.038	-0.099	-0.009
RG-1	-0.014	0.031	0.029	0.124	0.030	0.030	-0.033	0.814	0.096	-0.029	0.051	-0.122	0.024	0.041	-0.031	-0.117
RG-2	-0.030	-0.016	0.046	0.029	-0.022	0.014	-0.074	0.871	0.088	-0.014	-0.030	-0.097	0.003	0.064	-0.003	0.095
RG-3	0.068	0.112	-0.047	0.037	-0.052	0.048	-0.019	0.892	0.008	-0.018	-0.112	0.099	0.002	-0.011	0.008	0.037
RG-4	0.056	0.086	-0.005	-0.009	-0.123	0.023	0.009	0.857	-0.062	-0.011	-0.142	0.068	-0.027	0.040	-0.074	0.027
IS-1	-0.106	-0.188	0.121	0.079	0.110	0.143	0.110	-0.095	-0.101	0.120	0.096	0.819	-0.117	-0.010	0.136	0.007
IS-2	-0.100	-0.192	0.169	0.037	0.115	0.108	0.116	-0.009	-0.103	0.042	0.136	0.829	-0.182	0.038	0.136	0.059
IS-3	-0.131	-0.173	0.206	0.001	0.182	0.139	0.152	0.032	-0.072	0.021	0.127	0.791	-0.128	0.007	0.091	0.103
II-1	-0.114	-0.162	0.073	-0.021	0.109	0.074	0.090	-0.017	-0.157	0.234	0.704	0.207	-0.130	0.199	0.047	0.025
II-2	-0.099	-0.103	0.120	-0.012	0.083	0.082	0.071	-0.056	-0.140	0.131	0.767	0.128	-0.144	0.154	0.115	0.111
II-4	-0.135	-0.122	0.171	0.066	0.148	0.139	0.129	0.012	-0.170	-0.034	0.718	0.140	-0.073	0.025	0.118	0.123
II-5	-0.092	-0.012	0.037	0.064	0.055	0.090	0.114	-0.206	0.075	0.073	0.702	-0.047	0.045	0.100	0.074	-0.024
IC-1	-0.162	-0.086	0.139	0.002	0.260	0.149	0.080	0.084	-0.051	0.105	0.109	0.029	-0.118	0.786	0.172	0.063
IC-2	-0.137	-0.048	0.141	0.080	0.190	0.185	0.134	0.012	-0.063	0.087	0.178	0.016	-0.027	0.837	0.059	0.095

续表

测量条款	因子															
	1	2	3	4	5	6	7	8	9	10	11	12	13	14	15	16
IC-3	-0.163	-0.057	0.155	0.095	0.201	0.143	0.167	0.104	-0.084	0.125	0.197	-0.015	-0.019	0.770	0.101	0.068
WZ-1	-0.090	-0.150	0.157	0.022	0.107	0.173	0.054	0.003	-0.074	0.736	0.112	0.140	-0.001	0.137	0.103	0.115
WZ-2	-0.135	-0.147	0.207	0.113	0.181	0.157	0.113	-0.101	-0.001	0.693	0.126	0.115	-0.004	0.117	0.134	0.175
WZ-3	-0.120	-0.136	0.130	-0.040	0.243	0.053	0.062	0.026	-0.042	0.702	0.024	-0.055	-0.177	-0.019	0.063	0.135
WZ-4	-0.133	-0.128	0.216	0.084	0.126	0.025	0.198	-0.058	-0.099	0.694	0.146	0.013	-0.051	0.111	0.106	0.160
RY-1	-0.165	-0.098	0.748	0.028	0.189	0.136	0.092	0.029	-0.104	0.143	0.122	0.150	-0.019	0.046	0.116	0.084
RY-2	-0.189	-0.130	0.718	-0.007	0.107	0.183	0.025	0.010	-0.099	0.127	0.014	0.158	-0.100	0.134	0.109	0.166
RY-3	-0.137	-0.137	0.788	0.022	0.161	0.129	0.097	0.005	-0.092	0.099	0.091	0.071	-0.028	0.088	0.110	0.066
RY-4	-0.108	-0.201	0.727	0.031	0.134	0.111	0.067	-0.020	-0.085	0.166	0.055	0.059	-0.150	0.094	0.077	0.161
RY-5	-0.158	-0.151	0.671	0.119	0.204	0.037	0.168	0.012	-0.041	0.158	0.131	0.091	-0.064	0.094	0.050	0.054
ZZ-1	-0.168	-0.175	0.137	0.060	0.158	0.775	0.168	0.045	0.021	0.057	0.110	0.139	-0.023	0.088	0.173	0.031
ZZ-2	-0.137	-0.150	0.152	0.064	0.091	0.828	0.136	0.056	-0.095	0.069	0.092	0.112	-0.060	0.132	0.170	0.108
ZZ-3	-0.137	-0.134	0.119	0.037	0.062	0.802	0.096	0.023	-0.094	0.189	0.076	0.060	-0.074	0.136	0.178	0.059
ZZ-4	-0.143	-0.159	0.164	0.096	0.148	0.827	0.126	0.035	-0.053	0.074	0.122	0.093	-0.063	0.119	0.149	0.126
JH-1	-0.101	-0.086	0.098	-0.018	0.163	0.123	0.817	-0.003	-0.048	0.077	0.116	0.068	-0.095	0.089	0.104	0.086
JH-2	-0.103	-0.128	0.074	-0.047	0.121	0.087	0.828	-0.057	-0.023	0.080	0.089	0.099	-0.076	0.097	0.106	0.090
JH-3	-0.125	-0.132	0.151	-0.053	0.130	0.149	0.795	-0.024	-0.084	0.079	0.076	0.058	-0.156	0.066	0.053	0.107

续表

测量条款	因子															
	1	2	3	4	5	6	7	8	9	10	11	12	13	14	15	16
JH-4	-0.086	-0.084	0.060	-0.130	0.110	0.104	0.771	-0.063	0.085	0.115	0.093	0.112	-0.051	0.079	0.144	0.137
WG-1	0.830	0.107	-0.095	-0.007	-0.120	-0.116	-0.047	-0.006	0.033	-0.052	-0.092	-0.020	0.063	-0.035	-0.079	-0.163
WG-2	0.817	0.106	-0.123	-0.032	-0.130	-0.122	-0.097	0.054	0.002	-0.092	-0.099	-0.055	0.142	-0.068	-0.084	-0.045
WG-3	0.834	0.101	-0.087	0.022	-0.085	-0.041	-0.086	0.034	0.119	-0.056	-0.070	-0.060	0.077	-0.011	-0.051	-0.082
WG-4	0.821	0.193	-0.087	0.017	-0.079	-0.101	-0.085	0.032	0.089	-0.056	-0.032	-0.051	0.097	-0.133	-0.074	-0.078
WG-5	0.824	0.103	-0.140	-0.010	-0.107	-0.068	-0.066	-0.006	0.079	-0.079	-0.067	-0.059	0.030	-0.089	-0.112	-0.108
WG-6	0.809	0.167	-0.135	0.020	-0.094	-0.097	-0.061	-0.007	0.071	-0.107	-0.065	-0.088	0.062	-0.101	-0.101	-0.040
SG-1	0.118	0.832	-0.078	-0.004	-0.074	-0.072	-0.079	0.057	-0.005	-0.091	-0.072	-0.088	0.086	-0.054	-0.097	-0.042
SG-2	0.146	0.809	-0.113	0.052	-0.095	-0.108	-0.081	0.004	0.014	-0.073	-0.060	-0.105	0.144	-0.007	-0.079	-0.083
SG-3	0.139	0.784	-0.162	-0.058	-0.076	-0.111	-0.067	0.018	-0.038	-0.112	-0.026	-0.056	0.145	-0.019	-0.093	-0.099
SG-4	0.135	0.795	-0.091	-0.076	-0.131	-0.098	-0.078	0.043	0.029	-0.105	-0.068	-0.073	0.109	0.004	-0.098	-0.090
SG-5	0.118	0.814	-0.112	-0.010	-0.114	-0.109	-0.078	0.069	0.046	-0.057	-0.056	-0.105	0.117	-0.025	-0.039	-0.067
SG-6	0.107	0.818	-0.080	-0.011	-0.101	-0.065	-0.066	0.061	0.079	-0.069	-0.069	-0.075	0.127	-0.093	-0.074	-0.022
LM-1	0.040	0.015	-0.049	0.802	0.074	-0.092	-0.036	0.197	-0.090	0.041	-0.134	0.074	-0.108	0.009	0.002	0.067
LM-2	-0.026	0.052	-0.007	0.824	0.062	-0.030	-0.005	0.229	-0.054	0.031	-0.156	0.062	-0.072	0.013	-0.004	0.096
LM-3	0.003	0.053	0.185	0.720	0.149	0.164	-0.045	-0.066	-0.082	0.023	0.147	0.117	0.036	0.119	0.124	0.017
LM-4	0.003	-0.037	0.143	0.737	-0.023	0.166	0.030	-0.073	0.017	0.036	0.175	-0.011	0.134	0.091	-0.043	-0.136

续表

测量条款	因子															
	1	2	3	4	5	6	7	8	9	10	11	12	13	14	15	16
LM－5	－0.019	－0.105	－0.042	0.664	－0.086	－0.026	－0.061	0.006	－0.091	0.194	0.078	－0.042	－0.214	－0.136	0.017	－0.194
LM－6	0.007	－0.084	－0.024	0.797	0.005	0.071	－0.108	－0.065	－0.032	－0.134	0.036	－0.070	0.065	0.051	0.003	0.110
特征根	19.054	4.258	3.605	3.329	3.122	2.826	2.313	2.086	1.947	1.881	1.771	1.552	1.423	1.258	1.143	1.047
方差解释量%	27.220	6.082	5.150	4.756	4.460	4.038	3.305	2.980	2.782	2.687	2.529	2.216	2.033	1.797	1.633	1.496
累计方差解释量%	27.220	33.302	38.452	43.208	47.668	51.706	55.011	57.991	60.772	63.460	65.989	68.205	70.239	72.036	73.669	75.165

根据各因子所包含具体条款的理论含义，将16个因子分别命名为：认知复杂性、认知聚焦性、长期导向、主动导向、风险倾向、风险感知、信息型行为（信息扫描、信息识别和信息沟通3个因子）、资源型行为（应急物资储备和应急人员配备2个因子）、制度型行为（应急知识培训和应急计划制定2个因子）、违规强度、小事件发生强度和混合土地利用（标签变量）。此外，标签变量的6个测量条款聚合为一个因子，特征值为3.329，解释了总方差的4.756%。

探索性因子分析结果表明，所呈现的结果与原先预想的因子结构情况比较吻合。其中，根据预设的筛选标准，将认知复杂性中的测量条款CC-5，主动导向中的测量条款PO-1和PO-5，信息扫描中的测量条款IS-4和IS-5，信息识别中的测量条款II-3，信息沟通中的测量条款IC-4和IC-5，应急计划制定中的测量条款JH-5，进行了删除。总体说明，各测量量表之间具有良好的辨别效度。

5.3.2 CITC分析和内部一致性信度检验

接下来，本研究进一步净化每一个变量之下与变量并不相关的测量条款，并选取CITC值为0.40作为净化测量条款的分界点，并同时要求条款的删除可以提高信度值（Farh, Early & Lin, 1997）。此外，按照乔治和马利里（George & Mallery, 2003）的观点对变量的信度进行评价与分析。基于上述分析方法以及检验标准，对664份有效样本数据进行CITC以及内部一致性分析的结果详见表5.6。从表5.6中可以看出，除了测量条款CC-1的CITC值为0.4993，其余变量各条款的CITC值均大于0.5，变量的α系数最低的为0.7376。尽管II-5删除后可使α系数值提高，但幅度有限，所以予以保留。综上分析，在经过探索性因子分析后，各变量的测量量表的内部一致性信度较好，满足研究要求。

表5.6   各变量的CITC值和内部一致性信度分析

变量	条款	CITC	删除该条款后α系数	α系数
认知复杂性	CC-1	0.4993	0.6950	0.7376
	CC-2	0.5598	0.6603	
	CC-3	0.5185	0.6844	
	CC-4	0.5407	0.6722	

续表

变量	条款	CITC	删除该条款后 α 系数	α 系数
认知聚焦性	CF－1	0.6111	0.7276	0.7878
	CF－2	0.6103	0.7294	
	CF－3	0.5872	0.7398	
	CF－4	0.5759	0.7464	
长期导向	LO－1	0.8603	0.9120	0.9338
	LO－2	0.8343	0.9166	
	LO－3	0.8558	0.9124	
	LO－4	0.8104	0.9212	
	LO－5	0.7610	0.9299	
主动导向	PO－2	0.7637	0.8978	0.9029
	PO－3	0.8403	0.8325	
	PO－4	0.8180	0.8516	
风险倾向	RP－1	0.5719	0.8259	0.8391
	RP－2	0.7448	0.7762	
	RP－3	0.6244	0.8114	
	RP－4	0.6336	0.8090	
	RP－5	0.6390	0.8075	
风险感知	RG－1	0.6998	0.8935	0.8977
	RG－2	0.7894	0.8628	
	RG－3	0.8237	0.8487	
	RG－4	0.7845	0.8640	
信息扫描	IS－1	0.8298	0.9126	0.9276
	IS－2	0.9034	0.8536	
	IS－3	0.8239	0.9179	
信息识别	II－1	0.7111	0.7582	0.8283
	II－2	0.7539	0.7405	
	II－4	0.6701	0.7763	
	II－5	0.5053	0.8527	

续表

变量	条款	CITC	删除该条款后 α 系数	α 系数
信息沟通	IC – 1	0.8240	0.8921	0.9187
	IC – 2	0.8617	0.8609	
	IC – 3	0.8208	0.8947	
应急物资储备	WZ – 1	0.6945	0.8137	0.8533
	WZ – 2	0.7399	0.7948	
	WZ – 3	0.6373	0.8374	
	WZ – 4	0.7094	0.8073	
应急人员配备	RY – 1	0.7789	0.8682	0.8976
	RY – 2	0.7415	0.8766	
	RY – 3	0.7880	0.8661	
	RY – 4	0.7432	0.8759	
	RY – 5	0.6842	0.8887	
应急知识培训	ZZ – 1	0.8203	0.9329	0.9392
	ZZ – 2	0.8875	0.9101	
	ZZ – 3	0.8225	0.9308	
	ZZ – 4	0.8956	0.9077	
应急计划制定	JH – 1	0.8005	0.8726	0.9053
	JH – 2	0.8073	0.8701	
	JH – 3	0.7937	0.8751	
	JH – 4	0.7457	0.8921	
违规强度	WG – 1	0.8239	0.9311	0.9419
	WG – 2	0.8305	0.9303	
	WG – 3	0.8112	0.9326	
	WG – 4	0.8345	0.9298	
	WG – 5	0.8243	0.9311	
	WG – 6	0.8220	0.9313	

变量	条款	CITC	删除该条款后 α 系数	α 系数
小事件 发生强度	SG - 1	0.8164	0.9216	0.9348
	SG - 2	0.8154	0.9217	
	SG - 3	0.7920	0.9246	
	SG - 4	0.8038	0.9231	
	SG - 5	0.8115	0.9223	
	SG - 6	0.8022	0.9233	
混合土地 利用	LM - 1	0.6914	0.8301	0.8604
	LM - 2	0.7234	0.8249	
	LM - 3	0.6541	0.8367	
	LM - 4	0.6267	0.8416	
	LM - 5	0.5452	0.8561	
	LM - 6	0.6795	0.8318	

5.3.3 验证性因子分析

为了进一步确认各变量的维度结构以及变量的收敛效度、聚合效度、区分效度等，本研究采用 Amos17.0 软件对另一部分折半数据共计 665 个有效样本进行针对整体模型全部测量项目的验证性因子分析，结果如表 5.7 所示。

表 5.7　　　　　　　　　　验证性因子分析

变量	条款	标准化因素负荷量（R）	临界比	R^2	CR	AVE
认知 复杂性	CC - 1	0.764	17.369	0.584	0.8150	0.5252
	CC - 2	0.748	17.094	0.560		
	CC - 3	0.646	14.994	0.417		
	CC - 4	0.735	—	0.540		
认知 聚焦性	CF - 1	0.704	14.283	0.495	0.8100	0.5170
	CF - 2	0.756	14.940	0.571		
	CF - 3	0.764	15.026	0.584		
	CF - 4	0.646	—	0.417		

续表

变量	条款	标准化因素负荷量（R）	临界比	R^2	CR	AVE
长期导向	LO－1	0.900	36.464	0.809	0.9549	0.8090
	LO－2	0.907	37.264	0.823		
	LO－3	0.903	36.815	0.815		
	LO－4	0.885	34.984	0.783		
	LO－5	0.902	—	0.814		
主动导向	PO－2	0.904	33.892	0.818	0.9236	0.8011
	PO－3	0.885	32.664	0.784		
	PO－4	0.896	—	0.804		
风险倾向	RP－1	0.837	26.237	0.700	0.9223	0.7037
	RP－2	0.824	25.642	0.679		
	RP－3	0.851	26.962	0.725		
	RP－4	0.845	26.654	0.714		
	RP－5	0.837	—	0.701		
风险感知	RG－1	0.807	23.647	0.651	0.8931	0.6763
	RG－2	0.811	23.807	0.658		
	RG－3	0.841	24.979	0.707		
	RG－4	0.830	—	0.690		
信息扫描	IS－1	0.869	25.394	0.756	0.8909	0.7316
	IS－2	0.887	25.933	0.787		
	IS－3	0.808	—	0.652		
信息识别	II－1	0.866	26.366	0.751	0.9148	0.7287
	II－2	0.881	27.009	0.776		
	II－4	0.853	25.778	0.727		
	II－5	0.813	—	0.661		
信息沟通	IC－1	0.836	24.334	0.698	0.8883	0.7266
	IC－2	0.910	26.691	0.829		
	IC－3	0.808	—	0.653		

续表

变量	条款	标准化因素负荷量（R）	临界比	R^2	CR	AVE
应急物资储备	WZ-1	0.819	22.907	0.671	0.8820	0.6516
	WZ-2	0.826	23.130	0.682		
	WZ-3	0.781	21.594	0.609		
	WZ-4	0.802	—	0.644		
应急人员配备	RY-1	0.746	20.595	0.557	0.8870	0.6111
	RY-2	0.768	21.344	0.590		
	RY-3	0.802	22.557	0.644		
	RY-4	0.786	21.981	0.618		
	RY-5	0.805	—	0.648		
应急知识培训	ZZ-1	0.850	24.787	0.723	0.8940	0.6785
	ZZ-2	0.828	23.967	0.685		
	ZZ-3	0.801	22.953	0.642		
	ZZ-4	0.815	—	0.664		
应急计划制定	JH-1	0.802	26.004	0.643	0.9116	0.7208
	JH-2	0.874	30.187	0.764		
	JH-3	0.843	28.331	0.711		
	JH-4	0.875		0.766		
违规强度	WG-1	0.850	27.366	0.722	0.9404	0.7247
	WG-2	0.868	28.321	0.753		
	WG-3	0.834	26.523	0.695		
	WG-4	0.843	27.028	0.711		
	WG-5	0.876	28.773	0.767		
	WG-6	0.836	—	0.699		
小事件发生强度	SG-1	0.856	28.866	0.733	0.9453	0.7422
	SG-2	0.880	30.352	0.774		
	SG-3	0.864	29.365	0.747		
	SG-4	0.831	27.384	0.690		
	SG-5	0.883	30.530	0.779		
	SG-6	0.854	—	0.729		

变量	条款	标准化因素负荷量（R）	临界比	R^2	CR	AVE
混合土地利用	LM‐1	0.884	30.033	0.782	0.9442	0.7384
	LM‐2	0.832	27.027	0.692		
	LM‐3	0.912	31.786	0.832		
	LM‐4	0.842	27.553	0.708		
	LM‐5	0.838	27.344	0.702		
	LM‐6	0.845	—	0.714		

拟合度　$\chi^2/df = 1.591$；GFI = 0.872；NFI = 0.905；CFI = 0.962；IFI = 0.963；RMSEA = 0.031

从表5.7中可以看出，χ^2/df 值为1.591，小于2；GFI 值为0.872，大于0.8，通常，GFI 大于0.80被认为模型拟合是可接受的（Joreskog & Sorbom，1986；Papke‐Shields，Malhotra & Grover，2002）；NFI 值为0.905，CFI 值为0.962，IFI 值为0.963，均大于0.9；RMSEA 值为0.031，小于0.05，表明验证性因子分析的拟合指标达到了研究的要求（Hair，Black，Babin et al.，2006）。

在收敛效度方面，各条款在公因子上的标准化载荷最低的为0.646，体现出较好的收敛效度。除了测量条款CC‐3、CF‐1和CF‐4的 R^2 介于0.4~0.5之间，其余的测量条款的 R^2 介于0.5~0.95之间，表示适配指标理想。在建构信度（CR）方面，所有变量的建构信度均大于0.8，平均方差抽取量（AVE）也大于0.5，这也表明变量具有较好的内部一致性（Fornell & Larcker，1981）。在辨别效度方面，本研究通过比较各变量之间的相关系数与各变量的平均方差抽取量（AVE）值对辨别效度进行检验，检验结果如表5.8所示。如果每个构念的平均方差抽取量（AVE）值大于相关系数的平方值，则表明辨别效度良好（Fornell & Larcker，1981）。从表5.8中可以看出，潜变量之间的相关系数小于平均方差抽取量（AVE）的平方根，按照福梅尔和拉雷克（Fomell & Lareker，1981）的观点，本研究所涉及的各变量具有较好的辨别效度。

突发事件预防行为的二阶因子分析。

（1）信息型行为的验证性因子分析。在本研究中，信息型行为的测量包含了三个维度指标：信息扫描（3条款）、信息识别（4条款）和信息沟通（3条款）。对其进行确定性因子分析，所得模型拟合结果见表5.9和图5.1。

表 5.8

辨别效度检验

变量	CC	CF	LO	PO	RP	RG	IS	II	IC	WZ	RY	ZZ	JH	WG	XG	LM
CC	(0.725)															
CF	0.144	(0.719)														
LO	-0.214	0.027	(0.899)													
PO	-0.116	-0.135	-0.119	(0.895)												
RP	-0.209	-0.039	-0.144	-0.064	(0.839)											
RG	-0.075	-0.043	-0.212	0.401	0.113	(0.822)										
IS	0.156	0.085	-0.048	0.211	-0.463	-0.031	(0.855)									
II	0.230	0.123	-0.027	0.145	-0.397	-0.075	0.628	(0.854)								
IC	0.235	0.113	-0.040	0.128	-0.429	-0.069	0.526	0.636	(0.852)							
WZ	0.129	0.013	0.028	0.147	-0.150	-0.142	0.183	0.132	0.141	(0.807)						
RY	0.194	0.019	-0.017	0.119	-0.094	-0.123	0.140	0.134	0.133	0.640	(0.782)					
ZZ	0.155	-0.044	0.073	0.053	-0.186	-0.224	0.211	0.236	0.239	0.199	0.171	(0.824)				
JH	0.241	-0.042	0.130	0.130	-0.309	-0.261	0.316	0.385	0.432	0.144	0.126	0.577	(0.849)			
WG	-0.147	0.105	-0.001	-0.224	0.208	-0.035	-0.206	-0.254	-0.287	-0.050	-0.003	-0.168	-0.266	(0.851)		
SG	-0.110	0.121	0.011	-0.106	0.200	0.054	-0.229	-0.259	-0.294	0.033	0.046	-0.169	-0.273	0.302	(0.862)	
LM	0.110	-0.026	0.061	-0.080	0.077	-0.126	-0.041	-0.042	0.011	-0.049	0.027	0.067	0.086	0.116	-0.045	(0.859)

注：CC、CF、LO 等表示认知复杂性、认知聚焦性、长期导向等变量；对角线上的数值为变量的 AVE 的平方根。

表5.9   信息型行为的验证性因子分析

拟合指标	$\chi^2/\mathrm{d}f$	GFI	NFI	IFI	TLI	CFI	RMSEA
三因子模型	3.610	0.968	0.977	0.983	0.976	0.983	0.063

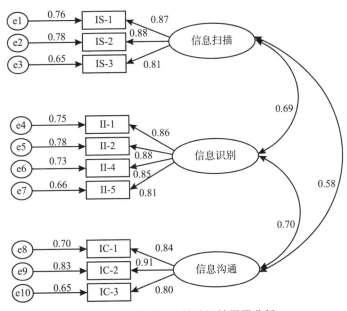

图5.1   信息型行为的验证性因子分析

从表5.9中验证模型的各种拟合指数来看，信息型行为的模型的$\chi^2/\mathrm{d}f$值为3.610，GFI值为0.968，大于0.95；NFI值为0.977，CFI值为0.983，IFI值为0.983，均大于0.95；RMSEA值为0.063，小于0.08，说明模型拟合良好。从图5.1中可以看出，信息扫描、信息识别和信息沟通之间的相关系数相对偏高，这间接表明二阶因子的可行性。

（2）资源型行为的验证性因子分析。在本研究中，信息型行为的测量包含了两个维度指标：应急物资储备（4条款）和应急人员配备（5条款）。对其进行确定性因子分析，所得模型拟合结果见表5.10和图5.2。

表5.10   资源型行为的验证性因子分析

拟合指标	$\chi^2/\mathrm{d}f$	GFI	NFI	IFI	CFI	RMSEA
二因子模型	3.023	0.976	0.978	0.979	0.985	0.055

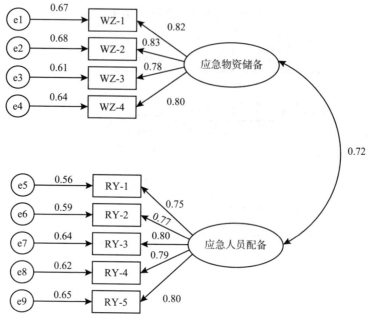

图5-2 资源型行为的验证性因子分析

从表5.10中验证模型的各种拟合指数来看，信息型行为的模型的 $\chi^2/\mathrm{d}f$ 值为3.023，GFI 值为0.976，大于0.95；NFI 值为0.978，CFI 值为0.985，IFI 值为0.979，均大于0.95；RMSEA 值为0.055，小于0.08，说明模型拟合良好。从图5.2中可以看出，应急物资储备和应急人员配备之间的相关系数相对偏高，这间接表明二阶因子的可行性。

（3）制度型行为的验证性因子分析。在本研究中，信息型行为的测量包含了三个维度指标：信息扫描（3条款）、信息识别（4条款）和信息沟通（3条款）。对其进行确定性因子分析，所得模型拟合结果见表5.11和图5.3。

表5.11 制度型行为的验证性因子分析

拟合指标	$\chi^2/\mathrm{d}f$	GFI	NFI	IFI	CFI	RMSEA
二因子模型	4.857	0.970	0.975	0.980	0.980	0.076

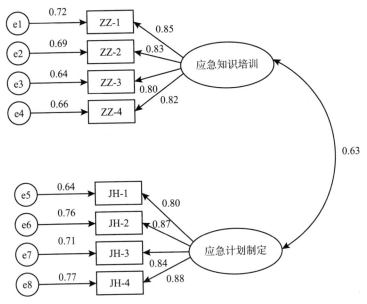

图 5.3　制度型行为的验证性因子分析

　　从表 5.11 中验证模型的各种拟合指数来看，信息型行为的模型的 $\chi^2/\mathrm{d}f$ 值为 4.857，$\chi^2/\mathrm{d}f$ 偏高，但小于 5 是可以接受的（宝贡敏和赵卓嘉，2009）；GFI 值为 0.970，大于 0.95；NFI 值为 0.975，CFI 值为 0.980，IFI 值为 0.980，均大于 0.95；RMSEA 值为 0.076，小于 0.08，说明模型拟合良好。从图 5.3 中可以看出，应急知识培训和应急计划制定之间的相关系数相对偏高，这间接表明二阶因子的可行性。

　　（4）突发事件预防行为的二阶因子模型比较。从上述分析中，可以看出突发事件预防行为中的 7 个变量具有一定的区分效度，但是上述结果也表明，信息型行为的三个维度之间、资源型行为的两个维度之间也存在较高的相关性，以及制度型行为的两个维度之间，均存在较高的内部相关性。同时，以往的理论研究也表明，突发事件预防行为是一个二阶因子。

　　对所有条目可能包含的模型，二阶三因子模型、二阶二因子模型（假定信息型行为和资源型行为有一个共同的潜变量；假定信息型行为和制度型行为有一个共同的潜变量；假定资源型行为和制度型行为有一个共同的潜变量）和二阶单因子模型（假定信息型行为、资源型行为和制度型行为拥有共同潜变量），进行模型较，以确定因子模型，结果见表 5.12 和图 5.4。

表5.12 突发事件预防行为的二阶因子模型比较

拟合指标	χ^2/df	GFI	NFI	IFI	CFI	RMSEA
虚无模型	6.402	0.798	0.836	0.858	0.857	0.090
单因子模型	3.506	0.899	0.912	0.935	0.935	0.061
二因子模型1	2.924	0.915	0.927	0.951	0.950	0.054
二因子模型2	2.490	0.924	0.938	0.962	0.962	0.047
二因子模型3	2.919	0.915	0.927	0.951	0.951	0.054
三因子模型	1.887	0.940	0.953	0.977	0.977	0.037

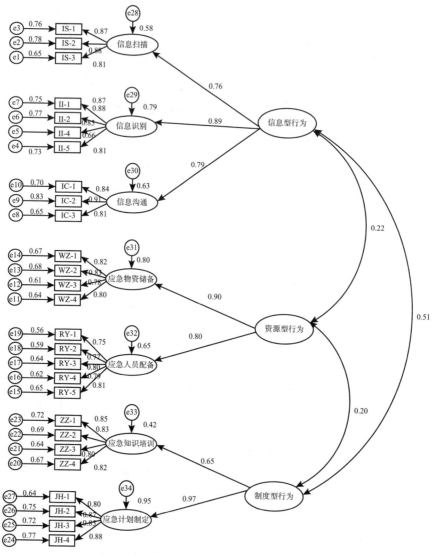

图5-4 突发事件预防行为的二阶因子分析

从表5.12中可以看出，在一阶7因子模型的基础上构成的三个二阶因子模型的拟合效果最佳，结果如下：χ^2/df 值为 1.887，小于 2；GFI 值为 0.940，大于 0.9；NFI 值为 0.953，CFI 值为 0.977，IFI 值为 0.977，均大于 0.9；RMSEA 值为 0.037，小于 0.05。突发事件预防行为的二阶三因子结构的标准化估计值模型如图 5.4 所示。从图 5.4 中可以看出，信息型行为能够很好地解释信息扫描、信息识别和信息沟通，资源型行为能够很好地解释应急物资储备和应急人员配备，制度型行为能够很好地解释应急知识培训和应急计划制定。信息型行为和资源型行为、资源型行为和制度型行为之间低度相关，信息型行为和制度型行为之间呈中等相关。这表明，突发事件预防行为是由信息型行为、资源型行为和制度型行为三个二阶因子构成的。

5.4 数据聚合

5.4.1 数据聚合分析

为了避免单一个体对企业的情况无法进行准确的评价、降低单一个体对企业评价偏差的影响，本研究在每一家企业中选取了 5 位人员对企业的情况进行评价，因此，需要将每家企业中不同人员在量表各个条款上的得分进行聚合处理以得到同一企业的测量值，以便进行后续的统计分析。将数据聚合的前提是要求同一企业成员对企业现象的评价有着很高的相似性，所以本研究需要进行企业内一致性进行检验。

借鉴杰姆斯、德玛丽和沃尔夫（James，Demaree & Wolf，1984）、布利斯（Bliese，2000）、赵卓嘉（2009）等的做法，采用 ICC（1）、ICC（2）、r_{wg} 等三种指标对企业人员在各个变量上的企业内评分一致性进行评价。要保障 ICC（1）、ICC（2）通过"可汇聚"检验，杰姆斯（James，1982）给出的经验标准是 ICC（1）>0.05 和 ICC（2）>0.50；r_{wg} 越接近 1，表示同一企业内个体成员评分一致度越高，杰姆斯、德玛丽和沃尔夫（James，Demaree & Wolf，1993）给出的标准是"r_{wg} > 0.70"（刘军，2008）。各个变量的 ICC（1）、ICC（2）、r_{wg} 均值，见表5.13。

表 5. 13   数据聚合分析

变量	ICC（1）	F 值	ICC（2）	r_{wg}均值
认知复杂性	0. 324	11. 355 ***	0. 686	0. 894
认知聚焦性	0. 200	7. 623 ***	0. 533	0. 895
长期导向	0. 676	37. 341 ***	0. 905	0. 927
主动导向	0. 677	37. 541 ***	0. 905	0. 910
风险倾向	0. 623	30. 379 ***	0. 883	0. 933
风险感知	0. 430	15. 786 ***	0. 774	0. 910
信息扫描	0. 445	16. 579 ***	0. 785	0. 923
信息识别	0. 373	13. 225 ***	0. 731	0. 937
信息沟通	0. 501	19. 840 ***	0. 820	0. 905
应急物资储备	0. 415	15. 073 ***	0. 764	0. 934
应急人员配备	0. 195	11. 281 ***	0. 524	0. 923
应急知识培训	0. 322	9. 970 ***	0. 684	0. 913
应急计划制定	0. 355	12. 476 ***	0. 714	0. 888
违规强度	0. 195	7. 490 ***	0. 524	0. 909
小事件发生强度	0. 229	8. 391 ***	0. 575	0. 905
混合土地利用	0. 375	13. 311 ***	0. 732	0. 919

注： * 表示 $p < 0.05$， ** 表示 $p < 0.01$， *** 表示 $p < 0.001$。

从表 5. 13 中可以看出，测量问卷中的企业水平变量的 ICC（1）的值一均大于 0. 05，变量的 ICC（2）值最低的为 0. 524，r_{wg}均值最低的为 0. 894。说明本研究收集的数据在企业间有明显的差异，而在企业内有较好的一致性。因此，本研究对这些企业水平的数据进行聚合是可行的。

5.4.2 聚合后测量条款评价值的统计描述

完成同一企业内的数据聚合之后，各变量测量条款评价值的统计描述如表 5. 14 所示。从表 5. 14 中可以看出，各个测量条款上的标准差介于 0. 776 ~ 1. 224 之间，偏度介于 - 0. 619 ~ 0. 634 之间，而峰度介于 - 1. 314 和 0. 286，这说明测量条款在不同的企业之间均具有一定的代表性，同时数据也呈现出正态分布。

表5.14 大样本调研所得的各变量测量条款评价值的统计描述（聚合后）

测量条款	样本量统计	均值统计	标准差统计	偏度		峰度	
				统计	标准差	统计	标准差
CC-1	292	3.36	0.789	-0.176	0.143	0.134	0.284
CC-2	292	3.49	0.791	-0.016	0.143	-0.253	0.284
CC-3	292	3.35	0.817	-0.046	0.143	-0.172	0.284
CC-4	292	3.44	0.787	-0.187	0.143	-0.124	0.284
CF-1	292	2.748	0.8084	0.268	0.143	0.088	0.284
CF-2	292	2.821	0.7758	0.414	0.143	0.260	0.284
CF-3	292	2.864	0.8120	0.170	0.143	-0.272	0.284
CF-4	292	3.049	0.8735	-0.101	0.143	-0.334	0.284
LO-1	292	3.12	1.214	-0.114	0.143	-1.314	0.284
LO-2	292	3.12	1.217	-0.021	0.143	-1.218	0.284
LO-3	292	3.20	1.210	-0.038	0.143	-1.293	0.284
LO-4	292	3.29	1.220	-0.188	0.143	-1.211	0.284
LO-5	292	3.09	1.183	-0.030	0.143	-1.176	0.284
PO-2	292	3.090	1.2206	-0.180	0.143	-1.301	0.284
PO-3	292	3.214	1.2241	-0.319	0.143	-1.219	0.284
PO-4	292	3.274	1.2231	-0.290	0.143	-1.157	0.284
RP-1	292	3.25	0.993	-0.259	0.143	-0.233	0.284
RP-2	292	3.06	1.028	-0.022	0.143	-0.478	0.284
RP-3	292	2.71	1.090	0.634	0.143	-0.367	0.284
RP-4	292	2.86	1.008	0.357	0.143	-0.418	0.284
RP-5	292	2.78	1.055	0.459	0.143	-0.388	0.284
RG-1	292	2.96	0.868	-0.137	0.143	-0.355	0.284
RG-2	292	2.88	0.885	0.077	0.143	-0.384	0.284
RG-3	292	2.95	0.947	0.182	0.143	-0.625	0.284
RG-4	292	2.91	0.952	0.087	0.143	-0.504	0.284
IS-1	292	3.538	0.8545	-0.508	0.143	0.003	0.284
IS-2	292	3.559	0.8456	-0.619	0.143	0.286	0.284
IS-3	292	3.446	0.8847	-0.386	0.143	-0.134	0.284

续表

测量 条款	样本量 统计	均值 统计	标准差 统计	偏度		峰度	
				统计	标准差	统计	标准差
II-1	292	3.42	0.810	-0.267	0.143	-0.301	0.284
II-2	292	3.38	0.777	-0.354	0.143	-0.263	0.284
II-4	292	3.26	0.815	-0.162	0.143	-0.149	0.284
II-5	292	3.31	0.838	-0.232	0.143	-0.391	0.284
IC-1	292	3.15	0.996	-0.126	0.143	-0.789	0.284
IC-2	292	3.22	1.055	-0.214	0.143	-1.030	0.284
IC-3	292	3.27	0.976	-0.144	0.143	-0.908	0.284
WZ-1	292	3.35	0.825	-0.325	0.143	0.015	0.284
WZ-2	292	3.45	0.788	-0.311	0.143	0.026	0.284
WZ-3	292	3.36	0.812	-0.134	0.143	-0.251	0.284
WZ-4	292	3.46	0.806	-0.284	0.143	-0.065	0.284
RY-1	292	3.207	0.8276	-0.196	0.143	-0.281	0.284
RY-2	292	3.172	0.8643	-0.196	0.143	-0.442	0.284
RY-3	292	3.270	0.8746	-0.220	0.143	-0.358	0.284
RY-4	292	3.305	0.8571	-0.214	0.143	-0.362	0.284
RY-5	292	3.393	0.8485	-0.360	0.143	-0.124	0.284
ZZ-1	292	3.34	0.873	-0.419	0.143	-0.308	0.284
ZZ-2	292	3.26	0.810	-0.327	0.143	-0.244	0.284
ZZ-3	292	3.27	0.816	-0.305	0.143	-0.379	0.284
ZZ-4	292	3.35	0.831	-0.488	0.143	-0.281	0.284
JH-1	292	3.44	0.978	-0.568	0.143	-0.251	0.284
JH-2	292	3.47	0.986	-0.472	0.143	-0.267	0.284
JH-3	292	3.50	0.955	-0.617	0.143	0.026	0.284
JH-4	292	3.48	0.934	-0.618	0.143	0.034	0.284
WG-1	292	3.053	0.8532	0.095	0.143	-0.390	0.284
WG-2	292	3.089	0.8555	0.145	0.143	-0.314	0.284
WG-3	292	3.129	0.8295	0.027	0.143	-0.289	0.284
WG-4	292	3.123	0.8505	-0.033	0.143	-0.382	0.284

测量条款	样本量统计	均值统计	标准差统计	偏度		峰度	
				统计	标准差	统计	标准差
WG – 5	292	3.116	0.8671	0.026	0.143	– 0.500	0.284
WG – 6	292	3.142	0.8380	0.117	0.143	– 0.126	0.284
SG – 1	292	2.604	0.8012	0.475	0.143	– 0.301	0.284
SG – 2	292	2.575	0.8357	0.463	0.143	– 0.264	0.284
SG – 3	292	2.558	0.8287	0.491	0.143	– 0.093	0.284
SG – 4	292	2.566	0.8136	0.577	0.143	– 0.112	0.284
SG – 5	292	2.532	0.8795	0.607	0.143	– 0.233	0.284
SG – 6	292	2.59	0.820	0.485	0.143	– 0.031	0.284
LM – 1	292	2.70	1.052	0.317	0.143	– 0.807	0.284
LM – 2	292	2.80	1.101	0.308	0.143	– 0.935	0.284
LM – 3	292	2.77	1.132	0.129	0.143	– 1.062	0.284
LM – 4	292	3.13	1.175	– 0.232	0.143	– 1.115	0.284
LM – 5	292	2.89	1.120	0.091	0.143	– 0.958	0.284
LM – 6	292	2.77	1.104	0.110	0.143	– 0.992	0.284

注：有效样本量 N = 292。

5.4.3 聚合后变量的信度和效度分析

在同一企业内的数据聚合之后，本研究进一步地对变量的信度和效度进行再次分析，见表 5.15。

表 5.15 各变量的信度和效度分析（聚合后）

变量	条款	标准化因素负荷量（R）	α 系数	CR	AVE
认知复杂性	CC – 1	0.850	0.9010	0.9016	0.6962
	CC – 2	0.823			
	CC – 3	0.865			
	CC – 4	0.798			

续表

变量	条款	标准化因素负荷量（R）	α 系数	CR	AVE
认知聚焦性	CF－1	0.754	0.8498	0.8512	0.5886
	CF－2	0.797			
	CF－3	0.767			
	CF－4	0.750			
长期导向	LO－1	0.969	0.9792	0.9793	0.9043
	LO－2	0.955			
	LO－3	0.963			
	LO－4	0.942			
	LO－5	0.925			
主动导向	PO－2	0.941	0.9716	0.9718	0.9199
	PO－3	0.972			
	PO－4	0.964			
风险倾向	RP－1	0.821	0.9442	0.9448	0.7742
	RP－2	0.902			
	RP－3	0.887			
	RP－4	0.895			
	RP－5	0.892			
风险感知	RG－1	0.844	0.9359	0.9366	0.7871
	RG－2	0.895			
	RG－3	0.921			
	RG－4	0.887			
信息扫描	IS－1	0.909	0.9448	0.9467	0.8556
	IS－2	0.972			
	IS－3	0.892			
信息识别	II－1	0.921	0.9210	0.9247	0.7560
	II－2	0.948			
	II－4	0.854			
	II－5	0.740			

变量	条款	标准化因素负荷量（R）	α 系数	CR	AVE
信息沟通	IC－1	0.914	0.9411	0.9422	0.8488
	IC－2	0.957			
	IC－3	0.885			
应急物资储备	WZ－1	0.862	0.9228	0.9233	0.7508
	WZ－2	0.901			
	WZ－3	0.822			
	WZ－4	0.879			
应急人员配备	RY－1	0.929	0.9646	0.9648	0.8548
	RY－2	0.934			
	RY－3	0.930			
	RY－4	0.928			
	RY－5	0.876			
应急知识培训	ZZ－1	0.897	0.9558	0.9561	0.8450
	ZZ－2	0.955			
	ZZ－3	0.883			
	ZZ－4	0.94			
应急计划制定	JH－1	0.950	0.9703	0.9706	0.8918
	JH－2	0.963			
	JH－3	0.938			
	JH－4	0.926			
违规强度	WG－1	0.925	0.9740	0.9741	0.8626
	WG－2	0.949			
	WG－3	0.912			
	WG－4	0.916			
	WG－5	0.948			
	WG－6	0.922			

续表

变量	条款	标准化因素负荷量（R）	α 系数	CR	AVE
小事件 发生强度	SG - 1	0.934			
	SG - 2	0.953			
	SG - 3	0.919	0.9766	0.9769	0.8760
	SG - 4	0.952			
	SG - 5	0.942			
	SG - 6	0.915			
混合土地 利用	LM - 1	0.901			
	LM - 2	0.905			
	LM - 3	0.812	0.9241	0.9226	0.6668
	LM - 4	0.776			
	LM - 5	0.706			
	LM - 6	0.781			

拟合度：$\chi^2/df = 1.585$；GFI $= 0.747$；NFI $= 0.867$；CFI $= 0.946$；IFI $= 0.947$；RMSEA $= 0.045$

从表 5.15 中可以看出：模型的拟合情况良好，χ^2/df、GFI、NFI、CFI、IFI、RMSEA 值均满足研究的要求（Joreskog & Sorbom，1986；Papke - Shields, Malhotra & Grover，2002；Hair, Black, Babin 等，2006）。各项测量条款的标准化因素负荷量（R）均大于 0.7；变量的 α 系数最低的为 0.8948；变量的组合信度均大于 0.8；变量的平均方差抽取量均大于 0.5。此外，数据聚合之后，测量条款的数值更加连续，而聚合之前测量条款的值之间的差异为 1、2、3、4、5 之间的差异，这也使得数据在聚合之后的信度和效度值相对偏高。在数据聚合后，各变量的测量量表的信度和效度较好，满足研究要求。

5.5　共同方法偏差检验

共同方法偏差指的是因为同样的数据来源或评分者、同样的测量环境、项目语境以及项目本身特征所造成的预测变量与效标变量之间人为的共变，而该共变会对研究结果产生严重的混淆并对结论有潜在的误导，是一种系统误差（周浩和龙立荣，2004；Lindell & Whitney，2001）。为了避免共同方法偏差问题，本研究首先采用了程序控制的方法，例如，在研究测量过程中通过问卷的匿名填写、降低被调查者对测量目的的猜测等方式。

尽管采用程序控制的方法，但不可能完全消除共同方法偏差问题。所以，按照林德尔和惠特尼（Lindell & Whitney，2001）的观点，本研究通过事先在问卷中设置标签变量（marker variable）（即在理论上不与本研究中任何其他变量相关的变量），在问卷回收后，通过分析标签变量与本研究所涉及的其他研究变量之间的相关性，以判断共同方法偏差的程度。此外，本研究也采用哈曼（Harman）单因素检验方法判断共同方法偏差的问题。

5.5.1　哈曼（Harman）单因素检验

研究中变量的所有条款放在一起进行探索性因子分析后，共呈现 16 个特征根大于 1 的公因子，16 个因子的累积可解释方差达到了 75.165%，单个因子的最大方差解释量为 27.220%，解释了总方差的 36.214%，所以并未出现单一因子解释了所有变量的大部分协方差的情况。因此，尽管存在共同方法偏差，但其造成的潜在影响并不严重。

5.5.2　运用标签变量进行检验

从之前的探索性因子分析结果表 5.5 可知，混合土地利用（标签变量）的 6 个条款聚合为一个公因子，特征值为 3.329，解释了总方差的 4.756%。从表 5.6 可知，混合土地利用的内部一致性系数为 0.8604。表 5.16 所示为本研究涉及的所有因子以及标签变量共计 16 个因子之间的相关系数矩阵。

从表 5.16 中可以将看出，标签变量与本研究的其他 15 个因子中的 14 个因子之间均不存在显著相关关系，但与应急知识培训的相关系数为 0.127（$p < 0.05$）。

由于本研究已经证实突发事件预防行为是一个二级因子，因此，本研究将信息型行为的三个因子、资源型行为的两个因子和制度型行为的两个因子合并后，做进一步的相关分析，结果如表 5.17 所示。

表5.16　标签变量和各因子的相关系数检验（一）

变量	均值	标准差	CC	CF	LO	PO	RP	RG	IS	II	IC	WZ	RY	ZZ	JH	WG	XG	LM
CC	3.410	0.699	1															
CF	2.870	0.679	-0.160**	1														
LO	3.164	1.161	0.108	-0.189**	1													
PO	3.193	1.189	0.112	-0.276**	0.116*	1												
RP	2.930	0.936	-0.306**	0.168**	-0.235**	-0.158**	1											
RG	2.920	0.837	-0.075	-0.018	-0.193**	0.325**	0.105	1										
IS	3.514	0.818	0.363**	-0.274**	0.201**	0.342**	-0.489**	-0.026	1									
II	3.340	0.728	0.401**	-0.173**	0.191**	0.303**	-0.471**	-0.105	0.627**	1								
IC	3.214	0.955	0.403**	-0.098	0.242**	0.272**	-0.392**	-0.011	0.440**	0.626**	1							
WZ	3.410	0.728	0.328**	-0.222**	0.282**	0.378**	-0.265**	-0.113	0.336**	0.307**	0.310**	1						
RY	3.269	0.800	0.418**	-0.284**	0.287**	0.364**	-0.267**	-0.052	0.400**	0.348**	0.344**	0.696**	1					
ZZ	3.300	0.783	0.417**	-0.251**	0.294**	0.253**	-0.259**	-0.182**	0.374**	0.372**	0.415**	0.343**	0.370**	1				
JH	3.470	0.923	0.416**	-0.297**	0.342**	0.338**	-0.340**	-0.211**	0.436**	0.472**	0.485**	0.321**	0.331**	0.605**	1			
WG	3.108	0.799	-0.377**	0.350**	-0.242**	-0.406**	0.273**	-0.029	-0.360**	-0.421**	-0.432**	-0.268**	-0.290**	-0.359**	-0.443**	1		
SG	2.570	0.785	-0.312**	0.403**	-0.222**	-0.269**	0.220**	0.088	-0.395**	-0.383**	-0.337**	-0.202**	-0.228**	-0.375**	-0.408**	0.465**	1	
LM	2.842	0.949	0.112	-0.056	0.110	-0.039	-0.07	-0.034	0.019	0.011	0.075	0.002	0.071	0.127*	0.037	0.085	-0.064	1

注：$N=292$；* 表示 $p<0.05$，** 表示 $p<0.01$，*** 表示 $p<0.05$。

表 5.17 标签变量和各因子的相关系数检验（二）

变量	均值	标准差	CC	CF	LO	PO	RP	RG	XX	ZY	ZD	WG	XG	LM
CC	3.410	0.699	1											
CF	2.870	0.679	−0.160**	1										
LO	3.164	1.161	0.108	−0.189**	1									
PO	3.193	1.189	0.112	−0.276**	0.116*	1								
RP	2.930	0.936	−0.306**	0.168**	−0.235**	−0.158**	1							
RG	2.920	0.837	−0.075	−0.018	−0.193**	0.325**	0.105	1						
XX	3.355	0.695	0.462**	−0.209**	0.251**	0.360**	−0.532**	−0.057	1					
ZY	3.330	0.709	0.412**	−0.280**	0.309**	0.401**	−0.288**	−0.084	0.440**	1				
ZD	3.388	0.765	0.464**	−0.307**	0.357**	0.333**	−0.338**	−0.220**	0.568**	0.413**	1			
WG	3.108	0.799	−0.377**	0.350**	−0.242**	−0.406**	0.273**	−0.029	−0.481**	−0.304**	−0.451**	1		
SG	2.570	0.785	−0.312**	0.403**	−0.222**	−0.269**	0.220**	0.088	−0.439**	−0.235**	−0.439**	0.465**	1	
LM	2.842	0.949	0.112	−0.056	0.110	−0.039	−0.017	−0.034	0.042	0.045	0.088	0.085	−0.064	1

注：XX、ZY、ZD 分别表示信息型行为、资源型行为、制度型行为；$N=292$；* 表示 $p<0.05$，** 表示 $p<0.01$，*** 表示 $p<0.05$。

从表5.17中可以看出，混合土地利用（标签变量）与其他变量均不存在显著的相关关系。这表明，本研究的共同方法偏差问题并不严重，无需将标签变量纳入研究模型进行控制以降低共同方法偏差的影响。

5.6　本章小结

本章在小规模样本试测后，在浙江省、北京市、山东省和江西省等地区展开大规模问卷调研，在问卷收齐后，进行了筛选，最终得到292家企业的有效问卷。本研究，首先，检验了问卷聚合的可行性；其次，从被调查者和企业层面，对数据的基本特征进行了描述，以检验数据的正态性；再次，通过探索性因子、CITC和内部一致性分析以及验证性因子分析对问卷的信度和效度进行了评价；最后，采用哈曼（Harman）单因素检验和标签变量的方法，对可能存在的共同方法偏差进行了检验。通过上述分析，为下一步假设的检验做好了基础。

| 6 |
假 设 检 验

    本章的目的是运用企业调查数据实证检验本研究提出的研究假设。安德森和格宾（Anderson & Gerbing，1988）建议分两个步骤来验证假设：步骤一，用验证性因子分析检验量表的信度和效度，上一章已完成了该步骤；步骤二，检验或测试应关系，这是本章的主要内容。首先，本章采用结构方程对本研究所提出的关系模型进行了检验；其次，检验了控制变量对中介变量与结果变量的影响，在此基础上，进行了分组对比研究；最后，探明风险倾向与风险感知对认知因素与突发事件预防行为之间影响关系的调节作用。

6.1 认知、突发事件预防行为与突发事件防治绩效（违规强度、小事件发生强度）

6.1.1 中介效应检验

    巴伦和肯尼（Baron & Kenny，1986）指出一个变量充当中介变量需要符合下列条件：①自变量的变化显著解释中介变量的变化（如路径 a）；②中介变量的变化显著解释因变量的变化（如路径 b）；③当路径 a 和 b 被控制时，自变量和因变量之间先前显著的关系不再显著，其中，路径 c 的值为 0 时，最能表明中介作用。巴伦和肯尼（Baron & Kenny，1986）也进一步指出，当路径 c 的值降低到 0，表明存在单一主导型的中介变量，如果路径 c 的值不为 0，这表明存在多个中介变量；此外，从理论角度而言，显著减少则表明，一个既定的中介变量确实是有效的。

    为了检验"认知—突发事件预防行为—突发事件防治绩效"之间的作用

机理，本研究首先采用巴伦和肯尼（Baron & Kenny, 1986）的因果步骤法（causal steps approach）。由于因果步骤法具有低估第 I 类错误率、无法提供中介效应的置信区间等不足（方杰、张敏强和邱皓政，2012），因此，在通过结构方程对模型进行修正与比较的基础上，本研究通过系数乘积法中的索贝尔（Sobel）检验进一步判定中介效应是否存在（温忠麟、张雷、侯杰泰等，2004；Baron & Kenny, 1986）。

6.1.1.1 巴伦和肯尼（Baron & Kenny）中介效应检验

1. 认知对突发事件防治绩效（违规强度、小事件发生强度）的影响

根据以上学者提出的方法与步骤，本研究首先分析自变量对因变量中的两个维度（违规强度、小事件发生强度）的影响，结果见表 6.1 和图 6.1。从表 6.1 中可以看出，模型中各项拟合指标值情况如下：χ^2/df 值为 1.349；GFI 值为 0.903，NFI 值为 0.956，CFI 值为 0.988，IFI 值为 0.988，均大于 0.9；RMSEA 值为 0.035，小于 0.05。以上拟合指标情况表明，模型拟合良好。

表 6.1　　　　　　　　认知对突发事件防治绩效（违规强度、
小事件发生强度）的影响分析结果

假设回归路径	标准化路径系数	显著性概率	是否显著
违规强度←认知复杂性	−0.320	***	是
小事件发生强度←认知复杂性	−0.248	***	是
违规强度←认知聚焦性	0.216	***	是
小事件发生强度←认知聚焦性	0.338	***	是
违规强度←长期导向	−0.137	0.007	是
小事件发生强度←长期导向	−0.114	0.030	是
违规强度←主动导向	−0.292	***	是
小事件发生强度←主动导向	−0.135	0.014	是

拟合度指标：$\chi^2/df = 1.349$；GFI $= 0.903$；NFI $= 0.956$；CFI $= 0.988$；IFI $= 0.988$；RMSEA $= 0.035$

注：$***\,p < 0.001$，$**\,p < 0.01$，$*\,p < 0.05$，ns $p \geqslant 0.05$，下同。

由表 6.1 与图 6.1 可知，认知复杂性对违规强度和小事件发生强度均具有显著的负向影响作用，标准化回归系数分别为 −0.320（$p < 0.001$）和 −0.248（$p < 0.001$）；认知聚焦性对违规强度和小事件发生强度均具有显著

的正向影响作用，标准化回归系数分别为 0.216（$p < 0.001$）和 0.338（$p < 0.001$）；长期导向对违规强度和小事件发生强度均具有显著的负向影响作用，标准化回归系数分别为 -0.137（$p < 0.01$）和 -0.114（$p < 0.05$）；主动导向对违规强度和小事件发生强度均具有显著的负向影响作用，标准化回归系数分别为 -0.292（$p < 0.001$）和 -0.135（$p < 0.05$）。总体看来，认知复杂性、认知聚焦性、长期导向、主动导向对违规强度和小事件发生强度的回归系数都达到了显著性水平，满足判定中介效应的第一个条件。

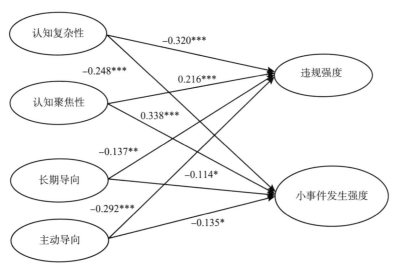

图6.1　认知对突发事件防治绩效（违规强度、
小事件发生强度）的影响关系模型

2. 认知对突发事件预防行为的影响

根据学者们提出的判定中介效应的步骤，本研究接着分析自变量（认知复杂性、认知聚焦性、长期导向、主动导向）对中介变量（信息型行为、资源型行为、制度型行为）的影响。表 6.2 所列为认知复杂性、认知聚焦性、长期导向、主动导向对突发事件预防行为（信息型行为、资源型行为、制度型行为）的影响分析结果。从表 6.2 中，可以看出，模型中各项拟合指标值情况如下：χ^2/df 值为 1.442，小于 2；GFI 值为 0.840，大于 0.8；NFI 值为 0.920，CFI 值为 0.974，IFI 值为 0.974，大于 0.9；RMSEA 值为 0.039，小于 0.05。以上拟合指标情况表明，模型拟合良好。

表6.2　　　　　　　　　　认知对突发事件预防行为的影响分析结果

假设回归路径	标准化路径系数	显著性概率	是否显著
信息型行为←认知复杂性	0.482	***	是
资源型行为←认知复杂性	0.395	***	是
制度型行为←认知复杂性	0.485	***	是
信息型行为←认知聚焦性	−0.053	0.388	否
资源型行为←认知聚焦性	−0.112	0.070	否
制度型行为←认知聚焦性	−0.157	0.013	是
信息型行为←长期导向	0.165	0.003	是
资源型行为←长期导向	0.238	***	是
制度型行为←长期导向	0.303	***	是
信息型行为←主动导向	0.290	***	是
资源型行为←主动导向	0.327	***	是
制度型行为←主动导向	0.252	***	是

拟合度指标：$\chi^2/df = 1.442$；GFI $= 0.840$；NFI $= 0.920$；CFI $= 0.974$；IFI $= 0.974$；RMSEA $= 0.039$

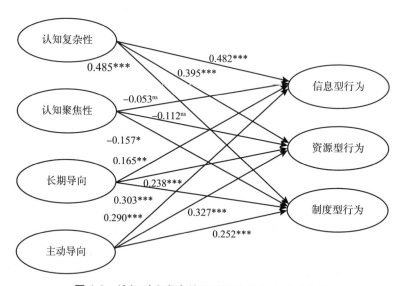

图6.2　认知对突发事件预防行为的影响关系模型

由表 6.2 与图 6.2 可知，认知复杂性对信息型行为、资源型行为和制度型行为均具有显著的正向影响作用，标准化回归系数分别为 0.482（$p < 0.001$）、0.395（$p < 0.001$）和 0.485（$p < 0.001$）；认知聚焦性对信息型行为和资源型行为的影响作用均不显著，标准化回归系数分别为 -0.053（$p > 0.05$）和 -0.112（$p > 0.05$），认知聚焦性对制度型行为有显著的负向影响作用，标准化回归系数为 -0.157（$p < 0.05$）；长期导向对信息型行为、资源型行为和制度型行为均具有显著的正向影响作用，标准化回归系数分别为 0.165（$p < 0.01$）、0.238（$p < 0.001$）和 0.303（$p < 0.001$）；主动导向对信息型行为、资源型行为和制度型行为均具有显著的正向影响作用，标准化回归系数分别为 0.290（$p < 0.001$）、0.327（$p < 0.001$）和 0.252（$p < 0.001$）。总体看来，突发事件预防行为对认知因素的回归系数多数达到了显著性水平，满足判定中介效应的第二个条件。

3. 突发事件预防行为对突发事件防治绩效（违规强度、小事件发生强度）的影响

根据学者们提出的判定中介效应的步骤，本研究接着分析中介变量（突发事件预防行为）与因变量（突发事件防治绩效）之间的影响关系。表 6.3 所列为，突发事件预防行为的各维度分别对违规强度、小事件发生强度的影响分析结果。从表 6.3 中可以看出，模型中各项拟合指标值情况如下：χ^2/df 值为 1.425；GFI 值为 0.850，大于 0.8；NFI 值为 0.935，CFI 值为 0.980，IFI 值为 0.980，大于 0.9；RMSEA 值为 0.038，小于 0.05。以上拟合指标情况表明，模型拟合良好。

表 6.3　　　　突发事件预防行为对突发事件防治绩效（违规强度、小事件发生强度）的影响分析结果

假设回归路径	标准化路径系数	显著性概率	是否显著
违规强度←信息型行为	-0.279	0.005	是
小事件发生强度←信息型行为	-0.238	0.019	是
违规强度←资源型行为	0.002	0.980	否
小事件发生强度←资源型行为	0.085	0.253	否
违规强度←制度型行为	-0.364	***	是
小事件发生强度←制度型行为	-0.418	***	是

拟合度指标：$\chi^2/\mathrm{df} = 1.425$；GFI = 0.850；NFI = 0.935；CFI = 0.980；IFI = 0.980；RMSEA = 0.038

由表 6.3 与图 6.3 可知，信息型行为对违规强度和小事件发生强度均

具有显著的负向影响作用，标准化回归系数分别为 -0.279（$p < 0.01$）和 -0.238（$p < 0.05$）；资源型行为对违规强度和小事件发生强度的影响作用均不显著，标准化回归系数分别为 0.002（$p > 0.05$）和 0.085（$p > 0.05$）；信息型行为对违规强度和小事件发生强度均具有显著的负向影响作用，标准化回归系数分别为 -0.364（$p < 0.001$）和 -0.418（$p < 0.001$）。除了资源型行为以外，突发事件防治绩效对信息型行为和制度型行为的回归系数达到了显著性水平，满足判定中介效应的第三个条件。

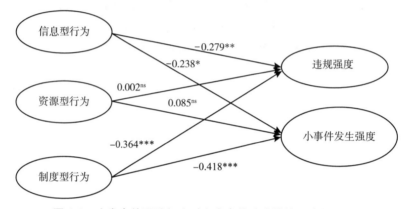

图 6.3　突发事件预防行为对突发事件防治绩效（违规强度、小事件发生强度）的影响关系模型

4. 认知对突发事件预防行为、突发事件防治绩效（违规强度、小事件发生强度）的影响

（1）完全中介作用模型（M1）。由于本研究重点考察认知对突发事件预防行为的影响以及突发事件预防行为对突发事件防治绩效的影响，因此初始理论模型是一个完全中介模型。对初始理论模型进行拟合分析，结果见表 6.4 和图 6.4。从表 6.4 中可以看出，模型中各项拟合指标值情况如下：χ^2/df 值为 1.415；GFI 值为 0.807，大于 0.8；NFI 值为 0.906，CFI 值为 0.970，IFI 值为 0.971，均大于 0.9；RMSEA 值为 0.038，小于 0.05。以上拟合指标情况表明，模型拟合良好。

表 6.4　　完全中介作用模型（M1）的影响关系及模型拟合指标

假设回归路径	标准化路径系数	标准误差	临界比	显著性概率
信息型行为←认知复杂性	0.477	0.059	7.073	***
资源型行为←认知复杂性	0.397	0.057	6.272	***

续表

假设回归路径	标准化路径系数	标准误差	临界比	显著性概率
制度型行为←认知复杂性	0.482	0.054	7.654	***
信息型行为←认知聚焦性	−0.076	0.053	−1.233	0.218
资源型行为←认知聚焦性	−0.103	0.055	−1.671	0.095
制度型行为←认知聚焦性	−0.267	0.051	−4.367	***
信息型行为←长期导向	0.160	0.028	2.913	0.004
资源型行为←长期导向	0.240	0.030	4.297	***
制度型行为←长期导向	0.296	0.027	5.503	***
信息型行为←主动导向	0.295	0.030	5.481	***
资源型行为←主动导向	0.326	0.030	5.481	***
制度型行为←主动导向	0.293	0.026	5.279	***
违规强度←信息型行为	−0.251	0.100	−3.479	***
小事件发生强度←信息型行为	−0.217	0.098	−2.939	0.003
违规强度←资源型行为	0.067	0.094	0.947	0.344
小事件发生强度←资源型行为	0.157	0.094	2.120	0.034
违规强度←制度型行为	−0.517	0.130	−5.712	***
小事件发生强度←制度型行为	−0.548	0.129	−5.792	***

拟合度指标：$\chi^2/df = 1.415$；GFI = 0.807；NFI = 0.906；CFI = 0.970；IFI = 0.971；TLI = 0.969；RMSEA = 0.038

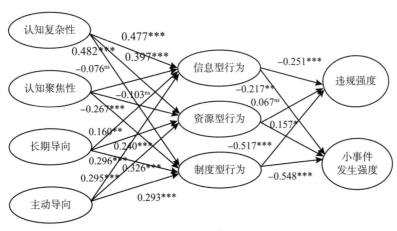

图 6.4 完全中介作用模型（M1）分析结果

由表6.4与图6.4可知,认知复杂性对信息型行为、资源型行为和制度型行为均具有显著的正向影响作用,标准化回归系数分别为0.477($p <$ 0.001)、0.397($p < 0.001$)和0.482($p < 0.001$);认知聚焦性对信息型行为和资源型行为的影响作用均不显著,标准化回归系数分别为-0.076($p >$ 0.05)和-0.103($p > 0.05$),认知聚焦性对制度型行为有显著的负向影响作用,标准化回归系数为-0.267($p < 0.001$);长期导向对信息型行为、资源型行为和制度型行为均具有显著的正向影响作用,标准化回归系数分别为0.160($p < 0.01$)、0.240($p < 0.001$)和0.296($p < 0.001$);主动导向对信息型行为、资源型行为和制度型行为均具有显著的正向影响作用,标准化回归系数分别为0.295($p < 0.001$)、0.326($p < 0.001$)和0.293($p < 0.001$)。

信息型行为对违规强度和小事件发生强度均具有显著的负向影响作用,标准化回归系数分别为-0.251($p < 0.001$)和-0.217($p < 0.01$);资源型行为对违规强度的影响作用不显著,标准化回归系数为0.067($p > 0.05$),对小事件发生强度的影响作用显著,标准化回归系数为0.157($p < 0.05$);制度型行为对违规强度和小事件发生强度均具有显著的负向影响作用,标准化回归系数分别为-0.517($p < 0.001$)和-0.548($p < 0.001$)。

(2)部分中介模型(M2)。通过以上分析,在满足检验突发事件预防行为在认知与突发事件防治绩效(违规强度、小事件发生强度)之间中介效应的前三个条件基础上,本研究同时考虑认知与突发事件防治绩效之间的直接和间接作用,建立突发事件预防行为的部分中介模型(M2),结果见表6.5和图6.5。从表6.5中可以看出,模型中各项拟合指标值情况如下:χ^2/df值为1.394;GFI值为0.810,大于0.8;NFI值为0.908,CFI值为0.972,IFI值为0.972,大于0.9;RMSEA值为0.037,小于0.05。以上拟合指标情况表明,模型拟合良好。

表6.5　　　　部分中介模型(M2)的影响关系及模型拟合指标

假设回归路径	标准化路径系数	标准误差	临界比	显著性概率
信息型行为←认知复杂性	0.485	0.059	7.119	***
资源型行为←认知复杂性	0.395	0.057	6.255	***
制度型行为←认知复杂性	0.487	0.060	7.349	***
信息型行为←认知聚焦性	-0.051	0.053	-0.821	0.412
资源型行为←认知聚焦性	-0.113	0.055	-1.827	0.068

续表

假设回归路径	标准化路径系数	标准误差	临界比	显著性概率
制度型行为←认知聚焦性	− 0.155	0.057	− 2.466	0.014
信息型行为←长期导向	0.168	0.028	3.027	0.002
资源型行为←长期导向	0.237	0.030	4.251	***
制度型行为←长期导向	0.304	0.031	5.306	***
信息型行为←主动导向	0.292	0.028	4.885	***
资源型行为←主动导向	0.327	0.030	5.493	***
制度型行为←主动导向	0.253	0.029	4.341	***
违规强度←信息型行为	− 0.245	0.106	− 3.242	0.001
小事件发生强度←信息型行为	− 0.269	0.105	− 3.401	***
违规强度←资源型行为	0.157	0.102	2.085	0.037
小事件发生强度←资源型行为	0.179	0.100	2.284	0.022
违规强度←制度型行为	− 0.141	0.129	− 1.457	0.145
小事件发生强度←制度型行为	− 0.243	0.130	− 2.362	0.018
违规强度←认知复杂性	− 0.195	0.108	− 2.198	0.028
小事件发生强度←认知复杂性	− 0.072	0.106	− 0.777	0.437
违规强度←认知聚焦性	0.195	0.072	3.269	0.001
小事件发生强度←认知聚焦性	0.306	0.073	4.794	***
违规强度←长期导向	− 0.091	0.044	− 1.484	0.138
小事件发生强度←长期导向	− 0.039	0.044	− 0.607	0.544
违规强度←主动导向	− 0.238	0.044	− 3.609	***
小事件发生强度←主动导向	− 0.055	0.044	− 0.793	0.428

拟合度指标：$\chi^2/df = 1.394$；$GFI = 0.810$；$NFI = 0.908$；$CFI = 0.972$；$IFI = 0.972$；$RMSEA = 0.037$

由表 6.5 与图 6.5 可知，认知复杂性对信息型行为、资源型行为和制度型行为均具有显著的正向影响作用，标准化回归系数分别为 0.485（$p < 0.001$）、0.395（$p < 0.001$）和 0.387（$p < 0.001$）；认知聚焦性对信息型行为和资源型行为的影响作用并不显著，标准化回归系数分别为 − 0.051（$p > 0.05$）和 − 0.113（$p > 0.05$），认知聚焦性对制度型行为有显著的负向影响作用，标准化回归系数为 − 0.155（$p < 0.05$）；长期导向对信息型行为、资源型行为和制度型行为均具有显著的正向影响作用，标准化回归系数分别为

0.168（$p < 0.05$）、0.237（$p < 0.001$）和0.304（$p < 0.001$）；主动导向对信息型行为、资源型行为和制度型行为均具有显著的正向影响作用，标准化回归系数分别为0.292（$p < 0.001$）、0.327（$p < 0.001$）和0.253（$p < 0.001$）。

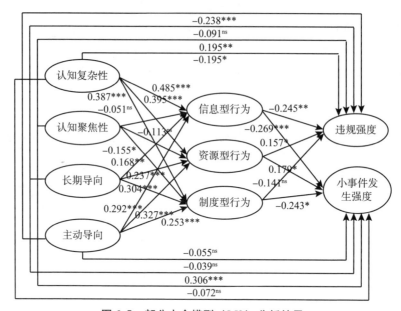

图6.5 部分中介模型（M2）分析结果

信息型行为对违规强度和小事件发生强度均具有显著的负向影响作用，标准化回归系数分别为 -0.245（$p < 0.01$）和 -0.269（$p < 0.01$）；资源型行为对违规强度和小事件发生强度的影响作用显著，标准化回归系数分别为0.157（$p < 0.05$）和0.179（$p < 0.05$）；制度型行为对违规强度的影响作用并不显著，标准化回归系数为 -0.141（$p > 0.05$），对小事件发生强度具有显著的负向影响作用，标准化回归系数为 -0.243（$p < 0.05$）。

认知复杂性对违规强度具有显著的负向影响作用，标准化回归系数为 -0.195（$p < 0.05$），对小事件发生强度影响作用不显著，标准化回归系数为 -0.072（$p > 0.05$）；认知聚焦性对违规强度和小事件发生强度均具有显著的正向影响作用，标准化回归系数分别为0.195（$p < 0.01$）和0.306（$p < 0.001$）；长期导向对违规强度和小事件发生强度的影响作用均不显著，标准化回归系数分别为 -0.091（$p > 0.05$）和 -0.039（$p > 0.05$）；主动导向对违规强度具有显著的负向影响作用，标准化回归系数为 -0.238（$p < 0.05$），对小事件发生强度影响作用不显著，标准化回归系数为 -0.055（$p > 0.05$）。

接下来，本研究对认知复杂性、认知聚焦性、长期导向、主动导向与违规强度、小事件发生强度之间的直接作用模型与存在中介的作用模型进行了比较，见表6.6。

表6.6　　　　认知对违规强度、小事件发生强度的作用模型结果比较

假设回归路径	直接作用模型		间接作用模型	
	标准化路径系数	显著性概率	标准化路径系数	显著性概率
违规强度←认知复杂性	− 0.320	***	− 0.195	0.028
小事件发生强度←认知复杂性	− 0.248	***	− 0.072	0.437
违规强度←认知聚焦性	0.216	***	0.195	0.001
小事件发生强度←认知聚焦性	0.338	***	0.306	***
违规强度←长期导向	− 0.137	0.007	− 0.091	0.138
小事件发生强度←长期导向	− 0.114	0.030	− 0.039	0.544
违规强度←主动导向	− 0.292	***	− 0.238	***
小事件发生强度←主动导向	− 0.135	0.014	− 0.055	0.428

由表6.6的结果可知，在模型中加入中介变量后，认知复杂性对违规强度和小事件发生强度的影响系数的绝对值均降低，显著性概率值变大，其中认知复杂性对小事件发生强度的影响作用变得不显著；认知聚焦性对违规强度和小事件发生强度的影响系数均降低；长期导向对违规强度和小事件发生强度的影响系数的绝对值均降低，显著性概率值变大，其中长期导向对违规强度、小事件发生强度的影响作用变得不显著；主动导向对违规强度和小事件发生强度的影响系数的绝对值均降低，其中主动导向对小事件发生强度的影响作用变得不显著。综上可知，突发事件预防行为在认知对突发事件防治绩效的影响中起到了一定的中介作用。

6.1.1.2　结构方程检验

1. 修正模型（M3）

通过将全模型（M2）变量间不显著的路径删除，得到修正模型（M3），结果见表6.7和图6.6。从表6.7中可以看出，模型中各项拟合指标值情况如下：χ^2/df 值为1.396；GFI值为0.809，大于0.8；NFI值为0.908，CFI值为0.972，IFI值为0.972，均大于0.9；RMSEA值为0.037，小于0.05。以上拟合指标情况表明，模型拟合良好。

表 6.7 　　　　　　　　修正模型（M3）的影响关系及模型拟合指标

假设回归路径	标准化路径系数	标准误差	临界比	显著性概率
信息型行为←认知复杂性	0.497	0.058	7.307	***
资源型行为←认知复杂性	0.410	0.057	6.448	***
制度型行为←认知复杂性	0.494	0.060	7.467	***
制度型行为←认知聚焦性	-0.147	0.057	-2.338	0.019
信息型行为←长期导向	0.187	0.028	3.427	***
资源型行为←长期导向	0.251	0.030	4.507	***
制度型行为←长期导向	0.303	0.031	5.330	***
信息型行为←主动导向	0.309	0.027	5.389	***
资源型行为←主动导向	0.360	0.029	6.184	***
制度型行为←主动导向	0.258	0.029	4.456	***
违规强度←信息型行为	-0.322	0.108	-4.215	***
小事件发生强度←信息型行为	-0.312	0.095	-4.363	***
违规强度←资源型行为	0.096	0.094	1.375	0.169
小事件发生强度←资源型行为	0.133	0.086	1.955	0.051
小事件发生强度←制度型行为	-0.271	0.102	-3.346	***
违规强度←认知复杂性	-0.205	0.087	-2.869	0.004
违规强度←认知聚焦性	0.230	0.069	4.064	***
小事件发生强度←认知聚焦性	0.309	0.071	4.992	***
违规强度←主动导向	-0.233	0.041	-3.787	***

拟合度指标：$\chi^2/df = 1.396$；GFI = 0.809；NFI = 0.908；CFI = 0.972；IFI = 0.972；RMSEA = 0.037

　　由表 6.7 与图 6.6 可知，认知复杂性对信息型行为、资源型行为和制度型行为均具有显著的正向影响作用，标准化回归系数分别为 0.497（$p <$ 0.001）、0.410（$p < 0.001$）和 0.494（$p < 0.001$）；认知聚焦性对制度型行为有显著的负向影响作用，标准化回归系数为 -0.147（$p < 0.05$）；长期导向对信息型行为、资源型行为和制度型行为均具有显著的正向影响作用，标准化回归系数分别为 0.187（$p < 0.05$）、0.251（$p < 0.001$）和 0.303（$p < 0.001$）；主动导向对信息型行为、资源型行为和制度型行为均具有显著的正向影响作用，标准化回归系数分别为 0.309（$p < 0.001$）、0.360（$p < 0.001$）和 0.258（$p < 0.001$）。

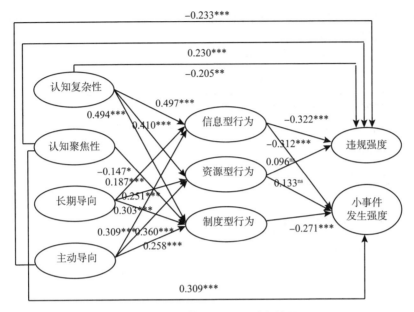

图6.6 修正模型（M3）分析结果

信息型行为对违规强度和小事件发生强度均具有显著的负向影响作用，标准化回归系数分别为 -0.322（$p < 0.001$）和 -0.312（$p < 0.001$）；资源型行为对违规强度和小事件发生强度的影响作用均不显著，标准化回归系数分别为0.096（$p > 0.05$）和0.133（$p > 0.05$）；制度型行为对小事件发生强度具有显著的负向影响作用，标准化回归系数为 -0.271（$p < 0.001$）。

认知复杂性对违规强度具有显著的负向影响作用，标准化回归系数为 -0.205（$p < 0.01$）；认知聚焦性对违规强度和小事件发生强度均具有显著的正向影响作用，标准化回归系数分别为0.230（$p < 0.001$）和0.309（$p < 0.001$）；主动导向对违规强度具有显著的负向影响作用，标准化回归系数为 -0.233（$p < 0.001$）。

2. 模型检验结果比较

以上分别对初始理论模型（M1）、全模型（M2）与修正模型（M3）分别进行了整体适配度检验及相应的参数估计，为确定最优拟合模型，本研究采用模型竞争比较的方法，汇总这三个理论模型的检验结果，见表6.8。从表6.8中可以看出，三个模型的整体拟合均达基本要求，部分中介作用模型和修正模型的各项指标均优于完全中介作用模型。部分中介作用模型与修正模型相比，部分中介作用模型的 χ^2/df 和GFI值分别高0.002和0.001，其他指标值并不存在差异。按照模型简约的原则，本研究选择修正模型（M3）作为分析的依据。

表 6.8 模型检验结果比较（一）

拟合指标	χ^2/df	GFI	NFI	IFI	CFI	RMSEA
完全中介作用模型（M1）	1.415	0.807	0.906	0.970	0.970	0.038
部分中介作用模型（M2）	1.394	0.810	0.908	0.972	0.972	0.037
修正模型（M3）	1.396	0.809	0.908	0.972	0.972	0.037

6.1.1.3 索贝尔（Sobel）检验

在确定最佳拟合模型为修正模型（M3）的基础上，按照温忠麟、张雷、侯杰泰等（2004）的观点，本研究还需要进一步采取系数乘积法中的索贝尔（Sobel）检验对已确定的中介关系路径进行检验。具体而言，如果索贝尔（Sobel）检验：z 值大于 1.645，表示显著性水平，$p < 0.1$；如果 z 值大于 1.95，则表示显著水平为 $p < 0.05$；如果 z 值大于 2.58，则表示显著水平为 $p < 0.01$。根据上述的分析表明，需要进行索贝尔（Sobel）检验的路径一共有 10 条，分别为：认知复杂性—信息型行为—违规强度、认知复杂性—信息型行为—小事件发生强度、认知复杂性—制度型行为—小事件发生强度、认知聚焦性—制度型行为—小事件发生强度、长期导向—信息型行为—违规强度、长期导向—信息型行为—小事件发生强度、长期导向—制度型行为—小事件发生强度、主动导向—信息型行为—违规强度、主动导向—信息型行为—小事件发生强度、主动导向—制度型行为—小事件发生强度。索贝尔（Sobel）检验计算结果，如表 6.9 所示。

表 6.9 索贝尔（Sobel）检验结果（一）

中介路径	索贝尔（Sobel）检验值 z	中介效应是否显著
认知复杂性—信息型行为—违规强度	−2.816	是
认知复杂性—信息型行为—小事件发生强度	−3.067	是
认知复杂性—制度型行为—小事件发生强度	−2.528	是
认知聚焦性—制度型行为—小事件发生强度	1.851	是
长期导向—信息型行为—违规强度	−2.723	是

续表

中介路径	索贝尔（Sobel）检验值 z	中介效应是否显著
长期导向—信息型行为—小事件发生强度	-2.947	是
长期导向—制度型行为—小事件发生强度	-2.564	是
主动导向—信息型行为—违规强度	-2.885	是
主动导向—信息型行为—小事件发生强度	-3.157	是
主动导向—制度型行为—小事件发生强度	-2.546	是

从表 6.9 中可以看出，路径"认知聚焦性—制度型行为—小事件发生强度"的 z 值为 1.851，小于 1.95，大于 1.645，表明中介效应在 10% 的水平下显著。"认知复杂性—制度型行为—小事件发生强度""长期导向—制度型行为—小事件发生强度""主动导向—制度型行为—小事件发生强度"等 6 条路径的 z 值的绝对值介于 1.95 ~ 2.58 之间，表明中介效应在 5% 的水平下显著。"认知复杂性—信息型行为—违规强度""认知复杂性—信息型行为—小事件发生强度""长期导向—信息型行为—违规强度""长期导向—信息型行为—小事件发生强度""主动导向—信息型行为—违规强度""主动导向—信息型行为—小事件发生强度"等 6 条路径的 z 值的绝对值大于 2.58，表明中介效应在 1% 的水平下显著。上述结果表明，10 条路径中的中介效应显著存在。

6.1.1.4 假设检验结果汇总

在确定最佳拟合模型（M3）的基础上，本研究就认知对突发事件防治绩效（违规强度和小事件发生强度）影响分别汇总于表 6.10 和表 6.11 进行影响效果分析。

表 6.10　　　　　　自变量对中介变量的影响效果（一）

变量		信息型行为	资源型行为	制度型行为
认知复杂性	直接影响	0.497	0.410	0.494
	间接影响	—	—	—
	总体影响	0.497	0.410	0.494

续表

变量		信息型行为	资源型行为	制度型行为
认知聚焦性	直接影响	—	—	-0.147
	间接影响	—	—	—
	总体影响	—	—	-0.147
长期导向	直接影响	0.187	0.251	0.303
	间接影响	—	—	—
	总体影响	0.187	0.251	0.303
主动导向	直接影响	0.309	0.360	0.258
	间接影响	—	—	—
	总体影响	0.309	0.360	0.258

从表 6.10 中可以看出，认知复杂性对信息型行为、资源型行为和制度型行为均具有正向的影响作用；认知聚焦性对制度型行为有负向的影响作用，对信息型行为和资源型行为的影响作用不显著；长期导向对信息型行为、资源型行为和制度型行为均具有正向的影响作用；主动导向对信息型行为、资源型行为和制度型行为均具有正向的影响作用。

表 6.11 　　　　　　　自变量、中介变量对因变量的影响效果（一）

变量	违规强度			小事件发生强度		
	直接影响	间接影响	总体影响	直接影响	间接影响	总体影响
认知复杂性	-0.205	-0.121	-0.326	—	-0.234	-0.234
认知聚焦性	0.230	—	0.230	0.309	0.040	0.349
长期导向	—	-0.036	-0.036	—	-0.107	-0.107
主动导向	-0.233	-0.065	-0.298	—	-0.118	-0.118
信息型行为	-0.322	—	-0.322	-0.312	—	-0.312
资源型行为	0.096	—	0.096	0.133	—	0.133
制度型行为	—	—	—	-0.271	—	-0.271

从表 6.11 中可以看出，认知复杂性对违规强度具有直接和间接的负向影响作用，对小事件发生强度具有间接的负向影响作用；认知聚焦性对违规强度有间接的正向影响作用，对小事件发生强度具有直接和间接的正向影响作

用；长期导向对违规强度具有间接的负向影响作用，对小事件发生强度具有间接的负向影响作用；主动导向性对违规强度具有直接和间接的负向影响作用，对小事件发生强度具有间接的负向影响作用；信息型行为对违规强度具有负向的影响作用，对小事件发生强度具有负向的影响作用；结合表 6.7，资源型行为对违规强度和小事件发生强度的影响作用并不显著；制度型行为对小事件发生强度具有负向的影响作用。

6.1.2 控制变量对主作用关系的影响分析

除了本研究理论模型中重点探讨的认知复杂性、认知聚焦性、长期导向、主动导向、风险倾向和风险感知对研究框架中的突发事件预防行为与突发事件防治绩效（违规强度和小事件发生强度）存在影响之外，企业的统计特征变量也可能对突发事件预防行为与突发事件防治绩效产生影响，因此，本研究需要将其识别和控制，以更清晰识别解释变量与被解释变量之间的关系。企业的规模、年龄、所有制性质、行业类别等可能会影响突发事件预防行为与突发事件防治绩效（Cloudman & Hallahan，2006；Hilliard，Scott - Halsell & Palakurthi，2011）。同时，地域的差异性可能会影响突发事件预防行为与突发事件防治绩效，因此本研究也把企业所处区位纳入研究范围。

1. 控制变量分析与确认

本研究调研对象的企业特征变量包括企业规模、年龄、所有制性质、行业类别，以及区位因素。本研究对这 5 类因素对各变量的影响进行逐一分析，以准确识别并加以控制。具体分析方法如下：属于连续变量的采用相关性检验，属于多分类变量的采用单因素方差分析方法。

（1）企业规模对各变量的影响分析。由于企业规模为连续性变量，本研究采用相关性分析方法来判断企业规模因素对各变量是否存在影响，结果见表 6.12。其中，为了降低极端值的影响使数据平滑，本研究对企业员工数量采取了对数化处理（Li，Poppo & Zhou，2008；Karaevli，2007；Danneels，2005）。从表 6.12 中可以看出，企业规模与信息型行为、资源型行为、制度型行为存在显著的正相关关系，相关系数分别为：0.215（$p < 0.01$）、0.205（$p < 0.01$）、0.132（$p < 0.05$）。此外，企业规模与小事件发生强度也存在显著的负相关关系，相关系数为 -0.141（$p < 0.05$）。从理论上、经验上以及以往相关研究中，显示出企业规模对突发事件预防行为及防治绩效存在影响，例如，希利亚德、史葛—哈尔塞尔和帕拉库西（Hilliard，Scott - Halsell & Palakurthi，2011）研究发现不同规模的企业在预防行为方面存在差异，因此

本研究将企业规模作为控制变量。

表6.12 企业规模对各变量的影响分析结果 （一）

因变量	相关性检验		
	相关系数	显著性	是否显著
信息型行为	0.215**	0.000	是
资源型行为	0.205**	0.000	是
制度型行为	0.132*	0.024	是
违规强度	−0.069	0.238	否
小事件发生强度	−0.141*	0.016	是

（2）企业年龄对各变量的影响分析。由于企业年龄为连续性变量，本研究采用相关性分析方法来判断企业年龄因素对各变量是否存在影响，结果见表6.13。为降低极端值的影响使数据平滑，本研究将企业年龄采取了对数化处理。从表6.13中可以看出，企业年龄与信息型行为、资源型行为、制度型行为不存在显著的正相关关系，相关系数分别为：−0.018（$p > 0.05$）、−0.054（$p > 0.05$）、−0.032（$p > 0.05$）。此外，企业规模与违规强度、小事件发生强度也不存在显著的相关关系，相关系数为0.037（$p > 0.05$）、0.008（$p > 0.05$）。从理论上、经验上以及以往相关研究中，也未显示出企业年龄对突发事件预防行为及防治绩效存在影响，因此本研究不将企业年龄作为控制变量。

表6.13 企业年龄对各变量的影响分析结果 （一）

因变量	相关性检验		
	相关系数	显著性	是否显著
信息型行为	−0.018	0.765	否
资源型行为	−0.054	0.360	否
制度型行为	−0.032	0.584	否
违规强度	0.037	0.524	否
小事件发生强度	0.008	0.888	否

（3）企业所有制性质对各变量的影响分析。由于企业所有制性质为分类变量，同时分类较多、样本量分布不均，本研究将企业所有制性质划分为三类：私营性质（私营独资、私营控股）、国有性质（国有独资、国有控股）、其他性质（外商独资、外商控股、集体独资、集体控股）。本研究采用方差分析方法来判断企业所有制性质因素对各变量是否存在影响，结果见表6.14。从表6.14中可以看出，在置信度为95%的水平下，企业所有制不同，其信息型行为、资源型行为、制度型行为、违规强度和小事件发生强度均没有显著差异。此外，从理论上、经验上以及以往相关研究中，也未显示出企业所有制性质对突发事件预防行为及防治绩效存在影响，因此本研究不将企业所有制性质作为控制变量。

表6.14 企业所有制性质对各变量的影响分析结果（一）

因变量	方差齐次检验			均值差异T检验		
	F值	显著性	是否齐次	F值	显著性	差异是否显著
信息型行为	1.236	0.292	是	0.116	0.787	否
资源型行为	1.986	0.139	是	2.334	0.099	否
制度型行为	0.632	0.532	是	0.572	0.565	否
违规强度	1.261	0.285	是	1.421	0.243	否
小事件发生强度	2.051	0.130	是	0.204	0.816	否

（4）行业类别对各变量的影响分析。由于企业所处行业类别为分类变量，同时分类较多、样本量分布不均，参照任海云（2010），李、普普和周（Li，Poppo & Zhou，2008）等的做法，本研究将企业行业划分为四类：高技术行业、中技术行业、低技术行业和采矿业。本研究采用方差分析方法来判断企业所处行业因素对各变量是否存在影响，结果见表6.15。从表6.15中可以看出，在置信度为95%的水平下，企业行业类别不同，其信息型行为、资源型行为、制度型行为、违规强度和小事件发生强度均没有显著差异。此外，从理论上、经验上以及以往相关研究中，也未显示出行业类别对突发事件预防行为及防治绩效存在影响，因此本研究不将行业类别作为控制变量。

（5）区位对各变量的影响分析。由于企业区位为分类变量，本研究将企业区位划分为四类：浙江省、山东省、北京市和山西省。本研究采用方差分析方法来判断企业所处区位因素对各变量是否存在影响，结果见表6.16。从表6.16中可以看出，在置信度为95%的水平下，企业区位不同，其信息型行为、资源型行为、制度型行为、违规强度和小事件发生强度均没有显著差异。此外，从理论上、经验上以及以往相关研究中，也未显示出区位对突发事件预防行为及防治绩效存在影响，因此本研究不将区位作为控制变量。

表6.15　　　　　　　　　行业类别对各变量的影响分析结果（一）

因变量	方差方差齐次检验			均值差异 T 检验		
	F 值	显著性	是否齐次	F 值	显著性	差异是否显著
信息型行为	1.880	0.133	是	0.611	0.608	否
资源型行为	0.747	0.525	是	1.841	0.140	否
制度型行为	2.389	0.069	是	2.089	0.102	否
违规强度	3.067	0.028	否	0.515	0.672	否
小事件发生强度	1.948	0.122	是	0.292	0.831	否

表6.16　　　　　　　　　区位对各变量的影响分析结果（一）

因变量	方差齐次检验			均值差异 T 检验		
	F 值	显著性	是否齐次	F 值	显著性	差异是否显著
信息型行为	4.114	0.007	否	0.701	0.552	否
资源型行为	1.114	0.343	是	1.953	0.121	否
制度型行为	2.925	0.034	否	1.965	0.119	否
违规强度	3.268	0.022	否	0.521	0.668	否
小事件发生强度	2.594	0.053	是	0.572	0.634	否

综合以上分析结果，本研究拟将企业规模作为本研究的控制变量，并对控制变量在认知—突发事件预防行为—突发事件防治绩效（违规强度和小事件发生强度）作用关系中可能产生的影响做进一步分析和检验。

2. 控制变量对主作用关系的影响分析

按照先前学者的观点，100~150 是满足样本大小的最低底线，每个观察变项最低应保证 5~10 个样本（Bentler & Chou，1987，黄芳铭，2005；张世琪，2012）。由于，本研究的有效样本为 292 个，因此，本研究按照企业规模的大小将样本分为 2 组：小规模（146 个）和大规模（146 个），这样划分后样本基本满足分析的要求。

由于本研究的测量条款相对较多，而分组后每组的样本量只有 146 个，因此，相比较而言，分组后的样本属于小样本。在路径分析中，GFI 是受样本量大小的影响，一般而言，在其他情况不变的条件下，GFI 随着样本量的增加而变大，因此，本研究选择 χ^2/df，以及受样本量影响较小的 RMSEA、IFI、TLI 和 CFI 作为样本组的模型拟合评价指标（Marsh，Balla & McDonald，1988；黄芳铭，2005；张世琪，2012）。

（1）多群组结构方程分析。按照企业规模大小，将样本进行分组之后，执行多群组结构方程分析，其中每组样本量为 146 个，结果见表 6.17。从表 6.17 中可以看出，未限制参数模型、因素负荷相等模型、路径系数相等模型的 χ^2/df 值小于 2，IFI、TLI、CFI 值均大于 0.9，RMESA 值均小于 0.05，因此三个模型的拟合程度都可接受。但是，相比较而言，路径系数相等模型，在 χ^2/df 值，IFI、TLI、CFI 值，RMESA 值等方面优于其他两个模型。所以，企业规模对修正后的理论模型（M3）的影响需要做进一步分析。

表 6.17　　　按企业规模分组的多群组分析的理论模型整体拟合指标

模型类别	χ^2/df	IFI	TLI	CFI	RMSEA
未限制参数模型	1.395	0.946	0.942	0.945	0.037
因素负荷相等模型	1.388	0.946	0.943	0.945	0.037
路径系数相等模型	1.385	0.946	0.943	0.945	0.036

（2）小规模样本组模型。本研究首先对小规模样本组，进行模型（M3）拟合分析，结果见表 6.18。

表 6.18　　　　小规模样本组模型的检验结果

假设回归路径	标准化路径系数	标准误差	临界比	显著性概率
信息型行为←认知复杂性	0.464	0.094	4.615	***
资源型行为←认知复杂性	0.356	0.095	3.875	***
制度型行为←认知复杂性	0.469	0.099	5.109	***
制度型行为←认知聚焦性	−0.218	0.094	−2.399	0.016
信息型行为←长期导向	0.226	0.042	2.728	0.006
资源型行为←长期导向	0.216	0.045	2.682	0.007
制度型行为←长期导向	0.356	0.047	4.367	***
信息型行为←主动导向	0.282	0.041	3.317	***

续表

假设回归路径	标准化路径系数	标准误差	临界比	显著性概率
资源型行为←主动导向	0.352	0.046	4.082	***
制度型行为←主动导向	0.182	0.045	2.265	0.024
违规强度←信息型行为	-0.367	0.137	-3.522	***
小事件发生强度←信息型行为	-0.224	0.125	-2.428	0.015
违规强度←资源型行为	0.184	0.106	2.072	0.038
小事件发生强度←资源型行为	0.108	0.103	1.288	0.198
小事件发生强度←制度型行为	-0.316	0.122	-3.045	0.002
违规强度←认知复杂性	-0.118	0.117	-1.246	0.213
违规强度←认知聚焦性	0.266	0.098	3.216	0.001
小事件发生强度←认知聚焦性	0.323	0.109	3.593	***
违规强度←主动导向	-0.271	0.054	-3.194	0.001

拟合度指标：$\chi^2/df = 1.355$；CFI = 0.953；IFI = 0.953；TLI = 0.950；RMSEA = 0.049

由表 6.18 小规模样本组模型的检验结果可知，认知复杂性对信息型行为、资源型行为和制度型行为均有显著的正向影响作用（$\beta = 0.464$，$p < 0.001$；$\beta = 0.356$，$p < 0.001$；$\beta = 0.469$，$p < 0.001$）；认知聚焦性对制度型行为有显著的负向影响作用（$\beta = -0.218$，$p < 0.05$）；长期导向对信息型行为、资源型行为和制度型行为均有显著的正向影响作用（$\beta = 0.226$，$p < 0.01$；$\beta = 0.216$，$p < 0.01$；$\beta = 0.356$，$p < 0.001$）；主动导向对信息型行为、资源型行为和制度型行为均有显著的正向影响作用（$\beta = 0.282$，$p < 0.001$；$\beta = 0.352$，$p < 0.001$；$\beta = 0.182$，$p < 0.05$）。

信息型行为对违规强度和小事件发生强度有显著的负向影响作用（$\beta = -0.367$，$p < 0.001$；$\beta = -0.224$，$p < 0.05$）；资源型行为对违规强度有显著的正向影响作用（$\beta = 0.184$，$p < 0.05$），对小事件发生强度的影响作用并不显著（$\beta = 0.108$，$p > 0.05$）；制度型行为对小事件发生强度有显著的影响作用（$\beta = -0.316$，$p < 0.01$）。

认知复杂性对违规强度的影响作用不显著（$\beta = -0.118$，$p > 0.05$）；认知聚焦性对违规强度和小事件发生强度有显著的正向影响作用（$\beta = 0.266$，$p < 0.01$；$\beta = 0.323$，$p < 0.001$）；主动导向对违规强度有显著的负向影响作用（$\beta = -0.271$，$p < 0.01$）。

（3）大规模样本组模型。本研究对大规模样本组，进行模型（M3）拟合分析，结果见表6.19。

表6.19　　　　　　　　　大规模样本组模型的检验结果

假设回归路径	标准化路径系数	标准误差	临界比	显著性概率
信息型行为←认知复杂性	0.520	0.077	5.453	***
资源型行为←认知复杂性	0.493	0.073	5.322	***
制度型行为←认知复杂性	0.528	0.075	5.387	***
制度型行为←认知聚焦性	−0.057	0.062	−0.676	0.499
信息型行为←长期导向	0.152	0.037	2.081	0.037
资源型行为←长期导向	0.308	0.038	3.997	***
制度型行为←长期导向	0.255	0.037	3.289	0.001
信息型行为←主动导向	0.324	0.036	4.072	***
资源型行为←主动导向	0.359	0.035	4.487	***
制度型行为←主动导向	0.378	0.037	4.399	***
违规强度←信息型行为	−0.238	0.167	−2.201	0.028
小事件发生强度←信息型行为	−0.431	0.153	−3.767	***
违规强度←资源型行为	−0.088	0.185	−0.754	0.451
小事件发生强度←资源型行为	0.141	0.171	1.135	0.257
小事件发生强度←制度型行为	−0.162	0.192	−1.195	0.232
违规强度←认知复杂性	−0.266	0.137	−2.402	0.016
违规强度←认知聚焦性	0.163	0.090	2.147	0.032
小事件发生强度←认知聚焦性	0.296	0.088	3.471	***
违规强度←主动导向	−0.169	0.062	−1.899	0.058

拟合度指标：$\chi^2/df = 1.436$；CFI = 0.936；IFI = 0.937；TLI = 0.932；RMSEA = 0.055

由表6.19大规模样本组模型的检验结果可知，认知复杂性对信息型行为、资源型行为和制度型行为均有显著的正向影响作用（$\beta = 0.520$，$p < 0.001$；$\beta = 0.493$，$p < 0.001$；$\beta = 0.528$，$p < 0.001$）；认知聚焦性对制度型行为的负向影响作用并不显著（$\beta = -0.057$，$p > 0.05$）；长期导向对信息型行为、资源型行为和制度型行为均有显著的正向影响作用（$\beta = 0.152$，$p < 0.05$；$\beta = 0.308$，$p < 0.001$；$\beta = 0.255$，$p < 0.01$）；主动导向对信息型行为、

资源型行为和制度型行为均有显著的正向影响作用（$\beta = 0.324$，$p < 0.001$；$\beta = 0.359$，$p < 0.001$；$\beta = 0.378$，$p < 0.001$）。

信息型行为对违规强度和小事件发生强度均有显著的负向影响作用（$\beta = -0.238$，$p < 0.05$；$\beta = -0.431$，$p < 0.001$）；资源型行为对违规强度和小事件发生强度的影响作用均不显著（$\beta = -0.088$，$p > 0.05$；$\beta = 0.141$，$p > 0.05$）；制度型行为对小事件发生强度的影响作用并不显著（$\beta = -0.162$，$p > 0.05$）。

认知复杂性对违规强度有显著的负向影响作用（$\beta = -0.266$，$p < 0.05$）；认知聚焦性对违规强度和小事件发生强度均有显著的正向影响作用（$\beta = 0.163$，$p < 0.05$；$\beta = 0.296$，$p < 0.001$）；主动导向对违规强度的负向影响作用并不显著（$\beta = -0.169$，$p > 0.05$）。

（4）不同规模样本组模型比较。根据以上分析结果，不同规模样本组的模型基本符合整体结构的拟合要求。两个模型中的影响关系路径企业规模不同而呈现出一些差异，如表 6.20 所示。

表 6.20　　　　　　　不同企业规模样本组的结构模型估计结果汇总简表

假设回归路径	小规模		大规模		检验结果	
	标准化路径系数	显著性概率	标准化路径系数	显著性概率	小规模	大规模
信息型行为←认知复杂性	0.464	***	0.520	***	正向显著	正向显著
资源型行为←认知复杂性	0.356	***	0.493	***	正向显著	正向显著
制度型行为←认知复杂性	0.469	***	0.528	***	正向显著	正向显著
制度型行为←认知聚焦性	-0.218	0.016	-0.057	0.499	负向显著	负向不显著
信息型行为←长期导向	0.226	0.006	0.152	0.037	正向显著	正向显著
资源型行为←长期导向	0.216	0.007	0.308	***	正向显著	正向显著
制度型行为←长期导向	0.356	***	0.255	0.001	正向显著	正向显著
信息型行为←主动导向	0.282	***	0.324	***	正向显著	正向显著
资源型行为←主动导向	0.352	***	0.359	***	正向显著	正向显著
制度型行为←主动导向	0.182	0.024	0.378	***	正向显著	正向显著
违规强度←信息型行为	-0.367	***	-0.238	0.028	负向显著	负向显著
小事件发生强度←信息型行为	-0.224	0.015	-0.431	***	负向显著	负向显著
违规强度←资源型行为	0.184	0.038	-0.088	0.451	正向显著	负向不显著

假设回归路径	小规模		大规模		检验结果	
	标准化路径系数	显著性概率	标准化路径系数	显著性概率	小规模	大规模
小事件发生强度←资源型行为	0.108	0.198	0.141	0.257	正向不显著	正向不显著
小事件发生强度←制度型行为	-0.316	0.002	-0.162	0.232	负向显著	负向不显著
违规强度←认知复杂性	-0.118	0.213	-0.266	0.016	负向不显著	负向显著
违规强度←认知聚焦性	0.266	0.001	0.163	0.032	正向显著	正向显著
小事件发生强度←认知聚焦性	0.323	***	0.296	***	正向显著	正向显著
违规强度←主动导向	-0.271	0.001	-0.169	0.058	负向显著	负向不显著

从表 6.20 中可以看出，"制度型行为←认知聚焦性、违规强度←资源型行为、小事件发生强度←制度型行为、违规强度←认知复杂性、违规强度←主动导向"等 5 条路径在不同企业规模样本组之间存在明显差异，表现为显著与不显著之分。其余路径表现为影响方向一致，或者均显著或均不显著。

具体而言，认知聚焦性对制度型行为的负向影响在小规模企业样本中显著（$\beta = -0.218$，$p < 0.05$），在大规模企业样本中并不显著（$\beta = -0.057$，$p > 0.05$）；资源型行为对违规强度的影响在小规模企业样本中呈现出正向显著（$\beta = 0.184$，$p < 0.05$），而在大规模企业样本中并不显著（$\beta = -0.088$，$p > 0.05$）；制度型行为对小事件发生强度的影响在小规模企业样本中呈现出负向显著（$\beta = -0.316$，$p < 0.01$），而在大规模企业样本中并不显著（$\beta = -0.162$，$p > 0.05$）；认知复杂性对违规强度的影响在小规模企业样本中并不显著（$\beta = -0.118$，$p > 0.05$），而在大规模企业样本中负向显著（$\beta = -0.266$，$p < 0.05$）；主动导向对违规强度的影响在小规模企业样本中呈现出负向显著（$\beta = -0.271$，$p < 0.01$），而在大规模企业样本中并不显著（$\beta = -0.169$，$p > 0.05$）。

按照吴明隆（2009）的观点，对未表现出"显著"与"不显著"差异的路径，本研究需要进一步的判断这些路径系数之间的差异是否显著。所以，本研究采用多群组结构方程分析技术对路径统计上的显著性差异进行检验，其中，本研究选择 z 值是否大于 1.645，作为显著的标准，即，p 值小于 0.1，结果见表 6.21。此外，尽管表现出"显著"与"不显著"差异的路径的统计值不显著，但仍可断定为差异显著。

表6.21 参数间差异的临界比值

假设回归路径	参数间差异的临界比值	是否显著
信息型行为←认知复杂性	−0.127	否
资源型行为←认知复杂性	0.160	否
制度型行为←认知复杂性	−0.824	否
制度型行为←认知聚焦性	1.636	否
信息型行为←长期导向	−0.674	否
资源型行为←长期导向	0.518	否
制度型行为←长期导向	−1.415	否
信息型行为←主动导向	0.192	否
资源型行为←主动导向	−0.503	否
制度型行为←主动导向	1.057	否
违规强度←信息型行为	0.535	否
小事件发生强度←信息型行为	−1.389	否
违规强度←资源型行为	−1.685	是
小事件发生强度←资源型行为	0.311	否
小事件发生强度←制度型行为	0.627	否
违规强度←认知复杂性	−1.026	否
违规强度←认知聚焦性	−0.911	否
小事件发生强度←认知聚焦性	−0.616	否
违规强度←主动导向	0.664	否

注：此表主要用于判定未呈现出"显著"与"不显著"差异的路径系数间的差异值是否显著，而对呈现出"显著"与"不显著"差异的路径并不适用。下同。

从表6.21中可以看出，"违规强度←资源型行为"参数间差异的临界比值为−1.685，绝对值大于1.645，这表明，"资源型行为对违规强度的影响在小规模企业样本中呈现出正向显著（$p<0.1$），而在大规模企业样本中并不显著"的结果是显著差异的；其余的参数间差异的临界比值的绝对值均小于1.645，路径系数未能通过差异性检验，因此，不同企业规模样本组之间的影响系数在其他路径上并无显著的区别。

6.1.3 调节效应检验

本研究中提出了风险倾向和风险感知在长期导向、主动导向对突发事件预防行为（信息型行为、资源型行为和制度型行为）的影响关系中起到调节作用的假设，因此本研究需要对风险倾向和风险感知的调节作用分别进行检验。由于层级分析方法和结构方程模型技术有各自的优点和不足，因此，借鉴汪洁（2009）、王国保（2010）等的做法，本研究采用两种方法对风险倾向和风险感知的调节效应进行检验。

6.1.3.1 层级回归分析方法检验

1. 风险倾向调节效应检验

为了检验风险倾向在认知与信息型行为、资源型行为和制度型行为间影响关系中的调节作用，本部分采用层级回归方法，分三步进行检验：首先，将控制变量（对数化后的企业规模）带入分别以信息型行为、资源型行为和制度型行为为因变量的三个回归方程；其次，在每个回归方程中加入自变量（认知复杂性、认知聚焦性、长期导向、主动导向）和风险倾向；最后，将风险倾向与长期导向、主动导向的交互项加入每个回归方程，通过观察交互项的显著性来判断调节效应是否存在，其中交互项做了中心化处理。回归分析结果，见表6.22。

以信息型行为作为因变量的多元线性回归分析结果如表6.22所示，采用逐步回归的分析方法检验假设。模型1中引入控制变量（对数化的企业规模）；模型2中引入自变量（认知复杂性、认知聚焦性、长期导向、主动导向）和调节变量（风险倾向）；模型3中引入长期导向、主动导向与风险倾向的交互项，交互项进行了去中心化处理。从表6.22中，可以看出，交互项长期导向×风险倾向对信息型行为有显著的影响作用（$\beta = -0.155$，$p < 0.001$），长期导向对信息型行为也有显著的影响作用，这说明，风险倾向在长期导向对信息型行为的影响关系中起到负向的调节作用。

以资源型行为作为因变量的多元线性回归分析结果如表6.22所示，采用逐步回归的分析方法检验假设。模型4中引入控制变量（对数化的企业规模）；模型5中引入自变量（认知复杂性、认知聚焦性、长期导向、主动导向）和调节变量（风险倾向）；模型6中引入长期导向、主动导向与风险倾向的交互项，交互项进行了去中心化处理。从表6.22中，可以看出，交互项均不显著，这说明，风险倾向在长期导向、主动导向对资源型行为的影响关系中并不起到调节作用。

213

表6.22

风险倾向的调节作用

变量		信息型行为			资源型行为			制度型行为		
		模型1	模型2	模型3	模型4	模型5	模型6	模型7	模型8	模型9
控制变量	企业规模	0.215***	0.095*	0.096*	0.205***	0.089+	0.089+	0.132*	0.005	0.006
自变量	认知复杂性		0.287***	0.279***		0.298***	0.296***		0.358***	0.349***
	认知聚焦性		-0.015	-0.0002		-0.100*	-0.100*		-0.126**	-0.113*
	长期导向		0.093*	0.109*		0.197***	0.193***		0.242***	0.254***
	主动导向		0.244***	0.229***		0.296***	0.300***		0.212***	0.201***
调节变量	风险倾向		-0.374***	-0.378***		-0.081	-0.084		-0.117**	-0.121*
交互项	长期导向×风险倾向			-0.155***			0.013			-0.126**
	主动导向×风险倾向			0.059			-0.027			0.036
统计值	R²	0.046	0.466	0.492	0.042	0.372	0.372	0.017	0.402	0.418
	调整后R²	0.043	0.455	0.478	0.039	0.358	0.355	0.014	0.389	0.402
	F值	14.119***	41.501***	34.262***	12.686***	28.083***	20.988***	5.129*	31.919***	25.421***

注：***$p < 0.001$，**$p < 0.01$，*$p < 0.05$，+$p < 0.1$，下同。

　　以制度型行为作为因变量的多元线性回归分析结果如表 6.22 所示，采用逐步回归的分析方法检验假设。模型 7 中引入控制变量（对数化的企业规模）；模型 8 中引入自变量（认知复杂性、认知聚焦性、长期导向、主动导向）和调节变量（风险倾向）；模型 9 中引入长期导向、主动导向与风险倾向的交互项，交互项进行了去中心化处理。从表 6.22 中，可以看出，交互项长期导向×风险倾向对制度型行为有显著的影响作用（$\beta = -0.126$, $p < 0.01$），长期导向对制度型行为也有显著的影响作用，这说明，风险倾向在长期导向对信息型行为的影响关系中起到负向的调节作用。

　　为了具体体现风险倾向对长期导向－信息型行为、长期导向－制度型行为影响关系的调节作用，本研究按照艾肯和韦斯特（Aiken & West, 1991）建议的方法绘制调节效应图。具体的做法是：分别取风险倾向和长期导向、认知聚焦性的两个值，其中一个值是均值加一个标准差（即高值），另一个值是均值减一个标准差（即低值），将其代入回归方程式中（洪雁，2012），以预测信息型行为、制度型行为。

　　（1）风险倾向对"长期导向—信息型行为"的调节作用。本研究将"低长期导向、低风险倾向""低长期导向、高风险倾向""高长期导向、低风险倾向""高长期导向、高风险倾向"等 4 种情形下信息型行为的值绘制成图，具体如图 6.7 所示。

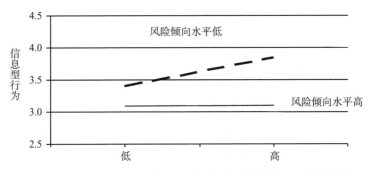

图 6.7　在不同风险倾向水平下长期导向对于信息型行为的影响

　　从图 6.7 中可以明显地看出两条线的前端有交叉趋势，这说明风险倾向的调节效应确实存在。具体的解释如下：由于实线（代表高风险倾向）的斜率小于虚线（代表低风险倾向）的斜率，说明企业的风险倾向越高，长期导向对信息型行为的正向预测越弱，而风险倾向越低，长期导向与信息型行为的正向关系却越强。由此可得，风险倾向在长期导向对信息型行为的影响关系中起到负向调节作用。

（2）风险倾向对"长期导向—制度型行为"的调节作用。本研究将"低长期导向、低风险倾向""低长期导向、高风险倾向""高长期导向、低风险倾向""高长期导向、高风险倾向"等4种情形下制度型行为的值绘制成图，具体如图6.8所示。

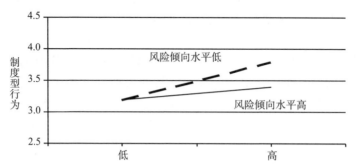

图6.8　在不同风险倾向水平下长期导向对于制度型行为的影响

图6.8表明，两条线的前端交叉了，这说明风险倾向的调节效应确实存在。由于实线（代表高风险倾向）的斜率小于虚线（代表低风险倾向）的斜率，表明风险倾向对长期导向与制度型行为之间的正向关系起到了削弱的调节作用，风险倾向会弱化长期导向对制度型行为造成的有利影响。风险倾向得分越高的企业，其由长期导向的提高导致的制度型行为程度的提高将会低于那些风险倾向得分低的企业。也就是说，如果企业喜欢冒险，将在一定程度上弱化长期导向对制度型行为的有利影响。

2. 风险感知的调节效应检验

为了检验风险感知在认知与信息型行为、资源型行为和制度型行为间影响关系中的调节作用，本部分采用层级回归方法，分三步进行检验：首先，将控制变量（对数化后的企业规模）带入分别以信息型行为、资源型行为和制度型行为为因变量的三个回归方程；其次，在每个回归方程中加入自变量（认知复杂性、认知聚焦性、长期导向、主动导向）和风险感知；最后，将风险感知与长期导向、主动导向的交互项加入每个回归方程，通过观察交互项的显著性来判断调节效应是否存在，其中交互项做了中心化处理。回归分析结果，见表6.23。

表6.23 风险感知的调节作用

变量		信息型行为			资源型行为			制度型行为		
		模型1	模型2	模型3	模型1	模型2	模型3	模型1	模型2	模型3
控制变量	企业规模	0.215***	0.088+	0.081+	0.205***	0.085+	0.075	0.132*	-0.003	-0.013
自变量	认知复杂性		0.379***	0.382***		0.307***	0.306***		0.368***	0.370***
	认知聚焦性		-0.037	-0.036		-0.101*	-0.098*		-0.126**	-0.124**
	长期导向		0.139**	0.135**		0.181***	0.181***		0.207***	0.203***
	主动导向		0.316***	0.331***		0.356***	0.365***		0.318***	0.335***
调节变量	风险感知		-0.103*	-0.116*		-0.142**	-0.156**		-0.258***	-0.275***
交互项	长期导向×风险感知			0.086+			0.107*			0.115+
	主动导向×风险感知			0.080			0.050			0.093*
统计值	R²	0.046	0.356	0.371	0.042	0.383	0.397	0.017	0.446	0.469
	调整后 R²	0.043	0.343	0.353	0.039	0.370	0.380	0.014	0.434	0.454
	F 值	14.119***	26.299***	20.875***	12.686***	29.448***	23.318	5.129*	38.216***	31.262***

以信息型行为作为因变量的多元线性回归分析结果如表6.23所示，采用逐步回归的分析方法检验假设。模型1中引入控制变量（对数化的企业规模）；模型2中引入自变量（认知复杂性、认知聚焦性、长期导向、主动导向）和调节变量（风险感知）；模型3中引入长期导向、主动导向与风险感知的交互项，交互项进行了去中心化处理。从表6.23中，可以看出，交互项长期导向×风险感知对信息型行为有显著的影响作用（$\beta = 0.086$，$p < 0.1$），长期导向对信息型行为也有显著的影响作用，这说明，风险感知在长期导向对信息型行为的影响关系中起到正向的调节作用。

以资源型行为作为因变量的多元线性回归分析结果如表6.23所示，采用逐步回归的分析方法检验假设。模型4中引入控制变量（对数化的企业规模）；模型5中引入自变量（认知复杂性、认知聚焦性、长期导向、主动导向）和调节变量（风险感知）；模型6中引入长期导向、主动导向与风险感知的交互项，交互项进行了去中心化处理。从表6.23中，可以看出，交互项长期导向×风险感知对资源型行为有显著的影响作用（$\beta = 0.107$，$p < 0.05$），长期导向对资源型行为也有显著的影响作用，这说明，风险感知在长期导向对资源型行为的影响关系中起到正向的调节作用。

以制度型行为作为因变量的多元线性回归分析结果如表6.23所示，采用逐步回归的分析方法检验假设。模型7中引入控制变量（对数化的企业规模）；模型8中引入自变量（认知复杂性、认知聚焦性、长期导向、主动导向）和调节变量（风险感知）；模型9中引入长期导向、主动导向与风险感知的交互项，交互项进行了去中心化处理。从表6.23中，可以看出，长期导向×风险感知、主动导向×风险感知对制度型行为有显著的影响作用（$\beta = 0.115$，$p < 0.1$；$\beta = 0.093$，$p < 0.05$），长期导向、主动导向对制度型行为也有显著的影响作用，这说明，风险感知在长期导向、主动导向对制度型行为的影响关系中均起到正向的调节作用。

为了具体体现风险感知对"长期导向—信息型行为、长期导向—资源型行为、长期导向—制度型行为、主动导向—制度型行为"影响关系的调节作用，本研究我们按照上述方法绘制调节效应图。

（1）风险感知对"长期导向—信息型行为"的调节作用。本研究将"低长期导向、低风险感知""低长期导向、高风险感知""高长期导向、低风险感知""高长期导向、高风险感知"四种情形下信息型行为的值绘制成图，具体如图6.9所示。

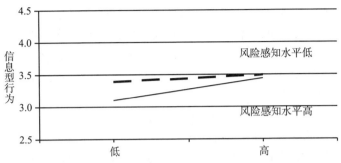

图 6.9 在不同风险感知水平下长期导向对信息型行为的影响

从图 6.9 中可以明显地看出两条线有交叉趋势，这说明风险感知的调节效应确实存在。由于实线（代表高风险感知）的斜率高于虚线（代表低风险感知）的斜率，说明风险感知对长期导向与信息型行为之间的正向关系起到了增强的调节作用，风险感知有助于强化长期导向对信息型行为造成的有利影响。风险感知得分越高的企业，其由长期导向的提高导致的信息型行为程度的提高将会高于那些风险感知得分低的企业。也就是说，如果企业更加看重损失、失败等，将在一定程度上强化长期导向对信息型行为的有利影响。

（2）风险感知对"长期导向—资源型行为"的调节作用。本研究将"低长期导向、低风险感知""低长期导向、高风险感知""高长期导向、低风险感知""高长期导向、高风险感知"四种情形下信息型行为的值绘制成图，具体如图 6.10 所示。

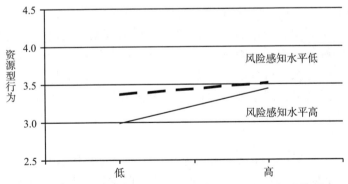

图 6.10 在不同风险感知水平下长期导向对资源型行为的影响

从图 6.10 中可以明显地看出两条线有交叉趋势，这说明风险感知的调节效应确实存在。由于实线（代表高风险感知）的斜率高于虚线（代表低风险感知）的斜率，说明风险感知对长期导向与资源型行为之间的正向关系起到了增强的调节作用，风险感知有助于强化长期导向对资源型行为造成的有利影响。风险感知得分越高的企业，其由长期导向的提高导致的资源型行为程度的提高将会高于那些风险感知得分低的企业。也就是说，如果企业更加看重损失、失败等，将在一定程度上强化长期导向对资源型行为的有利影响。

（3）风险感知对"长期导向—制度型行为"的调节作用。本研究将"低长期导向、低风险感知""低长期导向、高风险感知""高长期导向、低风险感知""高长期导向、高风险感知"四种情形下制度型行为的值绘制成图，具体如图6.11所示。

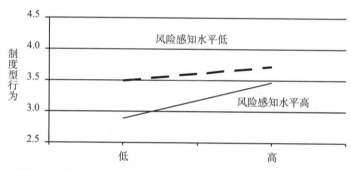

图6.11　在不同风险感知水平下长期导向对制度型行为的影响

从图6.11中可以明显地看出两条线有交叉趋势，这说明风险感知的调节效应确实存在。由于实线（代表高风险感知）的斜率高于虚线（代表低风险感知）的斜率，风险感知对长期导向与制度型行为之间的正向关系起到了增强的调节作用，风险感知有助于强化长期导向对制度型行为造成的有利影响。风险感知得分越高的企业，其由长期导向的提高导致的制度型行为程度的提高将会高于那些风险感知得分低的企业。也就是说，如果企业更加看重损失、失败等，将在一定程度上强化长期导向对制度型行为的有利影响。

（4）风险感知对"主动导向—制度型行为"的调节作用。本研究将"低主动导向、低风险感知""低主动导向、高风险感知""高主动导向、低风险感知""高主动导向、高风险感知"四种情形下制度型行为的值绘制成图，具体如图6.12所示。

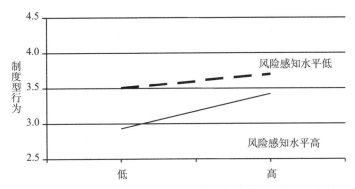

图 6.12 在不同风险感知水平下主动导向对制度型行为的影响

从图 6.12 中可以明显地看出两条线有交叉趋势，这说明风险感知的调节效应确实存在。由于实线（代表高风险感知）的斜率高于虚线（代表低风险感知）的斜率，风险感知对主动导向与制度型行为之间的正向关系起到了增强的调节作用，风险感知有助于强化主动导向对制度型行为造成的有利影响。风险感知得分越高的企业，其由主动导向的提高导致的制度型行为程度的提高将会高于那些风险感知得分低的企业。也就是说，如果企业更加看重损失、失败等，将在一定程度上强化主动导向对制度型行为的有利影响。

6.1.3.2 结构方程检验

为了从总体上把握变量之间的关系，提高研究结果的精度，本研究采用结构方程对调节效应再次进行检验。其中，在构建交互项的指标时，按照马什，文和豪（Marsh，Wen & Hau，2004）的做法，根据调节变量和自变量中因子负荷值的高低，采用"大配大，小配小"的策略配对相乘（张世琪，2012；温忠麟，刘红云和侯杰泰，2012）。

在检验风险倾向与风险感知的调节效应时，本研究首先在整体样本基础上分别构建风险倾向与风险感知的调节作用模型，对调节效应进行检验；其次，再根据企业规模分不同样本组构建调节作用模型；最后，对各模型的调节效应检验结果进行比较。

1. 针对整体样本的调节效应检验

（1）风险倾向的调节效应模型。根据马什、文和豪（Marsh，Wen & Hau，2004）提出的配对相乘策略，本研究构建了长期导向、主动导向与风险倾向的乘积项指标，并在修正模型（M3）基础上建立"认知—突发事件预防行为—突发事件防治绩效"的风险倾向调节作用模型，结果见表 6.24 和图

6.13。从表 6.24 中可以看出，模型中各项拟合指标值情况如下：χ^2/df 值为 1.455，小于 2；GFI 值为 0.768，NFI 值为 0.879，这主要是样本量与条款数量比值偏低造成的；CFI 值为 0.958，IFI 值为 0.959，TLI 值为 0.956，均大于 0.9；RMSEA 值为 0.040，小于 0.05。以上拟合指标情况表明，模型拟合情况可以接受。

表 6.24　　风险倾向对"长期导向、主动导向—突发事件预防行为"的调节作用模型结果

假设回归路径	标准化路径系数	标准误差	临界比	显著性概率
信息型行为←认知复杂性	0.361	0.053	6.065	***
资源型行为←认知复杂性	0.374	0.059	5.714	***
制度型行为←认知复杂性	0.442	0.060	6.694	***
制度型行为←认知聚焦性	−0.126	0.056	−2.054	0.040
信息型行为←长期导向	0.119	0.026	2.409	0.016
资源型行为←长期导向	0.226	0.030	4.011	***
制度型行为←长期导向	0.291	0.031	5.120	***
信息型行为←主动导向	0.253	0.025	4.938	***
资源型行为←主动导向	0.356	0.029	6.051	***
制度型行为←主动导向	0.236	0.029	4.124	***
信息型行为←风险倾向	−0.411	0.038	−6.873	***
资源型行为←风险倾向	−0.104	0.039	−1.735	0.083
制度型行为←风险倾向	−0.131	0.039	−2.225	0.026
信息型行为←长期导向×风险倾向	−0.142	0.031	−2.904	0.004
资源型行为←长期导向×风险倾向	0.011	0.034	0.199	0.842
制度型行为←长期导向×风险倾向	−0.143	0.034	−2.667	0.008
信息型行为←主动导向×风险倾向	0.048	0.031	0.964	0.335
资源型行为←主动导向×风险倾向	−0.038	0.035	−0.679	0.497
制度型行为←主动导向×风险倾向	0.028	0.034	0.513	0.608
违规强度←信息型行为	−0.311	0.103	−4.116	***
违规强度←资源型行为	0.096	0.094	1.370	0.171
小事件发生强度←信息型行为	−0.285	0.097	−3.787	***
小事件发生强度←资源型行为	0.124	0.086	1.824	0.068

续表

假设回归路径	标准化路径系数	标准误差	临界比	显著性概率
小事件发生强度←制度型行为	-0.276	0.107	-3.273	0.001
违规强度←认知复杂性	-0.212	0.085	-3.025	0.002
违规强度←认知聚焦性	0.226	0.069	3.975	***
小事件发生强度←认知聚焦性	0.305	0.071	4.931	***
违规强度←主动导向	-0.236	0.041	-3.886	***

拟合度指标：$\chi^2/df = 1.455$；GFI = 0.768；NFI = 0.879；CFI = 0.958；IFI = 0.959；TLI = 0.956；RMSEA = 0.040

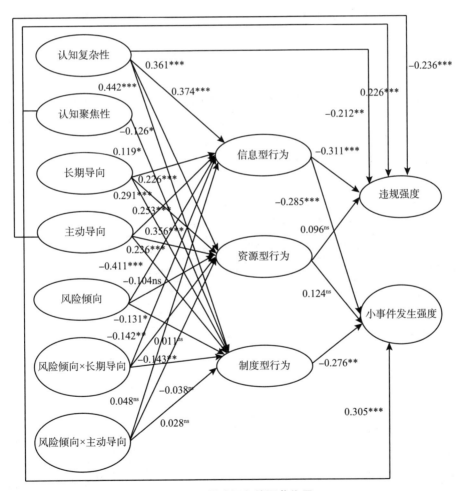

图 6.13 风险倾向的调节作用

从表 6.24 和图 6.13 可知，长期导向与风险倾向的乘积项对信息型行为具有显著的负向影响（$\beta = -0.142$，$p < 0.01$），同时，长期导向对信息型行为也具有显著的正向影响作用（$\beta = 0.119$，$p < 0.05$），这表明，随着风险倾向水平的提高，长期导向对信息型行为的正向影响减弱。

从表 6.24 和图 6.13 可知，长期导向与风险倾向的乘积项对制度型行为具有显著的负向影响（$\beta = -0.143$，$p < 0.01$）；同时，长期导向对制度型行为也具有显著的正向影响作用（$\beta = 0.291$，$p < 0.001$）。以上结果表明，随着风险倾向水平的提高，长期导向对制度型行为的正向影响减弱。

其他乘积项的影响作用并不显著，这表明，风险倾向在其他影响路径中并不起到调节作用。

（2）风险感知的调节效应模型。根据马什、文和豪（Marsh，Wen & Hau，2004）提出的配对相乘策略，本研究构建了长期导向、主动导向与风险感知的乘积项指标，并在修正模型（M3）基础上建立"认知—突发事件预防行为—突发事件防治绩效"的风险感知调节作用模型，结果见表 6.25 和图 6.14。从表 6.25 中可以看出，模型中各项拟合指标值情况如下：χ^2/df 值为 1.422，小于 2；GFI 值为 0.776，NFI 值为 0.884，相对偏低；CFI 值为 0.962，IFI 值为 0.963，TLI 值为 0.960，均大于 0.9；RMSEA 值为 0.038，小于 0.05。以上拟合指标情况表明，模型拟合情况良好。

表 6.25　　　　风险感知对"长期导向、主动导向—突发
事件预防行为"的调节作用模型结果

假设回归路径	标准化路径系数	标准误差	临界比	显著性概率
信息型行为←认知复杂性	0.485	0.057	7.211	***
资源型行为←认知复杂性	0.379	0.057	6.159	***
制度型行为←认知复杂性	0.461	0.056	7.396	***
制度型行为←认知聚焦性	-0.135	0.052	-2.303	0.021
信息型行为←长期导向	0.154	0.028	2.787	0.005
资源型行为←长期导向	0.219	0.031	3.899	***
制度型行为←长期导向	0.229	0.029	4.239	***
信息型行为←主动导向	0.384	0.030	6.024	***
资源型行为←主动导向	0.433	0.033	6.798	***
制度型行为←主动导向	0.405	0.031	6.470	***

续表

假设回归路径	标准化路径系数	标准误差	临界比	显著性概率
信息型行为←风险感知	− 0. 150	0. 039	− 2. 507	0. 012
资源型行为←风险感知	− 0. 178	0. 043	− 2. 954	0. 003
制度型行为←风险感知	− 0. 326	0. 041	− 5. 465	***
信息型行为←长期导向 × 风险感知	0. 109	0. 035	2. 015	0. 044
资源型行为←长期导向 × 风险感知	0. 122	0. 038	2. 239	0. 025
制度型行为←长期导向 × 风险感知	0. 120	0. 035	2. 320	0. 020
信息型行为←主动导向 × 风险感知	0. 113	0. 034	2. 062	0. 039
资源型行为←主动导向 × 风险感知	0. 038	0. 037	0. 686	0. 493
制度型行为←主动导向 × 风险感知	0. 123	0. 034	2. 353	0. 019
违规强度←信息型行为	− 0. 341	0. 110	− 4. 410	***
违规强度←资源型行为	0. 089	0. 092	1. 273	0. 203
小事件发生强度←信息型行为	− 0. 310	0. 100	− 4. 141	***
小事件发生强度←资源型行为	0. 150	0. 089	2. 085	0. 037
小事件发生强度←制度型行为	− 0. 292	0. 111	− 3. 369	***
违规强度←认知复杂性	− 0. 190	0. 084	− 2. 723	0. 006
违规强度←认知聚焦性	0. 228	0. 069	4. 026	***
小事件发生强度←认知聚焦性	0. 304	0. 070	4. 957	***
违规强度←主动导向	− 0. 225	0. 041	− 3. 699	***

拟合度指标：$\chi^2/df = 1.422$；GFI = 0. 776；NFI = 0. 884；CFI = 0. 962；IFI = 0. 963；TLI = 0. 960；RMSEA = 0. 038

从表 6. 25 和图 6. 14 可知，长期导向与风险感知的乘积项对信息型行为具有显著的正向影响（$\beta = 0.109$，$p < 0.05$），同时，长期导向对信息型行为也具有显著的正向影响作用（$\beta = 0.154$，$p < 0.01$），这表明，随着风险感知水平的提高，长期导向对信息型行为的正向影响增强。

从表 6. 25 和图 6. 14 可知，长期导向与风险感知的乘积项对资源型行为具有显著的正向影响（$\beta = 0.122$，$p < 0.05$），同时，长期导向对资源型行为也具有显著的正向影响作用（$\beta = 0.219$，$p < 0.001$），这表明，随着风险感知水平的提高，长期导向对资源型行为的正向影响增强。

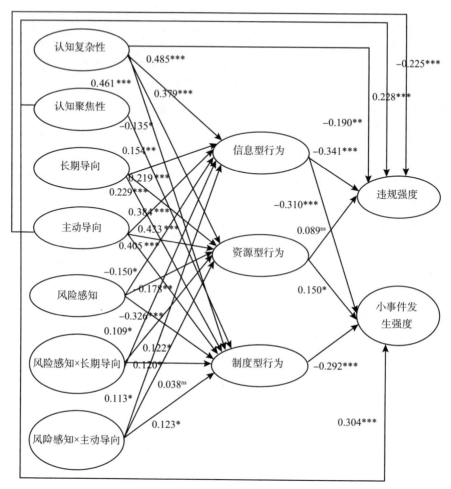

图 6.14　风险感知的调节作用

从表 6.25 和图 6.14 可知，长期导向与风险感知的乘积项对制度型行为具有显著的正向影响（$\beta = 0.120$，$p < 0.05$），同时，长期导向对制度型行为也具有显著的正向影响作用（$\beta = 0.229$，$p < 0.001$），这表明，随着风险感知水平的提高，长期导向对制度型行为的正向影响增强。

从表 6.25 和图 6.14 可知，主动导向与风险感知的乘积项对信息型行为具有显著的正向影响（$\beta = 0.113$，$p < 0.05$），同时，主动导向对信息型行为也具有显著的正向影响作用（$\beta = 0.384$，$p < 0.001$），这表明，随着风险感知水平的提高，主动导向对信息型行为的正向影响增强。

从表 6.25 和图 6.14 可知，主动导向与风险感知的乘积项对资源型行为的影响并不显著（$\beta = 0.038$，$p > 0.05$），这表明，风险感知水平的变化，并不会导致主动导向对资源型行为的影响作用的变化。

从表6.25和图6.14可知，主动导向与风险感知的乘积项对制度型行为具有显著的正向影响（$\beta = 0.123$，$p < 0.05$），同时，主动导向对制度型行为也具有显著的正向影响作用（$\beta = 0.405$，$p < 0.001$），这表明，随着风险感知水平的提高，主动导向对制度型行为的正向影响增强。

2. 针对不同企业规模样本组的调节效应检验

上述检验结果表明，企业规模与突发事件预防行为之间存在显著的相关关系，为了识别出企业规模可能对调节效应模型的影响，本研究根据企业规模的大小，将样本划分为样本数量对等的两个样本组，分别建立"长期导向、主动导向—突发事件预防行为"的风险倾向和风险感知调节作用模型，对调节效应进行检验。

由于分组之后各组企业只有146家，增加乘积项后，使得样本量与测量条款的比值大幅度降低，所以样本量相对偏少。鉴于此，本研究选择χ^2/df，以及受样本量影响较小的RMSEA、IFI、TLI和CFI作为样本组的模型拟合评价指标（Marsh, Balla & MeDonald, 1988；黄芳铭，2005；张世琪，2012）。

（1）不同企业规模样本组的风险倾向调节效应检验。

①小规模样本组。

小规模样本组的风险倾向的调节作用模型结果，见表6.26和图6.15。从表6.26和图6.15中可以看出，模型中各项拟合指标值情况如下：χ^2/df值为1.475，小于2；CFI值为0.921，IFI值为0.922，TLI值为0.917，均大于0.9；RMSEA值为0.059，小于0.08。以上拟合指标情况表明，模型拟合良好。

表6.26　　小规模样本组的风险倾向的调节作用模型检验结果

假设回归路径	标准化路径系数	标准误差	临界比	显著性概率
信息型行为←认知复杂性	0.329	0.093	3.437	***
资源型行为←认知复杂性	0.369	0.104	3.633	***
制度型行为←认知复杂性	0.437	0.106	4.527	***
制度型行为←认知聚焦性	-0.204	0.095	-2.291	0.022
信息型行为←长期导向	0.204	0.043	2.492	0.013
资源型行为←长期导向	0.199	0.047	2.343	0.019

续表

假设回归路径	标准化路径系数	标准误差	临界比	显著性概率
制度型行为←长期导向	0.367	0.050	4.369	***
信息型行为←主动导向	0.230	0.041	2.842	0.004
资源型行为←主动导向	0.375	0.048	4.180	***
制度型行为←主动导向	0.173	0.046	2.136	0.033
信息型行为←风险倾向	−0.330	0.065	−3.340	***
资源型行为←风险倾向	−0.008	0.066	−0.085	0.933
制度型行为←风险倾向	−0.110	0.069	−1.187	0.235
信息型行为←长期导向×风险倾向	−0.238	0.045	−2.914	0.004
资源型行为←长期导向×风险倾向	0.029	0.047	0.359	0.720
制度型行为←长期导向×风险倾向	−0.209	0.049	−2.652	0.008
信息型行为←主动导向×风险倾向	−0.012	0.047	−0.145	0.885
资源型行为←主动导向×风险倾向	−0.101	0.052	−1.199	0.231
制度型行为←主动导向×风险倾向	−0.122	0.053	−1.512	0.130
违规强度←信息型行为	−0.369	0.133	−3.495	***
违规强度←资源型行为	0.182	0.106	2.051	0.040
小事件发生强度←信息型行为	−0.218	0.125	−2.265	0.024
小事件发生强度←资源型行为	0.108	0.102	1.310	0.190
小事件发生强度←制度型行为	−0.315	0.124	−2.924	0.003
违规强度←认知复杂性	−0.111	0.118	−1.156	0.248
违规强度←认知聚焦性	0.270	0.099	3.249	0.001
小事件发生强度←认知聚焦性	0.329	0.109	3.670	***
违规强度←主动导向	−0.264	0.055	−3.064	0.002

拟合度指标：$\chi^2/df = 1.475$；CFI = 0.921；IFI = 0.922；TLI = 0.917；RMSEA = 0.057

从表6.26和图6.15中可以看出，长期导向与风险倾向的乘积项对信息型行为具有显著的负向影响（$\beta = -0.238$，$p < 0.01$），长期导向与风险倾向的乘积项对制度型行为具有显著的负向影响（$\beta = -0.209$，$p < 0.01$），同时，长期导向对信息型行为、制度型行为也存在显著的正向影响作用（$\beta = 0.204$，$p < 0.05$；$\beta = 0.367$，$p < 0.001$），这表明，随着风险倾向水平的提

高，长期导向对信息型行为、制度型行为的正向影响减弱。此外，其他乘积项的影响作用并不显著。

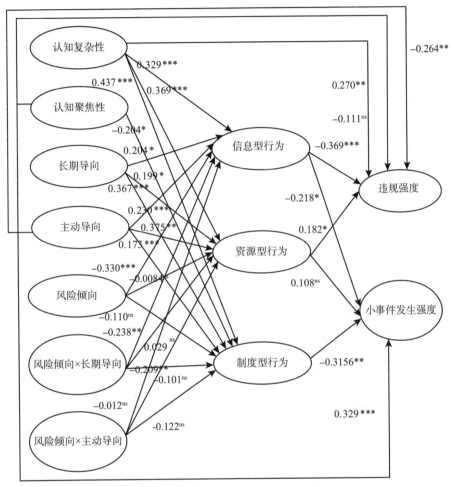

图6.15 风险倾向的调节作用（小规模企业）

②大规模样本组。

大规模样本组的风险倾向的调节作用模型结果，见表6.27和图6.16。从表6.27中可以看出，模型中各项拟合指标值情况如下：$\chi^2/\mathrm{d}f$ 值为1.505，小于2；CFI 值为 0.907，IFI 值为 0.908，TLI 值为 0.902，均大于0.9；RMSEA 值为 0.059，小于 0.08。以上拟合指标情况表明，模型拟合良好。

表6.27　　　　大规模样本组的风险倾向的调节作用模型检验结果

假设回归路径	标准化路径系数	标准误差	临界比	显著性概率
信息型行为←认知复杂性	0.466	0.068	5.708	***
资源型行为←认知复杂性	0.472	0.075	4.963	***
制度型行为←认知复杂性	0.563	0.076	5.552	***
制度型行为←认知聚焦性	0.029	0.058	0.352	0.725
信息型行为←长期导向	0.068	0.031	1.163	0.245
资源型行为←长期导向	0.277	0.038	3.664	***
制度型行为←长期导向	0.227	0.034	3.111	0.002
信息型行为←主动导向	0.232	0.030	3.720	***
资源型行为←主动导向	0.314	0.035	4.041	***
制度型行为←主动导向	0.324	0.034	4.076	***
信息型行为←风险倾向	− 0.557	0.048	− 7.183	***
资源型行为←风险倾向	− 0.249	0.045	− 3.242	0.001
制度型行为←风险倾向	− 0.247	0.043	− 3.180	0.001
信息型行为←长期导向×风险倾向	− 0.033	0.044	− 0.545	0.586
资源型行为←长期导向×风险倾向	− 0.003	0.051	− 0.038	0.970
制度型行为←长期导向×风险倾向	− 0.103	0.048	− 1.430	0.153
信息型行为←主动导向×风险倾向	0.219	0.044	3.289	0.001
资源型行为←主动导向×风险倾向	0.124	0.049	1.580	0.114
制度型行为←主动导向×风险倾向	0.292	0.048	3.590	***
违规强度←信息型行为	− 0.240	0.169	− 2.097	0.036
违规强度←资源型行为	− 0.095	0.197	− 0.754	0.451
小事件发生强度←信息型行为	− 0.431	0.185	− 3.009	0.003
小事件发生强度←资源型行为	0.140	0.191	1.001	0.317
小事件发生强度←制度型行为	− 0.149	0.227	− 0.947	0.344
违规强度←认知复杂性	− 0.262	0.119	− 2.739	0.006
违规强度←认知聚焦性	0.149	0.093	1.897	0.058
小事件发生强度←认知聚焦性	0.275	0.089	3.215	0.001
违规强度←主动导向	− 0.168	0.058	− 2.045	0.041

拟合度指标：$\chi^2/df = 1.505$；CFI = 0.907；IFI = 0.908；TLI = 0.902；RMSEA = 0.059

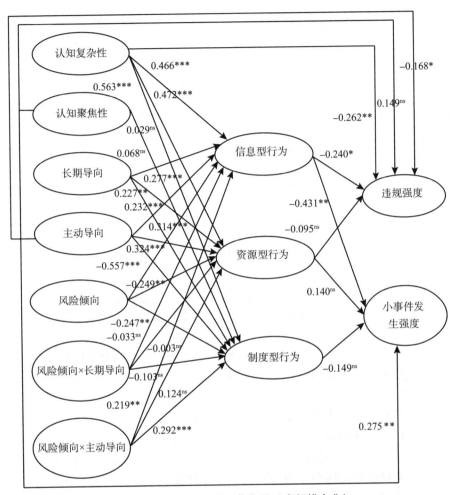

图 6.16 风险倾向的调节作用（大规模企业）

从表 6.27 和图 6.16 可知，主动导向与风险倾向的乘积项对信息型行为存在显著的正向影响（$\beta = 0.219$，$p < 0.01$），主动导向与风险倾向的乘积项对制度型行为存在显著的正向影响（$\beta = 0.292$，$p < 0.001$）同时，主动导向对信息型行为、制度型行为也存在显著的正向影响作用（$\beta = 0.232$，$p < 0.001$；$\beta = 0.324$，$p < 0.001$）。此外，其他乘积项的影响作用并不显著。

③差异性比较。

根据以上分析结果，不同企业规模样本组的风险倾向的调节作用模型基本符合整体结构的拟合要求。各模型中的乘积项的关系路径随企业规模的不同而呈现出一些差异，具体情况详见表 6.28。

表6.28　　　　不同样本组的风险倾向调节作用模型的检验结果汇总简示

假设回归路径	小规模		大规模		检验结果	
	标准化路径系数	显著性概率	标准化路径系数	显著性概率	小规模	大规模
信息型行为←长期导向×风险倾向	-0.238	0.004	-0.033	0.586	负向显著	负向不显著
资源型行为←长期导向×风险倾向	0.029	0.720	-0.003	0.970	正向不显著	负向不显著
制度型行为←长期导向×风险倾向	-0.209	0.008	-0.103	0.153	负向显著	负向不显著
信息型行为←主动导向×风险倾向	-0.012	0.885	0.219	0.001	负向不显著	正向显著
资源型行为←主动导向×风险倾向	-0.101	0.231	0.124	0.114	负向不显著	正向不显著
制度型行为←主动导向×风险倾向	-0.122	0.130	0.292	***	负向不显著	正向显著

　　从表6.28可知，企业规模对风险倾向的调节效应都具有影响作用，小规模与大规模企业样本之间，风险倾向对"长期导向—信息型行为""长期导向—制度型行为""主动导向—信息型行为""主动导向—制度型行为"之间关系的调节作用呈现出明显差异。在小规模样本组中，风险倾向对长期导向与信息型行为之间的调节作用负向显著，而在大规模样本组中，风险倾向对长期导向与信息型行为之间的调节作用并不显著；在小规模样本组中，风险倾向对长期导向与制度型行为之间的调节作用负向显著，而在大规模样本组中，风险倾向对长期导向与制度型行为之间的调节作用并不显著；在小规模样本组中，风险倾向对主动导向与信息型行为之间的调节作用并不显著，而在大规模样本组中，风险倾向对主动导向与信息型行为之间的调节作用正向显著；在小规模样本组中，风险倾向对主动导向与制度型行为之间的调节作用负向显著，而在大规模样本组中，风险倾向对主动导向与制度型行为之间的调节作用正向显著。其余两条路径并不存在显著与不显著的差异之分。

　　此外，本研究进一步采用多群组结构方程分析技术对未呈现出"显著"与"不显著"差异的路径进行检验，结果发现，其差异性均不显著。

　　（2）不同企业规模样本组的风险感知调节效应检验。

　　①小规模样本组。

　　小规模样本组的风险感知的调节作用模型结果，见表6.29和图6.17。

从表 6.29 中可以看出，模型中各项拟合指标值情况如下：χ^2/df 值为 1.429，小于 2；CFI 值为 0.930，IFI 值为 0.930，TLI 值为 0.926，均大于 0.9；RM-SEA 值为 0.054，小于 0.08。以上拟合指标情况表明，模型拟合情况良好。从表 6.29 和图 6.17 可知，主动导向与风险感知的乘积项对制度型行为存在显著的正向影响（$\beta=0.185$，$p<0.05$），同时，主动导向对制度型行为也存在显著的正向影响作用（$\beta=0.311$，$p<0.001$），这表明，随着风险感知水平的提高，主动导向对制度型行为的正向影响增强。此外，其他乘积项的影响作用并不显著。

表 6.29　　　　小规模样本组的风险感知的调节作用模型检验结果

假设回归路径	标准化路径系数	标准误差	临界比	显著性概率
信息型行为←认知复杂性	0.458	0.093	4.575	***
资源型行为←认知复杂性	0.317	0.092	3.634	***
制度型行为←认知复杂性	0.430	0.088	5.024	***
制度型行为←认知聚焦性	−0.207	0.084	−2.466	0.014
信息型行为←长期导向	0.205	0.044	2.366	0.018
资源型行为←长期导向	0.165	0.047	2.004	0.045
制度型行为←长期导向	0.258	0.043	3.348	***
信息型行为←主动导向	0.325	0.044	3.584	***
资源型行为←主动导向	0.408	0.049	4.560	***
制度型行为←主动导向	0.311	0.043	3.817	***
信息型行为←风险感知	−0.079	0.058	−0.877	0.381
资源型行为←风险感知	−0.203	0.065	−2.296	0.022
制度型行为←风险感知	−0.309	0.059	−3.716	***
信息型行为←长期导向×风险感知	0.109	0.053	1.332	0.183
资源型行为←长期导向×风险感知	0.119	0.058	1.510	0.131
制度型行为←长期导向×风险感知	0.135	0.052	1.877	0.061
信息型行为←主动导向×风险感知	0.106	0.051	1.306	0.191
资源型行为←主动导向×风险感知	−0.073	0.056	−0.940	0.347
制度型行为←主动导向×风险感知	0.185	0.050	2.547	0.011
违规强度←信息型行为	−0.382	0.139	−3.624	***
违规强度←资源型行为	0.176	0.106	1.948	0.051
小事件发生强度←信息型行为	−0.225	0.129	−2.375	0.018

续表

假设回归路径	标准化路径系数	标准误差	临界比	显著性概率
小事件发生强度←资源型行为	0.117	0.104	1.355	0.175
小事件发生强度←制度型行为	−0.331	0.132	−3.088	0.002
违规强度←认知复杂性	−0.103	0.115	−1.101	0.271
违规强度←认知聚焦性	0.264	0.099	3.180	0.001
小事件发生强度←认知聚焦性	0.314	0.109	3.530	***
违规强度←主动导向	−0.264	0.054	−3.114	0.002

拟合度指标：$\chi^2/df = 1.429$；CFI $= 0.930$；IFI $= 0.930$；TLI $= 0.926$；RMSEA $= 0.054$

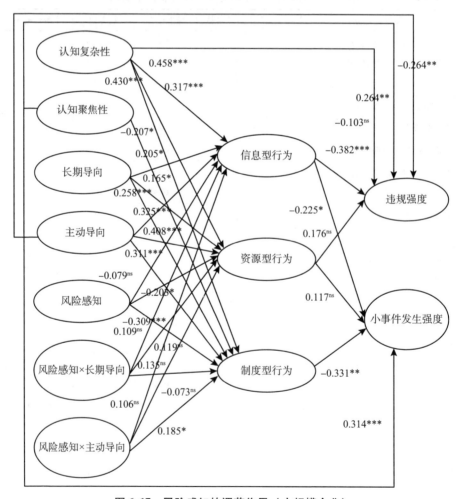

图 6.17　风险感知的调节作用（小规模企业）

②大规模样本组。

大规模样本组的风险感知的调节作用模型结果，见表 6.30 和图 6.18。从表 6.30 中可以看出，模型中各项拟合指标值情况如下：χ^2/df 值为 1.469，小于 2；CFI 值为 0.916，IFI 值为 0.917，TLI 值为 0.911，均大于 0.9；RMSEA 值为 0.057，小于 0.08。以上拟合指标情况表明，模型拟合情况良好。

表 6.30　　　大规模样本组的风险感知的调节作用模型检验结果

假设回归路径	标准化路径系数	标准误差	临界比	显著性概率
信息型行为←认知复杂性	0.498	0.074	5.397	***
资源型行为←认知复杂性	0.488	0.072	5.416	***
制度型行为←认知复杂性	0.493	0.07	5.337	***
制度型行为←认知聚焦性	−0.032	0.058	−0.403	0.687
信息型行为←长期导向	0.123	0.036	1.713	0.087
资源型行为←长期导向	0.279	0.038	3.712	***
制度型行为←长期导向	0.223	0.035	2.999	0.003
信息型行为←主动导向	0.465	0.042	4.985	***
资源型行为←主动导向	0.487	0.042	5.245	***
制度型行为←主动导向	0.544	0.042	5.483	***
信息型行为←风险感知	−0.272	0.057	−3.103	0.002
资源型行为←风险感知	−0.175	0.055	−2.048	0.041
制度型行为←风险感知	−0.346	0.055	−3.863	***
信息型行为←长期导向×风险感知	0.155	0.050	1.967	0.049
资源型行为←长期导向×风险感知	0.066	0.049	0.843	0.399
制度型行为←长期导向×风险感知	0.152	0.047	1.928	0.054
信息型行为←主动导向×风险感知	0.137	0.047	1.764	0.078
资源型行为←主动导向×风险感知	0.208	0.047	2.613	0.009
制度型行为←主动导向×风险感知	0.076	0.043	1.003	0.316
违规强度←信息型行为	−0.249	0.169	−2.274	0.023
违规强度←资源型行为	−0.099	0.181	−0.844	0.398
小事件发生强度←信息型行为	−0.433	0.168	−3.462	***
小事件发生强度←资源型行为	0.141	0.181	1.054	0.292

续表

假设回归路径	标准化路径系数	标准误差	临界比	显著性概率
小事件发生强度←制度型行为	−0.160	0.213	−1.068	0.285
违规强度←认知复杂性	−0.251	0.126	−2.458	0.014
违规强度←认知聚焦性	0.162	0.091	2.135	0.033
小事件发生强度←认知聚焦性	0.292	0.088	3.448	***
违规强度←主动导向	−0.161	0.060	−1.884	0.060

拟合度指标：$\chi^2/df = 1.469$；$CFI = 0.916$；$IFI = 0.917$；$TLI = 0.911$；$RMSEA = 0.057$

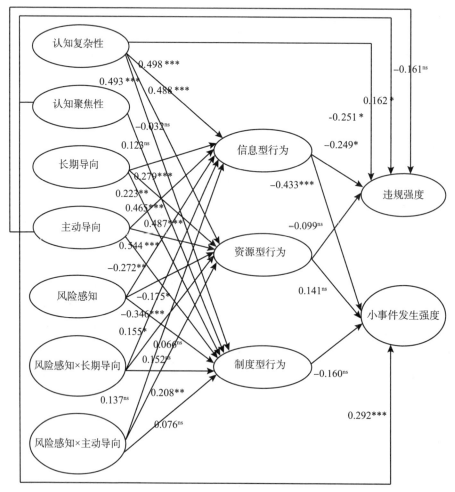

图 6.18 风险感知的调节作用（大规模企业）

从表6.30和图6.18可知，长期导向与风险感知的乘积项对信息型行为具有显著的正向影响（$\beta=0.155$，$p<0.05$），但是，长期导向对信息型行为的正向影响作用并不显著（$\beta=0.123$，$p>0.05$），这表明，风险感知的水平发生变化，长期导向对信息型行为的影响并不显著变化。主动导向与风险感知的乘积项对资源型行为具有显著的正向影响（$\beta=0.208$，$p<0.01$），同时，主动导向对资源型行为也具有显著的正向影响作用（$\beta=0.544$，$p<0.001$），这表明，随着风险感知水平的提高，主动导向对资源型行为的正向影响增强。此外，其他乘积项的影响作用并不显著。

③差异性比较。

根据以上分析结果，不同企业规模样本组的风险感知的调节作用模型基本符合整体结构的拟合要求。各模型中的乘积项的关系路径随企业规模的不同而呈现出一些差异，具体情况详见表6.31。

表6.31　不同样本组的风险感知调节作用模型的检验结果汇总简表

假设回归路径	小规模		大规模		检验结果	
	标准化路径系数	显著性概率	标准化路径系数	显著性概率	小规模	大规模
信息型行为←长期导向×风险感知	0.109	0.183	0.155	0.049	正向不显著	正向显著
资源型行为←长期导向×风险感知	0.119	0.131	0.066	0.399	正向不显著	正向不显著
制度型行为←长期导向×风险感知	0.135	0.061	0.152	0.054	正向不显著	正向不显著
信息型行为←主动导向×风险感知	0.106	0.191	0.137	0.078	正向不显著	正向不显著
资源型行为←主动导向×风险感知	−0.073	0.347	0.208	0.009	负向不显著	正向显著
制度型行为←主动导向×风险感知	0.185	0.011	0.076	0.316	正向显著	正向不显著

从表6.31可知，企业规模对风险感知的调节效应具有影响作用，结合表中长期导向、主动导向的影响作用，小规模与大规模企业样本之间，风险感

知对"主动导向—资源型行为"和"主动导向—制度型行为"之间关系的调节作用呈现出明显差异。在小规模样本组中，风险感知对主动导向与资源型行为之间的调节作用并不显著，而在大规模样本组中，风险感知对主动导向与资源型行为之间的调节作用正向显著；在小规模样本组中，风险感知对主动导向与制度型行为之间的调节作用正向显著，而在大规模样本组中，风险倾向对主动导向与制度型行为之间的调节作用并不显著。此外，本研究进一步采用多群组结构方程分析技术对路径统计上的显著性差异进行检验，结果发现，六条路径的差异性并不显著。

6.2 认知、突发事件预防行为与突发事件防治绩效（应急效果）

由于应急效果的测量需要特定的对象，即，发生过突发事件的企业，同时为了保障测量的准确性，突发事件所发生的时间也不能久远，因此，对应急效果的测量仅仅有部分企业才可以做出回答。

此外，为了客观测量应急效果，本研究经小样本测试后，对应急效果的测量采用了4项条款，即，让被试者具体填写突发事件造成的人员死亡数、重伤数、轻伤数和造成的工作日损失数。本研究在获得的292家样本企业中，有124家企业对应急效果的测量题项进行了完整填写。

6.2.1 应急效果的数据处理及信度、效度

1. 应急效果的数据聚合

由于应急效果的测量数据是二手数据，同时在每家企业发放了5份问卷，由于二手数据与李克特（Likert）量表数据存在差异，r_{wg}检验并不适合，所以本研究主要通过ICC（1）和ICC（2）来判断同一企业内的数据是否可以聚合，结果见表6.32。从表6.32中可以看出，应急效果的ICC（1）的值为0.638，ICC（2）的值为0.898，均高于詹姆斯（James，1982）给出的经验标准；同时，F值检验也显著。说明本研究收集的数据在企业间有显著的差异，而在企业内有较好的一致性。因此，本研究将数据进行聚合是可行的。

表 6.32   应急效果的数据聚合

变量	ICC（1）	F 值	ICC（2）
应急效果	0.638	10.803 ***	0.907

2. 应急效果的数据处理

在数据聚合后所获得数据，与李克特（linkert）量表数据仍存在差异，为了降低数据极端值的影响，使数据平滑，本研究采用纳德卡尼和纳拉亚南（Nadkarni & Narayanan，2007）的做法，将数据进行了标准化处理。由于在测量时以负面指标衡量应急效果，所以本研究对数据采用了负向标准化处理。

3. 应急效果的信度和效度

在经过上述做法以后，本研究进一步对应急效果的信度和效度进行检验。探索性因子分析表明，KMO 为 0.802，巴特利球体检验显著性小于 0.001，4个测量题项提取成一个因子，因子的特征值为 3.116，累计方差解释量为 77.892%。此外，从表 6.33 中可以看出，4 项测量条款 CITC 值为均高于 0.5，尽管删除 YP－4 后，α 系数值可以提高 0.0021，但幅度有限，所以本研究予以保留。其中，量表的 α 系数值为 0.9044，满足乔治和马利里（George & Mallery，2003）的要求。

表 6.33   应急效果的 CITC 值和内部一致性信度分析

变量	条款	CITC	删除该条款后 α 系数	α 值
应急效果	YP－1	0.7614	0.8848	0.9044
	YP－2	0.8940	0.8362	
	YP－3	0.7906	0.8743	
	YP－4	0.6995	0.9065	

综上分析，在经过探索性因子分析、CITC 值和内部一致性信度分析后，应急效果的信度值和效度值，满足研究要求。

6.2.2 控制变量的影响作用分析

本研究调研对象的企业特征变量包括企业规模、年龄、所有制性质、行业类别，以及区位因素。本研究对这 5 类因素对各变量的影响进行逐一分析，以准确识别并加以控制。

1. 企业规模对各变量的影响分析

由于企业规模为连续性变量，本研究采用相关性分析方法来判断企业规模因素对各变量是否存在影响，结果见表6.34。其中，为了降低极端值的影响使数据平滑，本研究对企业员工数量采取了对数化处理（Li，Poppo & Zhou，2008；Karaevli，2007；Danneels，2005）。从表6.34中可以看出，企业规模与信息型行为、资源型行为、制度型行为、违规强度、小事件发生强度、应急效果均不存在显著的相关关系，因此，接下来，本研究不将企业规模作为控制变量。

表6.34 企业规模对各变量的影响分析结果（二）

因变量	相关性检验		
	相关系数	显著性	是否显著
信息型行为	0.096	0.287	否
资源型行为	0.167	0.064	否
制度型行为	0.068	0.454	否
违规强度	−0.017	0.854	否
小事件发生强度	0.015	0.867	否
应急效果	0.107	0.237	否

注：$**p<0.01$，$*p<0.05$，下同。

2. 企业年龄对各变量的影响分析

由于企业年龄为连续性变量，本研究采用相关性分析方法来判断企业年龄因素对各变量是否存在影响，结果见表6.35。为降低极端值的影响使数据平滑，本研究将企业年龄采取了对数化处理。从表6.35中可以看出，企业年龄与信息型行为、资源型行为、制度型行为、违规强度、小事件发生强度、应急效果均不存在显著的相关关系。因此，本研究不将企业年龄作为控制变量。

3. 企业所有制性质对各变量的影响分析

按照上一节的做法，本研究采用方差分析方法来判断企业所有制性质因素对各变量是否存在影响，结果见表6.36。从表6.36中可以看出，在置信度为95%的水平下，企业所有制不同，其信息型行为、资源型行为、制度型行为、违规强度、小事件发生强度以及应急效果均没有显著差异。因此，本研究不将企业所有制性质作为控制变量。

表 6.35 企业年龄对各变量的影响分析结果（二）

因变量	相关性检验		
	相关系数	显著性	是否显著
信息型行为	0.018	0.840	否
资源型行为	−0.161	0.075	否
制度型行为	−0.143	0.114	否
违规强度	0.088	0.329	否
小事件发生强度	0.106	0.243	否
应急效果	−0.094	0.298	否

表 6.36 企业所有制性质对各变量的影响分析结果（二）

因变量	方差齐次检验			均值差异 T 检验		
	F 值	显著性	是否齐次	F 值	显著性	差异是否显著
信息型行为	0.462	0.631	是	0.145	0.865	否
资源型行为	1.252	0.290	是	0.037	0.964	否
制度型行为	0.056	0.946	是	0.514	0.599	否
违规强度	0.027	0.974	是	0.376	0.687	否
小事件发生强度	0.675	0.511	是	0.252	0.778	否
应急效果	1.065	0.348	是	0.572	0.566	否

4. 行业类别对各变量的影响分析

按照上一节的做法，本研究采用方差分析方法来判断企业所处行业因素对各变量是否存在影响，结果见表 6.37。从表 6.37 中可以看出，在置信度为 95% 的水平下，企业行业类别不同，其信息型行为、资源型行为、制度型行为、违规强度、小事件发生强度和应急效果均没有显著差异。因此，本研究不将行业类别作为控制变量。

表 6.37 行业类别对各变量的影响分析结果（二）

因变量	方差齐次检验			均值差异 T 检验		
	F 值	显著性	是否齐次	F 值	显著性	差异是否显著
信息型行为	1.194	0.315	是	0.419	0.739	否

续表

因变量	方差齐次检验			均值差异 T 检验		
	F 值	显著性	是否齐次	F 值	显著性	差异是否显著
资源型行为	0.774	0.511	是	0.768	0.514	否
制度型行为	1.483	0.222	是	1.266	0.289	否
违规强度	3.703	0.014	否	0.682	0.565	否
小事件发生强度	1.490	0.221	是	1.897	0.134	否
应急效果	1.053	0.372	是	1.661	0.179	否

5. 区位对各变量的影响分析

按照上一节的做法，本研究采用方差分析方法来判断企业所处区位因素对各变量是否存在影响，结果见表 6.38。从表 6.38 中可以看出，在置信度为 95% 的水平下，企业区位不同，其信息型行为、资源型行为、制度型行为、违规强度、小事件发生强度和应急效果均没有显著差异。因此，本研究不将区位作为控制变量。

表 6.38　　　　　　　区位对各变量的影响分析结果（二）

因变量	方差齐次检验			均值差异 T 检验		
	F 值	显著性	是否齐次	F 值	显著性	差异是否显著
信息型行为	2.326	0.078	是	0.485	0.693	否
资源型行为	1.098	0.353	是	1.019	0.387	否
制度型行为	1.715	0.168	是	2.122	0.101	否
违规强度	4.219	0.007	否	0.354	0.787	否
小事件发生强度	1.757	0.159	是	1.939	0.127	否
应急效果	0.011	0.998	是	0.424	0.736	否

6.2.3　中介效应检验

本研究按照巴伦和肯尼（Baron & Kenny，1986），温忠麟、张雷、侯杰泰等（2004）、张世琪（2012）的做法，以及索贝尔（Sobel）检验，来判定中介效应。由于关于应急效果的样本为 124 个，而测量条款为 47 项，鉴于此，本研究选择 χ^2/df，以及受样本量影响较小的 RMSEA、IFI、TLI 和 CFI 作为样本组的模型拟合评价指标（Marsh，Balla & McDonald，1988，黄芳铭，2005；张世琪，2012）。

6.2.3.1 巴伦和肯尼（Baron & Kenny）中介效应检验

1. 认知对突发事件防治绩效（应急效果）的影响

根据以上学者提出的方法与步骤，本研究首先分析自变量（认知复杂性、认知聚焦性、长期导向、主动导向）对因变量中的应急效果的影响，结果见表6.39和图6.19。从表6.39中可以看出，模型中各项拟合指标值情况如下：χ^2/df值为1.262；CFI值为0.982，IFI值为0.982，TLI值为0.979，均大于0.9；RMSEA值为0.046，小于0.05。以上拟合指标情况表明，模型拟合良好。

表 6.39　　认知对突发事件防治绩效（应急效果）的影响分析结果

假设回归路径	标准化路径系数	显著性概率	是否显著
应急效果←认知复杂性	0.343	***	是
应急效果←认知聚焦性	−0.114	0.263	否
应急效果←长期导向	0.041	0.633	否
应急效果←主动导向	0.253	0.006	是

拟合度指标：$\chi^2/df = 1.262$；CFI = 0.982；IFI = 0.982；TLI = 0.979；RMSEA = 0.046

注：$*** p < 0.001$，$** p < 0.01$，$* p < 0.05$，ns $p > 0.05$。下同。

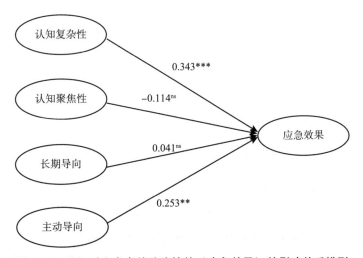

图 6.19　认知对突发事件防治绩效（应急效果）的影响关系模型

由表 6.39 与图 6.19 可知，认知复杂性对应急效果具有显著的正向影响作用，标准化回归系数为 0.343 （$p < 0.001$）；认知聚焦性对应急效果的影响作用并不显著，标准化回归系数为 -0.114 （$p > 0.05$）；长期导向对应急效果均的影响作用并不显著，标准化回归系数为 0.041 （$p > 0.05$）；主动导向对应急效果具有显著的正向影响作用，标准化回归系数为 0.253 （$p < 0.01$）。总体而言，认知复杂性、主动导向对应急效果的回归系数都达到了显著性水平，满足判定中介效应的第一个条件。

2. 认知对突发事件预防行为的影响

根据学者们提出的判定中介效应的步骤，本研究接着分析自变量（认知复杂性、认知聚焦性、长期导向、主动导向）对中介变量（信息型行为、资源型行为、制度型行为）的影响。表 6.40 所列为认知复杂性、认知聚焦性、长期导向、主动导向对信息型行为、资源型行为和制度型行为的影响分析结果。从表 6.40 中可以看出，模型中各项拟合指标值情况如下：χ^2/df 值为 1.517；CFI 值为 0.924，IFI 值为 0.925，TLI 值为 0.918，均大于 0.9；RM-SEA 值为 0.065，小于 0.08。以上拟合指标情况表明，模型拟合良好。

表 6.40 　　　　　　　　　认知对突发事件预防行为的影响分析结果

假设回归路径	标准化路径系数	显著性概率	是否显著
信息型行为←认知复杂性	0.401	***	是
资源型行为←认知复杂性	0.361	***	是
制度型行为←认知复杂性	0.491	***	是
信息型行为←认知聚焦性	-0.161	0.158	否
资源型行为←认知聚焦性	-0.076	0.447	否
制度型行为←认知聚焦性	-0.268	0.019	是
信息型行为←长期导向	0.196	0.045	是
资源型行为←长期导向	0.131	0.158	否
制度型行为←长期导向	0.173	0.055	否
信息型行为←主动导向	0.198	0.051	否
资源型行为←主动导向	0.350	***	是
制度型行为←主动导向	0.229	0.016	是

拟合度指标：$\chi^2/df = 1.517$；CFI = 0.924；IFI = 0.925；TLI = 0.918；RMSEA = 0.065

由表6.40与图6.20可知,认知复杂性对信息型行为、资源型行为和制度型行为均具有显著的正向影响作用,标准化回归系数分别为0.401($p<0.001$)、0.361($p<0.001$)和0.491($p<0.001$);认知聚焦性对信息型行为和资源型行为的影响作用均不显著,标准化回归系数分别为-0.161($p>0.05$)和-0.076($p>0.05$),对制度型行为具有显著的负向影响作用,标准化回归系数为-0.268($p<0.05$);长期导向对信息型行为具有显著的正向影响作用,标准化回归系数为0.196($p<0.05$),长期导向对资源型行为和制度型行为的影响作用并不显著,标准化回归系数分别为0.131($p>0.05$)和0.173($p>0.05$);主动导向对信息型行为的影响作用并不显著,准化回归系数为0.164($p>0.05$),主动导向对资源型行为和制度型行为均具有显著的正向影响作用,标准化回归系数分别为0.350($p<0.001$)和0.229($p<0.05$),对信息型行为的影响作用并不显著,标准化回归系数为0.198($p>0.05$)。总体看来,突发事件预防行为对认知因素的回归系数部分达到显著性水平,满足判定中介效应的第二个条件。

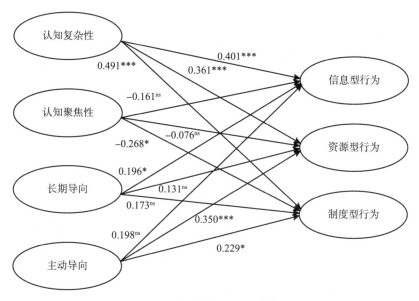

图6.20   认知对突发事件预防行为的影响关系模型

3. 突发事件预防行为对突发事件防治绩效(应急效果)的影响

根据学者们提出的判定中介效应的步骤,本研究接着分析中介变量(突发事件预防行为)与因变量(突发事件防治绩效——应急效果)之间的影响关系。表 6.41 所列为，突发事件预防行为的各维度分别对突发事件防治绩效（应急效果）的影响分析结果。从表 6.41 中可以看出，模型中各项拟合指标值情况如下：χ^2/df 值为 1.540，CFI 值为 0.942，IFI 值为 0.943，TLI 值为 0.936，均大于 0.9；RMSEA 值为 0.066，小于 0.08。以上拟合指标情况表明，模型拟合良好。

表 6.41　　　　　　　　突发事件预防行为对应急效果的影响分析结果

假设回归路径	标准化路径系数	显著性概率	是否显著
应急效果←信息型行为	0.356	0.019	是
应急效果←资源型行为	0.271	0.008	是
应急效果←制度型行为	0.343	0.017	是

拟合度指标：$\chi^2/df = 1.540$；CFI = 0.942；IFI = 0.943；TLI = 0.936；RMSEA = 0.066

由表 6.41 与图 6.21 可知，信息型行为对应急效果具有显著的正向影响作用，标准化回归系数为 0.356（$p < 0.05$）；资源型行为对应急效果具有显著的正向影响作用，标准化回归系数为 0.271（$p < 0.01$）；制度型行为对应急效果具有显著的正向影响作用，标准化回归系数为 0.343（$p < 0.05$）。应急效果对信息型行为、资源型行为和制度型行为的回归系数均达到了显著性水平，满足判定中介效应的第三个条件。

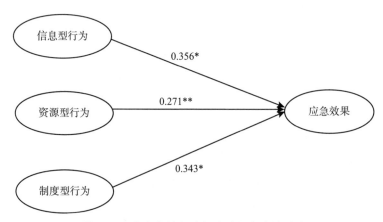

图 6.21　突发事件预防行为对突发事件防治
绩效（应急效果）的影响关系模型

4. 认知对突发事件预防行为、应急效果的影响

通过以上分析，在满足检验突发事件预防行为在认知与突发事件防治绩效（应急效果）之间中介效应的前三个条件基础上，首先，本研究考虑认知与应急效果之间的间接作用，建立突发事件预防行为的完全中介模型（M4）；其次，本研究同时考虑认知与突发事件防治绩效之间的直接和间接作用，建立突发事件预防行为的部分中介模型（M5）；在下一部分，本研究将对部分中介模型（M5）进行修订，形成模型（M6）。

（1）完全中介作用模型（M4）。由于本研究重点考察认知对突发事件预防行为的影响以及突发事件预防行为对应急效果的影响，因此初始理论模型是一个完全中介模型。对初始理论模型进行拟合分析，结果见表 6.42 和图 6.22。从表 6.42 中可以看出，模型中各项拟合指标值情况如下：χ^2/df 值为 1.508；CFI 值为 0.917，IFI 值为 0.918，TLI 值为 0.911，均大于 0.9；RM-SEA 值为 0.064，小于 0.08。以上拟合指标情况表明，模型拟合良好。

表 6.42　　完全中介作用模型（M4）的影响关系及模型拟合指标

假设回归路径	标准化路径系数	标准误差	临界比	显著性概率
信息型行为←认知复杂性	0.390	0.084	3.502	***
资源型行为←认知复杂性	0.354	0.095	3.406	***
制度型行为←认知复杂性	0.474	0.090	4.355	***
信息型行为←认知聚焦性	−0.158	0.124	−1.393	0.163
资源型行为←认知聚焦性	−0.078	0.142	−0.728	0.467
制度型行为←认知聚焦性	−0.262	0.136	−2.322	0.020
信息型行为←长期导向	0.164	0.043	1.703	0.089
资源型行为←长期导向	0.109	0.049	1.179	0.238
制度型行为←长期导向	0.146	0.043	1.643	0.100
信息型行为←主动导向	0.199	0.039	1.971	0.049
资源型行为←主动导向	0.346	0.047	3.404	***
制度型行为←主动导向	0.225	0.040	2.383	0.017
应急效果←信息型行为	0.406	0.186	3.794	***
应急效果←资源型行为	0.309	0.137	3.255	0.001
应急效果←制度型行为	0.309	0.162	3.023	0.003

拟合度指标：$\chi^2/df = 1.508$；CFI $= 0.917$；IFI $= 0.918$；TLI $= 0.911$；RMSEA $= 0.064$

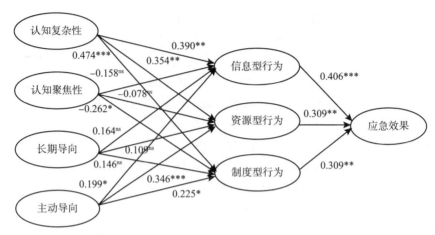

图 6.22 完全中介作用模型（M4）分析结果

由表 6.42 与图 6.22 可知，认知复杂性对信息型行为、资源型行为和制度型行为均具有显著的正向影响作用，标准化回归系数分别为 0.390（$p < 0.01$）、0.354（$p < 0.01$）和 0.474（$p < 0.001$）；认知聚焦性对信息型行为和资源型行为的影响作用并不显著，标准化回归系数分别为 -0.158（$p > 0.05$）和 -0.078（$p > 0.05$），认知聚焦性对制度型行为有显著的负向影响作用，标准化回归系数为 -0.262（$p < 0.05$）；长期导向对信息型行为、资源型行为和制度型行为影响作用均不显著，标准化回归系数分别为 0.164（$p > 0.05$）、0.109（$p > 0.05$）和 0.146（$p > 0.05$）；主动导向对信息型行为、资源型行为和制度型行为均具有显著的正向影响作用，标准化回归系数分别为 0.199（$p < 0.05$）、0.346（$p < 0.001$）和 0.225（$p < 0.05$）。

信息型行为对应急效果具有显著的正向影响作用，标准化回归系数为 0.406（$p < 0.001$）；资源型行为对应急效果具有显著的正向影响作用，标准化回归系数为 0.309（$p < 0.01$）；制度型行为对应急效果具有显著的正向影响作用，标准化回归系数为 0.309（$p < 0.01$）。

（2）部分中介作用模型（M5）。通过以上分析，在满足检验突发事件预防行为在认知因素与突发事件防治绩效（应急效果）之间中介效应的前三个条件基础上，本研究同时考虑认知因素与应急效果之间的直接和间接作用，建立突发事件预防行为的部分中介模型，结果见表 6.43 和图 6.23。从表 6.43 中可以看出，模型中各项拟合指标值情况如下：χ^2/df 值为 1.504；CFI 值为 0.918，IFI 值为 0.919，TLI 值为 0.912，均大于 0.9；RMSEA 值为 0.064，小于 0.08。以上拟合指标情况表明，模型拟合良好。

表 6.43　　　部分中介作用模型（M5）的影响关系及模型拟合指标

假设回归路径	标准化路径系数	标准误差	临界比	显著性概率
信息型行为←认知复杂性	0.404	0.084	3.613	***
资源型行为←认知复杂性	0.363	0.093	3.502	***
制度型行为←认知复杂性	0.499	0.090	4.601	***
信息型行为←认知聚焦性	−0.163	0.125	−1.429	0.153
资源型行为←认知聚焦性	−0.078	0.141	−0.730	0.466
制度型行为←认知聚焦性	−0.263	0.136	−2.327	0.020
信息型行为←长期导向	0.196	0.043	2.016	0.044
资源型行为←长期导向	0.130	0.049	1.402	0.161
制度型行为←长期导向	0.176	0.044	1.951	0.051
信息型行为←主动导向	0.202	0.039	1.996	0.046
资源型行为←主动导向	0.349	0.046	3.452	***
制度型行为←主动导向	0.227	0.040	2.403	0.016
应急效果←信息型行为	0.500	0.220	3.911	***
应急效果←资源型行为	0.413	0.161	3.671	***
应急效果←制度型行为	0.576	0.278	3.250	0.001
应急效果←认知复杂性	−0.261	0.177	−1.901	0.057
应急效果←认知聚焦性	0.106	0.197	1.011	0.312
应急效果←长期导向	−0.210	0.066	−2.442	0.015
应急效果←主动导向	−0.120	0.064	−1.233	0.218

拟合度指标：$\chi^2/df = 1.504$；CFI = 0.918；IFI = 0.919；TLI = 0.912；RMSEA = 0.064

　　由表 6.43 与图 6.23 可知，认知复杂性对信息型行为、资源型行为和制度型行为均具有显著的正向影响作用，标准化回归系数分别为 0.404（$p < 0.001$）、0.363（$p < 0.001$）和 0.499（$p < 0.001$）；认知聚焦性对信息型行为和资源型行为的影响作用均不显著，标准化回归系数分别为 −0.163（$p > 0.05$）和 −0.078（$p > 0.05$），认知聚焦性对制度型行为有显著的负向影响作用，标准化回归系数为 −0.263（$p < 0.05$）；长期导向对信息型行为具有显著的正向影响作用，标准化回归系数为 0.196（$p < 0.05$），对资源型行为和制度型行为的影响均不显著，标准化回归系数分别为 0.130（$p > 0.05$）和

0.176（$p>0.05$）；主动导向对信息型行为、资源型行为和制度型行为均具有显著的正向影响作用，标准化回归系数分别为 0.202（$p<0.05$）、0.349（$p<0.01$）和 0.227（$p<0.05$）。

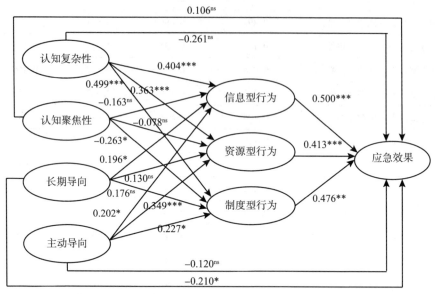

图 6.23　部分中介作用模型（M5）分析结果

信息型行为对应急效果具有显著的正向影响作用，标准化回归系数为 0.500（$p<0.001$）；资源型行为对应急效果具有显著的正向影响作用，标准化回归系数为 0.413（$p<0.001$）；制度型行为对应急效果具有显著的正向影响作用，标准化回归系数为 0.476（$p<0.01$）。

认知复杂性对应急效果的影响作用并不显著，标准化回归系数为 -0.261（$p>0.05$）；认知聚焦性对应急效果的影响作用不显著，标准化回归系数为 0.106（$p>0.05$）；长期导向对应急效果具有显著的负向影响作用，标准化回归系数为 -0.210（$p<0.05$）；主动导向对应急效果影响作用不显著，标准化回归系数为 -0.120（$p>0.05$）。

接下来，本研究对认知复杂性、认知聚焦性、长期导向、主动导向与违规强度、小事件发生强度之间的直接作用模型与存在中介的作用模型进行了比较，见表 6.44。

表 6.44 认知对应急效果的作用模型结果比较

假设回归路径	直接作用模型		间接作用模型	
	标准化路径系数	显著性概率	标准化路径系数	显著性概率
应急效果←认知复杂性	0.343	***	−0.261	0.057
应急效果←认知聚焦性	−0.114	0.263	0.106	0.312
应急效果←长期导向	0.041	0.633	−0.210	0.015
应急效果←主动导向	0.253	0.006	−0.120	0.218

由表 6.44 的结果可知，在模型中加入中介变量后，认知复杂性对应急效果的影响系数的绝对值降低，影响作用变得不显著；认知聚焦性对应急效果的影响系数的绝对值降低；长期导向对应急效果的影响作用由不显著变得显著；主动导向对应急效果的影响系数的绝对值均降低，同时主动导向对应急效果的影响作用变得不显著。综上可知，突发事件预防行为在认知对应急效果的影响模型中起到了一定的中介作用。

6.2.3.2 结构方程检验

1. 修正模型（M6）

通过将全模型（M5）变量间不显著的路径删除，得到修正模型（M6），结果见表 6.45 和图 6.24。从表 6.45 中可以看出，模型中各项拟合指标值情况如下：χ^2/df 值为 1.507，CFI 值为 0.917，IFI 值为 0.918，TLI 值为 0.911，均大于 0.9；RMSEA 值为 0.064，小于 0.80。以上拟合指标情况表明，模型拟合良好。

表 6.45 修正模型（M6）的影响关系及模型拟合指标

假设回归路径	标准化路径系数	标准误差	临界比	显著性概率
信息型行为←认知复杂性	0.406	0.084	3.632	***
资源型行为←认知复杂性	0.364	0.095	3.506	***
制度型行为←认知复杂性	0.467	0.091	4.238	***
制度型行为←认知聚焦性	−0.274	0.137	−2.401	0.016
信息型行为←长期导向	0.209	0.043	2.135	0.033
信息型行为←主动导向	0.237	0.037	2.405	0.016
资源型行为←主动导向	0.398	0.045	4.069	***

续表

假设回归路径	标准化路径系数	标准误差	临界比	显著性概率
制度型行为←主动导向	0.260	0.040	2.726	0.006
应急效果←信息型行为	0.436	0.189	4.005	***
应急效果←资源型行为	0.322	0.133	3.463	***
应急效果←制度型行为	0.345	0.156	3.497	***
应急效果←长期导向	−0.126	0.055	−1.762	0.078

拟合度指标：$\chi^2/df = 1.507$；CFI = 0.917；IFI = 0.918；TLI = 0.911；RMSEA = 0.064

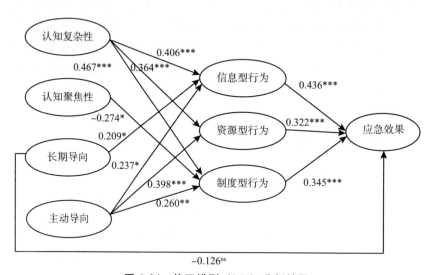

图 6.24　修正模型（M6）分析结果

由表 6.45 与图 6.24 可知，认知复杂性对信息型行为、资源型行为和制度型行为均具有显著的正向影响作用，标准化回归系数分别为 0.406（$p < 0.001$）、0.364（$p < 0.001$）和 0.467（$p < 0.001$）；认知聚焦性对制度型行为具有显著的负向影响作用，标准化回归系数为 −0.274（$p < 0.05$）；长期导向对信息型行为具有显著的正向影响作用，标准化回归系数为 0.209（$p < 0.05$）；主动导向对信息型行为、资源型行为和制度型行为均具有显著的正向影响作用，标准化回归系数分别为 0.237（$p < 0.05$）、0.398（$p < 0.001$）和 0.260（$p < 0.01$）。

信息型行为对应急效果具有显著的正向影响作用，标准化回归系数为 0.436（$p < 0.001$）；资源型行为对应急效果具有显著的正向影响作用，标准

化回归系数为 0.322 （$p < 0.001$）；制度型行为对应急效果具有显著的正向影响作用，标准化回归系数为 0.345 （$p < 0.001$）。

长期导向对应急效果的影响作用并不显著，标准化回归系数为 −0.126 （$p > 0.05$）。

2. 模型检验结果比较

以上分别对初始理论模型（M4）、全模型（M5）与修正模型（M6）分别进行了整体适配度检验及相应的参数估计，为确定最优拟合模型，本研究采用模型竞争比较的方法，汇总这三个理论模型的检验结果，见表 6.46。

表 6.46　　　　　　　　　模型检验结果比较（二）

拟合指标	χ^2/df	IFI	TLI	CFI	RMSEA
完全中介作用模型（M4）	1.508	0.918	0.911	0.917	0.064
部分中介作用模型（M5）	1.504	0.919	0.912	0.918	0.064
修正模型（M6）	1.507	0.918	0.911	0.917	0.064

从表 6.46 中可以看出，三个模型的整体拟合均达基本要求，部分中介作用模型的多项指标均优于完全中介作用模型和修正模型。部分中介作用模型与修正模型相比，修正模型的 χ^2/df 值高 0.003，IFI、TLI 和 CFI 值均低 0.001，RMESA 指标值并不存在差异。由于指标值差异不大，按照模型简约的原则，本研究选择修正模型（M6）作为分析的依据。

6.2.3.3　索贝尔（Sobel）检验

在确定最佳拟合模型为修正模型（M6）的基础上，本研究参照温忠麟、张雷、侯杰泰等（2004）的做法，进一步采取索贝尔（Sobel）检验对已确定的中介关系路径进行检验。具体而言，如果索贝尔（Sobel）检验，z 值 > 1.645，表示显著性水平，$p < 0.1$，如果 z 值 > 1.95，则表示显著水平为 $p < 0.05$；如果 z 值 > 2.58，则表示显著水平为 $p < 0.01$。根据上述的分析表明，需要进行索贝尔（Sobel）检验的路径一共有 8 条，分别为：认知复杂性—信息型行为—应急效果、认知复杂性—资源型行为—应急效果、认知复杂性—制度型行为—应急效果、认知聚焦性—制度型行为—应急效果、长期导向—信息型行为—应急效果、主动导向—信息型行为—应急效果、主动导向—资源型行为—应急效果、主动导向—制度型行为—应急效果。

索贝尔（Sobel）检验计算结果，如表 6.47 所示。

表 6.47　　　　　　　索贝尔（Sobel）检验结果（二）

中介路径	索贝尔（Sobel）检验值 z	中介效应是否显著
认知复杂性——信息型行为——应急效果	2.082	是
认知复杂性——资源型行为——应急效果	2.047	是
认知复杂性——制度型行为——应急效果	2.031	是
认知聚焦性——制度型行为——应急效果	−1.483	否
长期导向——信息型行为——应急效果	2.084	是
主动导向——信息型行为——应急效果	2.170	是
主动导向——资源型行为——应急效果	2.335	是
主动导向——制度型行为——应急效果	2.094	是

从表 6.47 中可以看出，路径"认知聚焦性—制度型行为—应急效果"的 z 值为 −1.483，绝对值小于 1.645，表明中介效应不显著。"认知复杂性—信息型行为—应急效果""认知复杂性—资源型行为—应急效果""认知复杂性—制度型行为—应急效果""长期导向—信息型行为—应急效果""主动导向—信息型行为—应急效果""主动导向—资源型行为—应急效果""主动导向—制度型行为—应急效果"等 7 条路径的 z 值均大于 1.95，小于 2.58，表明这 7 条路径在 5% 的水平下显著。

6.2.3.4　假设检验结果汇总

在确定最佳拟合模型（M6）的基础上，就认知对突发事件防治绩效（应急效果）直接和影响分别汇总于表 6.48 和表 6.49 进行影响效果分析。

从表 6.48 中可以看出，认知复杂性对信息型行为、资源型行为和制度型行为均具有正向的影响作用；认知聚焦性对制度型行为有负向的影响作用；长期导向对信息型行为具有正向的影响作用；主动导向对信息型行为、资源型行为和制度型行为均具有正向的影响作用。

从表 6.49 中可以看出，认知复杂性对应急效果具有间接的正向影响作用；认知聚焦性对应急效果具有间接的负向影响作用；长期导向对应急效果具有间接的正向影响作用；主动导向性对应急效果具有间接的正向影响作用；信息型行为对应急效果具有正向的影响作用；资源型行为对应急效果具有正向的影响作用；制度型行为对应急效果具有正向的影响作用。

表 6.48 自变量对中介变量的影响效果（二）

变量	影响	信息型行为	资源型行为	制度型行为
认知复杂性	直接影响	0.406	0.364	0.467
	间接影响	—	—	—
	总体影响	0.406	0.364	0.467
认知聚焦性	直接影响	—	—	−0.274
	间接影响	—	—	—
	总体影响	—	—	−0.274
长期导向	直接影响	0.209	—	—
	间接影响	—	—	—
	总体影响	0.209	—	—
主动导向	直接影响	0.237	0.398	0.260
	间接影响	—	—	—
	总体影响	0.237	0.398	0.260

表 6.49 自变量、中介变量对因变量的影响效果（二）

变量	应急效果		
	直接影响	间接影响	总体影响
认知复杂性	—	0.455	0.455
认知聚焦性	—	−0.095	−0.095
长期导向	−0.126	0.091	−0.035
主动导向	—	0.321	0.321
信息型行为	0.436	—	0.436
资源型行为	0.322	—	0.322
制度型行为	0.345	—	0.345

6.3 突发事件发生与否样本数据的对比分析

为了识别在问卷填写中，突发事件发生与突发事件未发生的企业可能存在的差异，本研究首先进行了 T 值比较分析；然后，本研究将样本进行了分组对比研究,在修正理论模型(M3)基础上,分别对两组样本的模型拟合效果以及路径系数进行比较;最后,对得出的结果进行了汇总。

1. T值比较分析

认知、突发事件预防行为等变量的不同,可能导致企业突发事件的发生。为了进一步分析主要变量之间的差异是否显著,本研究分别对发生突发事件和未发生突发事件的企业样本的均值进行了独立样本 T 检验,见表 6.50。

表 6.50　　　　　　　　　　突发事件发生与否样本组 T 检验

变量	发生突发事件		未发生突发事件		检验结果	
	均值	标准差	均值	标准差	均差	显著性
认知复杂性	3.383	0.646	3.432	0.737	−0.049	0.556
认知聚焦性	2.923	0.552	2.832	0.759	0.091	0.235
长期导向	3.033	1.100	3.261	1.199	−0.228	0.097
主动导向	3.179	1.183	3.203	1.198	−0.024	0.865
风险倾向	3.090	0.924	2.817	0.930	0.274	0.013
风险感知	2.890	0.745	2.949	0.900	−0.059	0.543
信息型行为	3.330	0.600	3.373	0.760	−0.043	0.585
资源型行为	3.330	0.629	3.330	0.764	−0.0004	0.996
制度型行为	3.290	0.681	3.461	0.815	−0.171	0.052
违规强度	3.193	0.754	3.047	0.827	0.146	0.123
小事件发生强度	2.507	0.484	2.617	0.947	−0.111	0.194

从表 6.50 中可以看出,就变量的均值而言,发生突发事件的企业样本组,在认知复杂性、长期导向、主动导向、风险感知、信息型行为、资源型行为、制度型行为和小事件发生强度等变量上的均值低于未发生突发事件的企业样本组,在认知聚焦性、风险倾向和违规强度等变量上要高于未发生突发事件的企业样本组。T 统计显著性检验表明,长期导向、风险倾向和制度型行为在不同的样本组之间存在显著的差异,即,$p < 0.1$。

2. 多群组结构方程分析

按照近期发生突发事件与否,将样本进行分组之后($N_1 = 124$,$N_2 = 168$),执行多群组结构方程分析,结果见表 6.51。从表 6.51 中可以看出,未限制参数模型、因素负荷相等模型、路径系数相等模型的 χ^2/df 值小于 2,

IFI、TLI、CFI 值均大于 0.9，RMESA 值均小于 0.05，因此三个模型的拟合
程度都可接受。但是，相比较而言，路径系数相等模型，在 IFI、TLI、CFI
值，RMESA 值等方面差于其他两个模型。表明模型不具有跨组等同性或参数
不变性，所以，突发事件发生与否对修正后的理论模型（M3）的影响需要做
进一步分析。

表 6.51　　按企业突发事件分组的多群组分析的理论模型整体拟合指标

模型类别	χ^2/df	IFI	TLI	CFI	RMSEA
未限制参数模型	1.453	0.937	0.933	0.937	0.040
因素负荷相等模型	1.448	0.937	0.934	0.937	0.039
路径系数相等模型	1.455	0.936	0.933	0.935	0.040

3. 发生突发事件的企业样本组

本研究首先对发生突发事件样本组，进行模型（M3）拟合分析，结果见
表 6.52。从表 6.52 中可以看出，模型中各项拟合指标值情况如下：χ^2/df 值
为 1.540；CFI 值为 0.901，IFI 值为 0.902，均大于 0.9；TLI 值为 0.895，接
近 0.9；RMSEA 值为 0.066，小于 0.80。以上拟合指标情况表明，模型拟合
良好。

表 6.52　　修正模型（M3）的影响关系及模型拟合指标（发生突发事件）

假设回归路径	标准化路径系数	标准误差	临界比	显著性概率
信息型行为←认知复杂性	0.425	0.082	3.701	***
资源型行为←认知复杂性	0.377	0.094	3.618	***
制度型行为←认知复杂性	0.484	0.089	4.350	***
制度型行为←认知聚焦性	-0.251	0.132	-2.237	0.025
信息型行为←长期导向	0.226	0.041	2.325	0.020
资源型行为←长期导向	0.140	0.049	1.533	0.125
制度型行为←长期导向	0.170	0.043	1.896	0.058
信息型行为←主动导向	0.246	0.036	2.471	0.013
资源型行为←主动导向	0.366	0.045	3.689	***
制度型行为←主动导向	0.236	0.039	2.468	0.014

续表

假设回归路径	标准化路径系数	标准误差	临界比	显著性概率
违规强度←信息型行为	− 0.393	0.206	− 3.289	0.001
小事件发生强度←信息型行为	− 0.230	0.102	− 2.034	0.042
违规强度←资源型行为	− 0.087	0.144	− 0.823	0.411
小事件发生强度←资源型行为	0.124	0.077	1.151	0.250
小事件发生强度←制度型行为	− 0.127	0.103	− 0.987	0.324
违规强度←认知复杂性	− 0.167	0.124	− 1.649	0.099
违规强度←认知聚焦性	0.091	0.155	1.043	0.297
小事件发生强度←认知聚焦性	0.448	0.119	3.525	***
违规强度←主动导向	− 0.199	0.058	− 2.132	0.033

拟合度指标：$\chi^2/df = 1.540$；CFI = 0.901；IFI = 0.902；TLI = 0.895；RMSEA = 0.066

由表 6.52 可以看出，发生突发事件的企业样本组模型的检验结果：认知复杂性对信息型行为、资源型行为和制度型行为均有显著的正向影响作用（$\beta = 0.425$，$p < 0.001$；$\beta = 0.377$，$p < 0.001$；$\beta = 0.484$，$p < 0.001$）；认知聚焦性对制度型行为具有显著的负向影响作用（$\beta = - 0.251$，$p < 0.05$）；长期导向对信息型行为具有显著的正向影响作用（$\beta = 0.226$，$p < 0.05$），对资源型行为和制度型行为的影响作用均不显著（$\beta = 0.140$，$p > 0.05$；$\beta = 0.170$，$p > 0.05$）；主动导向对信息型行为、资源型行为和制度型行为均具有显著的正向影响作用（$\beta = 0.246$，$p < 0.05$；$\beta = 0.366$，$p < 0.001$；$\beta = 0.236$，$p < 0.05$）。

信息型行为对违规强度和小事件发生强度均具有显著的负向影响作用（$\beta = - 0.393$，$p < 0.001$；$\beta = - 0.230$，$p < 0.05$）；资源型行为对违规强度和小事件发生强度的影响作用均不显著（$\beta = - 0.087$，$p > 0.05$；$\beta = 0.124$，$p > 0.05$）；制度型行为对小事件发生强度影响作用并不显著（$\beta = - 0.127$，$p > 0.05$）。

认知复杂性对违规强度的影响作用不显著（$\beta = - 0.167$，$p > 0.05$）；认知聚焦性对违规强度的影响作用不显著（$\beta = 0.091$，$p > 0.05$），对小事件发生强度有显著的正向影响作用（$\beta = 0.448$，$p < 0.001$）；主动导向对违规强度有显著的负向影响作用（$\beta = - 0.199$，$p < 0.05$）。

4. 未发生突发事件的企业样本组

接下来，本研究对未发生突发事件样本组，进行模型（M3）拟合分析，结果见表6.53。从表6.53中可以看出，模型中各项拟合指标值情况如下：χ^2/df 值为 1.366；CFI 值为 0.959，IFI 值为 0.959，TLI 值为 0.956，均大于 0.9；RMSEA 值为 0.047，小于 0.05。以上拟合指标情况表明，模型拟合情况良好。

表 6.53　修正模型（M3）的影响关系及模型拟合指标（未发生突发事件）

假设回归路径	标准化路径系数	标准误差	临界比	显著性概率
信息型行为←认知复杂性	0.530	0.080	6.262	***
资源型行为←认知复杂性	0.407	0.072	5.148	***
制度型行为←认知复杂性	0.496	0.079	5.980	***
制度型行为←认知聚焦性	−0.094	0.063	−1.211	0.226
信息型行为←长期导向	0.147	0.037	2.229	0.026
资源型行为←长期导向	0.316	0.039	4.446	***
制度型行为←长期导向	0.375	0.042	5.090	***
信息型行为←主动导向	0.363	0.039	5.119	***
资源型行为←主动导向	0.376	0.038	5.179	***
制度型行为←主动导向	0.296	0.041	4.001	***
违规强度←信息型行为	−0.283	0.129	−2.833	0.005
小事件发生强度←信息型行为	−0.293	0.127	−3.349	***
违规强度←资源型行为	0.212	0.119	2.375	0.018
小事件发生强度←资源型行为	0.173	0.130	1.995	0.046
小事件发生强度←制度型行为	−0.403	0.154	−3.775	***
违规强度←认知复杂性	−0.252	0.117	−2.640	0.008
违规强度←认知聚焦性	0.316	0.075	4.378	***
小事件发生强度←认知聚焦性	0.291	0.085	3.985	***
违规强度←主动导向	−0.248	0.057	−3.065	0.002

拟合度指标：$\chi^2/df = 1.366$；CFI = 0.959；IFI = 0.959；TLI = 0.956；RMSEA = 0.047

由表6.53可以看出未发生突发事件的企业样本组模型的检验结果：认知复杂性对信息型行为、资源型行为和制度型行为均有显著的正向影响作用（$\beta = 0.530$，$p < 0.001$；$\beta = 0.407$，$p < 0.001$；$\beta = 0.496$，$p < 0.001$）；认知聚焦性对制度型行为的负向影响作用并不显著（$\beta = -0.094$，$p > 0.05$）；长期导向对信息型行为、资源型行为和制度型行为均有显著的正向影响作用（$\beta = 0.147$，$p < 0.05$；$\beta = 0.316$，$p < 0.001$；$\beta = 0.375$，$p < 0.001$）；主动导向对信息型行为、资源型行为和制度型行为均有显著的正向影响作用（$\beta = 0.363$，$p < 0.001$；$\beta = 0.376$，$p < 0.001$；$\beta = 0.296$，$p < 0.001$）。

信息型行为对违规强度和小事件发生强度有显著的负向影响作用（$\beta = -0.283$，$p < 0.01$；$\beta = -0.293$，$p < 0.001$）；资源型行为对违规强度和小事件发生强度具有显著的正向影响作用（$\beta = 0.212$，$p < 0.05$；$\beta = 0.173$，$p < 0.05$）；制度型行为对小事件发生强度具有显著的负向影响作用（$\beta = -0.403$，$p < 0.001$）。

认知复杂性对违规强度具有显著的负向影响作用（$\beta = -0.252$，$p < 0.01$）；认知聚焦性对违规强度和小事件发生强度均具有显著的正向影响作用（$\beta = 0.316$，$p < 0.001$；$\beta = 0.291$，$p < 0.001$）；主动导向对违规强度有显著的负向影响作用（$\beta = -0.248$，$p < 0.01$）。

5. 突发事件发生与否样本组模型比较

根据以上分析结果，突发事件发生与否样本组的模型基本符合整体结构的拟合要求。两个模型中的影响关系路径因突发事件的不同而呈现出一些差异，如表 6.54 所示。

表 6.54　　突发事件发生与否样本组的结构模型估计结果汇总简表

假设回归路径	突发事件（发生）		突发事件（未发生）		检验结果	
	标准化路径系数	显著性概率	标准化路径系数	显著性概率	突发事件（发生）	突发事件（未发生）
信息型行为←认知复杂性	0.425	***	0.530	***	正向显著	正向显著
资源型行为←认知复杂性	0.377	***	0.407	***	正向显著	正向显著
制度型行为←认知复杂性	0.484	***	0.496	***	正向显著	正向显著
制度型行为←认知聚焦性	-0.251	0.025	-0.094	0.226	负向显著	负向不显著
信息型行为←长期导向	0.226	0.020	0.147	0.026	正向显著	正向显著
资源型行为←长期导向	0.140	0.125	0.316	***	正向不显著	正向显著
制度型行为←长期导向	0.170	0.058	0.375	***	正向不显著	正向显著
信息型行为←主动导向	0.246	0.013	0.363	***	正向显著	正向显著
资源型行为←主动导向	0.366	***	0.376	***	正向显著	正向显著
制度型行为←主动导向	0.236	0.014	0.296	***	正向显著	正向显著

续表

假设回归路径	突发事件（发生）		突发事件（未发生）		检验结果	
	标准化路径系数	显著性概率	标准化路径系数	显著性概率	突发事件（发生）	突发事件（未发生）
违规强度←信息型行为	-0.393	0.001	-0.283	0.005	负向显著	负向显著
小事件发生强度←信息型行为	-0.230	0.042	-0.293	***	负向显著	负向显著
违规强度←资源型行为	-0.087	0.411	0.212	0.018	负向不显著	正向显著
小事件发生强度←资源型行为	0.124	0.250	0.173	0.046	正向不显著	正向显著
小事件发生强度←制度型行为	-0.127	0.324	-0.403	***	负向不显著	负向显著
违规强度←认知复杂性	-0.167	0.099	-0.252	0.008	负向不显著	负向显著
违规强度←认知聚焦性	0.091	0.297	0.316	***	正向不显著	正向显著
小事件发生强度←认知聚焦性	0.448	***	0.291	***	正向显著	正向显著
违规强度←主动导向	-0.199	0.033	-0.248	0.002	负向显著	负向显著

从表 6.54 中可以看出，"制度型行为←认知聚焦性""资源型行为←长期导向""制度型行为←长期导向""违规强度←资源型行为""小事件发生强度←资源型行为""小事件发生强度←制度型行为""违规强度←认知复杂性""违规强度←认知聚焦性"等 8 条路径在是否发生突发事件的样本组之间存在明显差异，表现为显著与不显著之分。其余路径表现为影响方向一致，或者均显著或均不显著。

具体而言，认知聚焦性对制度型行为的影响在发生突发事件的企业样本中负向显著，在未发生突发事件的企业样本中并不显著；长期导向对资源型行为和制度型行为的影响在发生突发事件的企业样本均不显著，在未发生突发事件的企业样本中均正向显著；资源型行为对违规强度和小事件发生强度的影响在发生突发事件的企业样本中并不显著，在未发生突发事件的企业样本中正向显著；制度型行为对小事件发生强度的影响在发生突发事件的企业样本中呈现出负向不显著，而在未发生突发事件的企业样本中负向显著；认知复杂性对违规强度的影响在发生突发事件企业样本中并不显著，而在未发生突发事件的企业样本中负向显著；认知聚焦性对违规强度的影响在发生突发事件的企业样本中呈现出正向不显著，而在未发生突发事件的企业样本中正向显著。

对未呈现出显著与不显著差异的路径，本研究进一步采用多群组结构方程分析技术对路径统计上的显著性差异进行检验，结果见表6.55。其中，本研究选择 z 值是否大于1.645，作为显著的标准，即，p 值小于0.1。从表6.55来看，"信息型行为←认知复杂性"参数间差异的临界比值的绝对值大于1.645，小于1.95，表明，认知复杂性对信息型行为的正向影响在发生突发事件的企业样本中要低于未发生突发事件的企业（$0.425 < 0.530$，$p < 0.10$）。

表6.55　　　　　　　　按突发事件分组的多群组差异性分析

假设回归路径	参数间差异的临界比值	是否显著
信息型行为←认知复杂性	1.735	是
资源型行为←认知复杂性	0.289	否
制度型行为←认知复杂性	0.711	否
制度型行为←认知聚焦性	1.497	否
信息型行为←长期导向	−0.224	否
资源型行为←长期导向	1.575	否
制度型行为←长期导向	2.219	是
信息型行为←主动导向	2.067	是
资源型行为←主动导向	0.542	否
制度型行为←主动导向	1.188	否
违规强度←信息型行为	1.280	否
小事件发生强度←信息型行为	−1.338	否
违规强度←资源型行为	2.147	是
小事件发生强度←资源型行为	1.133	否
小事件发生强度←制度型行为	−2.583	是
违规强度←认知复杂性	−0.605	否
违规强度←认知聚焦性	0.960	否
小事件发生强度←认知聚焦性	−0.562	否
违规强度←主动导向	−0.633	否

"制度型行为←长期导向、信息型行为←主动导向、违规强度←资源型行为"参数间差异的临界比值的绝对值大于1.95，小于2.58，表明："长期导向对制度型行为的影响在发生突发事件的企业样本中并不显著，而在未发生突发事件的企业样本中正向显著"这种差异是显著的（$p < 0.05$）；主动导向对信息型行为的正向影响在发生突发事件的企业样本中要低于未发生突发事件的企业（$0.246 < 0.363$，$p < 0.05$）；"资源型行为对违规强度的影响在发生突发事件的企业样本中并不显著，而在未发生突发事件的企业样本中正向显著"这种差异是显著的（$p < 0.01$）。

其余的参数间差异的临界比值的绝对值均小于1.645，路径系数未能通过差异性检验，因此，突发事件发生与否样本组之间的影响系数在其他路径上并无显著的区别。

6.4　假设检验结果

在上述研究中，本研究通过结构方程检验了认知、突发事件预防行为和突发事件防治绩效的关系，以及控制变量所起的作用，并结合多元回归分析方法检验了风险倾向和风险感知对认知与突发事件预防行为之间关系的调节效应。实证结果证实了本研究所提出的大部分研究假设，但仍有部分假设未被证实，同时本研究还发现了研究假设并未包含的关系①。

6.4.1　已证实假设

H1a是认知复杂性对信息型行为有正向影响作用。结构方程分析结果表明（见表6.7与图6.6），认知复杂性对信息型行为具有显著的正向影响作用，标准化回归系数为0.497（$p < 0.001$），假设H1a得到了支持。

H2a是认知复杂性对资源型行为有正向影响作用。结构方程分析结果表明（见表6.7与图6.6），认知复杂性对信息型行为具有显著的正向影响作用，标准化回归系数为0.410（$p < 0.001$），假设H2a得到了支持。

H3a是认知复杂性对制度型行为有正向影响作用。结构方程分析结果表明（见表6.7与图6.6），认知复杂性对制度型行为具有显著的正向影响作用，标准化回归系数为0.494（$p < 0.001$），假设H3a得到了支持。

---

① 注：本研究将在下一章节对已证实的假设、未证实的假设和额外发现做出解释。

H3b 是认知聚焦性对制度型行为有负向影响作用。结构方程分析结果表明（见表 6.7 与图 6.6），认知聚焦性对制度型行为具有显著的负向影响作用，标准化回归系数为 -0.147（$p < 0.05$），假设 H3b 得到了支持。

H4a 是长期导向对信息型行为有正向影响作用。结构方程分析结果表明（见表 6.7 与图 6.6），长期导向对信息型行为具有显著的正向影响作用，标准化回归系数为 0.187（$p < 0.05$），假设 H4a 得到了支持。

H4b 是长期导向对资源型行为有正向影响作用。结构方程分析结果表明（见表 6.7 与图 6.6），长期导向对资源型行为具有显著的正向影响作用，标准化回归系数为 0.251（$p < 0.001$），假设 H4b 得到了支持。

H4c 是长期导向对制度型行为有正向影响作用。结构方程分析结果表明（见表 6.7 与图 6.6），长期导向对制度型行为具有显著的正向影响作用，标准化回归系数为 0.303（$p < 0.001$），假设 H4c 得到了支持。

H5a 是主动导向对信息型行为有正向影响作用。结构方程分析结果表明（见表 6.7 与图 6.6），主动导向对信息型行为具有显著的正向影响作用，标准化回归系数为 0.309（$p < 0.001$），假设 H5a 得到了支持。

H5b 是主动导向对资源型行为有正向影响作用。结构方程分析结果表明（见表 6.7 与图 6.6），主动导向对资源型行为具有显著的正向影响作用，标准化回归系数为 0.360（$p < 0.001$），假设 H5b 得到了支持。

H5c 是主动导向对制度型行为有正向影响作用。结构方程分析结果表明（见表 6.7 与图 6.6），主动导向对制度型行为具有显著的正向影响作用，标准化回归系数为 0.258（$p < 0.001$），假设 H5c 得到了支持。

H6a 是信息型行为对违规强度具有负向的影响。结构方程分析结果表明（见表 6.7 与图 6.6），信息型行为对违规强度具有显著的负向影响作用，标准化回归系数为 -0.322（$p < 0.001$），假设 H6a 得到了支持。

H6b 是信息型行为对小事件发生强度具有负向的影响。结构方程分析结果表明（见表 6.7 与图 6.6），信息型行为对小事件发生强度具有显著的负向影响作用，标准化回归系数为 -0.312（$p < 0.001$），假设 H6b 得到了支持。

H6c 是信息型行为对应急效果具有负向的影响。结构方程分析结果表明（见表 6.45 与图 6.24），信息型行为对应急效果具有显著的正向影响作用，标准化回归系数为 0.436（$p < 0.001$），假设 H6c 得到了支持。

H7c 是资源型行为对应急效果具有正向的影响。结构方程分析结果表明（见表 6.45 与图 6.24），资源型行为对应急效果具有显著的正向影响作用，标准化回归系数为 0.322（$p < 0.001$），假设 H7c 得到了支持。

H8b 是制度型行为对小事件发生强度具有负向的影响。结构方程分析结果表明（见表6.7与图6.6），制度型行为对小事件发生强度具有显著的负向影响作用，标准化回归系数为 -0.271（$p < 0.001$），假设 H8b 得到了支持。

H8c 是制度型行为对应急效果具有正向的影响。结构方程分析结果表明（见表6.45与图6.24），制度型行为对应急效果具有显著的正向影响作用，标准化回归系数为 0.345（$p < 0.001$），假设 H8c 得到了支持。

H9a 是风险倾向负向调节长期导向与信息型行为之间的关系。多元回归分析结果表明（见表6.22），交互项长期导向×风险倾向对信息型行为有显著的影响作用（$\beta = -0.155$，$p < 0.001$），长期导向对信息型行为也有显著的影响作用，假设 H9a 得到了支持。

H11a 风险倾向负向调节长期导向与制度型行为之间的关系。多元回归分析结果表明（见表6.22），长期导线×风险倾向对制度型行为有显著的影响作用（$\beta = -0.126$，$p < 0.01$），长期导向对制度型行为也有显著的影响作用，假设 H11a 得到了支持。

H12a 是风险感知正向调节长期导向与信息型行为之间的关系。多元回归分析结果表明（见表6.23），长期导向×风险感知对信息型行为有显著的影响作用（$\beta = 0.086$，$p < 0.1$），长期导向对信息型行为也有显著的影响作用，假设 H12a 得到了支持。

H12b 是风险感知正向调节主动导向与信息型行为之间的关系。多元回归分析结果表明（见表6.23），长期导向×风险感知对信息型行为的影响作用并不显著（$\beta = 0.080$，$p > 0.1$）。但是，结构方程分析结果表明（见表6.25），主动导向与风险感知的乘积项对信息型行为存在显著的正向影响（$\beta = 0.113$，$p < 0.05$），同时，主动导向对信息型行为也存在显著的正向影响作用（$\beta = 0.384$，$p < 0.001$），表明，随着风险感知水平的提高，主动导向对信息型行为的正向影响增强。所以，研究假设 H12b 仅仅得到部分支持。

H13a 是风险感知正向调节长期导向与资源型行为之间的关系。多元回归分析结果表明（见表6.23），长期导向×风险感知对资源型行为有显著的影响作用（$\beta = 0.107$，$p < 0.05$），长期导向对资源型行为也有显著的影响作用，假设 H13a 得到了支持。

H14a 是风险感知正向调节长期导向与制度型行为之间的关系。多元回归分析结果表明（见表6.23），长期导向×风险感知对制度型行为有显著的影响作用（$\beta = 0.115$，$p < 0.1$），长期导向对制度型行为也有显著的影响作用，假设 H14a 得到了支持。

H14b 是风险感知正向调节主动导向与制度型行为之间的关系。多元回归分析结果表明（见表6.23），长期导向×风险感知对制度型行为有显著的影响作用（$\beta = 0.093$，$p < 0.05$），主动导向对制度型行为也有显著的影响作用，假设 H14b 得到了支持。

6.4.2 未证实假设

H1b 是认知聚焦性对信息型行为有负向影响作用。结构方程分析结果表明（见表 6.5 与图 6.5），认知聚焦性对信息型行为影响作用并不显著，标准化回归系数为 -0.051（$p > 0.05$），假设 H1b 没有得到支持。

H2b 是认知聚焦性对资源型行为有负向影响作用。结构方程分析结果表明（见表 6.5 与图 6.5），认知聚焦性对资源型行为影响作用并不显著，标准化回归系数为 -0.113（$p > 0.05$），假设 H2b 没有得到支持。

H7a 是资源型行为对违规强度具有负向的影响。结构方程分析结果表明（见表 6.6 与图 6.7），资源型行为对违规强度的影响作用并不显著，标准化回归系数为 0.096（$p > 0.05$），假设 H7a 没有得到支持。

H7b 是资源型行为对小事件发生强度具有负向的影响。结构方程分析结果表明（见表 6.6 与图 6.7），资源型行为对小事件发生强度的影响作用并不显著，标准化回归系数为 0.133（$p > 0.05$），假设 H7b 没有得到支持。

H8a 是制度型行为对违规强度具有负向的影响。结构方程分析结果表明（见表 6.5 与图 6.5），制度型行为对小事件发生强度具有显著的负向影响作用，标准化回归系数为 -0.141（$p > 0.05$），假设 H8a 没有得到支持。

H9b 是风险倾向负向调节主动导向与信息型行为之间的关系。多元回归分析结果表明（见表 6.22），交互项长期导向 × 风险倾向对信息型行为的影响作用不显著（$\beta = 0.059$，$p > 0.1$），假设 H9b 没有得到支持。这说明，风险倾向在主动导向对信息型行为的影响关系中并不起到负向的调节作用，即，主动导向对信息型行为的正向影响作用，并不受风险倾向水平变化的影响。

H10a 是风险倾向负向调节长期导向与资源型行为之间的关系。多元回归分析结果表明（见表 6.22），交互项长期导向 × 风险倾向对信息型行为的影响作用并不显著（$\beta = 0.013$，$p > 0.1$），假设 H10a 没有得到支持。这说明，风险倾向在长期导向对信息型行为的影响关系中并不起到负向的调节作用，即，长期导向对资源型行为的正向影响作用，并不受风险倾向水平变化的影响。

H10b 是风险倾向负向调节主动导向与资源型行为之间的关系。多元回归分析结果表明（见表 6.22），交互项长期导向 × 风险倾向对信息型行为有显著的影响作用（$\beta = -0.027$，$p > 0.1$），假设 H10b 没有得到支持。这说明，风险倾向在长期导向对信息型行为的影响关系中并不起到负向的调节作用，即，主动导向对资源型行为的正向影响作用，并不受风险倾向水平变化的影响。

H11b 风险倾向负向调节主动导向与制度型行为之间的关系。多元回归分析结果表明（见表 6.22），长期导线 × 风险倾向对制度型行为的影响作用并不显著（$\beta = 0.036$，$p > 0.1$），这说明，风险倾向在长期导向对制度型行为的影响关系中并不起到负向的调节作用，即，主动导向对制度型行为的正向影响作用，并不受风险倾向水平变化的影响。

H13b 是风险感知正向调节主动导向与资源型行为之间的关系。多元回归分析结果表明（见表 6.23），长期导向 × 风险感知对资源型行为的影响作用并不显著（$\beta = 0.050$，$p > 0.1$），这说明，风险感知在主动导向对资源型行为的影响关系中并不起到正向的调节作用，即，主动导向对资源型行为的正向影响作用，并不受风险感知水平变化的影响。

综上所述，根据假设检验的结果，本研究对已证实的研究假设和未证实的研究假设进行汇总，如表 6.56 所示。

表 6.56   假设检验结果汇总

编号	假设内容	检验结果
H1a	认知复杂性对信息型行为有正向影响	支持
H1b	认知聚焦性对信息型行为有负向影响	不支持
H2a	认知复杂性对资源型行为有正向影响	支持
H2b	认知聚焦性对资源型行为有负向影响	不支持
H3a	认知复杂性对制度型行为有正向影响	支持
H3b	认知聚焦性对制度型行为有负向影响	支持
H4a	长期导向对信息型行为有正向影响	支持
H4b	长期导向对资源型行为有正向影响	支持
H4c	长期导向对制度型行为有正向影响	支持
H5a	主动导向对信息型行为有正向影响	支持
H5b	主动导向对资源型行为有正向影响	支持
H5c	主动导向对制度型行为有正向影响	支持
H6a	信息型行为对违规强度具有负向的影响	支持
H6b	信息型行为对小事件发生强度具有负向的影响	支持

续表

编号	假设内容	检验结果
H6c	信息型行为对应急效果具有正向的影响	支持
H7a	资源型行为对违规强度具有负向的影响	不支持
H7b	资源型行为对小事件发生强度具有负向的影响	不支持
H7c	资源型行为对应急效果具有正向的影响	支持
H8a	制度型行为对违规强度具有负向的影响	支持
H8b	制度型行为对小事件发生强度具有负向的影响	支持
H8c	制度型行为对应急效果具有正向的影响	支持
H9a	风险倾向负向调节长期导向与信息型行为之间的关系	支持
H9b	风险倾向负向调节主动导向与信息型行为之间的关系	不支持
H10a	风险倾向负向调节长期导向与资源型行为之间的关系	不支持
H10b	风险倾向负向调节主动导向与资源型行为之间的关系	不支持
H11a	风险倾向负向调节长期导向与制度型行为之间的关系	支持
H11b	风险倾向负向调节主动导向与制度型行为之间的关系	不支持
H12a	风险感知正向调节长期导向与信息型行为之间的关系	支持
H12b	风险感知正向调节主动导向与信息型行为之间的关系	部分支持
H13a	风险感知正向调节长期导向与资源型行为之间的关系	支持
H13b	风险感知正向调节主动导向与资源型行为之间的关系	不支持
H14a	风险感知正向调节长期导向与制度型行为之间的关系	支持
H14b	风险感知正向调节主动导向与制度型行为之间的关系	支持

注：假设 H9a、H11a、H12a、H13a、H14a 和 H14b 在层级回归分析和结构方程分析中均得到了支持；假设 H12b 在层级回归分析中并没有得到支持，但在结构方程分析中得到了部分支持。

6.4.3 额外发现

1. 突发事件预防行为的中介作用

在确定最佳拟合模型为修正模型（M3、M6）的基础上，本研究采取索贝尔（Sobel）检验对已确定的中介关系路径进行检验，结果如表 6.57 所示。其中，在 18 条中介路径中，仅仅路径"认知聚焦性—制度型行为—应急效果"没有通过显著性检验，路径"认知聚焦性—制度型行为—小事件发生强度"路径的显著性为 10%，其余路径的显著性低于 5%。此外，在通过检验的 17 条路径中，13 条路径是完全中介路径，其余 4 条是部分中介路径。

表 6.57　　　　　　　　　索贝尔（Sobel）检验结果汇总

中介路径	索贝尔（Sobel）检验值 z	是否显著	中介类型
认知复杂性——信息型行为——违规强度	-2.816	是	部分中介
认知复杂性——信息型行为——小事件发生强度	-3.067	是	完全中介
认知复杂性——制度型行为——小事件发生强度	-2.528	是	完全中介
认知聚焦性——制度型行为——小事件发生强度	1.851	是	部分中介
长期导向——信息型行为——违规强度	-2.723	是	完全中介
长期导向——信息型行为——小事件发生强度	-2.947	是	完全中介
长期导向——制度型行为——小事件发生强度	-2.564	是	完全中介
主动导向——信息型行为——违规强度	-2.885	是	部分中介
主动导向——信息型行为——小事件发生强度	-3.157	是	完全中介
主动导向——制度型行为——小事件发生强度	-2.546	是	完全中介
认知复杂性——信息型行为——应急效果	2.082	是	完全中介
认知复杂性——资源型行为——应急效果	2.047	是	完全中介
认知复杂性——制度型行为——应急效果	2.031	是	完全中介
认知聚焦性——制度型行为——应急效果	-1.483	否	非中介
长期导向——信息型行为——应急效果	2.084	是	部分中介
主动导向——信息型行为——应急效果	2.170	是	完全中介
主动导向——资源型行为——应急效果	2.335	是	完全中介
主动导向——制度型行为——应急效果	2.094	是	完全中介

2. 企业规模的影响作用

通过相关性分析发现，企业规模与信息型行为、资源型行为、制度型行为存在显著的正相关关系，与小事件发生强度也存在显著的负相关关系。结合以往的研究，本研究将企业规模作为控制变量纳入了整体研究之中。在中介效应检验以及调节效应检验中，结果发现，企业规模对模型中的多项关系产生影响作用，其中表现出差异的如表 6.58 所示。从表 6.58 中可以看出，企业规模对 10 条路径产生影响，表现为显著与不显著的差别，其中 6 条路径为乘积项的影响作用。此外，对其他未表现为显著与不显著差异的路径，本研究采用多群组结构方程分析技术对路径统计上的显著性差异进行检验，结果发现，其他路径系数并不存在显著的区别。

表6.58 企业规模的影响作用汇总

假设回归路径	小规模		大规模		检验结果	
	标准化路径系数	显著性概率	标准化路径系数	显著性概率	小规模	大规模
制度型行为←认知聚焦性	-0.218	0.016	-0.057	0.499	负向显著	负向不显著
违规强度←资源型行为	0.184	0.038	-0.088	0.451	正向显著	负向不显著
小事件发生强度←制度型行为	-0.316	0.002	-0.162	0.232	负向显著	负向不显著
违规强度←认知复杂性	-0.118	0.213	-0.266	0.016	负向不显著	负向显著
违规强度←主动导向	-0.271	0.001	-0.169	0.058	负向显著	负向不显著
信息型行为←长期导向 × 风险倾向	-0.238	0.004	-0.033	0.586	负向显著	负向不显著
制度型行为←长期导向 × 风险倾向	-0.209	0.008	-0.103	0.153	负向显著	负向不显著
信息型行为←主动导向 × 风险倾向	-0.012	0.885	0.219	0.001	负向不显著	正向显著
制度型行为←主动导向 × 风险倾向	-0.122	0.130	0.292	***	负向不显著	正向显著
信息型行为←长期导向 × 风险感知	0.109	0.183	0.155	0.049	正向不显著	正向显著
资源型行为←主动导向 × 风险感知	-0.073	0.347	0.208	0.009	负向不显著	正向显著
制度型行为←主动导向 × 风险感知	0.185	0.011	0.076	0.316	正向显著	正向不显著

3. 突发事件发生与否样本的差异性分析

本研究在获得的292家样本企业中，有124家企业近期发生过突发事件。为此，本研究将样本划分为两组，分别进行了检验，针对未表现出显著与不显著差异的路径，本研究进一步采用多群组结构方程分析技术对路径统计上的显著性差异进行检验，结果见表6.59。

表6.59　　　　　　　　突发事件发生与否样本的差异性分析汇总

假设回归路径	突发事件（有）		突发事件（无）		检验结果		
	标准化路径系数	显著性概率	标准化路径系数	显著性概率	突发事件（有）	突发事件（无）	临界比值
信息型行为←认知复杂性	0.425	***	0.530	***	正向显著	正向显著	1.735
制度型行为←认知聚焦性	−0.251	0.025	−0.094	0.226	负向显著	负向不显著	—
资源型行为←长期导向	0.140	0.125	0.316	***	正向不显著	正向显著	—
制度型行为←长期导向	0.170	0.058	0.375	***	正向不显著	正向显著	—
信息型行为←主动导向	0.246	0.013	0.363	***	正向显著	正向显著	2.067
违规强度←资源型行为	−0.087	0.411	0.212	0.018	负向不显著	正向显著	—
小事件发生强度←资源型行为	0.124	0.250	0.173	0.046	正向不显著	正向显著	—
小事件发生强度←制度型行为	−0.127	0.324	−0.403	***	负向不显著	负向显著	—
违规强度←认知复杂性	−0.167	0.099	−0.252	0.008	负向不显著	负向显著	—
违规强度←认知聚焦性	0.091	0.297	0.316	***	正向不显著	正向显著	—

从表6.59中可以看出，认知复杂性对信息型行为的正向影响在发生突发事件的企业样本中要低于未发生突发事件的企业；主动导向对信息型行为的正向影响在发生突发事件的企业样本中要低于未发生突发事件的企业；其他

影响路径表现为显著与不显著的差异。

6.5　本章小结

在上一章对测量工具的信度和效度进行检验后，本章实证检验了前一章所提出的认知对突发事件防治绩效作用机理的概念模型。首先，本研究采用结构方程模型，检验了"认知因素—突发事件预防行为—突发事件防治绩效（违规强度和小事件发生强度）"之间的作用模型，并对模型进行了和修正与评估，以及采用索贝尔（Sobel）检验以确定中介作用；其次，运用相关分析和方差分析检验了控制变量的作用效应，其中包括企业规模、年龄、行业类别、区位等因素的影响；再次，检验了风险感知和风险倾向的调节作用；接下来，本研究采用结构方程模型，检验了"认知因素—突发事件预防行为—突发事件防治绩效（应急效果）"之间的作用模型，并对模型进行了和修正与评估，以及采用索贝尔（Sobel）检验以确定中介作用，并检验了突发事件发生与否的企业样本之间的差异；最后，给出了已证实的研究假设、未证实的研究假设和额外发现。

| 7 |

结论与展望

通过上一章的研究，本研究已对相关的研究假设进行了系统的检验，本章将根据检验结果对全书的研究结论进行归纳总结，并对得出的研究结论作出相应的理论解释，阐明本研究对管理实践的启示，最后针对本研究的局限和不足，提出未来的研究方向。

7.1 研 究 结 论

本研究以认知分类理论、图式理论、认知导向理论、事故致因理论、特质理论和健康信念理论等作为理论基础，围绕"认知—突发事件预防行为—突发事件防治绩效"这一思路，综合运用文献研究、大规模问卷调查以及统计分析等方法，深入探讨与分析了多个研究问题：企业突发事件预防行为的具体构成是什么？在中国企业情境下有哪些影响企业突发事件预防行为的认知因素？企业突发事件预防行为对突发事件防治绩效有怎样的影响作用？以及在不同情境下认知的影响作用会发生怎样的变化？具体而言，基于多种事故致因理论详细探讨了突发事件预防行为的不同构成，并基于认知分类理论、图式理论和认知导向理论识别出了影响企业突发事件预防行为的认知因素，同时全面分析了不同类型的突发事件行为对突发事件防治绩效的影响作用，还在特质理论和健康信念理论的基础上进一步考察了风险倾向和风险感知所起到的调节作用。总之，本研究的整体理论模型最终由 33 个研究假设构成，其中 33 个假设均具有探索性研究的性质，经过假设检验和研究结果的分析，主要形成了以下研究结论：

7.1.1 突发事件预防行为的维度划分

本研究在对以往相关文献进行系统梳理的基础上，结合访谈研究，对突发事件预防行为进行了概念界定以及量表的开发，经过探索性因子分析和验证性因子，其中也包括一阶因子分析和二阶因子分析以及不同因子模型的比较，确定了突发事件预防行为测量量表具备较好的信度和效度。

1. 信息型行为是由信息扫描、信息识别和信息沟通三个维度共同构成的构念

按照帕尔斯卡维斯和阿尔蒂奈（Paraskevas & Altinay，2013）的观点，信息型行为包含三个维度，分别为：信息扫描、信息捕获和信息传递，同时信息型行为是突发事件预防行为的第一道防线，在突发事件预防过程中起着重要的作用。本研究对信息型行为的划分沿用了先前学者的成果，并在这个基础上开发了信息型行为的测量量表。

探索性因子分析表明，信息扫描、信息识别和信息沟通具有一定的区分效度，三个维度的因子载荷值也满足研究的要求。信息扫描、信息识别和信息沟通的科隆巴赫阿尔法（Cronbach's α）值均大于 0.8，各项测量条款的 CITC 值也都大于 0.5，满足研究的要求。验证性因子分析结果表明，信息扫描、信息识别和信息沟通量表的建构信度均大于 0.85，三个维度的平均方差抽取量（AVE）分别为 0.7316、0.7287 和 0.7266。从以上指标情况可知，信息扫描、信息识别和信息沟通测量量表具有较好的信度和效度。此外，尽管信息扫描、信息识别和信息沟通具有一定的区分效度，但三个变量之间的相关性系数值也都大于 0.5（见本书第 5 章图 5.1），这一方面证实了信息扫描、信息识别和信息沟通三者之间本身的内在关联联系，另一方面也证实共同构成信息型行为的科学性和合理性。

2. 资源型行为是由应急物资储备和应急人员配备两个维度共同构成的构念

资源是企业不可或缺的组成部分，资源观也突出了资源对企业竞争优势的影响。同样，吉莱斯皮与科里农（Gillespie & Colignon，1993），希利亚德、史葛－哈尔塞尔和帕拉库西（Hilliard，Scott – Halsell & Palakurthi，2011）、金（Jin，2013）等也强调了资源在突发事件预防中的作用，我国相关的法律法规也规定企业要进行一定的应急物资储备。在以往学者研究的基础上，结合企业的现实情况，本研究将资源型行为分为应急物资储备和应急人员配备两个维度，并进行了相关量表的开发。

本研究开发的资源型行为共有 12 项测量条款组成，经过小规模样本分析，删除了 3 项测量条款。经大规模样本探索性因子分析和验证性因子分析后，剩余的 9 项测量条款具有良好的信度和效度，其中应急物资储备和应急人员配备分别由 4 项和 5 项测量条款组成。分析结果表明：9 项测量条款的因子载荷值最低的为 0.671，测量条款的 CITC 值最低的为 0.795，应急物资储备和应急人员配备科隆巴赫阿尔法（Cronbach's α）值分别为 0.853 和 0.898，量表的建构信度分别为 0.882 和 0.887，平均方差抽取量（AVE）分别为 0.652 和 0.611。总之，各项指标表明由 9 项测量条款构成的资源型行为具有良好的信度和效度。除此之外，尽管应急物资储备和应急人员配备具有一定的区分效度，但两个变量之间的相关性系数值也为 0.72（见本书第 5 章图 5.2），两者之间的关联性也与现实吻合，同时也为二阶因子的验证提供了支撑。

3. 制度型行为是由应急知识培训和应急计划制定两个维度共同构成的构念

吉莱斯皮和斯特里特（Gillespie & Streeter，1987），皮尔森和米特洛夫（Pearson & Mitroff，1993），梅耶、莫斯和戴尔（Mayer，Moss & Dale，2008），哈钦斯、阿努利斯和高德特（Hutchins，Annulis & Gaudet，2008），克劳德曼和哈拉汉（Cloudman & Hallahan，2006）等指出了应急知识培训和应急计划在突发事件预防中的作用。但与以往的研究不同，本研究提出制度型行为是由应急知识培训和应急计划制定两个维度共同构成，主要是基于两者都涉及"如何做"或者"关于如何做的知识"。例如，除了应急培训是关于知识以外，应急计划也是一组"知识程序"。

本研究在借鉴以往的测量量表的基础上，形成了由 12 项测量条款构成的制度型行为测量量表。经过小规模样本分析，删除了 3 项测量条款，经大规模样本探索性因子分析后又删除了 1 项测量条款，最后应急知识培训和应急计划制定各由 4 项测量条款组成。分析结果表明：8 项测量条款的因子载荷值都大于 0.6，测量条款的 CITC 值均大于 0.8，应急知识培训和应急计划制定的科隆巴赫阿尔法（Cronbach's α）值也都大于 0.9，量表的建构信度分别为 0.894 和 0.912，平均方差抽取量（AVE）分别为 0.679 和 0.721。总之，各项指标表明由 8 项测量条款构成的制度型行为具有良好的信度和效度。除此之外，尽管应急知识培训和应急计划制定具有一定的区分效度，但两个变量之间的相关性系数值也为 0.63（见本书第 5 章图 5.3），也符合现实情况，也证明突发事件预防行为可能为一个二阶因子。

4. 突发事件预防行为包含有信息型行为、资源型行为和制度型行为三种类型

本研究采用文献研究和访谈研究相结合的方式识别出突发事件预防行为的具体表现形式，并形成了 42 项初始测量条目，经小规模样本分析后，剩余 33 项测量条款。然后，在对 292 家企业 1329 位人员的调查基础上，将样本进行折半，分别进行探索性因子分析和验证性因子分析，其中根据安德森和韦斯特（Anderson & West，1996）、赵卓嘉（2009）等的观点，在探索性因子分析和验证性因子分析部分将数据聚合会掩盖测量条款的特性、降低样本量等，因此，在该部分本研究没有将数据聚合。探索性因子分析之后，删除了 6 项测量条款，最终剩余的 27 项测量条款符合研究的要求。其中，探索性因子分析表明，突发事件预防行为抽取出 7 个因子。

虽然验证性因子分析的结果显示，7 因子模型，以及信息型行为、资源型行为和制度型行为分别构成的模型的各项拟合指标均达到了研究的要求，但是相关分析的结果表明，信息型行为的三个维度、资源型行为的两个维度以及制度型行为的两个维度彼此之间有较高程度的相关。因此，本研究对所有条目可能包含的模型，二阶三因子模型、二阶二因子模型和二阶单因子模型，进行模型比较，结果表明：在一阶 7 因子模型的基础上构成的三个二阶因子模型的拟合效果最佳，其中，χ^2/df 值为 1.887，GFI 值为 0.940，NFI 值为 0.953，CFI 值为 0.977，IFI 值为 0.977，RMSEA 值为 0.037。据此，有充分的实证证据证明，可以将突发事件预防行为划分成信息型行为、资源型行为和制度型行为三种类型。

7.1.2 认知对突发事件预防行为的影响

图式理论（Harris，1994；Lord & Foti，1986）、认知导向理论（Kreitler & Kreitler，1972）等指出认知是影响行为的关键因素。本研究基于先前的大量文献研究，提出了认知（认知复杂性、认知聚焦性、长期导向、主动导向）影响企业突发事件预防行为（信息型行为、资源型行为、制度型行为）的 12 条研究假设。基于 292 家企业的调查数据，首先，本研究对数据进行了聚合分析；其次，检验了共同方法偏差问题；最后，实证研究结果表明，10 条研究假设得到验证，说明这些认知因素确实影响企业的突发事件预防行为。但从具体结果来看，影响信息型行为、资源型行为和制度型行为的认知因素并不相同。

1. 认知复杂性对突发事件预防行为的影响

认知复杂性对信息型行为、资源型行为和制度型行为均具有显著的正向影响作用，标准化回归系数分别为 0.497（$p < 0.001$）、0.410（$p < 0.001$）和 0.494（$p < 0.001$），研究假设 H1a、H2a 和 H3a 得到验证。

认知复杂性高的企业能够用更多具有互补性的方法和多种互补相容的概念去理解周围的现象（Scott，1962；Keefe & Sypher，1981；吕萍和王以华，2008），因此，在动态环境下，管理认知的复杂性可以促进企业感知和理解更多的内外部环境刺激，促进企业正确的对环境刺激做出响应。正如韦克（Weick，1995）而言，在制定战略时，认知复杂性高的会更具适应性，复杂的主导逻辑使得企业形成广泛的识别机会意识（Dutton，Fahey & Narayanan，1983）；复杂的主导逻辑也可以为企业提供更多的可选择的惯例，降低企业产生认知偏差的可能性（Hodgkinson，1997；Reger & Palmer，1996）。所以，认知复杂性高的企业对突发事件的认识更加全面，贴现偏差产生的可能性更低（Adamides，Stamboulis & Pomonis，2005），也减少了认知惯性和基于现状的行为，能够更好地采取信息型行为、资源型行为和制度型行为，即，研究假设 H1a、H2a 和 H3a 成立。

2. 认知聚焦性对突发事件预防行为的影响

认知聚焦性对信息型行为和资源型行为的影响作用并不显著，标准化回归系数分别为 -0.051（$p > 0.05$）和 -0.113（$p > 0.05$），认知聚焦性对制度型行为有显著的负向影响作用，标准化回归系数为 -0.147（$p < 0.05$），研究假设 H1b、H2b 没有得到验证，H3b 得到验证。

认知聚焦性高的企业对不同环境的描述或认知是以某一领域的或少数几个核心概念为主（Nadkarni & Barr，2008；Xu，2011），其他领域的或其他概念只是起辅助作用，这会导致企业在决策制定过程中对新的环境刺激做出不恰当或错误的因果推断（Nadkarni & Narayanan，2007）。因此，如果核心概念中涵盖突发事件的信息、资源等相关要素，当遇到这几个核心概念的刺激时，则企业更加会采取信息型行为和资源型行为；如果核心概念中不涵盖突发事件的信息、资源等相关要素，尽管遇到核心概念的刺激，企业也不会采取信息型行为和资源型行为，即，研究假设 H1b、H2b 不成立。

与信息型行为和资源型行为不同的是，制度型行为侧重的是突发事件发生时和发生后的一组程序、知识等。按照瑞格和帕默（Reger & Palmer，1996），阿达米德、斯坦博利斯和坎内洛普洛斯（Adamides，Stamboulis & Kanellopoulos，2003）等的观点，认知聚焦性会导致认知惯性，使企业过于依靠先前的成功经验，而不是寻找如何吸收新知识，以及创造新的战略选择，最终导致认知刚性（尚航标，2009）。因此，认知聚焦性的企业由于过度依靠先前的成功经验，则会认为无须不断地采取应急知识培训和更新应急计划，尽管许多突发事件并不具有重复性，所以，认知聚焦性对企业采取制度型行为具有抑制作用，即，研究假设 H3b 成立。

3. 长期导向对突发事件预防行为的影响

长期导向对信息型行为、资源型行为和制度型行为均具有显著的正向影响作用，标准化回归系数分别为 0.187（$p < 0.05$）、0.251（$p < 0.001$）和 0.303（$p < 0.001$），H4a、H4b 和 H4c 得到验证。

长期导向的企业在做出决策和采取行动时，往往基于想象的未来情景的预期后果（McGrath & Tschan，2004；Trommsdorff，1994；Zimbardo, Keough & Boyd，1997；Brown & Segal，1996），以及按照贝尔加达（Bergada，1990），卢姆金、布里格姆和莫斯（Lumpkin、Brigham & Moss，2010）等的观点，这会使得长期导向的企业对于企业发展过程中可能出现的突发事件和相应的预防、应对方式会形成一定的预判，尽管并不完善，但其的确能预期到一些问题的出现从而更有可能及时采取预防措施。此外，长期导向的企业具有"延迟满足未来的收益"的特性、面临更少的时间压力等（Le Breton - Miller & Miller，2006；Saini & Martin，2009），这也有利于促进企业采取预防行为。因此，长期导向对信息型行为、资源型行为和制度型行为具有正向促进作用，即，研究假设 H4a、H4b 和 H4c 成立。

4. 主动导向对突发事件预防行为的影响

主动导向对信息型行为、资源型行为和制度型行为均具有显著的正向影响作用，标准化回归系数分别为 0.309（$p < 0.001$）、0.360（$p < 0.001$）和 0.258（$p < 0.001$），研究假设 H5a、H5b 和 H5c 得到验证。

战略选择观中的主动导向是指企业对"环境—战略"之间关系的一种因果信念，认为"战略应先于环境"或"企业可以通过战略行为影响环境"的一种观点倾向（Nadkarni & Barr，2008）。主动导向的企业具有前瞻性的视角（Kwak, Jaju, Puzakova et al.，2013；Lumpkin & Dess，1996）、主动创造需求（Sandberg，2002）、通过行动去测试和探索环境（Chakravarthy，1982；Daft & Weick，1984；Eisenhardt & Martin，2000）等。与被动导向的企业相比，主动导向的企业往往不会在环境发生变化后，才尝试去了解事件的意思是以便能够制定一个合适的"契合"的响应，并随之采取行动（Wooldridge & Floyd，1989）。因此，主动导向的企业并不会对突发事件采取"等待和观望"的态势，而是事先采取预防行为。所以，主动导向对信息型行为、资源型行为和制度型行为具有正向促进作用，即，研究假设 H5a、H5b 和 H5c

成立。

7.1.3 突发事件预防行为对突发事件防治绩效的预测作用

事故致因理论认为多数的突发事件是由人和物的不安全状态造成的，尤其是人的不安全状态，因此，可以通过消除人和物的不安全状态预防突发事件的发生（Heinrich，1959；刘素霞，2012；张胜强，2004；Bird & Germain，1985）。本研究基于先前的事故致因理论，提出了突发事件预防行为（信息型行为、资源型行为、制度型行为）影响企业突发事件防治绩效的 9 条研究假设。实证研究结果表明，6 条研究假设得到验证，说明多数预防行为确实影响企业的突发事件防治绩效。但从具体结果来看，影响违规强度、小事件发生强度和应急效果的预防行为并不相同。

1. 信息型行为对突发事件防治绩效的影响

信息型行为对违规强度和小事件发生强度均具有显著的负向影响作用，标准化回归系数分别为 -0.322（$p < 0.001$）和 -0.312（$p < 0.001$）；信息型行为对应急效果具有显著的正向影响作用，标准化回归系数为 0.436（$p < 0.001$）；研究假设 H6a、H6b 和 H6c 得到验证。

事实上，多数突发事件的发生并非完全突然，它们在发生之前的很长一段时间内，常常会发出重复或持续的预警信号，例如，一些偏离常态的信息（Mitroff，1988；Paraskevas & Altinay，2013）。如果这些预警信号能够被捕获，则仍有机会阻止突发事件的发生，或者采取措施将突发事件的影响降到最低（Paraskevas & Altinay，2013）。海因里希（Heinrich，1931，1959）也指出解决未造成伤害的普通事故，能够有效防止造成伤害的意外事故的发生，这也突出了在突发事件早期阶段的干预作用，即信息的扫描、识别和沟通。因此，良好的信息准备能够防患于未然，在及时发现异常的信息的基础上，将可能导致突发事件的因素及时消除，减少突发事件的发生，或降低突发事件的负面影响。所以，信息型行为有助于企业降低违规强度和小事件发生强度，同时有助于提高企业的应急效果，即，研究假设 H6a、H6b 和 H6c 成立。

2. 资源型行为对突发事件防治绩效的影响

资源型行为对违规强度和小事件发生强度的影响作用均不显著，标准化回归系数为 0.096（$p > 0.05$）和 0.133（$p > 0.05$）；资源型行为对应急效果具有显著的正向影响作用，标准化回归系数为 0.322（$p < 0.001$）；研究假设 H8a 和 H8b 没有得到验证，H9c 得到验证。

资源型行为主要包括应急物质储备和应急人员配备两个方面。它们的作用主要在于：一旦发生突发事件，企业能够调动，用于降低突发事件的损失、缩小突发事件的范围、挽救企业人员的生命财产损失等；其中，国家发改委颁布的"应急保障物资分类及产品目录"中的物资也主要是用于应对突发事件的发生（姜玉宏、颜华、欧忠文等，2009）。由于，资源型行为主要是针对突发事件发生后的应对，而违规和小事件主要是导致突发事件发生的因素，侧重的是事前，因此，资源型行为对违规强度和小事件发生强度的影响作用并不显著。此外，在准备充足的情况下，一旦发生突发事件，企业可以及时获得应对突发事件所需的人力资源和物质资源，因此会提高突发事件的应对效果。所以，资源型行为并不会有助于企业降低违规强度和小事件发生强度，然而，有助于提高企业的应急效果，即，研究假设 H8a 和 H8b 不成立，H9c 成立。

3. 制度型行为对突发事件防治绩效的影响

制度型行为对违规强度的影响作用并不显著，标准化回归系数为 -0.141（$p > 0.05$）；制度型行为对小事件发生强度具有显著的负向影响作用，标准化回归系数为 -0.271（$p < 0.001$）；制度型行为对应急效果具有显著的正向影响作用，标准化回归系数为 0.345（$p < 0.001$）；研究假设 H9a 没有得到验证，H9b 和 H9c 得到验证。

以往的研究结果表明，应急知识培训对企业员工的安全遵从和安全参与具有正向促进作用（Griffin & Neal，2000；Neal，Griffin & Hart，2000），而安全遵从和安全参与有助于企业减少事故的发生（Neal & Griffin，2006）；此外，按照格里芬和尼尔（Griffin & Neal，2000）由于应急计划是一组知识、程序等，它也有利于增强企业的安全动机，进而减少事故（如，员工伤害）的发生。同时，蒋、余、李等（Jiang，Yu & Li et al.，2010）的研究也间接表明，制度型行为（应急知识、应急计划）对安全行为（如，遵守安全规定）的影响作用受组织层面其他变量的调节，例如，组织安全氛围。因此，本研究发现制度型行为对小事件发生强度具有显著的负向影响作用，而制度型行为对违规强度的影响作用并不显著，这可能由于受企业层面的其他情境变量的影响作用所导致的，即，研究假设 H9a 不成立，H9b 成立。

战略和环境中的机会保持一致（Miller，1988），对企业的发展至关重要，但是在突发事件情形下的机会是短暂、易逝的，而事前的准备是而对企业是否能够有效地抓住环境中的机会所做出的考量。制度型行为作为事前的知识准备，它有利于企业对突发事件做出快速、正确的反应，从而降低突发事件的负面影响。所以，制度型行为有助于提高企业的应急效果，即，研究假设 H9c 成立。

7.1.4　认知影响突发事件防治绩效的作用机制

沿着"认知—行为—绩效"的逻辑，探索不同类型的突发事件预防行为在认知对突发事件防治绩效的影响机制中所起的中介作用也是本研究的重点。不同模型的拟合结果比较、中介效应的检验等表明，突发事件预防行为在认知对突发事件防治绩效的影响机制中起到了一定的中介作用。

1. 突发事件预防行为在认知复杂性对突发事件防治绩效影响中的作用

本研究经过模型的修订和索贝尔（Sobel）检验，结果发现：信息型行为在认知复杂性对违规强度的影响过程中起到部分中介的作用，信息型行为在认知复杂性对小事件发生强度的影响过程中起到完全中介的作用；制度型行为在认知复杂性对小事件发生强度的影响过程中起到完全中介的作用；信息型行为、资源型行为和制度型行为在认知复杂性对应急效果的影响中均起到完全中介的作用。

按照认知分类理论和图式理论的观点，如果企业的主导逻辑复杂性程度高，企业则将会感知和响应更多的刺激，缩小实际环境和企业认知之间存在的差距（Bogner & Barr，2000）、在制定战略时更具有适应性（Weick，1995）、增加企业考虑问题的视角、减少认知偏见的可能性（Hodgklnson，1997；Reger & Palmer，1996）等；针对突发事件而言，企业更有可能采取突发事件预防行为，而事故致因理论也提出突发事件预防行为对突发事件防治绩效具有影响作用。所以，信息型行为、资源型行为和制度型行为在认知复杂性对突发事件防治绩效影响过程中起到中介作用。但由于不同类型的预防行为的作用存在差异，结合上述"资源型行为对突发事件防治绩效影响"的分析，这也导致部分路径的中介作用并不存在。

2. 突发事件预防行为在认知聚焦性对突发事件防治绩效影响中的作用

本研究经过模型的修订发现：认知聚焦性对制度型行为有显著的负向影响作用，制度型行为对小事件发生强度有显著的负向影响作用、对应急效果具有显著的正向影响作用，本研究也证实认知聚焦性对小事件发生强度的负向影响作用，经过索贝尔（Sobel）检验发现，z 值为 1.851，大于 1.645，说明，中介效应检验显著，制度型行为在认知聚焦性对小事件发生强度的影响中起到中介作用。然而，路径"认知聚焦性—制度型行为—应急效果"的 z 值为 -1.483，绝对值小于 1.645，表明中介效应不显著。

尽管认知聚焦性会导致企业在决策制定过程中的因果谬误偏差（Nadkarni & Narayanan，2007）、形成认知惯性（Gavetti & Levinthal，2000）等，这在一定程度上并不利于企业采取突发事件预防行为，尽管本研究证实"违规强度←制度型行为、违规强度←资源型行为、小事件发生强度←资源型行为"的影响作用并不显著，但是，路径"认知聚焦性—制度型行为—小事件发生强度"成立，这也与认知分类理论、图式理论和事故致因理论的观点相吻合。此外，本研究也发现"应急效果←认知聚焦性"的影响作用并不显著，所以，路径"认知聚焦性—制度型行为—应急效果"并不成立。

3. 突发事件预防行为在长期导向对突发事件防治绩效影响中的作用

本研究经过模型的修订和索贝尔（Sobel）检验，结果发现：信息型行为在长期导向对违规强度和小事件发生强度的影响过程中起到完全中介的作用；制度型行为在长期导向对小事件发生强度的影响过程中起到完全中介的作用；信息型行为在长期导向对应急效果的影响过程中起到部分中介的作用。

长期导向的企业注重未来的收益、关心行为潜在的负面后果，更有可能采取保护措施以减少企业未来的风险（McGrath & Tschan，2004；Trommsdorff，1994；Zimbardo，Keough & Boyd，1997；Brown & Segal，1996；Strathman，Boninger，Gleicher et al.，1994），这有利于企业采取突发事件预防行为，进而降低违规强度和小事件发生强度，以及提高应急效果。但由于本研究对应急效果的评价仅仅局限于发生过突发事件的企业，而这些企业与未发生过突发事件的企业必然存在一定的差异，这其中的差异可能导致长期导向对资源型行为和制度型行为的影响作用在发生过突发事件的企业样本中并不显著。同时，结合上述的研究结论，所以其他影响路径并不成立。

4. 突发事件预防行为在主动导向对突发事件防治绩效影响中的作用

本研究经过模型的修订和索贝尔（Sobel）检验，结果发现：信息型行为在主动导向对违规强度的影响过程中起到部分中介的作用，信息型行为在主动导向对小事件发生强度的影响过程中起到完全中介的作用；制度型行为在主动导向对小事件发生强度的影响过程中起到完全中介的作用；信息型行为、资源型行为和制度型行为在主动导向对应急效果的影响过程中均起到完全中介的作用。

按照认知导向理论，企业的认知内容（即，意义、信念、价值观等）对企业战略行为的选择具有影响作用（Kreitler & Kreitler，1991）。主动导向是企业对"环境—战略"先后问题的认知，同时主动导向的企业倾向于预期未来需求，并做好准备或阻止问题的发生（Fay & Frese，2001），因此，主动导向对突发事件预防行为具有正向促进作用，按照海因里希因果连锁理论、瑟利模型、劳伦斯模型等，这进而会导致企业降低违规强度和小事件发生强度，以及提高企业的应急效果。所以，信息型行为、资源型行为和制度型行为在主动导向对违规强度、小事件发生强度和应急效果的影响中起到了中介的作用。

7.1.5　风险倾向和风险感知的调节作用

探索风险倾向和风险感知在认知对突发事件预防行为的影响中所起的调节作用也是本研究的重点。研究结果表明，风险倾向和风险感知在部分关系中起到了调节作用。

1. 风险倾向在长期导向、主动导向与突发事件预防行为之间的调节作用

对 292 家企业的调查数据进行实证分析发现，风险倾向对长期导向和主动导向与信息型行为、资源型行为和制度型行为之间的部分具有负向调节作用。具体而言：①风险倾向在长期导向对信息型行为正向影响关系中起到负向调节的作用；②风险倾向在长期导向对制度型行为正向影响关系中起到负向调节的作用。

风险倾向是企业采取或避免风险的倾向（Sitkin & Weingart，1995）。风险倾向高的企业，通常更倾向于冒险、愿意做出即使其潜在结果可能是负面的重大战略决策、喜欢尝试机会尽管有可能失败（Saini & Martin，2009）。因此，当企业的风险倾向越高时，长期导向的企业采取信息型行为和制度型行为的程度会降低，所以，风险倾向在长期导向对信息型行为和制度型行为的影响关系中起到负向调节作用，即，研究假设 H9a、H11a 成立；由于资源型行为事后应对，而信息型行为和制度型行为同时涵盖事前预防和事后应对，这种行为之间的差异可能会导致风险倾向的调节作用并不显著，即研究假设 H10a 不成立。此外，以往创业导向的相关研究也间接表明，风险倾向和主动导向存在一定的交叠，这也可能会导致风险倾向在主动导向对信息型行为、资源型行为和制度型行为的影响关系中的调节作用并不显，更多的是一种直接影响作用，即，H9b、H10b、H11b 不成立。因此，本研究也发现风险倾向对信息型行为和制度型行为具有负向影响作用，这也与西特金和帕布洛（Sitkin & Pablo，1992）的观点相一致。

2. 风险感知在长期导向、主动导向与突发事件预防行为之间的调节作用

同样，对 292 家企业的调查数据进行实证分析发现，风险感知对长期导向和主动导向与信息型行为、资源型行为和制度型行为之间的部分具有正向的调节作用。具体而言：①风险感知在长期导向对信息型行为的影响关系中起到正向调节的作用；②风险感知在主动导向对信息型行为的影响关系中起到正向调节的作用；③风险感知在长期导向对资源型行为的影响关系中起到

正向调节的作用；④风险感知在长期导向对制度型行为的影响关系中起到正向调节的作用；⑤风险感知在主动导向对制度型行为的影响关系中起到正向调节的作用。

风险感知是指决策者对情境中固有风险的评估（Sitkin & Pablo，1992）。它是一种固有的心理构念，当客观信息最少时，对感觉遭遇危险可能性的一种主观判断（Gierlach，Belsher & Beutler，2010）。它涉及对不确定性、潜在收益或损失、情境构念和个体卷入程度等方面的感知（Williams，Zainuba & Jackson，2003）。按照健康信念理论（Lewis，1994；Noh，Gagne & Kaspar，1994），当企业认为突发事件的发生具有更高的不确定性、在企业发生的可能性很大、给企业造成潜在损失的较高时，基于保护的动机，长期导向、主动导向的企业更易于采取突发事件预防行为。因此，风险感知在"长期导向—信息型行为、资源型行为和制度型行为，主动导向—信息型行为和制度型行为"等影响关系中起到正向调节的作用，即，研究假设 H12a、H12b、H13a、H14a、H14b 成立。此外，由于资源型行为与信息型行为、制度型行为之间的差异，以及其他因素的影响，这导致风险感知在主动导向对资源型行为的影响关系中并不起到调节作用，即，研究假设 H13b 不成立。

7.1.6　控制变量的影响作用

1. 不同规模企业在突发事件预防行为上存在差异

本研究通过相关分析发现，企业规模与信息型行为（0.215，$p < 0.01$）、资源型行为（0.205，$p < 0.01$）、制度型行为（0.132，$p < 0.05$）存在显著的正相关关系；此外，企业规模与小事件发生强度（-0.141，$p < 0.05$）存在显著的负相关关系。

这也证实了古斯（Guth，1995）、克劳德曼和哈拉汉（Cloudman & Hallahan，2006）等的观点。应急知识培训、应急人员的配备、应急计划的制定等突发事件预防行为都需要企业花费一定的资金投入，相比较而言，由于大规模企业具有更多的"财富"（wealth），因此更可能采取突发事件预防行为，而小规模企业在"财富"上受限，所以，突发事件预防的程度要低（Hilliard，Scott - Halsell & Palakurthi，2011）。

2. 企业规模对主作用关系的影响

本研究将企业规模作为控制变量，并对其在"认知—突发事件预防行为—突发事件防治绩效（违规强度和小事件发生强度）"作用关系中可能产生的影响做进一步分析和检验，并发现了一些在不同规模企业之间存在差异的影响关系。

在小规模企业中认知聚焦性对制度型行为具有显著的负向影响，而在大规模企业中认知聚焦性对制度型行为的负向影响作用并不显著，这可能是由于大规模企业具有更多的设备、人员等，一旦发生突发事件造成的后果比较严重，所以也更加注重制度型行为，这在一定程度上弱化了认知聚焦性对制度型行为的负向影响。在小规模企业中资源型行为对违规强度具有显著的负向影响，而在大规模企业中资源型行为对违规强度的影响并不显著，原因在于，相比较而言，小规模企业的资源相对偏少，针对突发事件，过多的资源投入往往会削弱企业其他经营活动的开展，例如，员工工作环境的改善，最终导致违规强度的增加。同时受企业规模差异的影响，制度型行为对小事件发生强度的影响以及主动导向对违规强度的影响在大规模企业样本中并不显著，而认知复杂性对违规强度的负向影响在小规模企业样本中不显著。

在风险倾向的调节效应模型中，针对小规模企业样本组"信息型行为←长期导向×风险倾向""制度型行为←长期导向×风险倾向"为显著的负向影响作用，而在大规模企业样本组中，为显著的正向影响作用。这表明，在小规模企业样本中，风险倾向在长期导向对信息型行为、制度型行为的影响关系中起到了负向调节的作用；这是由于小规模企业的资源相对匮乏，导致风险倾向高的小企业更加重视实现收益，而不是规避损失，所以风险倾向起到了负向调节作用。然而，在大规模企业样本中，"信息型行为←主动导向×风险倾向""制度型行为←主动导向×风险倾向"为显著的正向影响，原因在于：主动导向和风险倾向存在一定的交叠，其中主动导向的企业认为应通过预期新机会、新出现的市场等，而积极的采取措施（Kwak，Jaju，Puzakova et al.，2013；Lumpkin & Dess，1996），甚至主动导向的企业认为可以创造市场需求（Sandberg，2002），风险倾向高的企业决策胆大、企业文化鼓励抓住机会（Saini & Martin，2009）；而主动采取措施、创造需求、抓住机会等都需要一定的资源作为基础。因此，在大规模企业样本中，企业的主动导向水平和风向倾向水平会同时呈现出一致的高水平，同时由于主动导向对信息型行为和制度型行为具有正向影响，所以它与风险倾向的交互项也对信息型行为和制度型行为具有正向影响作用。

在风险感知的调节效应模型中，针对小规模企业样本组"信息型行为←长期导向×风险感知""资源型行为←主动导向×风险感知"影响作用不显著，而在大规模企业样本组中，为显著的正向影响作用。这是由于风险感知水平高的企业为了降低不确定性（Huurne & Gutteling，2008），通常更加注重信息预防和资源预防，而信息预防和资源预防需要一定的资源投入，由于大规模企业在资源方面的优势效应更加明显，所以在规模企业样本组中，"信息型行为←长期导向×风险感知""资源型行为←主动导向×风险感知"为显著的正向影响作用。此外，由于组织结构的差异性，小企业在培训、计划等方面存在更大的灵活性，也使培训和计划简单可行，因此，在同样的风险感知水平下，主动导向对制度型行为的正向影响在小规模企业中更加显著。所以，在小规模样本组中，"制度型行为←主动导向×风险感知"为显著的正向影响，而在大规模样本组中影响作用并不显著。

7.1.7 突发事件发生与否样本的差异性分析

本研究将发生过突发事件与未发生过突发事件的企业样本进行了对比分析，以探寻两者之间存在的差异。结果发现："认知复杂性对信息型行为的正向影响、主动导向对信息型行为的正向影响"在未发生过突发事件的企业样本中的强度更大；"长期导向对资源型行为和制度型行为的正向影响"在未发生过突发事件的企业样本中显著，而在发生过突发事件的企业样本中并不显著；认"知聚焦性对制度型行为的负向影响"在未发生过突发事件的企业样本中不显著，而在发生过突发事件的样本中显著。

"资源型行为对违规强度和小事件发生强度的影响"在发生突发事件的企业样本中并不显著，而在未发生突发事件的企业样本中均正向显著，这表明资源型行为对防止突发事件的突发作用并不明显。原因在于，目前，资源型行为的采取更多的是受政府政策的影响，例如，政策规定企业必须储备物资，若企业不能将政策与企业的实际结合，容易导致突发事件的发生。此外，按照灾害累积理论，发生过突发事件的企业在事件发生后，所累积的违规强度小事件发生强度相对要少，这也导致影响作用呈显著差异。

此外，制度型行为对小事件发生强度的影响在发生突发事件的企业样本中负向不显著，而在未发生突发事件的企业样本中负向显著；认知复杂性对违规强度的影响在发生突发事件企业样本中并不显著，而在未发生突发事件的企业样本中负向显著；认知聚焦性对违规强度的影响在发生突发事件的企业样本中呈现出正向不显著，而在未发生突发事件的企业样本中正向显著。以上的结果体现出了突发事件发生与否样本之间存在的差异，即，高水平的认知复杂性、低水平的认知聚焦性有利于减少突发事件的发生。

7.1.8 本研究的整合模型

本研究是以认知分类理论、图式理论、认知导向理论、事故致因理论、特质理论和健康信念理论等为研究基础，沿着"认知—行为—绩效"的逻辑路线展开了研究。本研究基于认知的视角，分析了企业突发事件预防行为的影响因素，确认了突发事件预防行为对突发事件防治绩效的预测作用，以及探究了风险倾向和风险感知在"认知—行为"之间所起的调节作用，并识别和比较了控制变量潜在的影响作用。以上多个问题共同构成了本研究的主要内容，本研究的整合模型如图 7.1 所示。

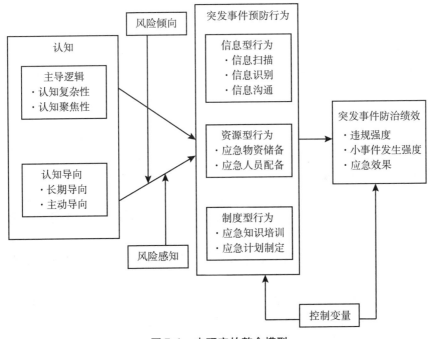

图 7.1　本研究的整合模型

7.2　研究的理论进展与实践启示

本研究围绕认知、突发事件预防行为与突发事件防治绩效的关系展开研究，取得了一系列有意义的研究结论。在理论方面，丰富及拓展了与突发事件预防行为相关的理论；在实践启示方面，为企业预防突发事件以及政府制定相关的政策提供了一定的依据。

7.2.1 理论进展

本研究结合事故致因理论对突发事件预防行为的内涵进行了详细探讨，并研究了影响企业突发事件预防行为的认知因素，同时系统分析了不同类型的突发事件预防行为对突发事件防治绩效的影响作用，还进一步考察了风险倾向和风险感知所起的调节作用，对相关的理论研究进行了整合、拓展和深化。总体而言，本研究的理论进展主要分为以下几个方面：

第一，构建了企业突发事件预防行为构思的维度模型。

突发事件预防行为研究一直以来是一个普遍受关注的议题，虽然大量的研究都聚焦在探讨企业突发事件预防行为的构成，但迄今为止尚没有特别明确以及系统地提出突发事件预防行为的具体构成。在对国内外相关文献进行系统梳理的基础上，本研究结合访谈研究、问卷调研等方法，提出了突发事件预防行为包括信息型行为、资源型行为和制度型行为三维度结构，并得到了验证。

本研究对突发事件预防行为的提出和验证，弥补了以往研究存在的不足。同时，为更好地揭示企业突发事件预防行为的构成，深入研究突发事件预防行为缺失的影响因素，以及突发事件预防行为的绩效作用也奠定了良好的基础。

第二，探明了认知、突发事件预防行为与突发事件防治绩效之间的作用机制。

首先，本研究深入挖掘了企业突发事件预防行为背后的影响因素，包括认知复杂性、认知聚焦性、长期导向和主动导向。结果发现，认知复杂性、长期导向和主动导向均对三种类型的预防行为均具有显著的正向影响作用，而认知聚焦性仅仅对制度型行为具有显著的负向影响。然后，全面拓展了突发事件预防行为的结果研究。虽然大多数研究认为突发事件预防行为具有潜在的正面作用，但这些观点尚停留在理论探讨阶段，实证分析相对缺乏。本研究通过开展突发事件预防行为的分类研究，检验了突发事件预防行为与防治绩效之间的关系，发现不同类型的突发事件预防行为会对突发事件防治绩效具有不同的预测作用。最后，通过模型的比较、修订以及索贝尔（Sobel）检验等，发现了"认知、突发事件预防行为与突发事件防治绩效"之间的作用路径，打开了认知作用于突发事件防治绩效的黑箱。

第三，证实了风险倾向和风险感知对认知与突发事件预防行为之间关系的影响。

本研究将风险倾向和风险感知纳入认知对突发事件预防行为的研究中，针对当风险倾向和风险感知的水平分别存在差异时，长期导向和主动导向对不同类型的突发事件预防行为的影响会发生怎样的变化。这为深刻的理解认知对突发事件预防行为的作用情境提供了参考，并进一步完善了认知导向理论。研究结果表明，风险倾向在"长期导向—信息型行为""长期导向—制度型行为"中起到负向的调节作用；风险感知在"长期导向—信息型行为""主动导向—信息型行为""长期导向—资源型行为""长期导向—制度型行为""主动导向—制度型行为"中起到正向调节作用。该研究结论对风险倾向和风险感知在认知、事故预防等领域的研究进行了拓展，也丰富了相关的理论体系。

第四，证实了企业规模对主作用关系的干扰效应。

本研究通过相关分析和方差分析，检验了企业规模、年龄、所有权性质、行业和区位作为控制变量的潜在可能性，结果发现，企业规模对突发事件预防行为和违规强度具有显著的影响，因此，将企业规模作为了控制变量。在此基础上，对不同企业规模情况下的主作用关系分别进行了差异性检验，对比结果表明，"制度型行为←认知聚焦性、违规强度←资源型行为、小事件发生强度←制度型行为、违规强度←认知复杂性、违规强度←主动导向"等5条路径在不同企业规模样本组之间存在明显差异，表现为显著与不显著之分，其他路径并未表现出显著的差异，尤其是"违规强度←资源型行为"通过了显著差异性检验。该研究结论为如何结合企业特征进行深入研究企业的突发事件预防行为及防治绩效，提供了一定的借鉴。

7.2.2 实践启示

本研究以 292 个企业样本考察了"认知—突发事件预防行为—突发事件防治绩效"的作用机制，研究结果对组织管理以及政府相关政策的制定具有一定的启示：

第一，企业应重视不同类型的突发事件预防行为，积极做好突发事件的预防工作。

本研究发现：突发事件预防行为包括信息型行为、资源型行为和制度型行为。信息型行为是突发事件预防的第一道防线，它对预防突发事件的发生具有显著的效果。因此，组织可以通过制定规章制度，不断地进行信息的扫描或监测，及时发现可能导致企业突发事件的不安全因素，在此基础上进行信息传递、交流或沟通，将这些不安全因素有效清除，最终减少突发事件的发生。

本研究还发现：资源型行为包括应急物资储备和应急人员配备，资源型行为对违规强度和小事件发生强度的抑制作用并不明显，但资源型行为对应急效果具有正向的影响作用。因此，组织应通过储备相应的应急物资，并及时更新，以及配备相应的应急人员，明确应急人员的职责，这样在突发事件发生后，企业可以及时地应对，以降低突发事件可能造成的人员伤亡、经济损失等。

此外，本研究发现：制度型行为包括应急知识培训和应急计划制定，制度型行为对违规强度的抑制作用并不明显，但对小事件发生强度的抑制作用十分明显，对应急效果也具有正向的影响作用。因此，组织可以定期地对企业人员开展突发事件预防知识、突发事件发生后的应对知识培训，提高企业人员的预防、应对技能；企业也可采取一系列的活动鼓励员工学习相关的知识。同时，企业还应事先制定应急计划，做到清晰、可行，这样有利于突发事件的预防和应对。

第二，企业应重视不同认知的影响作用，形成有利于突发事件预防的主导逻辑和认知导向。

认知复杂性、认知聚焦性、长期导向和主动导向会影响到企业对突发事件预防行为的采取，这一发现对企业具有一定的指导意义。本研究的相关发现强调了认知的重要性，主要表现在：①企业要积极关注内部和外部环境的变化，在此基础上构建复杂的主导逻辑，将有助于企业全面地看待问题，对于企业采取不同类型的突发事件预防行为具有十分重要的意义；②在主导逻辑的构建过程中，企业应避免过于聚焦，即主导逻辑是围绕少数几个核心概念或者某一领域内的概念建立的，这样会抑制企业采取突发事件预防行为；③企业在看待时间的观点上，应做到以长期导向为主，要认识到"长期的利益高于短期的利益、长期绩效要优于当前的财务目标"等，将有助于企业采取不同类型的突发事件预防行为；④企业要提高主动导向的水平，培养在环境变化之前就要采取行动、积极预测环境变化等认知，进而使得企业能够积极地预防突发事件。

第三，企业应充分意识到风险倾向和风险感知的作用，同时结合自身实际（规模）做好突发事件防治工作。

本研究证实，风险倾向在"长期导向—信息型行为"和"长期导向—制度型行为"间均起到负向调节作用，在"认知聚焦性—制度型行为"之间起到负向调节作用，这说明风险倾向偏高在一定程度上并不有利于企业预防突发事件，与此相反的是，风险感知在多条路径中起到正向调节作用。然而，先前的研究表明，风险倾向对企业经济绩效、创新绩效等（吕一博、苏敬勤和傅宇，2008；赵景峰和王延荣，2011）存在正向的影响，因此，企业应在不同情境下，灵活调整风险倾向，获得经济效益与突发事件防治的双赢。

此外，值得注意的是，本研究发现仅仅在小规模企业样本中，资源型行为对违规强度具有正向影响作用。这说明，在小规模企业中，过多的应急物资储备和应急人员配备并不会抑制突发事件的发生。因此，针对小规模企业而言，在突发事件预防中，要做到资源的平衡分配，以减少突发事件的发生。

7.3　研究局限与展望

尽管在研究过程中力求遵循科学的逻辑，但是由于受到主观和客观因素等的限制，本研究还存在一定的局限性以及未来的研究需要进一步的丰富与完善。具体而言，本研究主要在以下几个方面存在不足：

（1）样本的选择和收集。在大规模问卷调研过程中，本研究采用现场发放的形式在350家企业发放了问卷，尽管有效样本满足数据分析的要求，但是样本量相对偏少，也存在地域局限性。本研究的样本数据来源于浙江省、山东省、北京市、山西省等四个地区，难以排除这些区域企业自身固有特性的影响，而这些特性有可能对研究结论的普适性造成一定程度的影响，因此，本研究得出的结论尚需通过对更多数量、更多区域的企业的调查，进行进一步的分析和检验。

（2）变量的测度。本研究结合大量的文献、通过对企业相关人员的访谈以及结合专家的意见开发了部分测量量表，并通过探索性因子分析、CITC、内部一致性检验以及验证性因子等多种方法对量表的信度和效度进行了检验，以尽可能保证量表的科学性。此外，为了对企业的情况做出准确评价，本研究在每一家企业发放了5份问卷，并基于ICC（1）、ICC（2）、r_{wg}等指标对数据进行了聚合，以降低单一个体评价的偏差，但是使用李克特（Likert）5级量表这种主观测量法，仍不可避免测量带来的偏差。未来的研究，应该开发出更加客观的方法对本研究的变量进行测度。

（3）共同方法偏差问题。在研究设计过程中，本研究首先通过程序控制以降低共同方法偏差，同时本研究也设置了标签变量，以检验本研究所存在的共同方法偏差。哈曼（Harman）单因素分析、相关分析结果表明，本研究的共同方法偏差可以忽略。但是存在的问题是，本研究的调查属于横截面问卷调查，并没有根据具体的研究内容开展"多时间点"的问卷调查。未来研究可采用纵向问卷调查的方法，进一步的降低共同方法偏差的影响。

参考文献

［1］ Adamides, E. D. , Stamboulis, Y. , & Kanellopoulos, V. Economic integration and strategic change: the role of managers' mental models. Strategic Change, 2003, 12 (2): 69 – 82.

［2］ Adamides, E. , Stamboulis, Y. , & Pomonis, N. Modularity and strategic flexibility: A cognitive and dynamic perspective. Boston MA: The 23rd International Conference of the System Dynamics Society, 2005: 1 – 10.

［3］ Aiken, L. S. , & West, S. G. Multiple regression: Testing and interpreting interactions. London, Sage, 1991: 28 – 61.

［4］ Ajideh, P. Schema-theory based considerations on pre-reading activities in ESP textbooks. Asian EFL Journal, 2006, 16 (11): 1 – 19.

［5］ Akman, G. , & Yilmaz, C. Innovative capability, innovation strategy and market orientation: An empirical analysis in Turkish software industry. International Jour of Innovation Management, 2008, 12 (1): 69 – 111.

［6］ Allagui, B. Prototypes of the teacher-as-reader: An integration of cognitive categorization theory with research on the teacher-as-reader. The International Journal of the Humanities, 2012, 9 (7): 21 – 30.

［7］ Allinson, C. W. , & Hayes, J. The Cognitive style index: a measure of intuition-analysis for organizational research. Journal of Management Studies, 1996, 33 (1): 119 – 135.

［8］ Allport, G. W. Patterns and growth in personality. New York: Holt, Rinehart & Winston, 1961.

［9］ Allport, G. W. Personality: A psychological interpretation. New York: Holt, Rinehart & Winston, 1937.

［10］Al – Refaie, A. Factors affect companies' safety performance in Jordan using structural equation modeling. Safety Science, 2013, 57 (8): 169 – 178.

［11］Aloulou, W. , & Fayolle, A. A conceptual approach of entrepreneurial orientation within small business context. Journal of Enterprising Culture, 2005, 13 (01): 21 – 45.

［12］Anderson, H. G. Why U. S. managers might be more short-run oriented than the Japanese? . Economic Commentary, 1991, 1 (1): 1276 – 1278.

［13］Anderson, J. C. , & Gerbing, D. W. Structural equation modeling in practice: A review and recommended two-step approach. Psychological Bulletin, 1988, 10 (3): 453 – 460.

［14］Anderson, J. R. Methodologies for studying human knowledge. Behavioural and Brain Sciences, 1987, 10 (3): 467 – 505.

［15］Anderson, N. R. , & West, M. A. Measuring climate for work group innovation: development and validation of the team climate inventory. Journal of Organizational Behavior, 1996, 19 (3): 235 – 258.

［16］Aragón – Sánchez, A. , Barba – Aragón, I. , & Sanz – Valle, R. Effects of training on business results. Int. J. of Human Resource Management, 2003, 14 (6): 956 – 980.

［17］Aragon – Cornea, J. A. Strategic proactivity and firm approach to the natural environment. Academy of Management Journal, 1998, 41 (5): 556 – 567.

［18］Atkin, C. K. Instrumental utilities and information seeking. New models for mass communication research, Oxford, England: Sage, 1973.

［19］Bagozzi, R. P. , & Phillips, L. W. Representing and testing organizational theories: A holistic construal. Administrative Science Quarterly, 1982, 27 (3): 459 – 489.

［20］Bandura, A. Self-efficacy: Towards a unifying theory of behavior change. Psychological Review, 1977, 84 (2): 191 – 215.

［21］Bandura, A. Social cognitive theory: An agentic perspective. Annual Review of Psychology, 2001 (52): 1 – 26.

［22］Baron, R. M. , & Kenny, D. A. The moderator-mediator variable distinction in social psychological research: Conceptual, strategic, and statistical considerations. Journal of Personality and Social Psychology, 1986, 51 (6): 1173 – 1182.

［23］ Barr, P. S, Stimpert, J. L, & Huff, A. S. Cognitive change, strategic action and organizational renewal. Strategic Management Journal, 1992, 13 (S1): 15 –36.

［24］ Barr, P. S. , & Huff, A. S. Seeing isn't believing: Understanding diversity in the timing of strategic response. Journal of Management Studies, 1997, 34 (3): 337 –370.

［25］ Bartlett, F. C. Remembering: A study in experimental and social psychology. Cambridge, UK: Cambridge University Press, 1932.

［26］ Bateman, T. S. , & Crant, J. M. The proactive component of organizational behavior: A measure and correlates. Journal of Organizational Behavior, 1993, 14 (2): 103 –118.

［27］ Belkin, N. J. Anomalous state of knowledge for information retrieval. Canadian Journal of Information Science, 1980, 5 (5): 133 –143.

［28］ Bennett, R. J. , & Robinson, S. L. Development of a measure of workplace deviance. Journal of Applied Psychology, 2000, 85 (3): 349 –360.

［29］ Bentler, P. M, & Chou C. P. Practical issues in structural equation modeling. Sociological Methods and Research, 1987, 16 (1): 78 –117.

［30］ Bergadaa, M. The role of time in the action of the consumer. Journal of Consumer Research, 1990, 17 (3): 289 –302.

［31］ Berger, C. R. & Calabrese, R. J. Some explorations in initial interaction and beyond: Toward a developmental theory of interpersonal communication. Human Communication Research, 1975, 1 (2): 99 –112.

［32］ Bird, F. E. , & Germain, G. L. Practical loss control leadership. Loganville, Georgia: International Loss Control Institute, Inc, 1985.

［33］ Bissell, R. A. , Pinet, L. , Nelson, M. , et al. Evidence of the effectiveness of health sector preparedness in disaster response: The example of four earthquakes. Fam Community Health, 2004, 27 (3): 193 –203.

［34］ Bliese, P. D. Within-group agreement, non-in-dependence and reliability: Implications for data aggregation and analysis. In K. J. Klein & S. W. Klozlowski (Eds.), Multilevel Theory, Research and Methods in Organizations. San Francisco: Jossey – Bass, 2000: 349 –381.

［35］ Bourgeois, L. J. On the measurement of organizational slack. Academy of Management Review, 1981, 6 (1): 29 –39.

［36］ Bouyer, M. , Bagdassarian, S. , Chaabanne, S. , et al. Personality correlates of risk perception. Risk Analysis, 2001, 21 (3): 457 – 465.

[37] Bowman, C. Perception of strategy, realised strategy, consensus and performance. Unpublished PhD thesis, Cranfield Institute of Technology, 1991.

[38] Bowman, E. H. A risk/return paradox for strategic management. Sloan Management Review, 1980, 21 (3): 17 – 31.

[39] Brockhaus, R. H. Risk, taking propensity of entrepreneurs. Academy of Management Journal, 1980, 23 (3): 509 – 520.

[40] Brown, C. M. , & Segal, R. The effects of health and treatment perceptions on the use of prescribed medication and home remedies among African American and white American hypertensives. Social Science & Medicine, 1996, 43 (6): 903 – 917.

[41] Brown, J. S. Risk propensity in decision making: A comparison of business and public school administrators. Administrative Science Quarterly, 1970, 15 (4): 473 – 481.

[42] Brown, S. L. Changes in risk perceptions prospectively predict changes in self-reported speeding. Risk Analysis, 2010, 30 (7): 1092 – 1098.

[43] Bulan, L. , & Yan, Z. P. Firm maturity and the pecking order theory. International Journal of Business and Economics, 2010, 9 (3): 179 – 200.

[44] Burke, M. J. , Sapyr, S. A. , Tesluk, P. E. , et al. General safety performance: A test of a grounded theoretical model. Personnel Psychology, 2002, 55 (2): 429 – 457.

[45] Calori, R. , Johnson, G. , Sarnin, P. CEOs' cognitive maps and the scope of the organization. Strategic Management Journal, 1994, 15 (6): 437 – 457.

[46] Campbell, J. P. Modeling the performance prediction problem in industrial and organizational psychology. In M. D. Dunnette & L. M. Hough (Eds.), Handbook of industrial and organizational psychology (Vol. 1, pp. 687 – 732). Palo Alto: Consulting Psychologists Press, 1990.

[47] Campion, M. , Cheraskin, L. , & Stevens, M. Career-related antecedents and outcomes of job rotation. Academy of Management Journal, 1994, 37 (6): 1518 – 1542.

[48] Carmeli, A. , & Schaubroeck, J. Organisational crisis preparedness: The importance of learning from failures. Long Range Planning, 2008, 41 (2): 177 – 196.

[49] Casillas, J. C. , & Moreno, A. M. The relationship between entrepreneurial orientation and growth: The moderating role of family involvement. Entrepreneurship & Regional Development, 2010, 22 (3 –4): 265 – 291.

[50] Chandler, A. D. Scale and Scope: The dynamics of industrial capitalism. Belknap Press of Harvard University Press, Camb ridge, MA. 1990.

[51] Chen, R. , Rao, H. R. , Sharman, R. , et al. An empirical examination of IT-enabled emergency response: The cases of hurricane Katrina and hurricane Rita. Communications of the association for information systems, 2010, 26 (8): 141 – 156.

[52] Chen, Y. S. , & Huang, I. C. Financial performance of audit firms in different life cycle stages: Evidence from Taiwan. The International Journal of Business and Finance Research, 2013, 7 (4): 43 – 62.

[53] Chhokar, J. S. , & Wallin, J. A. Improving safety through applied behavior analysis. Journal of Safety Research, 1984, 15 (4): 141 – 151.

[54] Chi, N. W. , Wu, C. Y. , & Lin, Y. Y. Does training facilitate SME's performance?. The International Journal of Human Resource Management, 2008, 19 (10): 1962 – 1975.

[55] Clark, L. A. , & Watson, D. Constructing validity: Basic issues in scale development. Psychological Assessment, 1995, 7 (3): 309 – 319.

[56] Clarke, S. Perceptions of organizational safety: Implications for the development of safety culture. Journal of organizational Behavior, 1998, 20 (2): 185 – 198.

[57] Cliff, B J. , Morlock, L. , & Curtis, A. B. Is there an association between risk perception and disaster preparedness in rural US hospitals?. Prehospital and Disaster Medicine, 2009, 24 (6): 512 – 517.

[58] Cloudman, R. , & Hallahan, K. Crisis communications preparedness among U. S. organizations: Activities and assessments by public relations practitioners. Public Relations Review, 2006, 32 (4): 367 – 376.

[59] Collins, J. C. , & Porras, J. Building a visionary company. California Management Review, 1995, 37 (2): 80 – 96.

[60] Cooper, R. G. , Edgett, S. J. , & Kleinschmidt, E. J. Benchmarking NPD practices – III. Research Technology Management, 2004, 47 (3): 43 – 55.

[61] Cooper, T. , & Faseruk, A. Strategic risk, risk perception and risk behaviour: Meta-analysis. Journal of Financial Management and Analysis, 2011,

24 (2): 20 –29.

[62] Corey, C. M. , & Deitch, E. A. Factors affecting business recovery immediately after hurricane Katrina. Journal of Contingencies and Crisis Management, 2011, 19 (3): 169 –181.

[63] Covin, J. G. , & Slevin, D. P. The influence of organization structure on the utility of an entrepreneurial top management style. Journal of Management Studies, 1988, 25 (3): 217 –259.

[64] Crilly, D. , & Sloan, P. Enterprise logic: explaining corporate attention to stakeholders from the 'inside-out'. Strategic Management Journal, 2012, 33 (10): 1174 –119.

[65] Cronbach, L. J. Coefficient alpha and the internal structure of tests. Psychometrika, 1951, 16 (3): 297 –334.

[66] Crowe, K. S. , Burke, M. J. , & Landis, R. S. Organizational climate as a moderator of safety knowledge-safety performance relationships. Journal of Organizational Behavior, 2003, 24 (7): 861 –876.

[67] Daft, R. L. , & Weick, K. E. Toward a model of organizations as interpretation systems. Academy of Management Review, 1984, 9 (2): 284 –295.

[68] Daniels, K. , Johnson, G. , & de Chernatony, L. Differences in managerial cognitions of competition. British Journal of Management, 1994, 5 (S): 21 –29.

[69] Daniels, K. , Johnson, G. , & de Chernatony, L. Task and institutional influences on managers' mental models of competition. Organization Studies, 2002, 23 (1): 31 –62.

[70] Danneels, E. Organizational antecedents of second-order competences. Strategic Management Journal, 2005, 29 (5): 519 –543.

[71] Denenberg, H. S. , & Ferrari, J. R. New perspectives on risk management: The search for principles. The Journal of Bisk and Insurance, 1966, 33 (4): 647 –661.

[72] Denrell, J. Organizational risk taking: Adaptation versus variable risk preferences. Industrial and Corporate Change, 2008, 17 (3): 427 –466.

[73] DeVellis, R. Scale development: Theory and application. London: Sage. 1991.

[74] Dibrell, C. , Craig, J. , & Hansen, E. Natural environment, market orientation, and firm innovativeness: An organizational life cycle perspective.

Journal of Small Business Management, 2011, 49 (3): 467 –489.

[75] Dillman, R. Mail and telephone surveys: Total design method. New York: John Wiley, 1978.

[76] Droge, C., Calantone, R., & Harmancioglu, N. New product success: Is it really controllable by managers in highly turbulent environments? . Journal of Product Innovation Management, 2008, 25 (3): 272 –286.

[77] Duncan, R. B. Characteristics of perceived environment and perceived environmental uncertainty. Administrative Science Quarterly, 1972, 17 (3): 313 – 327.

[78] Dutton, J. E., Fahey, L., & Narayanan, V. K. Toward understanding strategic issue diagnosis. Strategic Management Journal, 1983, 4 (4): 307 – 323.

[79] Dutton, J. E., & Jackson, S. E. Categorizing strategic issues: Links to organizational action. Academy of Management Review, 1987, 12 (1): 76 –90.

[80] Dutton, J. The processing of crisis and non-crisis issues. Journal of Management Studies, 1986, 23 (5): 501 –517.

[81] Eddleston, K. A., Kellermanns, F. W., & Zellweger, T. M. Exploring the entrepreneurial behavior of family firms: Does the stewardship perspective explain differences? . Entrepreneurship Theory & Practice, 2012, 36 (2): 347 – 367.

[82] Eggers, J. P., & Kaplan, S. Cognition and renewal: Comparing CEO and organizational effects on incumbent adaptation to technical change. Organization Science, 2009, 20 (2): 461 –477.

[83] Elsubbaugh, S., Fildes, R., & Rose, M. B. Preparation for crisis management: A proposed model and empirical evidence. Journal of Contingencies and Crisis Management, 2004, 12 (3): 112 –127.

[84] Entrialgo, M., Fernández, E., & Vázquez, C. J. The Effect of the organizational context on SME's entrepreneurship: Some Spanish evidence. Small Business Economics, 2001, 16 (3): 223 –236.

[85] Farh, J. L., Early, P. C., & Lin, S. C. Impetus for action: A cultural analysis of justice and organizational citizenship behavior in Chinese society. Administrative Science Quarterly, 1997, 42 (3): 421 –444.

[86] Farley, F. The big T in personality. Psychology Today, 1986, 20 (5): 45 –52.

［87］ Faupel, C. E. , Kelley, S. P. , & Petee, T. The impact of disaster education on household preparedness for hurricane Hugo. International Journal of Mass Emergencies and Disasters. 1992, 10 (1): 5 – 24.

［88］ Fay, D. , & Frese, M. The concept of personal initiative: An overview of validity studies. Human Performance, 2001, 14 (1): 97 – 124.

［89］ Feng, Y. B. , Teo, E. A. L. , Ling, F. Y. Y. , et al. Exploring the interactive effects of safety investments, safety culture and project hazard on safety performance: An empirical analysis. International Journal of Project Management, 2014, 32 (6): 932 – 943.

［90］ Figenbaum, A. , & Thomas, H. Attitudes toward risk and the risk-return paradox: Prospect theory explanations. Academy of Management Journal, 1988, 31 (1): 85 – 106.

［91］ Fink, S. Crisis management planning for the inevitable. AMACOM, New York, 2000.

［92］ Flynn, B. B. , Sakakibara, S. , Schroeder, R. G. , et al. Empirical research methods in operations management. Journal of Operations Management, 1990, 9 (2): 250 – 284.

［93］ Ford, J. K. , Quinones, M. A, Sego, D. J. , et al. Factors affecting the opportunity to perform trained tasks on the job. Personnel Psychology, 1992, 45 (3): 511 – 527.

［94］ Ford, J. , & Schellenberg, D. Conceptual issues of linkage in the assessment of organizational performance. Academy of Management Review, 1982, 7 (1): 49 – 58.

［95］ Ford, M. T. , & Tetrick, L. E. Safety motivation and human resource management in North America. The International Journal of Human Resource Management, 2008, 19 (8): 1472 – 1485.

［96］ Ford, N. , Miller, D. , & Moss, N. The role of individual difference in internet searching: An empirical study. Journal of the American Society for Information Science and Technology, 2001, 52 (12): 1049 – 1066

［97］ Fornell, C. , & Larcker, D. F. Evaluating structural equation models with unobservable variables and measurement error. Journal of Marketing Research, 1981, 18 (2): 39 – 50.

［98］ Franklin, B. , & Osborne, H. Research methods: Issues and insights. Wadsworth Publishing Co, Belmont, New York, 1971.

［99］ Ganesan, S. Determinants of long-term orientation in buyer-seller relationships. Journal of Marketing, 1994, 58 (2): 1 – 19.

［100］ Gary, M. S., Wood, R. E. Mental models, decision rules, and performance heterogeneity. Strategic Management Journal, 2011, 32 (6): 569 – 594.

［101］ Gavetti, G., & Levinthal, D. A. Looking forward and looking backward: Cognitive and experiential search. Administrative Science Quarterly, 2000, 45 (1): 113 – 137.

［102］ George, D., & Mallery, P. SPSS for Windows step by step: A simple guide and reference. 11. 0 update (4thed.). Boston: Allyn & Bacon, 2003.

［103］ Gierlach, E., Belsher, B. E., & Beutler, L. E. Cross-cultural differences in risk perceptions of disasters. Risk Analysis, 2010, 30 (10): 1539 – 1549.

［104］ Gillespie, D. F., & Streeter, D. F. Conceptualizing and measuring disaster preparedness. International Journal of Mass Emergencies and Disasters, 1987, 5 (2): 155 – 176.

［105］ Gkorezis, P., Hatzithomas, L. & Petridou, E. The impact of leader's humor on employees' psychological empowerment: The moderating role of tenure. Journal of Managerial Issues, 2011, 23 (1): 83 – 95.

［106］ Glanz, K., Marcus, L. F., & Rimer, B. K. Theory at a glance: A guide for health promotion practice. National Institute of Health, 1997.

［107］ Gopalakrishnan, S., & Dugal, M. Strategic choice versus environmental determinism: A debate revisited. International Journal of Organizational Analysis, 1998, 6 (2): 146 – 164.

［108］ Gould, S. Characteristics of career planning in upwardly mobile occupations. Academy of Management Journal, 1979, 22 (3): 539 – 550.

［109］ Gould, S., & Hawkins, B. Organizational career stage as a moderator of the satisfaction-performance relationship. Academy of Management Journal, 1978, 21 (3): 434 – 450.

［110］ Griffin, M., & Neal, A. Perceptions of safety at work: A framework for linking safety climate to safety performance, knowledge, and motivation. Journal of Occupational Health Psychology, 2000, 5 (3): 347 – 358.

［111］ Griffin, R. J., Dunwoody, S., & Neuwirth, K. Proposed model of the relationship of information seeking and processing to the development of preventive behaviors. Environmental Research, 1999, 80 (S): 230 – 245.

[112] Guadagnoli, E. , & Velicer, W. F. Relation of sample size to the stability of component patterns. Psychological Bulletin, 1988, 103 (2): 265 – 275.

[113] Guth, D. W. Organizational crisis experience and public relations roles. Public Relations Review, 1995, 21 (2): 123 – 137.

[114] Hair, J. , Black, W. , Babin, B. , Anderson, R. , et al. Multivariate data analysis (6th). Uppersaddle River, N. J. : Pearson Prentice Hall, 2006.

[115] Hallock, D. E. , Salazar, R. J. , & Venneman, S. Demographic and attitudinal correlates of employee satisfaction with an ESOP. British Journal of Management, 2004, 15 (4): 321 – 333.

[116] Hallowell, M. R. Safety risk perception in construction companies in the Pacific Northwest of the USA. Construction Management and Economics, 2010, 28 (4): 403 – 413.

[117] Halpern, D. F. Thought and knowledge: An instruction to critical thinking. Lawrence Erlbaum, 1989.

[118] Hambrick, D. C. Specialization of environmental scanning activities among upper level executives. Journal of Management Studies, 1981, 8 (3): 299 – 320.

[119] Hambrick, D. C. , & Mason, P. A. Upper echelons: The organization as a reflection of its top manager. Academy of Management Review, 1984, 9 (2): 193 – 206.

[120] Hannan, M. T. , & Freeman, J. Structural inertia and organisational change. American Sociological Review, 1984, 49 (2): 149 – 164.

[121] Harris, S. Organizational culture and individual sensemaking: A schema-based perspective. Organization Science, 1994, 5 (3): 309 – 321.

[122] Harwood, I. A. , Ward, S. C. , & Chapman, C. B. A grounded exploration of organisational risk propensity. Journal of Risk Research, 2009, 12 (5): 563 – 579.

[123] Hay, M. , & Usunier, J. C. Time and strategic action: A cross-cultural view. Time & Society, 1993, 2 (3): 313 – 333.

[124] He, J. Y. , Huang, Z. Board informal hierarchy and firm financial performance: Exploring a tacit structure guiding boardroom interactions. Academy of Management Journal, 2011, 54 (6): 1119 – 1139.

［125］ Heinrich, H. W. Industrial accident prevention: A scientific approach (4th ed.). McGraw – Hill, 1959.

［126］ Heinrich, H. W. Industrial accident prevention: A scientific approach. McGraw – Hill, 1931.

［127］ Hender, R. , & Mitchell, W. The interactions of organizational and competitive influence on strategy and performance. Strategic Management Journal, 1997, 18 （1）: 5 – 14.

［128］ Herbane, B. Exploring crisis management in UK small-and medium-sized enterprises. Journal of Contingencies and Crisis Management, 2013, 21 （2）: 82 – 95.

［129］ Hermann, C. F. International crises: Insights from behavioral research. New York: The Free Press, 1972.

［130］ Highhouse, S. , & Yüce, P. Perspectives, perceptions, and risk-taking behavior. Organizational Behavior and Human Decision Processes, 1996, 65 （2）: 159 – 167.

［131］ Hilliard, T. W. , Scott – Halsell, S. , & Palakurthi, R. Core crisis preparedness measures implemented by meeting planners. Journal of Hospitality Marketing & Management, 2011, 20 （6）: 638 – 660.

［132］ Hinkin, T. R. A review of scale development practices in the study of organizations. Journal of Management, 1995, 21 （5）: 967 – 988.

［133］ Ho, M. C. , Shaw, D. , Lin, S. , Chiu, Y C. How do disaster characteristics influence risk perception? . Risk Analysis, 2008, 28 （3）: 635 – 643.

［134］ Hoelter, J. W. The analysis of covariance structures: Goodness-of-fit indices. Sociological Methods and Research, 1983, 11 （3）: 325 – 344.

［135］ Hofstede, G. Cultures and organizations: Software of the mind. New York, NY: McGraw – Hill, 1997.

［136］ Hoop, T. , Ruben, R. Insuring against earthquakes: Simulating the cost-effectiveness of disaster preparedness. Disasters, 2010, 34 （2）: 509 – 523.

［137］ Houghton, S. M. , Simon, M. , & Goldberg, C. B. No safety in numbers: Persistence of biases and their effects on team risk perception and team decision making. Group & Organization Management, 2000, 25 （4）: 325 – 353.

［138］ Hsee, C. K. , & Weber, E. U. Cross-national differences in risk preference and lay predictions. Journal of Behavior Decision Making, 1999, 12 （2）:

165 – 179.

[139] Hsu, C. C. , Tan, K C. , Laosirihongthong, T. , et al. Entrepreneurial SCM competence and performance of manufacturing SMEs. International Journal of Production Research, 2011, 49 (22): 6629 – 6649.

[140] Huff, A. S. Industry Influences on strategy formulation. Strategic Management Journal, 1982, 3 (2): 119 – 130.

[141] Hunt, J. W. , & Saul, P. N. The relationship of age, tenure, and job satisfaction in males and females. Academy of Management Journal, 1975, 18 (4): 690 – 702.

[142] Hutchins, H. M. , Annulis, H. , & Gaudet, C. Crisis planning—survey results from hurricane Katrina and implications for performance improvement professionals. Performance Improvement Quarterly, 2008, 20 (3 – 4): 27 – 51.

[143] Huurne, E, T. , & Gutteling, J. Information needs and risk perception as predictors of risk information seeking. Journal of Risk Research, 2008, 11 (7): 847 – 862.

[144] Hyde, J. , Kim, B. , Martinez, L. S. , et al. Better prepared but spread too thin: The impact of emergency preparedness funding on local public health. Disaster Manag Response, 2006, 4 (4): 106 – 13.

[145] Inoue, C. , Lazzarini, S. , & Musacchio, A. Leviathan as a minority shareholder: Firm-level implications of state equity purchases. Academy of Management Journal, 2013, 56 (6): 1775 – 1801.

[146] Jack, B. , & Clarke, A. The purpose and use of questionnaires in research. Prof Nurse, 1998, 14 (3): 17 – 69.

[147] Jalali, S. H. Environmental determinants, entrepreneurial orientation and export performance: Empirical evidence from Iran. Serbian Journal of Management, 2012, 7 (2): 245 – 255

[148] James, L. R. , Demaree, R. G. , & Wolf, G. Estimating within-group inter-rater reliability with and without response bias. Journal of Applied Psychology, 1984, 69 (1): 85 – 98.

[149] Janis, I. L. , & Mann, L. A psychological analysis of conflict, choice, and commitment. New York: Free Press, 1977.

[150] Jaworski, B. J. , & Kohli, A. K. Market orientation: Antecedents and consequences. Journal of Marketing, 1993, 57 (7): 53 – 70.

[151] Jenkins, M. , & Johnson, G. Linking managerial cognition and or-

ganizational performance: A preliminary investigation using causal maps. British Journal of Management, 1997, 8 (S): 77 – 90.

[152] Jiang, L., Yu, G. T., Li, Y. J., et al. Perceived colleagues' safety knowledge/behavior and safety performance: Safety climate as a moderator in a multilevel study. Accident Analysis and Prevention, 2010, 42 (5): 1468 – 1476.

[153] Jin, Y. The interplay of organization type, organization size and practitioner role on perceived crisis preparedness: A cognitive appraisal approach. Journal of Contingencies and Crisis Management, 2010, 18 (1): 49 – 54.

[154] Johns, A. M. The ESL student and the revision process: Some insights from schema theory. Journal of Basic Writing, 1986, 5 (2): 70 – 80.

[155] Johnson, G. Strategic change and the management process. Blackwell, Oxford, 1987.

[156] Johnson, J. L., Martin, K. D., & Saini, A. Strategic culture and contextual factors as determinants of anomie in publicly-traded and privately-held firms. Business Ethics Quarterly, 2011, 21 (3): 473 – 502.

[157] Jöreskog, K. G., & Sörbom, D. LISREL VI: Analysis of linear structural relationships by maximum likelihood, instrumental variables and square methods. Moorsville, IN: Scientific Software, 1986.

[158] Kabanoff, B., & Brown, S. Knowledge structures of prospectors, analyzers, and defenders: Content, structure, stability, and performance. Strategic Management Journal, 2008, 29 (2): 149 – 171.

[159] Kahneman, D., & Tversky, A. Prospect theory: An analysis of decisions under risk. Econometrica, 1979, 47 (2): 263 – 291.

[160] Kaiser, H. F. An index of factorial simplicity. Psychometrika, 1974, 39 (1): 31 – 36.

[161] Kallmen, H. Manifest anxiety, general self-efficacy and locus of control as determinants of personal and general risk perception. Journal of Risk Research, 2000, 3 (2): 111 – 120.

[162] Kandemir, D., & Acur, N. Examining proactive strategic decision-making flexibility in new product development. Journal of Product Innovation Management, 2012, 29 (4): 608 – 622.

[163] Kanfer, R. & Ackerman, P. L. Motivation and cognitive abilities: An integrative/aptitude-treatment interaction approach to skill acquisition [Monograph]. Journal of Applied Psychology, 1989, 74 (4): 657 – 690.

[164] Kaplan, S. Research in cognition and strategy: Reflections on two decades of progress and a look to the future. Journal of Management Studies, 2011, 48 (3): 665 – 95.

[165] Kapp, E. A. The influence of supervisor leadership practices and perceived group safety climate on employee safety performance. Safety Science, 2012, 50 (4): 1119 – 1124.

[166] Karaevli, A. Performance consequences of new CEO 'Outsiderness': Moderating effects of pre-and post-succession contexts. Strategic Management Journal, 2007, 28 (7): 681 – 706.

[167] Karande, K. , & Merchant, A. The impact of time and planning orientation on an individual's recreational shopper identity and shopping behavior. Journal of Marketing Theory and Practice, 2012, 20 (1): 59 – 72.

[168] Keefe, D. J. , & Sypher, H. E. Cognitive complexity measures and the relationship of cognitive complexity to communication. Human Communication Research, 1981, 8 (1): 72 – 92.

[169] Keeney, G. B. Disaster preparedness: What do we do now? . Journal of Midwifery & Women's Health, 2004, 49 (4): 2 – 6.

[170] Kees, J. Advertising framing effects and consideration of future consequences. Journal of Consumer Affairs, 2011, 45 (1): 7 – 32.

[171] Khan, A. , Manopichetwattana, V. Innovative and non-innovative small firms: Types and characteristics. Management Science, 1989, 35 (5): 597 – 606.

[172] Kiesler, S. , & Sproull, L. Managerial response to changing environments: Perspectives on problem sensing from social cognition. Administrative Science Quarterly, 1982, 27 (4): 548 – 570.

[173] Kim, Y. , Cha, H. , & Kim, J. J. How to evaluate an organization's crisis-preparedness: Development and application of an index. Paper presented at the annual meeting of the International Communication Association, New Orleans Sheraton, New Orleans, 2004. LA Online < . PDF > . 2009 – 05 – 26 from http: //www. allacademic. com/meta/p113366_index. html.

[174] Kliem, R. L. , Ludin, I. S. Reducing project risk. Hampshire: Gower, 1997.

[175] Kline, R. B. Principles and practice of structural equation modeling. NewYork: The Guilford Press, 1998.

［176］Koslowsky, S. The case of the missing data. Journal of Database Marketing, 2002, 9 (4): 312 – 318.

［177］Kovoor – Misra, S. Moving toward crisis preparedness: Factors that motivate organizations. Technological Forecasting and Social Change, 1996, 53 (2): 169 – 183.

［178］Kovoor – Misra, S. , Zammuto, R. F. , & Mitroff, I. I. Crisis preparation in organizations: Prescription versus reality. Technological Forecasting and Social Change, 2000, 63 (1): 43 – 62.

［179］Kreiser, P. , Marino, L. , Davis, J. , Tang, Z. , Lee, C. Firm-level entrepreneurship: The role of proactiveness, innovativeness and strategic renewal in the creation and exploration of opportunities. Journal of Developmental Entrepreneurship, 2010, 15 (2): 143 – 163.

［180］Kreitler, H. , & Kreitler, S. The cognitive antecedents of the orienting reflex. Schweiz. 2. Psychol, 1970: 94 – 105.

［181］Kreitler, H. , & Kreitler, S. The cognitive determinants of defensive behaviour. British Journal of Social and Clinical Psychology, 1972, 11 (4): 359 – 372.

［182］Kreitler, H. , & Kreitler, S. The model of cognitive orientation: Towards a theory of human behavior. British Journal of Psychology, 1972, 63 (1): 9 – 30.

［183］Kreitler, S. , & Kreitler, H. Cognitive orientation and physical disease or health. European Journal of Personality, 1991, 5 (2): 109 – 129.

［184］Kreitler, S. , & Kreitler, H. Plans and planning: Their motivational and cognitive antecedents. In: Friedman, S. L. , Scholnick, E. K. and Cocking, R. R. (Eds), Blueprints for Thinking: The role of Planning in Cognitive Development, Cambridge University Press, New York, 1987: 110 – 178.

［185］Kreitler, S. , Kreitler, H. , & Zigler, E. Cognitive orientation and curiosity. British Journal of Psychology, 1974, 65 (1): 43 – 52.

［186］Krieser, P. M. , Marino, L. & Weaver, K. M. Assessing the relationship between entrepreneurial orientation, the external environment and firm performance. In Reynolds, P. D. , Bygrave, W. D. , Carter, N. M. , Davidsson, P. , Gartner, W. B. , Mason, C. M. and McDougall, P. P. (eds). Frontiers of Entrepreneurship Research. Wellesley, MA: Babson College, 2002: 268 – 282.

［187］Kuhlthau, C. C. Inside the search process: Information seeking from the user's perspective. Journal of the American Society for Information Science and Technology, 1991, 42 (5): 361 – 371.

[188] Kuo – Ting, H. , Chan, C. , & Tang, P. General risk propensity in multifaceted business decisions: Scale development. Journal of managerial issues, 2010, 22 (1): 88 – 106.

[189] Kwak, H. , Jaju, A. , Puzakova, M. , et al. The connubial relationship between market orientation and entrepreneurial orientation. Journal of Marketing Theory and Practice, 2013, 21 (2): 141 – 161.

[190] Lassen, A. H. , Gertsen, F. , & Riis, J. O. The nexus of corporate entrepreneurship and radical innovation. Creativity & Innovation Management, 2006, 15 (4): 359 – 372.

[191] Laukkanen, M. A. Computer method for comparative cognitive mapping. Paper presented at the international workshop on managerial and organizational cognition, Brussels, 1993.

[192] Laukkanen, M. Comparative cause mapping of organizational cognitions. Organization Science, 1994, 5 (3): 322 – 43.

[193] Lawrence, A. C. Human error as a cause of accidents in gold mining. Journal of Safety Research, 1974, 6 (2): 78 – 88.

[194] Le Breton – Miller, I. , Miller, D. Why do some family businesses out-compete? Governance, long-term orientations, and sustainable capability. Entrepreneurship Theory and Practice, 2006, 30 (6): 731 – 746.

[195] Lee, J. E. , & Lemyre, L. A social-cognitive perspective of terrorism risk perception and individual response in Canada. Risk Analysis, 2009, 29 (9): 1265 – 1280.

[196] Lee, R. , & Wilbur, E. R. Age, education, job tenure, salary, job characteristics, and job satisfaction: A multivariate analysis. Human Relations, 1985, 38 (8): 781 – 791.

[197] Lehman, P. Will that be on the exam? Schema theory and testing in sociology. Teaching Sociology, 1996, 24 (4): 347 – 355.

[198] Leiserowitz, A. Climate change risk perception and policy preferences: The role of affect, imagery, and values. Climatic Change, 2006, 77 (1 – 2): 45 – 72.

[199] Leonard – Barton, D. Core capabilities and core rigidities: A paradox in managing new product development. Strategic Management Journal, 1992, 13

(S): 111 – 125.

[200] Levinson, D. J. , Darrow, C. N. , Klein, E. B. , et al. The seasons of a man's life. Alfred A. Knopf, New York, 1978.

[201] Levy, O. The influence of top management team attention patterns on global strategic posture of firms. Journal of Organizational Behavior, 2005, 26 (7): 797 –819.

[202] Lewis, K. S. An examination of the health belief model when applied to diabetes mellitus. PhD thesis, University of Sheffield, 1994.

[203] Li, J J. , Poppo, L. , & Zhou, K. Z. Do managerial ties in China always produce value? Competition, uncertainty, and domestic vs. foreign firms. Strategic Management Journal, 2008, 29 (4): 383 – 400.

[204] Lima, M. L. On the influence of risk perception on mental health: Living near an incinerator. Journal of Environmental Psychology, 2004, 24 (1): 71 – 84.

[205] Lindell, M. K, & Whitney, D. J. Accounting for common method variance in cross-sectional designs. Journal of Applied Psychology, 2001, 86 (1): 114 – 121.

[206] López – Navarro, M. Á. , Callarisa – Fiol, L. , & Moliner – Tena, M. Á. Long – term orientation and commitment in export joint ventures among small and medium-sized firms. Journal of Small Business Management, 2013, 51 (1): 100 – 113.

[207] Lord, R. , & Foti, R. Schema theories, information processing, and organizational behavior. In D. A. Gioia and H. P. Sims (Eds.), The thinking organization: Dynamics of organizational social cognition, San Francisco: Josey Bass, 1986: 20 –49.

[208] Lotz, H. M. , van der Merwe, S. P. An investigation of the influence of entrepreneurial orientation on the perceived success of agribusinesses in South Africa. South African Journal of Business Management, 2013, 44 (1): 15 – 32.

[209] Lumpkin, G. T. , & Brigham, K. H. Long-term orientation and intertemporal choice in family firms. Entrepreneurship Theory and Practice, 2011, 35 (6): 1149 – 1169.

[210] Lumpkin, G. T. , & Dess, G. D. Clarifying entrepreneurial orientation construct and linking it to performance. Academy of Management Review, 1996, 21 (1): 135 – 172.

[211] Lumpkin, G. T. , Brigham, K. H. , & Moss, T. W. Long-term orientation: Implication for the entrepreneurial orientation and performance of family businesses. Entrepreneurship & Regional Development, 2010, 22 (3 – 4): 241 – 264.

[212] Marcel, J. , Barr, Pamela, S. , & Duhaime, I. M. The influence of executive cognition on competitive dynamics. Strategic Management Journal, 2010, 32 (2): 115 – 138.

[213] March, J. G. , & Shapira, Z. Managerial perspectives on risk and risk taking. Management Science, 1987, 33 (11): 1404 – 1418.

[214] March, J. G. , & Simon, H. A. Organizations. Wiley: New York, 1958.

[215] Marcy, R. T. , & Mumford, M. D. Leader cognition: Enhancing leader performance through causal analysis. The Leadership Quarterly, 2010, 21 (1): 1 – 19.

[216] Marris, C. , Langford, I. H. , & O'Riordan, T. A quantitative test of the cultural theory of risk perceptions: Comparison with the psychometric paradigm. Risk Analysis, 1998, 18 (5): 635 – 647.

[217] Marsh, H. W. , Balla, J. R. , & McDonald, R. P. Goodness-of-fit indices in confirmatory factor analysis: The effect of sample size. Psychological Bulletin, 1988, 103 (3): 391 – 410.

[218] Marsh, H. W. , Wen, Z. , & Hau, K. – T. Structural equation models of latent interactions: Evaluation of alternative estimation strategies and indicator construction. Psychological Methods, 2004, 9 (3): 275 – 300.

[219] Marshall, G. The purpose, design and administration of a questionnaire for data collection. Radiography, 2005, 11 (2): 131 – 136.

[220] Marshall, S. P. Assessing schema knowledge. In Norman Frederiksen, R. Mislevy, and I. Bejar, eds. Test Theory for a New Generation of Tests. Hillsdale, NJ: Lawrence Erlbaum Associates, 1993: 155 – 180.

[221] Martin, L. F. Cultural differences in risk perception: An examination of USA and Ghanaian perception of risk communication. Master thesis, Virginia Polytechnic Institute and State University, 2004.

[222] Mayer, B. W. , Moss, J. , & Dale, K. Disaster and preparedness: Lessons from hurricane Rita. Journal of Contingencies and Crisis Management, 2008, 16 (1): 14 – 23.

[223] Mcclure, J. , Walkey, F. , & Allen, M. When earthquake damage is seen as preventable: Attributions, locus of control and attitudes to risk. Applied Psychology: An International Review, 1999, 42 (2): 239 –256.

[224] Mcgarty, C. Categorization in social psychology. London: Sage, 1999.

[225] Mcgrath, J. E. , & Tschan, F. Temporal matters in social psychology. Washington, D C: American Psychological Association, 2004.

[226] Mclain, D. L. , & Hackman, K. Trust, risk and decision-making in organizational change. Public Administration Quarterly, 1999, 23 (2): 152 – 176.

[227] Mcnamara, G. M. , Luce, R. A. , & Tompson, G. H. Examining the effect of complexity in strategic group knowledge structures on firm performance. Strategic Management Journal, 2002, 23 (2): 153 –170.

[228] Mearns, K. , & Flin, R. Risk perception and attitudes to safety by personnel in the offshore oil and gas-industry – A review. Journal of Loss Prevention in the Process Industries, 1995, 8 (5): 299 –305.

[229] Mearns, K. , Whitaker, S. , & Flin, R. Safety climate, safety management practice and safety performance in offshore environments. Safety Science, 2003, 41 (8): 641 –680.

[230] Mehr, R. I. , & Cammack, E. Principles of Insurance (3d. ed). Homewood, Illinois: Richard D. Irwin, Inc. , 1961, 23.

[231] Miller, D. Relating Porter's business strategies to environment and structure: Analysis and performance implications. Academy of Management Journal, 1988, 31 (2): 280 –308.

[232] Miller, D. The correlates of entrepreneurship in three types of firms. Management Science, 1983, 29 (7): 770 –791.

[233] Miller, D. , & Chen, M. J. The simplicity of competitive repertoires. Strategic Management Journal, 1996, 17 (6): 419 –440.

[234] Miller, D. , & Le Breton – Miller, I. Managing for the long run: Lessons in competitive advantage from great family businesses Boston, MA: Harvard Business School Press, 2005.

[235] Miller, K. D. , & Leiblein, M. Corporate risk-return relations: returns variability versus downside risk. Academy of Management Journal, 1996, 39 (1): 91 –122.

[236] Mishra, S. , & Suar, D. Effects of anxiety, disaster education, and

resources on disaster preparedness behavior. Journal of Applied Social Psychology, 2012, 42 (5): 1069 – 1087.

[237] Mislevy, R. Foundations of a new test theory. In Norman Frederiksen, R. Mislevy, and I. Bejar, eds. Test Theory for a New Generation of Tests. Hillsdale, NJ: Lawrence Erlbaum Associates, 1993: 19 – 40.

[238] Mitchell, V. W. Organizational risk perception and reduction: A literature review. British Journal of Management, 1995, 6 (2): 115 – 133.

[239] Mitroff, I. I. Crisis management: Cutting through the confusion. Sloan Management Review, 1988, 29 (2): 15 – 20.

[240] Mitroff, I. I. , & Alpaslan, M. C. Preparing for evil. Harvard business review, 2003, 81 (4): 109 – 124.

[241] Moore, G. C. , & Benbasat, I. Development of an instrument to measure the perceptions of adopting an information technology innovation. Information Systems Research, 1991, 2 (3): 173 – 191.

[242] Moors, A. , & De Houwer, J. Automaticity: A theoretical and conceptual analysis. Psychological Bulletin, 2006, 132 (2): 297 – 326.

[243] Moran, P. Structural vs. relational embeddedness: Social capital and managerial performance. Strategic Management Journal, 2005, 26 (2): 1129 – 1151.

[244] Murray, R. Fundamental issues in questionnaire design. Accident & Emergency Nursing, 1999, 7 (3): 148 – 153.

[245] Nadkarni, S. , & Barr, P. S. Environmental context, managerial cognition, and strategic action: An integrated view. Strategic Management Journal, 2008, 29 (13): 1395 – 1427.

[246] Nadkarni, S. , & Narayanan, V. K. Strategic schemas, strategic flexibility, and firm performance: The moderating role of industry clockspeed. Strategic Management Journal, 2007, 28 (3): 243 – 270.

[247] Nassaji, H. Schema theory and knowledge-based processes in second language reading comprehension: A need for alternative perspectives. Language Learning, 2007, 57 (1): 79 – 113.

[248] Neal, A. , & Griffin, M. A. A study of the lagged relationships among safety climate, safety motivation, safety behaviour, and accidents at the individual and group levels. Journal of Applied Psychology, 2006, 91 (4): 946 – 953.

[249] Neal, A. , Griffin, M. A. , & Hart, P. M. The impact of organiza-

tional climate on safety climate and individual behavior. Safety Science, 2000, 34 (1/3): 99 – 109.

[250] Nelson, R. R. , & Winter, S. G. An evolutionary theory of economic change. H. B. Press, 1982.

[251] Neuwirth, K. , Dunwoody, S. , & Griffin, R. Protection motivation and risk communication. Risk Analysis, 2000, 20 (5): 721 –734.

[252] Nilsen, P. , Hudson, D. S. , Kullberg, A. , et al. Making sense of safety. Injury Prevention, 2004, 10 (2): 71 –73.

[253] Noh, S. , Gagne, J. P. , & Kaspar, V. Models of health behaviours and compliance: Applications to audiological rehabilitation research (Chapter 18). Research in aural rehabilitation: current trends and future directions. 27. Ottawa, Ontario: Journal of the Academy of Rehabilitative Audiology, 1994 (27): 375 – 389.

[254] Nunnally, J. C. Psychometric theory (2nd). New York: McGraw – Hill, 1978.

[255] Nystrom, P. C. , & Starbuck, W. H. To avoid organizational crises, unlearn. Organizational Dynamics, 1984, 12 (4): 53 –65.

[256] Oakes, P. J. , Haslam, S. A. , & Turner, J. C. Stereotyping and social reality. Oxford: Blackwell, 1994.

[257] Obloj, T. , Obłój, K. , & Pratt, M. Dominant logic and entrepreneurial firms performance in a transition economy. Entrepreneurship Theory & Practice, 2010, 34 (1): 151 –170.

[258] Offer, J. Pessimists charter. Accountancy, 1998, 121 (4): 50 – 51.

[259] Orbell, S. , Perugini, M. , & Rakow, T. Individual differences in sensitivity to health communications: Consideration of future consequences. Heath Psychology, 2004, 23 (4): 388 –396.

[260] Paek, H. J. , Hilyard, K. , Freimuth, V. , et al. Theory-based approaches to understanding public emergency preparedness: Implications for effective health and risk communication. Journal of Health Communication, 2010, 15 (4): 428 –444.

[261] Papke – Shields, K. E. , Malhotra, M. J. , & Grover, V. Strategic manufacturing planning systems and their linkage to planning system success. Decision Science, 2002, 13 (1): 1 –30.

［262］Paraskevas, A. , & Altinay, L. Signal detection as the first line of defence in tourism crisis management. Tourism Management, 2013, 34 (1): 158 – 171.

［263］Parnell, J. A. , Koseoglu, M. A. , & Spillan, J. E. Crisis readiness in Turkey and the United States. Journal of Contingencies and Crisis Management, 2010, 18 (2): 108 – 116.

［264］Pearson, C. M. , & Mitroff, I. I. From crisis prone to crisis prepared: A framework for crisis management. Academy of Management, 1993, 7 (1): 48 – 59.

［265］Pedone, R. Disaster recovery – Are you prepared for business disruption? Long Island Business News, 1997 (11): 23 – 24.

［266］Perry, R. W. , & Lindell, M. K. Preparedness for emergency response: Guidelines for the emergency planning process. Disasters, 2003, 27 (4): 336 – 350.

［267］Perry – Smith, J. E. Social yet creative: The role of social relationships in facilitating individual creativity. Academy of Management Journal, 2006, 49 (1): 85 – 101.

［268］Petersen, D. Measurement of safety performance. Chicago: ASSE, 2005.

［269］Pinsonneault, A. , Kraemer, K. L. Survey research methodology in management information systems: An assessment. Journal of Management Information Systems, 1993, 10 (2): 75 – 105.

［270］Podsakoff, P. M. How to "break down" a theoretical construct and its measures. Bloomington, 2003.

［271］Polo – Redondo, Y. P. , & Cambra Fierro, J. J. Importance of company size in long-term orientation of supply function: An empirical research. Journal of Business and Industrial Marketing, 2007, 22 (4): 236 – 248.

［272］Poterba, J. M. , & Summers, L. A CEO survey of U. S. companies' time horizons and hurdle rates. Sloan Management Review, 1995, 37 (1): 43 – 53.

［273］Prahalad, C. K. , & Bettis, R. A. The dominant logic: A new linkage between diversity and performance. Strategic Management Journal, 1986, 7 (6): 485 – 501.

［274］Ranson, R. Accidents at home: The modern epidemic. In R. Burridge

& D. Ormandy (Eds.), Unhealthy housing: Research, remedies and reform (pp. 223 – 255). London: E&FN Spon, 1993.

［275］ Reger, R. K. , & Huff, A. S. Strategic groups: A cognitive perspective. Strategic Management Journal, 1993, 14 (2): 103 – 124.

［276］ Reger, R. K. , & Palmer, T. B. Managerial categorization of competitors: Using old maps to navigate new environments. Organization Science, 1996, 7 (1): 22 – 39.

［277］ Reilly, A. H. Are organizations ready for crisis? A Managerial Scorecard. Spring, 1987: 79 – 88.

［278］ Reinholt, M. , Pedersen, T. , & Foss, N. J. Why a central network position isn't enough: The role of motivation and ability for knowledge sharing in employee networks. Academy of Management Journal, 2011, 54 (6): 1277 – 1297.

［279］ Renner, B. , Schüz, B. , & Sniehotta, F. F. Preventive health behavior and adaptive accuracy of risk perceptions. Risk Analysis, 2008, 28 (3): 741 – 748.

［280］ Rohrmann, B. , & Chen, H. C. Risk perception in China and Australia: An exploratory cross cultural study. Journal of Risk Research, 1999, 2 (3): 219 – 241.

［281］ Rosch, E. Cognitive reference points. Cognitive Psychology, 1975, 7 (4): 532 – 547.

［282］ Rosch, E. On the internal structure of perceptual and semantic categories. In T. E. Moore (Ed.), Cognitive development and the acquisition of language. New York: Academic Press, 1973.

［283］ Rosch, E. Principles of categorization. In E. Rosch & B. Lloyd (Eds.), Cognition and categorization. Hillsdale, NJ: Erlbaum, 1978.

［284］ Rosch, E. , & Mervis, C. Family resemblances: Studies in the internal structure of categories. Cognitive Psychoiogy, 1975, 7 (4): 573 – 605.

［285］ Rosch, E. , Mervis, B. , Gray, W. D. , et al. Basic objects in natural categories. Cognitive Psychology, 1976, 8 (3): 383 – 395.

［286］ Rose, N. L. Profitability and product quality: Economic determinants of airline safety performance. Journal of Political Economy, 1990, 98 (5): 944 – 964.

［287］ Rosenstock, I. M. Why people use health services. Milbank Memorial

Fund Quarterly, 1966, 44 (3): 94 - 124.

[288] Roszkowski, M. J., Davey, G. Risk perception and risk tolerance changes attributable to the 2008 economic crisis: A subtle but critical difference. Journal of Financial Service Professionals, 2010, 64 (4): 42 - 53.

[289] Rousaki, B., & Alcott, P. Exploring the crisis readiness perceptions of hotel managers in the U K. Tourism and Hospitality Research, 2007, 7 (1): 27 - 38.

[290] Rousseau, D. M., Sitkin, S. B., Burt, R. S., et al. Not so different after all: A cross-discipline view of trust. Academy of Management Review, 1998, 23 (3): 393 - 404.

[291] Rubio, D. M., Berg - Weger, M., Tebb, S. S., et al. Objectifying content validity: Conducting a content validity study in social work research. Social Work Research, 2003, 27 (2): 94 - 104.

[292] Rumelhart, D. E. Understanding understanding. In: Flood, J. (Ed.), Understanding Reading Comprehension. International Reading Association, Newark, DE, 1984: 1 - 20.

[293] Rumelhart, D. E., & Ortony, A. The representation of knowledge in memory. In R. C. Anderson, R. J. Spiro, &W. E. Montague (Eds.), Schooling and the acquisition of knowledge (pp. 99 - 135). Hillsdale, NJ: Erlbaum, 1977.

[294] Rummel, R. J. Applied factor analysis. Evanston, IL: Northwestern University Press, 1970.

[295] Saelens, B. E., Sallis, J. F., Black, J. B., et al. Neighborhood-based differences in physical activity: An environment scale evaluation. American Journal of Public Health, 2003, 93 (9): 1552 - 1558.

[296] Saini, A., & Martin, K. Strategic risk taking propensity: The role of ethical climate and marketing output control. Journal of Business Ethics, 2009, 90 (4): 593 - 606.

[297] Sandberg, B. Creating the market for disruptive innovation: Market proactiveness at the launch stage. Journal of Targeting, Measurement and Analysis for Marketing, 2002, 11 (2): 184 - 196.

[298] Sawacha, E., Naoum, S., & Fong, D. Factors affecting safety performance on construction sites. International Journal of Project Management, 1999, 17 (5): 309 - 315.

[299] Schneider, H. Interactional psychology and organizational behavior. In

L. L. Cummings & H. M. 5taw （Eds. ） Research in organizational behavior （pp. 1 − 31）. Greenwich, CT: JAI: Press, 1983.

［300］ Schneider, S. L. , & Lopes, L. L. Reflections in preferences under risk: Who and when may suggest why. Journal of Experimental Psychology: Human Perception and Performance, 1986, 12 （4）: 535 − 548.

［301］ Schwartz, S. H. Normative influences on altruism. In L. Berkowitz （Ed. ）, Advances in experimental social psychology. New York: Academic Press, 1977 （10）: 221 − 279.

［302］ Scott, W. A. Cognitive complexity and cognitive flexibility. Sociometry, 1962, 25 （4）: 405 − 414.

［303］ Setbon, M. , Raude, J. , Fischler, C. , et al. Risk perception of the "Mad Cow Disease" in France: Determinants and consequences. Risk Analysis, 2005, 25 （4）: 813 − 826.

［304］ Sheaffer, Z. , & Mano − Negrin, R. Executives' orientations as indicators of crisis management policies and practices. Journal of Management Studies, 2003, 40 （2）: 573 − 606.

［305］ Shrivastava, P. Bhopal: Anatomy of a crisis. Cambridge, MA: Ballinger Publishing Company, 1987.

［306］ Singer, S. , Lin, S. , Falwell, A. , et al. Relationship of safety climate and safety performance in hospitals. Health Research and Educational Trust, 2009, 44 （2）: 399 − 421.

［307］ Singh, R. , & Bhowal, A. Risk perception of employees with respect to equity shares. Journal of Behavioral Finance, 2010, 11 （3）: 177 − 183.

［308］ Sitkin, S. B. , &Weingart, L. R. Determinants of risky decision-making behavior: A test of the mediating role of risk perceptions and risk propensity. Academy of Management Journal, 1995, 38 （6）: 1573 − 1592.

［309］ Sitkin, S. B. , & Pablo, A. L. Reconceptualizing the determinants of risk-taking behavior. Academy of Management Review, 1992, 17 （1）: 9 − 39.

［310］ Siu, O. L. , Phillips, D. R. , & Leung, T. W. Safety climate and safety performance among construction workers in Hong Kong − The role of psychological strains as mediators. Accident Analysis and Prevention, 2004, 36 （3）: 359 − 366.

［311］ Slovic, P. The perception of risk. London: Earthscan, 2000.

［312］ Sonnentag, S. , & Frese, M. Performance concepts and performance theory. In S. Sonnentag (Ed.), Psychological management of individual performance: A handbook in the psychology of management in organizations (pp. 3 – 25). Chichester: Wiley, 2002.

[313] Souder, D., & Bromley, P. Explaining temporal orientation: Evidence from the durability of firms' capital investments. Strategic Management Journal, 2012, 33 (5): 550 – 569.

[314] Specht, M., Chevreau, F. R., & Denis – Rémis, C. Dedicating management to cultural processes: Toward a human risk management system. Journal of Risk Research, 2006, 9 (5): 525 – 542.

[315] Spector, P. E. Summated rating scale construction. Newbury Park, CA: Sage Publications, 1992.

[316] Spender, J. C. Industry recipes: An enquiry into the nature and sources of managerial judgement. Blackwell, Oxford, 1989.

[317] Spillan, J. E. An exploratory model for evaluating crisis events and managers' concerns in non-profit organisations. Journal of Contingencies and Crisis Management, 2003, 11 (4): 160 – 169.

[318] Spillan, J. E., Parnell, J. A., & Mayolo, C. A. Exploring crisis readiness in Peru. Journal of International Business and Economy, 2011, 12 (1): 57 – 83.

[319] Srivastava, M. K., & Gnyawali, D. R. When do relational resources matter? Leveraging portfolio technological resources for breakthrough innovation. Academy of Management Journal, 2011, 54 (4): 797 – 810.

[320] Staw, B. M., Sandelands, L. E., & Dutton, J. E. Threat – rigidity effects in organizational behavior: A multilevel analysis. Administrative Science Quarterly, 1981, 26 (4): 501 – 524.

[321] Stevens, J. M., Steensma, H. K., Harrison, D. A., et al. Symbolic or substantive document? The influence of ethics codes on financial executives' decisions. Strategic Management Journal, 2005, 26 (2): 181 – 195.

[322] Stout, R. J., Salas, E., & Kraiger, K. The role of trainee knowledge structures in aviation team environments. International Journal of Aviation Psychology, 1997, 7 (3): 235 – 250.

[323] Strathman, D., Gleicher, F., Boninger, D. S., & Edwards, C. S. The consideration of future consequences: Weighing outcomes of behavior. Journal of Personality and Social Psychology, 1994, 66 (4): 742 – 752.

[324] Streufert, S., & Swezey, R. W. Complexity, managers, and organizations. New York: Academic Press, 1986.

[325] Surry, J. Industrial accident research: A human engineering appraisal. Toronto, Ontario: Labour Safety Council, Ontario Department of Labour, 1969.

[326] Swan, J. Using cognitive mapping in management research: Decisions about technical innovation. British Journal of Management, 1997, 8 (2): 183 – 198.

[327] Swartz, G. Safety audits: Comparing the results of two studies. Professional Safety, 2002, 47 (2): 25 – 31.

[328] Tam, C. M., & Fung, I. W. Effectiveness of safety management strategies on safety performance in Hong Kong. Construction Management and Economics, 1998, 16 (1): 49 – 55.

[329] Tan, J. Regulatory environment and strategic orientations in a transitional economy: A study of Chinese private enterprise. Entrepreneurship Theory and Practice, 1996, 21 (1): 31 – 46.

[330] Tan, J., & Peng, M. W. Organizational slack and firm performance during economic transitions: Two studies from an emerging economy. Strategic Management Journal, 2003, 24 (13): 1249 – 1263.

[331] Tang, J., Kacmar, K. M., & Busenitz, L. Entrepreneurial alertness in the pursuit of new opportunities. Journal of Business Venturing, 2012, 27 (1): 77 – 94.

[332] Teece, D. J., Pisano, G., & Shuen, A. Dynamic capabilities and strategic management. Strategic Management Journal, 1997, 18 (7): 509 – 533.

[333] Thomas, J. B., Clark, S. M., & Gioia, D. A. Strategic sensemaking and organizational performance: Linkages among scanning, interpretation, action and outcomes. Academy of Management Journal, 1993, 36 (2): 239 – 270.

[334] Thomas, W. H., & Feldman, D. C. The relationships of age with job attitudes: A meta-analysis. Personnel Psychology, 2010, 63 (3): 677 – 718.

[335] Thygerson, A. L. Accidents and disasters: Causes and countermeasures. Englewood Cliffs, New Jersey: Prentice – Hall, 1977.

[336] Tolman, E. Cognitive maps in Rats and Men. Psychological Review, 1948, 55 (4): 189 – 208.

[337] Tripsas, M., & Gavetti, G. Capabilities, cognition, and inertia: Evidence from digital imaging. Strategic Management Journal, 2000, 21 (10 –

11）: 1147 - 1161.

［338］Trommsdorff, G. Future orientation and socialization. International Journal of Psychology, 1983, 18 (1 - 4): 381 - 406.

［339］Tse, Y. K. , & Tan, K. H. Managing product quality risk in a multi-tier global supply chain. International Journal of Production Research, 2011, 49 (1): 139 - 158.

［340］Turner, B. Causes of disaster: Sloppy management. British Journal of Management, 1994, 5 (3): 215 - 219.

［341］Upson, J. W. , Ketchen, D. J. , Connelly, B. L. , et al. Competitor analysis and foothold moves. Academy of Management Journal, 2012, 55 (1): 93 - 110.

［342］Usunier, . J. C. , & Valette - Florence, P. Perceptual time patterns time styles: A psychometric scale. Time and Society, 1994, 3 (2): 219 - 241.

［343］Valle, M. , Harris, K. , & Andrews, M. C. An examination of tenure in negative organizational environments. Journal of Management Research, 2004, 4 (2): 113 - 119.

［344］Vessey, W. B. , Barrett, J. , & Mumford, M. D. Leader cognition under threat: "Just the Facts" . The Leadership Quarterly, 2011, 22 (4): 710 - 728.

［345］Viklund, M. J. Trust and risk perception in Western Europe: A cross-national study. Risk Analysis, 2003, 23 (4): 727 - 738.

［346］Vinner, S. Concept definition, concept image and the notion of function. International Journal of Mathematical Education in Science and Technology, 1983, 14 (3): 293 - 305.

［347］Vlek, C. , & Stallen, P. J. Rational and personal aspects of risk. Acta Psychologica, 1980, 45 (1 - 3): 273 - 300.

［348］Voci, A. Relevance of social categories, depersonalization and group processes: Two field tests of self-categorization theory. European Journal of Social Psychology, 2006, 36 (1): 73 - 90.

［349］Voss, C. A. , & Blackmon, K. Differences in manufacturing strategy decisions between Japanese and Western manufacturing plants: The role of strategic time orientation. Journal of Operations Management, 1998, 16 (2 - 3): 147 - 158.

［350］Walls, M. R. , & Dyer, J. S. Risk propensity and firm performance:

A study of the petroleum exploration industry. Management Science, 1996, 42 (7): 1004 – 1021.

[351] Walsh, J. P. Managerial and organizational cognition: Notes from a trip down memory lane. Organization Science, 1995, 6 (3): 280 – 321.

[352] Wang, H. L. , & Qian, C. L. Corporate philanthropy and corporate financial performance: The roles of stakeholder response and political access. Academy of Management Journal, 2011, 54 (6): 1159 – 1181.

[353] Weeks, W. A. , Moore, C. W. , McKinney, J A. , et al. The effects of gender and career stage on ethical judgment. Journal of Business Ethics, 1999, 20 (4): 301 – 313.

[354] Weick, K. E. Sensemaking in organizations. Sage: Thousand Oaks, CA, 1995.

[355] Weick, K. E. , & Roberts, K. H. Collective mind in organizations: Heedful interrelating on flightdeeks. Administrative Science Quarterly, 1993, 38 (3): 357 – 381.

[356] Weick, K. The social psychology of organizing. (Segunda Edición.). Reading: Addison – Wesley, 1979.

[357] Westhoff, K. , & Halbach – Suarez, C. Cognitive orientation and the prediction of decisions in a medical examination context. European Journal of Personality, 1989, 3 (1): 61 – 71.

[358] Whitmarsh, L. E. Are flood victims more concerned about climate change than other people? The role of direct experience in risk perception and behavioral response. Journal of Risk Research, 2008, 11 (3): 351 – 374.

[359] Williams, S. , & Narendran, S. Determinants of managerial risk: Exploring personality and cultural influences. The Journal of Social Psychology, 1999, 139 (1): 102 – 125.

[360] Williams, S. , & Voon, Y. W. The effects of mood on managerial risk perceptions: Exploring affect and the dimensions of risk. The Journal of Social Psychology, 1999, 139 (3): 268 – 287.

[361] Williams, S. , Zainuba, M. , & Jackson, R. Affective influences on risk perceptions and risk intention. Journal of Managerial Psychology, 2003, 8 (2): 126 – 137.

[362] Williamson, A. M. , Feyer, A. M, Cairns, D. , et al. The development of a measure of safety climate: The role of safety perceptions and atti-

tude. Safety Science, 1997, 25 (1 –3): 15 –27.

[363] Wong, E. The role of risk in making decisions under escalation situations. Applied Psychology: An International Review, 2005, 54 (4): 584 –607.

[364] Wooldridge, B., & Floyd, S. W. Research notes and communications strategic process effect on consensus. Strategic Management Journal, 1989, 10 (3): 295 –302.

[365] Wu, T. C. Safety leadership in the teaching laboratories of electrical and electronic engineering departments at Taiwanese universities. Journal of Safety Research, 2008, 39 (6): 599 –607.

[366] Wu, T. C., Chang, S. H., Shu, C. M., et al. Safety leadership and safety performance in petrochemical industries: The mediating role of safety climate. Journal of Loss Prevention in the Process Industries, 2011, 24 (6): 716 – 721.

[367] Wu, T. C., Chen, C. H., & Li, C. C. A correlation among safety leadership, safety climate and safety performance. Journal of Loss Prevention in the Process Industries, 2008, 21 (3): 307 –318.

[368] Wu, T. C., Shu, Y. H., & Shiau, S. Y. Developing a safety performance scale (SPS) in departments of electrical and electronic engineering at universities: An exploratory factor analysis. World Transactions on Engineering and Technology Education, 2007, 6 (2): 323 –326.

[369] Xu, Y. Entrepreneurial social capital and cognitive model of innovation. Management Research Review, 2011, 34 (8): 910 –926.

[370] Yates, J. E., & Stone, E. R. The risk construct. In J. F. Yates (Ed.), Risk-taking behavior (pp. 1 –26). Chichester, UK: Wiley, 1992.

[371] Yau, Y., Ho, D. C., & Chau, K. W. Determinants of the safety performance of private multi-storey residential buildings in Hong Kong. Social Indicators Research, 2008, 89 (3): 501 –521.

[372] Yen, N. S., & Tsai, F. C. Risk perception in Taiwan. Asian Journal of Social Psychology, 2007, 10 (2): 77 –84.

[373] Zellweger, T. Time horizon, costs of equity capital and generic investment strategies of firms. Family Business Review, 2007, 20 (1): 1 –15.

[374] Zimbardo, P. G., Keough, K. A., & Boyd, J. N. Present time perspective as a predictor of risky driving. Personality and Individual Differences, 1997, 23 (6): 1007 –1023.

［375］Zimmermann, A. , Liu, X. , & Buck, T. W. Employee tenure and the nationality of joint ventures in China. The International Journal of Human Resource Management, 2009, 20 (11): 2271 -2291.

［376］Zohar, D. A group-level model of safety climate: Testing the effect of group climate on micro accidents in manufacturing jobs. Journal of Applied Psychology, 2000, 85 (4): 587 -596.

［377］Zollo, M. , & Winter, S. Deliberate learning and the evolution of dynamic capabilities. Organization Science, 2010, 13 (3): 339 -351.

［378］宝贡敏, 赵卓嘉. 面子需要概念的维度划分与测量——一项探索性研究. 浙江大学学报 (人文社会科学版), 2009, 39 (2): 82 -90.

［379］曹振杰, 何红光. 中国企业员工和谐心智模式的概念模型与问卷开发. 管理学报, 2013, 10 (2): 171 -178.

［380］曾进. 企业风险倾向的跨国比较——基于前景理论视角. 科学学与科学技术管理, 2009 (5): 151 -157.

［381］曾进. 我国上市公司风险倾向的实证研究. 预测, 2010, 29 (4): 47 -53.

［382］陈超群. 国有控股企业决策风险承担倾向研究——给予 Bowman 悖论的中国情境分析. 硕士学位论文, 南京师范大学, 2011.

［383］陈文婷, 李新春. 上市家族企业股权集中度与风险倾向、市场价值研究——基于市场化程度分组的实证. 中国工业经济, 2008 (10): 139 -149.

［384］陈正昌, 程炳林, 陈新丰, 等. 多变量分析方法: 统计软件应用. 北京: 中国税务出版社, 2005.

［385］邓少军. 高层管理者认知与企业动态能力演化——基于中国企业转型升级背景的实证研究. 博士学位论文, 复旦大学, 2010.

［386］方杰, 张敏强, 邱皓政. 中介效应的检验方法和效果量测量: 回顾与展望. 心理发展与教育, 2012 (1): 105 -111.

［387］郭朝先. 我国煤矿企业安全生产问题: 基于劳动力队伍素质的视角. 中国工业经济, 2007 (10): 103 -110.

［388］郭冠清. 文化因素对企业经营绩效影响的研究. 中国工业经济, 2006 (10): 91 -97.

［389］何新宇, 陈宏民. 风险规避倾向与 IT 产业的兼并动机. 上海交通大学学报, 2001, 35 (12): 1885 -1888.

［390］洪雁. 中国组织情境下领导越轨行为的分类框架及效能机制研究.

博士学位论文，浙江大学，2012.

[391] 黄芳铭. 结构方程模式：理论与应用. 北京：中国税务出版社，2005.

[392] 姜玉宏，颜华，欧忠文，等. 应急物流中应急物资的管理研究. 物流技术，2007，26（6）：17 – 19.

[393] 雷鸣，雷霄. 认知视角下企业战略行为的前沿研究. 商业时代，2011（1）：62 – 64.

[394] 李华强，范春梅，贾建民，等. 突发性灾害中的公众风险感知与应急管理——以 5·12 汶川地震为例. 管理世界，2009（6）：52 – 60.

[395] 李洁，谢晓非. 风险倾向的跨文化差异研究综述. 社会心理科学，2007，22（3 – 4）：28 – 33.

[396] 李山汀. 组织安全意识及其影响因素与组织安全绩效的关系研究——以海洋石油作业为例. 硕士学位论文，浙江大学，2007.

[397] 李思龙. 论译文的回译性. 辽宁师范大学学报（社会科学版），2002，25（3）：88 – 90.

[398] 李晓翔，李文君. 冗余资源对灾难应急一定有利吗？——基于地震和雪灾事件的实证研究. 经济管理，2010，32（12）：79 – 86.

[399] 李晓翔，刘春林. 突发事件情境下冗余资源与公司绩效的关系研究——以汶川地震为例. 财经研究，2011，37（2）：124 – 134.

[400] 李焰，秦义虎，张肖飞. 企业产权、管理者背景特征与投资效率. 管理世界，2011（1）：135 – 143.

[401] 李玉伟. 企业安全生产事故隐患管理体系构建研究. 硕士学位论文，哈尔滨工程大学，2006.

[402] 刘军. 管理研究方法：原理与应用. 北京：中国人民大学出版社，2008：344 – 346.

[403] 刘素霞，梅强，沈斌，等. 安全绩效研究综述. 中国安全科学学报，2010，20（5）：131 – 139.

[404] 刘素霞. 基于安全生产绩效提升的中小企业安全生产行为研究. 博士学位论文，江苏大学，2012.

[405] 刘枭. 组织支持、组织激励、员工行为与研发团队创新绩效的作用机理研究. 博士学位论文，浙江大学，2011.

[406] 刘毅，杨曼. 企业安全生产事故隐患治理体系. 武汉工程大学学报，2011，33（4）：106 – 110.

[407] 卢纹岱. Spss for Windows 统计分析. 北京：电子工业出版社，

2002.

[408] 吕萍, 王以华. 基于组织免疫视角的企业适应性研究. 科研管理, 2008, 29 (1): 164–171.

[409] 吕萍, 王以华. 组织免疫行为和机制研究. 管理学报, 2009, 6 (5): 607–614.

[410] 吕萍. 组织免疫行为对组织绩效影响机制的实证研究. 科学学与科学技术管理, 2011, 32 (7): 15–23.

[411] 吕一博, 苏敬勤, 傅宇. 中国中小企业成长的影响因素研究——基于中国东北地区中小企业的实证研究. 中国工业经济, 2008, 1 (1): 14–23.

[412] 马骏, 席酉民, 曾宪聚. 战略的选择: 管理认知与经验搜索. 科学学与科学技术管理, 2007 (11): 114–119.

[413] 马庆国. 管理统计: 数据获取、统计原理与 SPSS 工具与应用研究. 北京: 科学出版社, 2002.

[414] 南开大学 NSFC 应急项目研究课题组. 基于社会资本的突发事件理论分析. 南开管理评论, 2003 (6): 22–27.

[415] 任海云. 股权结构与企业 R&D 投入关系的实证研究——基于 A 股制造业上市公司的数据分析. 中国软科学, 2010 (5): 126–135.

[416] 荣泰生. 企业研究方法. 北京: 中国税务出版社, 2005.

[417] 尚航标, 黄培伦. 管理认知与动态环境下企业竞争优势: 万和集团案例研究. 南开管理评论, 2010, 13 (3): 70–79.

[418] 尚航标. 动态环境下战略决策者管理认知对战略反应速度与动态能力的影响研究. 博士学位论文, 华南理工大学, 2010.

[419] 施式亮, 彭新, 李润求. 基于人工免疫原理的事故预防研究. 中国安全科学学报, 2009, 19 (1): 156–160.

[420] 宋丽红. 家族企业更具有长期导向吗?——基于家族控制与传承意愿的实证检验. 杭州师范大学学报 (社会科学版), 2012 (2): 88–94.

[421] 苏丹, 黄旭. 基于因果映射分析的高管战略逻辑研究. 技术经济与管理研究, 2011 (5): 50–54.

[422] 汪洁. 团队任务冲突对团队任务绩效的影响机理研究. 博士学位论文, 浙江大学, 2009.

[423] 王国保. 中国文化因素对知识共享、员工创造力的影响研究. 博士学位论文, 浙江大学, 2010.

[424] 王凯. 突发事件下决策者的框架效应研究. 博士学位论文, 浙江

大学, 2010.

[425] 王影. 我国工业企业安全生产事故应急管理体系研究. 硕士学位论文, 哈尔滨工程大学, 2008.

[426] 王战平. 网络环境下的企业危机预警系统研究. 情报科学, 2006, 24 (12): 1857 - 1861.

[427] 温忠麟, 张雷, 侯杰泰, 等. 中介效应检验程序及其应用. 心理学报, 2004, 36 (5): 614 - 620.

[428] 吴聪智. 台湾中部四类型制造业安全气候与安全绩效之相关研究. 博士学位论文, 台湾国立彰化师范大学, 2001.

[429] 吴红梅. 西方组织伦理氛围研究探析. 外国经济与管理, 2005, 27 (9): 32 - 38.

[430] 吴明隆. 结构方程模型: AMOS 的操作与应用. 重庆: 重庆大学出版社, 2009.

[431] 吴宗之. 论重大危险源监控与重大事故隐患治理. 中国安全科学学报, 2003, 13 (9): 20 - 23.

[432] 肖莉. T 型人格. 心理科学通讯, 1990 (6): 5 - 62.

[433] 肖文娟. 基层空管机构安全绩效评价体系研究. 硕士学位论文, 武汉理工大学, 2009.

[434] 萧延高, 翁治林. 企业竞争优势理论发展的源与流. 电子科技大学学报: 社会科学版, 2010, 12 (6): 7 - 15.

[435] 谢美凤. 探讨安全气候影响安全绩效之研究以国道客运驾驶员为例. 硕士学位论文, 台湾国立成功大学, 2003.

[436] 许扬周. 企业安全文化的模型及其对安全绩效的效应机制研究. 硕士学位论文, 广州大学, 2012.

[437] 颜士梅, 颜士之, 张曼. 企业人力资源开发中性别歧视的表现形式——基于内容分析的访谈研究. 管理世界, 2008 (11): 110 - 118.

[438] 杨大明. 人为失误原因分析与控制对策研究. 中国安全科学学报, 1997, 7 (2): 14 - 17.

[439] 杨娟, Sylvie Démurger, 李实. 中国城镇不同所有制企业职工收入差距的变化趋势. 经济学 (季刊), 2011, 11 (1): 289 - 308.

[440] 叶林祥, 李实, 罗楚亮. 行业垄断、所有制与企业工资收入差距——基于第一次全国经济普查企业数据的实证研究. 管理世界, 2011 (4): 26 - 36.

[441] 殷孟波, 石琴. 金融业全面开放对我国银行业竞争度的影响——

基于 Panzar Rosse 模型的实证研究. 财贸经济,2009 (11): 12 –18.

[442] 袁玥. 建筑企业安全文化对安全绩效作用机理的实证研究. 硕士学位论文,西安交通大学,2012.

[443] 张桂平. 组织安全气候对安全绩效的作用机制研究. 软科学,2013,27 (4): 61 –64.

[444] 张江石,傅贵,王祥尧,等. 行为与安全绩效关系研究. 煤炭学报,2009,34 (6): 857 –860.

[445] 张利燕. 认知操作、认知方式与人格特征的关系. 博士学位论文,华南师范大学,2004.

[446] 张梅,辛自强. 社会认知复杂性测量方法的比较. 心理研究,2008,1 (2): 36 –41.

[447] 张胜强. 我国煤矿事故致因理论及预防对策研究. 硕士学位论文,浙江大学,2004.

[448] 张世琪. 文化距离、顾客感知冲突与服务绩效的关系研究. 博士学位论文,浙江大学,2012.

[449] 张文慧,张志学,刘雪峰. 决策者的认知特征对决策过程及企业战略选择的影响. 心理学报,2005,37 (3): 373 –381.

[450] 张文彤.SPSS 统计分析高级教程. 北京: 高等教育出版社,2004.

[451] 张媛. 区域文化与风险偏好影响企业投资决策的理论与实证研究. 博士学位论文,中南大学,2011.

[452] 赵慧娟,龙立荣. 中国转型经济背景下个人—组织契合对员工离职意愿的影响——企业所有制形式与职位类型的调节作用. 南开管理评论,2008,11 (5): 56 –63.

[453] 赵景峰,王延荣. 高新技术企业创新文化特征与创业绩效关系实证研究. 管理世界,2011 (12): 184 –185.

[454] 赵卓嘉. 团队内部人际冲突、面子对团队创造力的影响研究. 博士学位论文,浙江大学,2009.

[455] 周浩,龙立荣. 共同方法偏差的统计检验与控制方法. 心理科学进展,2004 (12): 942 –950.

附 录　调 查 问 卷

尊敬的先生/女士：

您好！麻烦您在百忙中填写这份问卷。此问卷仅用于学术研究，并严格保密，请您放心填写。

问卷中的"突发事件"包括：火灾，爆炸，危险化学品泄漏，机械和电器事故，煤矿透水、坍塌等造成企业财产损失、人员伤亡的事件。

第一部分（请您在每行相应的数字上打"√"）

1＝完全不同意，2＝不同意，3＝不确定，4＝同意，5＝完全同意

CC－1	我们公司通常用许多不同的词语描述经济形势	1	2	3	4	5
CC－2	我们公司通常从多个方面分析同行业的竞争对手	1	2	3	4	5
CC－3	我们公司通常将客户划分为多个不同群体	1	2	3	4	5
CC－4	我们公司通常从多个视角看待与公司相关的政策法规	1	2	3	4	5
CC－5	我们公司通常看到与公司相关的新技术的正反两个方面	1	2	3	4	5
CF－1	我们公司对经济形势的描述通常以某一个方面为主	1	2	3	4	5
CF－2	我们公司通常重点关注与公司相关的政策法规的某一个方面	1	2	3	4	5
CF－3	我们公司通常十分重视同行业竞争对手的某一个方面	1	2	3	4	5
CF－4	我们公司通常认为仅仅某一类别的客户群体对公司经营具有重要影响	1	2	3	4	5
LO－1	我们公司战略计划的制定专注于长期的成功	1	2	3	4	5
LO－2	我们公司通常认为长期目标优先于短期收益	1	2	3	4	5
LO－3	我们公司通常认为长期成功才是更重要的	1	2	3	4	5
LO－4	我们公司通常认为使公司长期保持竞争力才是重要的	1	2	3	4	5
LO－5	我们公司通常认为满足当年财务目标比确保长期绩效更关键	1	2	3	4	5
PO－1	我们公司通常认为尝试着去影响行业竞争格局很重要	1	2	3	4	5
PO－2	我们公司通常很注重对客户需求的引导	1	2	3	4	5

1 = 完全不同意，2 = 不同意，3 = 不确定，4 = 同意，5 = 完全同意						
PO – 3	我们公司通常很强调自发的开辟新市场	1	2	3	4	5
PO – 4	我们公司通常认为事先寻找新的市场机会很关键	1	2	3	4	5
PO – 5	我们公司通常认为很有必要向竞争对手发起挑战	1	2	3	4	5
RP – 1	与多数公司相比，我们公司通常更倾向于冒险	1	2	3	4	5
RP – 2	我们公司的高层管理团队富有冒险精神	1	2	3	4	5
RP – 3	我们公司的文化鼓励抓住机会	1	2	3	4	5
RP – 4	如果情况需要，我们公司愿意冒险	1	2	3	4	5
RP – 5	我们公司偶尔才做出可能会失败的重大战略决策	1	2	3	4	5
RG – 1	我们公司通常认为风险带来的是损失，而不是收益	1	2	3	4	5
RG – 2	我们公司通常认为风险会导致失败，而不是成功	1	2	3	4	5
RG – 3	我们公司通常将风险看作成威胁，而不是机会	1	2	3	4	5
RG – 4	我们公司通常将风险看作成一种消极的情况，而不是积极的情况	1	2	3	4	5
IS – 1	我们公司通常全面的了解生产过程中存在的不安全因素	1	2	3	4	5
IS – 2	我们公司通常对检查设备中存在的隐患很感兴趣	1	2	3	4	5
IS – 3	我们公司通常花费大量时间监测员工的违规操作行为	1	2	3	4	5
IS – 4	我们公司通常采用多种渠道了解管理过程中存在的缺陷	1	2	3	4	5
IS – 5	我们公司通常很关注不利于生产的微气候因素（如光线、温度、湿度）	1	2	3	4	5
II – 1	我们公司通常能及早发现设备中可能导致公司突发事件的隐患	1	2	3	4	5
II – 2	我们公司通常能及早发现员工操作中可能导致公司突发事件的违规行为	1	2	3	4	5
II – 3	我们公司通常能及早发现管理过程中可能导致公司突发事件的缺陷	1	2	3	4	5
II – 4	我们公司通常能及早发现微气候因素（如光线、温度、湿度）中出现的可能导致公司突发事件的异常情况	1	2	3	4	5
II – 5	我们公司通常遗漏掉许多可能导致公司突发事件的危险因素	1	2	3	4	5
IC – 1	当设备中出现可能导致公司突发事件的隐患时，我们整个公司会在短时间内知道	1	2	3	4	5
IC – 2	关于员工操作中出现的可能导致公司突发事件的违规行为，我们公司经常与各级部门及时进行沟通	1	2	3	4	5

续表

	1 = 完全不同意，2 = 不同意，3 = 不确定，4 = 同意，5 = 完全同意					
IC - 3	关于管理过程中可能导致公司突发事件的缺陷，我们公司经常召开跨部门会议讨论	1	2	3	4	5
IC - 4	当生产部门发现生产过程中可能导致公司突发事件的漏洞时，它通常会及时告知其他部门	1	2	3	4	5
IC - 5	关于可能导致公司突发事件的信息（如违规操作、设备隐患），我们公司有高效的传播渠道	1	2	3	4	5
WZ - 1	我们公司通常储备大量应对突发事件所需的物资	1	2	3	4	5
WZ - 2	我们公司通常储备足够种类应对突发事件所需的物资	1	2	3	4	5
WZ - 3	我们公司倾向于在应对突发事件所需的物资上花费资金	1	2	3	4	5
WZ - 4	我们公司通常会及时更新应对突发事件所需的物资	1	2	3	4	5
RY - 1	我们公司配备的突发事件应对人员数量比较多	1	2	3	4	5
RY - 2	我们公司配备的突发事件应对人员占公司总人数的比例较高	1	2	3	4	5
RY - 3	我们公司配备的应对突发事件的人员类别齐全	1	2	3	4	5
RY - 4	我们公司配备的应对突发事件的人员结构合理	1	2	3	4	5
RY - 5	我们公司通常不会事先指定具体的突发事件应对人员	1	2	3	4	5
ZZ - 1	我们公司经常举办关于应对突发事件的培训活动	1	2	3	4	5
ZZ - 2	我们公司经常进行突发事件模拟训练	1	2	3	4	5
ZZ - 3	我们公司员工接受突发事件培训的时间比较多	1	2	3	4	5
ZZ - 4	我们公司往往忽视对员工突发事件应对技能或知识的培训	1	2	3	4	5
JH - 1	我们公司通常会事先制定应对突发事件的方案	1	2	3	4	5
JH - 2	我们公司通常会事先明确突发事件发生后所要采取的行为	1	2	3	4	5
JH - 3	我们公司通常会事先制定应对突发事件的具体措施	1	2	3	4	5
JH - 4	我们公司通常会事先确定如何应对突发事件	1	2	3	4	5
JH - 5	关于如何应对突发事件，我们公司通常事先没有清晰的目标	1	2	3	4	5

注：下面 7 个题项中的"附近""步行（距离）"指低于 10 ~ 15 分钟的步行。

LM - 1	从我们公司出发，许多商店在步行距离内	1	2	3	4	5
LM - 2	在我们公司附近的购物地点，通常停车很难	1	2	3	4	5
LM - 3	从我们公司出发，走几步就可以到许多地方	1	2	3	4	5
LM - 4	从我们公司出发，步行到交通站点（如公交车、火车）很容易	1	2	3	4	5

	1 = 完全不同意，2 = 不同意，3 = 不确定，4 = 同意，5 = 完全同意					
LM - 5	我们公司附近的道路高低不平，使得很难步行	1	2	3	4	5
LM - 6	我们公司附近有大障碍（如高速公路、铁路、河流）使得从一个地方步行到另一个地方很难	1	2	3	4	5

	1 = 非常少，2 = 比较少，3 = 一般，4 = 比较多，5 = 非常多					

我们公司在生产过程中：

WG - 1	员工违反安全操作规程的次数	1	2	3	4	5
WG - 2	违章指挥的次数	1	2	3	4	5
WG - 3	员工违反劳动纪律的次数	1	2	3	4	5
WG - 4	员工玩忽职守的次数	1	2	3	4	5
WG - 5	员工存在的不安全行为	1	2	3	4	5
WG - 6	员工冒险操作的次数	1	2	3	4	5
SG - 1	发生轻微财产损失事故的次数	1	2	3	4	5
SG - 2	发生人员受到轻微伤害事故的次数	1	2	3	4	5
SG - 3	造成生产短时间间断的事故的次数	1	2	3	4	5
SG - 4	对生产的正常性造成轻微影响的事故的次数	1	2	3	4	5
SG - 5	对作业环境造成轻微破坏的事故的次数	1	2	3	4	5
SG - 6	发生小事故的次数	1	2	3	4	5

第二部分（请您填写）

若公司最近发生过突发事件，则请对以下几个问题做出客观评价。若没有，则无须填写。

YP - 1：在本次突发事件中，事件造成的人员死亡数为_____人。

YP - 2：在本次突发事件中，事件造成的人员重伤数为_____人。

YP - 3：在本次突发事件中，事件造成的人员轻伤数为_____人。

YP - 4：在本次突发事件中，事件造成的工作日损失为_____天。

第三部分 企业及个人基本信息

一、公司的基本信息（请您填写，或在相应的数字上打"√"）

1. 公司员工数量_____人

2. 公司成立于_____年

3. 公司所有制性质：①私营独资　②私营控股　③国有独资　④国有控股　⑤外商独资　⑥外商控股　⑦集体独资　⑧集体控股

4. 公司的主要业务为_____

二、您个人的基本情况（请您在相应的数字上打"√"，或填写）

1. 性别：①男　②女

2. 年龄（周岁）：①28 岁及以下　②29 ~ 33 岁　③34 ~ 39 岁　④40 ~ 45 岁　⑤46 岁及以上

3. 目前学历：①高中及以下　②中专　③专科　④本科　⑤硕士　⑥博士

4. 工作类别：①市场销售　②技术研发　③一线操作　④行政秘书　⑤人力资源　⑥信息管理　⑦其他_____

5. 职位：①普通员工　②基层管理者　③中层管理者　④高层管理者

6. 在现在公司的工作年限：①6 个月及以下　②6 个月以上 ~ 1 年　③1 年以上 ~ 2 年　④2 年以上 ~ 3 年　⑤3 年以上 ~ 6 年　⑥6 年以上 ~ 10 年　⑦10 年以上 ~ 14 年　⑧14 年以上

问卷到此结束，谢谢您的配合！